前近代 동아시아 세계의 韓·日관계

민 덕 기

景仁文化社

번역 증보판에 부쳐

이 책은 번역서다. 자신의 박사학위 논문(『中・近世の朝鮮・日本關係と對馬－‘敵禮’, ‘羈縻圈’, ‘交隣’の面を中心に－』 1990년 5월 제출)을 정리한 『前近代東アジアのなかの韓日關係』(일본 와세다대학출판부, 1994)를 한국어로 옮겼기 때문이다.

아니다. 이 책은 또 하나의 저작이다. 첫째, 原著에 실려 있던 漢文 사료나 일본 측 사료를 모두 한국어로 풀어 놓았기 때문이며, 둘째, 부분적이지만 새로 발견한 사료나 사실들을 추가하고 자신의 논리를 더 보강하기도 했기 때문이다. 셋째, 박사학위 논문의 일부였으나 원저에 실리지 못했던 「明代初期の日本征伐論と朝鮮の對應」을 번역・첨가했기 때문이며, 넷째, 자신의 저서를 번역하는 것이라서 마음껏 문장 자체를 바꾸기도 했기 때문이다.

그럼에도 불구하고 이 책은 역시 번역서라고 해야 할 것 같다. 原著가 발간된 1994년 이후의 한국 또는 일본 측의 그간의 연구 성과를 반영하지 못하고 있기 때문이며, 원저에서의 주장들을 바꾸고 있지 않기 때문이다. 그렇다면 결국 ‘번역 증보판’이라 자리매김하는 것이 적절하다는 결론을 낼 수밖에 없을 듯하다.

그런데 왜 자신은 그 긴 세월이 지나서야 번역 증보판을 내고 있을까? 게으른 탓이었을까? 일단 시작하면 100% 완벽을 기하려 하지만, 그렇지 않으면 거들떠보려고도 않는 괴팍한 성격 때문이었을까?

　1980년대 일본 유학시절을 떠올리면 결코 잊을 수 없는 고맙고 그리운 얼굴들이 있다. 아직도 사랑의 깊이를 알 수 없는 지도교수이신 深谷克己 선생님, 석사 논문(이 책의 제4~제5장) 주제 설정과 한문 공부에 큰 도움을 주셨던 北島万次 선생님, 부족한 일본어 문장과 논점에 대해 몇 번이고 되풀이하여 수정과 지적을 해 주었던 동료 대학원생이었던 下重清·斎藤善之·堀新, 아버지의 가슴으로 후견인처럼 보살펴 주셨던 佐藤隆司님과 岡島三郎님, 유학을 주선해 주고 이런 분들과의 다리를 놔주신 前 고려대학교 金東圭 교수님, 나이 먹을수록 느껴지는 세월만큼이나 소중한 恩人들이다. 70대 중반이 되신 부모님께 그러하듯이, 유학 생활에서 신세진 이분들에게 앞으로도 건강과 즐거움이 줄곧 같이하길 빌어마지 않는다. 그리고 만날 수 없기에 더욱 그리운 사람, 그 앞에 서면 내가 일본인인지 그가 한국인인지 잊게 했던 친구 政井正勝, 어제처럼 오늘도 명복을 빌 뿐이다.

　'하하'하면 '호호'하고 웃어 주는, 이제 16년 知己가 되어가는 한일관계사연구회 여러 회원님들에게 'V' 손가락을 내민다. 23년 곁에 있어도 그리운 '그녀'와 아직도 업어주고픈 '녀석들'에게 180° 두 팔을 벌린다. 끝으로 흔쾌히 이 책을 출판해 주시는 경인문화사 여러분에게 감사를 드린다.

2007년 7월 어느 날
청주대학교 우암산 자락에서

차 례

제2부 임진왜란 이후의 조선·막부·대마도 관계

제4장 임진왜란 직후 朝·日 講和교섭과 대마도 ◦ 133
－'許和'를 중심으로－

序 論

1. 기존연구의 시각

前近代 동아시아의 국제관계를 논하는 경우 册封體制論과 華夷秩序論은 이를 뒷받침하는 이론으로서 자주 이용되어왔다.

'册封體制'란 중국황제가 그 주변국가의 君長에게 책봉을 매개로 朝貢을 의무 지우는 군신관계를 맺고, 책봉 받은 주변국은 책봉에 의한 중국의 권위를 가지고 自國 內에서의 정치적 지위나 인접하는 나라들과의 외교나 군사적 정책을 유리하게 전개시켜, 그 결과로서 생겨난 중국황제를 중심으로 하는 주변 국가를 포함하는 정치적 체제라고 하고 있다. 또한 前近代 東아시아史上의 국제관계는 언제나 이 책봉관계를 매개로 하여서만 표현되었다고 하고 있다.

'華夷秩序'란 원래는 중국의 화이관념에서 유래된 것이다. 중국의 화이관념이란 漢민족 스스로를 華로 하고 주변민족은 四夷, 즉 동이·서융·남만·북적으로 구분지어, 중국 天子는 天命에 의기하여 四夷를 덕화하고, 이에 대해 四夷의 군장은 중국 천자에게 감화·경모하여 조공하게 된다고 하는 것이다. 이러한 중국의 화이사상은 주변민족에게도 영향을 주어 주변민족이 스스로를 문화적 우월자로서 華라 하고, 주변의 중국 이외의 민족을 夷라 하여 자기보다 下位로 설정하게 된다. 그러므로 '화이질서'는 중국이나 그 주변 민족이 華夷觀에 입각하여 自國을 중심으로 위계적으로 편성한 대외질서를 가리키며, 이 또한 동아시아사의 국제관계 속에서 항상적으로 표현되었다고 하고 있다.

중국을 중심으로 볼 때 이 책봉체제론과 화이질서론은 表裏일체의 이론이라 할 수 있다. 兩者가 똑같이 중국(華)의 주변국가(夷)에 대한 책봉행위와 주변국가로부터의 중국에 대한 조공행위를 기본으로 설정하고 있기 때문이다.

이러한 이론은 조선시대 동아시아 국제사회를 파악하는 데에도, 특히 朝·日관계에 대한 외교사적 연구에도 예외 없이 적용되고 있다. 그 예로 '交隣'관계를 明의 책봉을 받은 藩屬國 '國王'間의 대등한 외교관계라고 정의하거나(제1장), 쇼군(將軍) 아시카가 요시미츠(足利義滿)와 조선국왕이 明의 책봉을 받음으로서 朝·日관계가 비로소 성립되었다든가(제2장), 조선시대 일본의 막부정권이 조선국왕에게 보낸 국서에 '일본국왕'이라고 서명하지 않은 것에 대해, 일본에는 전통적으로 조선을 自國의 하위에 놓으려는 인식이 있었으므로 명나라의 被책봉국가로서 조선(朝鮮國王)과 동렬에 처하게 되는 '일본국왕'이란 서명을 회피했다, 라는 주장(제6장) 등이 그것이다.

2. 문제제기와 연구시각

이에 이 책에서 시종일관 추구하고 있는 과제는, 위와 같이 중국을 중심으로 동아시아 국제관계를 이해하는 책봉체제론이나 自·他를 華·夷로 구분하는 화이질서론에 의거한 조선시대의 한일 양국관계 연구에 대한 문제제기 및 새로운 시각의 제시이다.

첫째로 이 책에서 제기하고 싶은 문제는, 조선시대의 양국관계가 상대국을 '敵國'(對等國)으로 파악하고 '敵禮'(抗禮 : 對等禮)교환의 관계를 지향하려 한 의도에 관해서다.

朝鮮前期에 조선은 일본을 '적국'이라 인식하고 아시카가(足利) 쇼군에 대해서는 '적례'를 교환하는 상대로서 설정하고 있었다. 한 예를 든다면, 成宗은 漢城에 상경한 '日本國王使'(아시카가 쇼군의 使者)를 인견할 때 행해온 군신의례를, 무로마치(室町)막부에 파견하는 조선사절로 하여금 아시카가 쇼군에게도 행하라고 분부하고 있다. 이것은 君臣의 례를 양국이 상호 교환함에 의해 진정한 '적례'관계가 성립한다고 하는 인식에 의거한 것이었다(제2장 제3절).

한편, 일본 측에서는 18세기 초 에도(江戸) 막부의 쇼군 이에노부(家宣)의 정치고문인 아라이 하쿠세키(新井白石)가 조선에 대한 聘禮개혁을 행하고 있는데, 이 개혁엔 쇼군과 조선국왕과는 '적례'를 교환해야하는 대등한 관계라는 것이 전제로 설정 되어있다. 그 예로 쇼군과 조선국왕과는 동격이므로 막부의 총리격인 로쥬(老中)와 조선의 議政府의 의정과는 동격에 해당되니, 관례였던 執政(老中)과 조선의 예조참판과의 서한 교환은 '적례'가 될 수 없으므로 폐지해야 한다고 한 것을 들 수 있다(제8장 제1절).

이렇게 朝・日 양국 간에는 상대국을 '적국'으로 간주하여 '적례' 관계에 의해 맺어진 대상으로 설정하는 일정한 시기가 있었다. 그러나 거기엔 朝・日 양국에 대한 중국의 책봉과의 상관관계는 보이지 않는다. 또한 상대국이 '夷'로서 자리매김 되어있지 않다. 따라서 이것은 '책봉체제'론이나 '화이질서'론에 적용시켜 설명할 수 없음을 보여준다.

조선이 조선국왕과 아시카가 쇼군과를, 그리고 하쿠세키가 도쿠가와 쇼군과 조선국왕과를 '적례'교환의 관계로서 설정한 조선시대 양국 간의 공통점은 양자가 같이 유교, 특히 주자학을 국가적 통치이념으로서 수용하고 유교경전 속의 세계를 理想으로 하여 현실에 구현하려 부단히 노력하고 있었다는 점에 있다. 즉 이것은 당시의 朝・日양국이 상대국에 대해 유교이념을 근저에 놓은 '禮'에 의한 '적례'관계를 제창하고 있었던 것을 보여준다.

유교의 기본적 관념은 '禮'에 있으며 모든 질서는 '禮'에 의해 구현된다. 그러므로 유교를 통치이념으로 하는 역대 중국왕조는 '禮'에 입각한 禮的 질서의 구현에 의해 궁극적으로 덕치질서가 실현된다고 인식하고 있었다. 역대 중국왕조가 의례를 정비한 禮典을 편찬하고 그 속에서 외교사절에 대한 접대의례인 '賓禮'를 정비한 것은 의례를 수반하는 禮的 질서를 自國 內에 한정시키지 않고 대외관계에도 파급시키려 의도했음을 뜻한다.

이러한 의도는 유교를 통치이념으로 수용한 주변민족의 경우에도 같았다. 예를 들어 朝鮮前期 조선이 일본에 대해, 또는 하쿠세키 때의 일본이 조선에 대해 禮的 관점에 부응한 외교관계를 맺으려고 『春秋』, 『禮記』 등의 유교경전 속의 의례와 唐・宋・明朝 등의 전통적인 漢族왕조의 聘禮를 참고로 하여 정비한 것은 유교의 '禮'的 측면에서 설명될 수 있다. 이 책에서는 이러한 유교이념에 의한 대외적 의례질서를 구축하려한 왕조들을 '동아시아 傳統왕조'로 평가하고 있다. 그리고 이 朝・日 양국 간에 보이는 '적례'관계를 지향하려는 의도는 그 先例를 宋과 遼・金과의 '적례'관계에서 구하고 있었다(제2장 제4절, 제8장 제1절).

'禮'는 그것을 기준으로 華와 夷를 차별하는 기능만이 아니고 夷를 華에 결합시키는 기능도 가지고 있다. 즉 '禮'는 그 유무에 의해 華・夷를 구분하여 차별하는 기능도 있으나 '禮'를 가진 華가 '禮'를 가지고 있지 않다는 夷에 대해 '禮'를 통해 華로 끌어올려 華에 포함시키려는 기능도 있다. 朝・日 외교에서 조선전기의 조선이나 18세기 초기의 하쿠세키는 이 '禮'의 기능에서 후자를 중시했다고 볼 수 있다.

이 책에서 둘째로 제기하고 싶은 문제는 '교린'개념에 관해서다.

전술한 것처럼 '책봉체제'에 의거한 논리에서는 중국의 책봉을 받은 번속국끼리의 대등한 관계를 '교린'이라고 규정한다. 그러나 '교린'은 조선전기에는 무로마치 막부 뿐만 아니라 오우치(大內)氏나 대마도 및 여진족과의 관계에도 사용하고 있고, 조선후기엔 에도막부나 대마도도 조선과의 관계에 사용하고 있다. 나아가서는 17세기 前期 동남아시아 여러 나라가 에도막부에 제출한 서한에도 '교린'이 散見되고 있다.[1] 이처럼 '교린'은 국가관계가 아닌 관계인 경우에도, 또는 중국과 책봉관계를 가지지 않는 국가 간에도 사용되고 있어 전술한 책봉체제론으로부터의 '교린' 정의에 의문을 가지게 한다.

'교린'의 실제적 용례를 조선전기 대외관계에서 보면 그것은 항상 '交隣之禮', '交隣以禮', '交隣之道', '交隣以道', '交隣有道', '交隣之義', '交隣以義', '交隣之信' 등의 관용구 형태로 등장하고 있는 것이 주목된다. 이것은 '교린'이 '禮', '道', '義', '信' 등의 관념을 기저에 놓은, 또는 그것들을 동반하는 행위라는 것을 보여주고 있다.

그러한 경우 '이웃과 사귀다'라는 의미로부터 명사화 되었다고 여겨지는 '交隣'의 '隣'은 단지 지역적으로 인접한다고 하는 '隣'의 의미가 아니게 된다.

> 隣國의 禮로서 (일본을) 대우할 수 없다. 羈縻로 해야 할 것이다.[2]

이것은 1479년, 일본에 파견된 조선의 통신사가 무로마치 막부의 입국 거부에 의해 대마도에서 중도 귀국한 것에 대한 조선의 평가이다. 여기에는 '隣國'에 대한 禮로서 일본에 통신사를 파견하였지만 앞으로

---

1) 『通航一覽』 卷268, 『外蕃通書』 卷15 참고.
2) "不可以隣國禮待之, 羈縻可矣."(『성종실록』 10년 7월 무진, 홍귀달 의견)

는 그럴 필요가 없다고 하고 있다. 이 경우 '隣國'이란 이미 그 전형이 설정되어 있는 '隣國'으로 단지 인접한 나라라는 뜻이 아니다. 그리고 '隣國에의 禮'를 그만두고 羈縻를 행해야겠다고 하고 있다. 이는 바꿔 말하면 '교린' 행위를 중지하여 기미를 적용한다는 의미이다. 기미가 華의 夷에 대한 통제·회유책인 것을 감안한다면 '교린'관계는 華 상호간의 관계를 가리키는 것이 될 것이다.

또한 蛇梁鎭倭變(1544)이 발생했을 때 조선의 대마도에 대한 대응책의 하나로서 내어진 다음의 의견도 '교린'의 '隣'이 어떠한 의미를 가지는 것인가를 보여주고 있다.

> 교린이라 하지만 倭奴의 거짓됨이 심하니 隣으로 대우할 수 없다. 마땅히 개·돼지로서 대우해야 할 것이다. 우리나라가 교린이라 하여 후대하였으나 그들이 감히 교활하고 간사한 짓을 하여 이처럼 기만하고 모욕하고 있다.[3]

즉 소란을 일으킨 '왜노'(대마도)에 대해 조선은, 지금까지 '隣'으로서 대우한 '교린'적 입장을 바꿔 지금부터는 '개·돼지'(犬豕)처럼 취급하겠다는 의견이다. 여기서의 '隣'도 지역적인 '隣'이 아니라 이미 설정되어있는 본래 있어야 할 '隣'을 가리키고 있다. 그리고 '隣'으로서 대우해 줌이 '교린'이며 이를 그만둘 때는 '개·돼지'視하게 된다, 고 하는 의미가 이 의견에서 파악될 수 있다. 그렇다면 여기서의 '개·돼지'視함은 夷狄視하는 것이 되며 기미시하는 것과 같은 의미가 된다. 이처럼 '교린'과 '기미'는 상반되는 개념임을 알 수 있다.

그러면 이상과 같이 대등관계나 상하관계에도 적용되며, '禮', '道', '義', '信'의 관념을 바탕에 깔은, 아울러 본래적인 '隣'을 지향한 '교린'

---

3) "雖曰交隣, 倭奴變詐難測, 不可待之以隣, 當以犬豕遇之, 在我國, 則以交隣之故厚待, 而敢爾狡詐, 大肆欺辱."(『중종실록』 39년 4월 무자, 강현 의견)

사상은 어디에서 그 이념을 찾고 있었을까? 조선이 또는 에도막부가 유교를 통치이념으로서 그 구현을 지향했다는 것을 염두에 두어, 이 책은 그러한 '교린'사상을 유교경전 속에서 찾을 수 있다고 상정하고 있다.

이 책에서 셋째로 제기하고 싶은 문제는 조선시대 대마도와의 관계를 어떻게 자리매김할 수 있는가에 대해서이다.

조선시대를 통해 대마도와의 관계는 대마도가 조선국왕에게 배례(肅拜)와 함께 지참한 물품을 '進上'하고 조선국왕은 이에 대해 '回賜'品을 내린다고 하는 형태를 기본으로 한 관계로, 이는 중국과 그 주변국과의 조공관계와 유사하다. 조선은 또한 이 조공관계에 준하는 관계를 대마도에 허용하여 이를 藩屛으로 간주하고 왜구 및 일본으로부터의 위협에 대응하려고 했다. 이러한 목적은 중국이 조공관계를 허용한 인접국을 번속국으로 설정하여 중국 주변을 안정시키려고 한 것과 같다. 이처럼 중국과 주변국과의 조공관계에 보이는 형태와 설정목적이 유사한 조선의 대마도에 대한 정책은, 중국이 전통적으로 이적에 대한 통제·회유정책으로서 사용한 기미에 비유하여 기미정책이라 할 수 있다.

조선이 대마도에 대해 본격적인 기미정책을 시작하는 것은 조선 해안을 노략질한 왜구를 방치했다는 것을 이유로 대마도를 정벌한 己亥東征(1419)의 이후일 것이다. 구체적으로는 기해동정의 결과 조선이 처음으로 대마도의 對조선 교역관계를 癸亥約條로 규정했을 때(1443)부터이다. 이에 의해 대마도는 조선으로부터 歲賜米豆 200石과 歲遣船 50척 및 선박의 수량을 제한하지 않은 特送船의 조선 파견이 허용되었다. 이로서 대마도는 왜구의 조선 침구를 금압하는 반대급부로서 조선으로부터 교역상의 제반 이익을 확보할 수 있게 된 것이다. 이 이후 조선과 대마도와의 관계는 三浦倭亂에서 壬申約條의 체결까지(1510~1512), 蛇梁鎭倭變에서 丁未約條까지(1544~1547), 임진왜란에서 己酉約條까지(1592~1609)의 일정 시기를 제외하고는 기본적으로 '約條'관계

였다고 할 수 있다. 이들 '약조'는 그 교역규정 내용에 차이는 있지만
계해약조를 기본적으로 답습하고 있었다.

이들 '약조'는 조선과 대마도간의 일종의 무역협정이라 할 수 있지만
실상은 조선이 일방적으로 대마도에 내려주는 恩賜와 같은 것이었다.
대마도가 이 '약조' 규정을 준수하여 조선에 조공적 교역을 행하고, 이
에 의해 兩者가 君臣관계에 놓여지는 상태를 이 책에서는 조선의 '羈
縻圈'에 대마도가 편입된 상태라고 표현하고 있다. 즉 대마도가 조선의
국경상에서 조선의 藩屛的 존재로서 일정 시기에 걸쳐 일정 영역을 형
성하고 있었기 때문이다.

그러나 전술하였듯이 조선은 사량진왜변을 일으킨 대마도에 대한 정
책을 강구하면서 '교린' 대상으로서의 대우를 중지하고 기미의 대상으
로 삼자고 주장하고 있다. 이를 생각한다면 조선과 대마도와의 관계가
단절된 상태가 아닌 때, 즉 '약조'관계인 때에는 조선으로부터 '교린'의
대상으로서 대우받고 있음을 알 수 있다. 이른바 '禮', '道'에 합당한
관계를 조선은 대마도에 대해 추구하고 있는 것이다. 무로마치시대에도
그렇지만 특히 에도시대 조선과 대마도와의 사이에는 의례에 기초한
사절접대체제가 정비되어, 양자 간에는 儀禮외교의 기본이 되는 경조
사에 대한 사절왕래가 정례화하고 있다. 이 책에서는 이러한 관계를
'기미권 교린'관계라고 이름 하여 설명하고 있다.

조선의 대마도에 대한 제반정책이 넓은 의미에서의 기미정책이라 한
다면, 대마도를 조선의 '기미권'에 편입시키기 위해 조선이 택한 정책
은 좁은 의미에서의 기미정책이라 할 수 있다. 그러나 이 책에서는 後
者的 기미정책을 주로 이용하여 설명하고 있다. 왜냐하면 조선의 '기미
권'에 편입된 대마도가 조선의 '약조'규정을 지켜 조선과 정례적인 사
절교환을 행한다면 이때 조선의 대마도와의 관계는 '교린'관계가 되므
로 단순히 華의 夷에 대한 기미관계라고는 말할 수 없기 때문이다.

이 책에서 네 번째로 제기하고 싶은 문제는 전근대 '일본국왕' 칭호에 대한 朝·日 양국의 인식에 관해서이다.

전술한 것처럼 기존연구는, '일본국왕'이 중국의 책봉을 전제로 한 칭호로서 朝·日 양국에 인식되어왔다고 논하고 있다. 그러나 조선의 경우 '일본국왕'은 일본의 國政과 외교를 관장하는 자에 대해 칭하고 있고, 그런 자가 중국의 책봉을 받았는가 아닌가는 전혀 고려하고 있지 않다(제2장). 한편, 일본 武家정권의 경우는 일반적으로 對조선 외교상 스스로를 '일본국왕'이라 자칭하고 있지 않다. 그러나 그 배경에는 전술한 기존연구에서의 시각과 같은, 즉 '일본국왕'이라 칭하면 중국의 被책봉국가로서 '조선국왕'과 동렬에 위치되므로 기피한다고 하는 視點은 사료상으로도 전혀 찾아볼 수 없다. 오히려 그 칭호가 천황에의 僭稱이 된다고 하는 일본 내정상의 관점에서 회피해 온 것으로 여겨질 뿐이다(제6장, 제7장).

3. 이 책의 구성 및 주요 취지

이 책은 이처럼 문제관심의 중심을 朝·日외교상의 '적례', '교린' '일본국왕'의 인식 규명, 그리고 조선의 대마도에 대한 자리매김에 놓고 있다. 때문에 이 책은 그 구성상 시대적 연속성을 가지고 있지 않다. 즉 제1부 「朝鮮前期 朝·日관계와 明」은 주로 15세기를 중심으로 하고, 제2부 「임진왜란 이후의 조선·막부·대마도 관계」는 17세기 전반을, 제3부 「아라이 하쿠세키(新井白石)와 朝·日관계」는 18세기 초기를 각각 다루고 있다.

제1부는 시기상으로 일본 중세에 해당하지만 이를 군이 일본 근세에 해당하는 제2, 제3부와 같이 이 책 속에 편입시켰다. 그 이유는 조선의

對日정책을 이해하기 위해서는 중세, 즉 조선전기 대일정책의 검토를 전제로 하지 않으면 불가능하다고 여겨졌기 때문이다. 조선의 對日정책의 근간은 이미 조선전기에 성립하고 있었다고 할 수 있다. 따라서 제2부의 朝・日관계는 조선으로서는 제1부 시기에 성립된 朝・日관계가 임진왜란에 의해 파탄된 후 재편된 것으로 평가될 수 있다.

제1부 제1장 「조선전기 '교린'으로 보는 대외관계」는, '교린'의 실제 용례를 조선전기의 대외관계로부터 추출・정리하여 대등관계를 지향하는 '교린'을 '적례적 교린', 상하관계를 지향하는 '교린'을 '기미권 교린'이라 명명하고, 이 두 '교린'을 유교경전의 시대적 배경이 되는 春秋시대의 국제관계에서 그 典型을 추구한 것으로 상정하고 있다.

제2장 「조선 전기의 '일본국왕' 인식 - '적례'를 중심으로 - 」는, 朝鮮前期 무로마치 막부에 대한 외교를 禮的 측면에 초점을 맞추어 검토한 것이다. 즉 조선이 아시카가 쇼군에 대해 '적례'를 행하는 상대로 인식하면서도 일본국왕사에 대해 非'敵禮'的 접대를 행한 이유를 禮的 측면에서 파악하고 있다. 한편, 조선의 아시카가 쇼군에 대한 사절파견의 의도는 禮에 의거한 것으로 '적례'관계를 구축하려고 한 것이었음을 밝히고, 이러한 조선의 禮的 외교전개가 어떠한 역사적 배경을 가지고 있는 것인가를 검토한 것이다. 이 제1, 제2장은 특히 '책봉체제'론이 조선의 對日외교상 적용될 수 없다고 하는 점을 명확히 하려는 문제의식에서 정리한 논고이다.

제3장 「明代 초기 일본정벌론과 조선의 대응」은 明代 초기 조선에 전달되었던 明의 '일본정벌' 논의를 조선이 어떻게 인식하고 대응하였는가를 검토한 것이다. 조선은 明에서 제기한 일본정벌론이 왜구의 잦은 중국 침구 때문만이 아니라, 오히려 조선의 對왜구 정책에 대한 불만 내지는 조선의 對여진 정책의 소극화를 노린 것이었다고 인식하고 있었다. 그러므로 조선이 서해안을 노략질한 왜구의 소굴로서 1419년 대마

도를 정벌한 것은, 조선의 對왜구 정책이 明의 그것과 상반되지 않는다는 점을 중국 측에 보이기 위한 목적 또한 있었다고 밝힌 것이다.

제2부는 임진왜란 이후의 조선과 막부 및 대마도의 관계가 어떻게 재편되어 가는가에 초점을 맞춘 것으로 제4장 「임진왜란 직후 朝・日 講和교섭과 대마도-'許和'를 중심으로-」는, 임진왜란에 의해 단절된 대마도의 對조선 교역관계의 재개를 허용하는 조선의 '허화'정책이 채택・전개되는 과정과, 대마도에 부여한 '허화'가 가진 의미를 서술한 것이다.

제5장 「임진왜란 이후 朝・日 講和교섭과 대마도-'二件'을 중심으로-」는 조선이 對日 강화로 전환하기 위해 도쿠가와 이에야스(德川家康)에게 낸 조건('二件')이 어떻게 이행되었는가? 이에야스가 조선과의 강화 성립을 위해 대마도에 기대한 것은 무엇이었는가? 등을 검토한 것이다.

제6장 「17세기 중반 조선・막부・대마도 관계」는, 우선 기유약조에 의해 대마도가 재차 조선의 '기미권'에 편입되어 조선과 대마도 사이에 '기미권 교린'관계가 재편되는 전환점이 되었다는 것을 밝히고 있다. 그리고 대마도에 의해 자행된 國書 개작사건에 대한 막부의 판결이 어떠한 배경에서 내려진 것인가? 개작사건 이후 이뤄진 막부의 對조선 외교개혁의 내용과 그 의미는 무엇인가를 검토한 것이다.

제3부는 하쿠세키의 조선에 대한 聘禮개혁을 중심으로 검토한 것이다. 이 개혁에서 '적례', '교린'의 관점이 보이므로, 그런 점에서 제1부에서의 조선의 對日 '적례', '교린' 관념과 비교되고 있다는 것이 주목된다. 또한 조선전기 일본에 대한 것처럼 하쿠세키가 조선에 대해 禮的 외교질서를 구축하려고 한 점도 있어, 제2장과 對比될 수 있다고 하겠다.

제7장 「아라이 하쿠세키의 '일본국왕' 復號論의 의도」는 하쿠세키

의 주장하는 쇼군의 대외칭호로서의 '일본국왕' 사용이 일본 내정상 어떠한 의미를 가진 것인가를 논한 것이다. 이는 日本史上 '국왕'관념이 책봉체제론의 '국왕'과는 별개로서 존재하여 왔다고 하는 시각에서 검토한 것이므로, 제2장처럼 책봉체제론에 대한 비판도 된다고 하겠다.

　　제8장 「아라이 하쿠세키의 조선과의 聘禮개혁의 의도」는 하쿠세키의 조선에의 빙례개혁을 禮에 의거한 '적례'적 관점에서 내어진 것으로 이해하고, 1711년에 渡日한 조선의 통신사와 하쿠세키와의 논쟁에 보이는 양자의 국가의식 등을 구체적으로 검토한 것이다.

　　끝으로 이 책 속의 논문 중에서 이미 학계에 발표한 것을 시기별로 정리하면 다음과 같다. 석사논문이었던 제4～제5장은 「임진왜란 이후의 朝·日 講和교섭과 대마도」(1), (2)(『사학연구』 39·40집, 1987·1989년) 「朝鮮後期 朝·日 講和와 朝·明관계」(『국사관논총』 12, 1990년)으로, 제3장은 「明代初期の日本征伐論と朝鮮の對應」(『文學硏究科紀要 別册, 哲學·歷史編』 15, 일본 와세다대학 문학연구과, 1989년)으로, 제2장은 「朝鮮朝前期の'日本國王'觀」(『朝鮮學報』 132, 일본 朝鮮學會, 1989년)으로, 제7장은 「新井白石の'日本國王'復号論」(瀧澤武雄編, 『論集 中近世の史料と方法』, 일본 東京堂出版, 1991년)으로 발표하였다.

제1부

朝鮮前期 朝·日관계와 明

제1장
조선전기 '교린'으로 보는 대외관계

머리말

조선의 對日외교를 문제로 할 때, 특히 이번 章에서 다루는 朝鮮前期에서도 '교린'은 항상 그 전제가 되는 개념이다. 그럼에도 불구하고 현재 '교린'은 韓·日양국의 연구자 사이에서 다른 견해가 보이고 있다.

우선 일본학계에서 거의 정설이 되어있는 '교린'에 대한 견해를 보자.

나카무라 에이코(中村榮孝)는 "중국의 華夷관계 규제에 의해 형성되어 또한 안정을 유지하고 있던 동아시아 국제관계는, 중국의 권위를 매개로 諸國間 상호안전을 보장하고 특히 책봉체제에서는 이를 전제로 한 敵國抗禮의 대등관계에 의한 교린체제도 성립했다. … 明의 책봉체제 하에 이씨조선의 국왕과 아시카가 쇼군(足利將軍)이 抗禮 대등의 관계로 국교를 맺고 있고, 조선은 明에 대해 事大, 일본에 대해서 交隣을 가지고 외교상의 國是로 하였던 사례 등이 있다."라고 '교린'을 정의하고 있다.[1] 다나카 다케오(田中建夫)도 "고려와 조선은 대외정책의 기본

---

1) 中村榮孝, 『日鮮關係史の研究』(上)(吉川弘文館, 1965), 4쪽.

방침으로 사대교린을 표방하고 있다. … 교린은 인접한 번속국 상호간에 대등 通信의 관계를 유지하려고 하는 것이다."라고 자리매김하고 있다.[2] 즉 중국의 책봉을 받은 번속국끼리의 대등한 관계가 '교린'이라 하여 나카무라처럼 '교린'의 典型을 조선의 대외정책에서 찾고 있다. 이러한 견해는 일본의 다른 연구자에게도 같다.[3]

일본학계의 이러한 '교린'에 대한 견해는 册封體制論의 연장선상에 있는 것이다. 즉 중국의 황제로부터 책봉을 받은 주변국 '국왕'의 중국 황제에 대한 縱的 상하관계(사대관계)를 橫的 '국왕'과의 관계에까지 확대하여 이 '국왕'간의 대등관계를 교린관계로 보고 있다. 또한 동아시아 국제사회를 설명하는 경우에도 이 논리가 적용되어 明 황제를 정점으로 한 종적 사대관계와 횡적 교린관계가 상호불가분의 관계에 있다고 논하여지고 있다.

다음으로 한국학계의 교린에 대한 견해를 보자.

이현종은, 조선은 건국 이래 대외관계의 기본방침으로서 사대교린을 내세워 사대관계는 對明관계라 하고 교린관계는 왜인·야인과의 관계, 그 외에 琉球·동남아시아도 같은 교린의 대상국가로서 다루고 있으며, 對日 교린정책의 제1 목적은 왜구금압이며 對여진 교린정책의 목적은 여진족을 來獻入朝시키는 것에 있었다고 하고 있다.[4] 국사편찬위원회의 『한국사』 9에는 조선은 대외정책의 기본으로서 "사대는 성의로 하고 교린은 신의로 한다."('事大以誠, 交隣以信')고 표방하였고, 교린

---

2) 田中建夫, 「倭寇と東アジア通交圏」(『日本の社會史』 1, 岩波書店, 1987), 162쪽.
3) 예컨대 村井章介, 『アジアのなかの中世日本』(校倉書房, 1988), 335쪽, 荒野泰典, 『近世日本と東アジア』(東京大學出版會, 1988), 163~165쪽에 그러한 견해가 보인다. 그러나 高橋公明의 경우는 그것과는 다른 견해를 보이고 있다. 이에 대해서는 제1장 주 35)와 제2장 주 7)을 참고.
4) 李鉉淙, 『朝鮮前期 對日交涉史硏究』(韓國硏究院, 1964), 1쪽.

정책은 입국한 왜인·야인에 대해 "遠人을 접대하는 도리는 후대하는
것"('待遠人之道, 厚饋')이라는 대의명분을 제창하여 정치적으로 그들을
복속시킴과 동시에 변경의 소란을 事前에 방지하는 데 있었다고 한
다.5) 즉 교린은 조선에 來朝하는 주변세력을 정치적으로 복종시키기
위한 정책이라 하고 있다.

이인영은, 사대가 반드시 조공을 수반하듯 교린에는 반드시 進上이
수반하여 사대·교린은 형식상 외면적인 정치적 행위이며, 조공·진상
은 실질적 내면적인 문화적 경제적 행위이기 때문에 양자는 표리일체
의 관계에 있다고 한다. 그리고 조선의 중국에 대한 사대·조공의 입장
은 조선에 교린·진상하는 여진족 및 일본의 입장과 같다고 하고 있
다.6) 즉 교린은 조선을 구심점으로 하는 상하관계라고 하고 있다. 이러
한 한국학계의 교린 견해는 明을 중심으로 하는 被冊封 국가 간의 대
등관계라고 하는 일본학계의 견해와는 다른 것이다.

여기서 양국학계의 교린에 대한 견해를 비교·검토하면 다음과 같은
문제가 제기된다.

우선 일본 측 견해의 문제점은 첫째, 조선과 일본 중앙정권과의 관계
에 한정하여 교린을 설명하고 있으므로, 이에 의해 여진족이나 대마도
및 일본 지방 세력에 대한 조선의 일정한 정책을 교린에서 제외해 버린
것이 되었다는 점이다. 그러나 조선의 경우 육지로 인접한 여진족과의
관계는 바다를 사이에 두고 있는 일본과의 관계보다도 오히려 국방적
측면에서는 중시되어 있었다고 할 수 있다. 또한 대마도나 규슈의 여러
세력 등은 왜구 금압을 중시한 조선의 對日정책상 무로마치 막부보다
더 중시해야 할 대상이었다고 할 수 있다. 두 번째 문제점은, 조선의
이웃 나라·이웃 세력과의 교린 외교를 조선의 중국과의 事大관계에

5) 國史編纂委員會編, 『韓國史』 9(국사편찬위원회, 1976), 356쪽.
6) 李仁榮, 『韓國滿洲關係史의 硏究』(乙酉文化社, 1954), 18쪽.

규정된 것으로 해석하여 조선 외교상의 독자적인 입장이나 정책을 부차적인 것으로 자리매김하고 있다는 점이다.

다음으로 한국학계의 견해가 가진 문제점은 來朝하는 외부세력의 조선에 대한 조공적 측면에 중점을 놓아 교린을 파악함으로서 조선국왕이 아시카가 쇼군 및 琉球국왕과 대등양식의 서계를 교환해 온 사실에 대해서는 아무런 언급이 없다는 점이다. 그리고 통신사 파견을 통해 일본과 대등한 관계를 맺으려한 조선의 입장에 대해 구체적인 의미를 부여하고 있지 않다는 점이다.

이상으로 양국 연구자의 교린에 관한 상이한 견해에 대해 언급했다. 그러면 이 제1장에서 다룰 과제를 이하 3가지로 설정해 보려한다.

첫째, 교린이 가리키는 내용과 대상을 명확히 하는 것이다. 기존연구에서는 교린의 내용을 구체적으로 검토하지 않고 애매한 채 개념화시키고 있는 것이 실상이다. 韓日양국 간의 교린에 관한 견해의 상이함은 이에서 비롯된 것으로 여겨진다. 그러므로 이 제1장에서는 우선 朝鮮前期의 사료에서 '교린'을 추출하여 분석하려고 한다. 이해를 돕기 위해 결론을 미리 말한다면, 조선전기 '교린'은 그 용례로 볼 때 대등관계와 상하관계를 동시에 포용할 수 있는 것이었다. 더구나 교린은 兩 관계를 지향하는 개념으로서 보통명사화된 것이라 할 수 있다.

둘째, 조선전기 교린정책의 사상적 배경에 대한 검토이다. 조선의 교린이 대등관계만이 아니라 상하관계에도 적용시켜 일정한 외교정책으로서 나타났다면, 이는 교린의 사상적 배경이 '책봉체제'에 유래되는 것이 아님을 보여준다. 이 제1장에서는 이러한 교린의 사상적 배경을 유교경전에 의해 理想化된 春秋시대 諸國間의 관계에서 분석한다.

셋째, 일본학계의 교린 견해에 대한 재검토이다. 이를 통해 일본학계의 교린 견해가 조선전기의 교린정책에 적용되지 않는다는 것을 입증하려 한다. 그러나 이하의 검토과정에서는 琉球의 對조선 외교나, 일시

적이지만 조선시대 특정시기에 일본학계의 '교린' 견해가 적용 가능한 외교정책이 나타날 수 있지 않는가에 유의하면서 검토하려 한다.

한편 이 제1장에서는 대등관계와 상하관계에 사용된 교린을 각각 '적례적 교린', '기미권 교린'이라 구분하여 사용하지만 그 실제적 전개과정을 상세히 취급하지 않음을 미리 밝혀두고자 한다. '적례적 교린'에 대해서는 제2장에서 상세히 다루려 한다. 다만 '기미권 교린'에 대해서는 별도로 章을 마련하지 않고 본서를 전개하는데 필요가 있을 경우, 혹은 관련이 있을 때 각 장에서 이를 보충하는 형태로 언급하려 한다.

제1절 조선전기 '교린' 용례의 검토

1. 대등관계에 사용된 '교린'

여기서는 조선의 일본·琉球와의 국가관계에, 또는 君長과의 관계에 사용된 교린 용례를 검토한다. 이는 '머리말'에서 소개한 일본학계의 교린에 관한 견해를 검토하기 위한 기초적 작업이 되겠다.

세종대 통신사의 일원으로서 두 번 渡日하였던 윤인보는 국왕에게 올리는 글에서,

> 지금 그 국왕이 이미 장성했으니 반드시 교린의 예절을 중히 여겨 특별히 사절을 통해 수호를 닦아 신의를 보이십시오. 또 琉球가 예전에 사신을 보내어 來朝했으나 그 후 조선의 답례가 없었습니다. 三島와 하카다 사람이 말하길, "유구에 조선 被虜人이 있는데 그 다수가 귀국하고 싶어 한다."고 합니다. 臣이 생각하건대, 교린의 義는 古今에 소중한 것이며 또 상대국의 풍습도 살피지 않을 수가 없습니다. 다

행히 무사한 때에 通信・交好하여 이내 피로인을 쇄환할 수 있게 하
십시오.[7]

라고 말하고 있다. 즉 일본 '국왕'(쇼군 요시마사[義政])이 성인이 되었으므
로 '交隣之禮'를 중히 여겨 사절을 파견하여 신의를 나타내야 하며, 또
한 琉球가 사절을 파견해 '來朝'했음에도 답례를 하지 못했었는데 '三
島'[8] 및 하카타(博多) 사람이 유구에 조선 被虜人이 있다고 하니 이를
쇄환할 겸 유구의 풍습을 살피기 위해서라도 이번에 回禮使를 유구에
파견해야 할 것으로, 이는 예로부터 중시해 온 '交隣之義'라고 주장하
고 있다.

이처럼 교린에 관해 사절의 상호파견을 통한 관계라고 평가하고 있
는 實錄 기사는 많다. 예를 들어 1414년 일본국왕사를 인견한 태종이
"너희 나라 왕이 교린을 돈독히 하여 너희들로 하여금 더위를 무릅쓰고
바다를 건너오게 하였다."라고 말한 것이나,[9] 1422년 세종이 일본국왕
사에게 "너의 임금이 전번에 사신을 보내어 和好를 통하므로 나도 또
한 사람을 보내어 回報하였거니와, 다만 바다로 막혀 자주 통신하지 못
하였으나 이제 또 사신을 보내어 聘禮를 닦으니 교린의 정의가 지극하
다."라고 발언하고 있는 것이 그것이다.[10] 그리고 "교린은 나라의 중대
한 일이며 奉使는 人臣의 大節이다. … 조선은 교린을 도리로 삼으므

---

7) "其國王, 年已長成, 必重交隣之禮, 特遣使交好, 以示信義, 又琉球國, 昔年
遣使來朝, 厥後無回禮, 三島之人及博多人云, 朝鮮國被虜人, 在琉球國, 而
欲還本土者多矣, 臣竊惟, 交隣之義, 古今所重, 且其習俗風土, 亦不可不審,
幸無事之時, 通信交好, 仍使刷還被虜人."(『세종실록』28년 9월 갑술)

8) 三島란 대마도・잇키(壹岐)・히젠(肥前)의 마츠우라(松浦)지방을 가리킨다(田
中健夫, 『倭寇』[敎育史, 1982], 41쪽).

9) "爾國王, 爲篤交隣, 令爾等觸熱渡海而來."(『태종실록』14년 7월 임오)

10) "汝王昔年遣使通好, 予亦遣人以報, 只緣阻海, 未得數通, 今乃遣使修聘,
交隣之義至矣."(『세종실록』4년 12월 기해)

로 자주 朝臣을 보내어 신의를 맺고 화호를 닦는다."라고 하는 것처럼,[11] 사절 파견행위가 교린을 표현하는 중요행위라고 조선은 인식하고 있다.[12]

그런데 교린의 표현으로서의 사절 파견행위는 특히 名分을 중시하여 행해졌다. 다음의 기사가 그것이다.

> 임금이 신하들에게 말하길, "일본이 그 왕이 죽었는데도 사신으로 이를 알리지 않고 새 왕의 즉위 또한 사신을 통해 밝히지 않았으니 우리나라도 군이 통신사를 보낼 필요가 없었다. 그러나 우리라도 교린하는 禮를 차려야 했으므로 사절을 파견하여 賻儀를 전달하고 또 즉위를 축하하였다. 그랬으면 저들도 응당 보답하여야 마땅하거늘 다시 또 사절을 보내기는커녕 물건을 청구하는 일로 宗金이란 사람을 보냈으니 이야말로 결례가 보통 결례가 아니다."[13]

1428년 조선은 쇼군 요시모치(義持)의 사망과 요시노리(義敎)의 쇼군 취임에 대해 일본에 통신사를 파견했다. 이 기사는 통신사의 정사 박서생이 그 다음해 귀국하여 復命한 직후에 있었던 세종의 감상이다. 즉 무로마치 막부로부터 쇼군의 訃告와 새 쇼군의 취임을 알리는 사절파견이 없었으므로 조선도 통신사를 파견할 필요가 없었으나 '交隣之禮'의 입장에서 사절을 파견하여 賻儀하고 쇼군 취임을 축하했다. 그런데

---

11) "交隣, 有國之重事, 奉使, 人臣之大節, … 我朝, 交隣以道, 頻遣朝臣, 講信修好."(『세종실록』 11년 정월 임자)
12) 그 외에 報聘하는 것이 '交隣之義'라던가(『성종실록』 10년 4월 계묘), "我國數通信使, 而久不報聘, 若終不報, 則有違交隣之義" "交隣之道, 不可不往來交聘禮也."라는 인식이 보인다(『성종실록』 14년 9월 을묘).
13) "上謂左右曰, 日本國, 其王薨, 不遣使訃告, 及卽位, 又不遣使通好, 我國, 亦不必遣通信使也, 然在我交隣之禮, 不可不修, 故遣使致賻, 且賀卽位, 彼宜報謝, 又不遣使, 反因求請, 乃遣宗金, 失禮之中, 又失禮焉."(『세종실록』 11년 12월 신사)

도 막부는 이에 대한 보답의 사절파견이 없이 오히려 소킨(宗金)을 파견하여 物的인 청구를 하려 하니 이는 결례도 보통 결례가 아니라고 비난하고 있다. 여기서 보듯 조선이 인식하는 교린 상대국에 대한 사절파견의 주된 명분은 상대국에 대해 물건을 청하는 것이 아니라 君長의 사망과 즉위를 弔祭·慶賀함에 있고, 이에 대해 回禮使로 답례하는 것에 있었던 것이다.

일본 측의 에도시대 기록인 『通航一覽』의 「朝鮮國部」 95를 보아도,

> 代를 이어 즉위하는 것은 국가적인 慶事이므로 교린 할 때에 사절을 보내 서로 축하하지 않으면 안 된다. 우리나라에 대를 잇는 경사가 있으면 조선이 信使를 파견하고, 조선에 즉위하는 경사가 생기면 本州(대마도)가 축하사절을 파견하는 것이 상호간의 한 例이다.
> 吉凶을 서로 알리는 것은 교린의 도리이다.
> 弔問함은 교린의 도리이다. 그러므로 사절을 파견하여 애도를 표하지 않으면 안 된다.

라고 있다.[14] 즉 상대국에의 弔祭와 慶賀의 사자 파견이 교린의 중요행위로서 인식되어 있다. 이 인식은 전술한 조선 측의 그것과 별로 다르지 않다.

이 외에 宣祖가 쇼군 요시히데(義榮)에게 보낸 1568년의 것으로 여겨지는 서계엔,

> 교린의 도리는 신의에 있으며 결코 이익을 추구하거나 위협으로 대

---

14) "繼世卽位者, 國之大慶也, 交隣之際, 不可馳使以不相賀者也, 我國有繼世之慶賀, 則朝鮮遣信使, 朝鮮有卽位之慶, 則本州遣賀使, 彼此一例." "吉凶相告, 交隣之道也." "弔喪, 交隣之通誼也, 不可遣使, 不悲悼者也." 이외에도 『古事類苑-外交部』 715쪽에는 '交隣救災之義' "周急救災, 交隣之通誼也."라고 있다.

하는 것이 아니다. 이익을 추구하면 義가 상하여 원망을 일으키고 위협
을 가하면 신의를 훼손하여 재난을 부른다.

라 하여 교린의 일면을 설명하고 있는 표현이 있다.15) 즉 '交隣之道'는
신의를 나타내는데 있지 결코 이익추구나 위협을 앞세우는 것이 아니
며, 이것은 오히려 신의를 손상하는 것이라고 한다. 또한 世祖가 1463
년 일본국왕사에게 말하는 가운데서도,

> 이웃나라와 재물을 서로 빌리는 것은 (善隣관계를) 이어나가는 도리
> 에 어긋난다. … 교린을 어찌 재물로서 할 것인가?

라고 하여,16) 일본 측의 거듭되는 물질적 요구에 대해 교린은 재물을
탐내지 않는 곳에 있다고 밝히고 있다. 1542년 일본국왕사의 자세에 대
해 조선 측은, "교린의 도리는 마땅히 신의로 해야지 어찌 재화로 할
것인가? 저들은 隣好를 핑계대면서 오직 장사하는 데만 힘을 쓴다."라
고 하고 있다.17)

그런데 이와 같은 교린 이념은 이전부터 존재하고 있던 것으로 조선
시대에 이르러 갑자기 창안된 것이 아니라고 조선은 인식하고 있었다.
예를 들어 1431년 明 사자가 漢城에 체류하고 있을 때 유구국왕사가
조선에 내항해 오자 조선 측은 이들 사절을 상경시킬 것인가 말 것인가
를 논의하게 되는데, 그때 예조판서 신상이,

---

15) "交隣之道, 在於信義, 不可以利動, 不可以威迫, 利動則傷義, 而興怨, 威迫
　　則虧信, 而邀禍."(『朝鮮通交大紀』卷之二, 「倭書契修答」)
16) "隣國以財物相借, 非可繼之道, … 而交隣豈可以財."(『세조실록』9년 8월
　　정해)
17) "交隣之道, 當以信義, 何用貨爲, 彼托以隣好, 專以買賣爲務."(『중종실록』
　　37년 윤5월 병자)

　　이 무리들은 때때로 중국에 朝見하고 있으니 무릇 다른 왜적에 비
　할 바가 아닙니다. 또한 교린의 禮는 예전부터 있으므로 비록 중국이
　이를 안다고 해도 무엇이 해롭겠습니까.18)

라고 주장하여 상경이 허락된 적이 있다. 이처럼 '交隣之禮'는 예전부
터 있던 것이라는 시각이 조선 측에 있었다. 이와 유사한 인식으로 回
禮使로서 己亥東征(1419)의 다음해 일본에 건너간 송희경이 그곳에서
지은 詩에서도 엿보인다. 즉 조선과 일본은 이전부터 서로 교린하여 지
금은 一家가 되었다고 하는 내용이 들어 있다.19) 이 두 사료를 보면,
교린은 이미 조선조 이전부터 존재해 있었던 것으로 조선 측에 인식되
어 있었음을 알 수 있다.

　이상으로 국가 간 또는 君長間에 실제로 쓰여진 교린 용례를 조선
측 사료를 중심으로 검토해 보았다. 이를 정리하여 보면 다음과 같다.

　첫째, 교린이란 禮를 가지고 신의를 나타내는 것이다. 그것은 교린이
'交隣之禮', '交隣之道', '交隣以道'라는 관용구로서 쓰여진 것으로
알 수 있다. 결코 경제적 이익을 우선시킨다든가 상대국에 위협을 준다
거나 하는 것이 아니다.

　둘째, 교린은 상대국의 군장에게 사절을 파견하여 聘問하거나, 또는
그러한 사절이 파견되어왔을 경우에 답례의 사절을 파견하여 報聘하는
것이다. 특히 상대국의 군장이 사망하거나 즉위한 것에 대해 弔祭·慶
賀하는 것을 사절파견의 기본적 명분으로 한다.

　셋째, 이러한 교린은 조선시대 이전부터 이미 있었던 것이다.

　이러한 내용을 가진 교린을 '敵禮的 交隣'이라 부르기로 하자. '적
례'란 서로 필적하는 국가('敵國')와 행하는 禮(抗禮)를 가리킨다. 이처럼

---

18) "此輩, 以時朝見中國, 非他諸島倭賊之比, 且交隣之禮, 自古有之, 雖中國
　　知之, 何害."(『세종실록』 13년 10월 병오)
19) 宋希璟 著·村井章介 校注, 『老松堂日本行錄』(岩波書店, 1987), 139·220쪽.

대등관계를 지향하는 교린이 존재하고 있다는 것에 한정시킨다면 일본
학계의 교린 견해는 합당하다. 그 반면에 한국학계는 이러한 교린의 존
재를 간과하고 있었다고 할 수 있다.

 그러면 조선전기 무로마치 막부와의 관계에 실제로 '적례적 교린'을
내용으로 하는 외교정책이 취해지고 있었을까? <표 1>이 이를 정확히
증명하고 있다. 즉 조선의 무로마치 막부와의 외교는 通信使·回禮
使·報聘使라고 하는 명칭으로부터도 알 수 있듯이 慶弔·修好·回
禮(報聘)가 주목적이었다고 할 수 있다. 이로 보아 사절파견을 통해 '적
례'를 교환하려고 한 조선의 對日 '적례적 교린'정책이 일관되게 전개
되고 있었다는 것을 알 수 있다.

<표 1> 조선전기 무로마치 막부에 파견한 사절

年代(국왕)	목적 및 명칭(正使 이름)		파견 대상 및 비고
1399(정종 1)	報聘使	(崔云嗣)	
1402(태종 2)	修好의 使者	(未 詳)	
1404(태종 4)	報聘使	(呂義孫)	
1406(태종 6)	報聘使	(尹 銘)	
1410(태종10)	報聘·弔喪	(梁 需)	쇼군 義滿 사망
1413(태종13)	修好의 通信使	(朴 賁)	渡航 중지
1420(세종 2)	回禮使	(宋希璟)	
1422(세종 4)	回禮使	(朴熙中)	
1424(세종 6)	回禮使	(朴安臣)	
1428(세종10)	慶弔의 通信使	(朴瑞生)	쇼군 義持 사망과 義敎 취임
1432(세종14)	回禮使	(李 藝)	
1439(세종21)	修好의 通信使	(高得宗)	
1443(세종25)	慶弔의 通信使	(卞孝文)	쇼군 義敎 사망과 義勝 취임
1460(세조 6)	修好의 通信使	(宋處儉)	해상조난으로 중지
1475(성종 6)	修好의 通信使	(裵孟厚)	일본 內亂으로 渡航 중지
1479(성종10)	修好의 通信使	(李亨元)	일본 內亂으로 대마도에서 귀국

* 中村榮孝,「15, 6世紀 日本國王使·朝鮮通信使 年表」(『日本と朝鮮』, 至文堂, 1966)을
  참고. 1413년의 朴賁은 『태종실록』14년 2월 을사조에 의거해 추가.

2. 상하관계에 사용된 '교린'

여기서는 조선이 일본이나 여진족의 특정한 개인, 또는 특정세력과의 관계에 사용된 교린 용례를 검토하려 한다. 그리고 이것은 '머리말'에서 소개한 한국학계의 교린 견해를 검토하기 위한 기초적 작업에 해당한다.

1431년 일본국왕사와 같이 조선에 온 左武衛(斯波氏)의 사자에 급여한 賜物에 대해, 예조판서 신상은 '交隣之義'로 볼 때 야박했다고 그 양을 늘릴 것을 상신하고 있다.[20] 이와는 반대로 1437년 일본인의 진상한 石硫黃의 값이 잘못 계산되어 回賜한 布가 과다하게 지급된 것에 대해서는 '不謹交隣之禮'라고 이를 비판하고 있다.[21] 즉 사물의 급여에 조선은 일정기준을 설정하여 시행하려 하고 있었던 것이다. 따라서 여기에서의 '교린'은 來朝하는 외국인에 대한 일정량의 사물 급여 의미로 사용되고 있다.[22]

다음은 1584년 조선 예조참판이 일본 京極高虎에게 보낸 문서의 일부분이다.

> 우리나라는 예로부터 교린을 義로 하여 賞을 함부로 내리지 않았고, 銅印의 下賜는 朝廷이 더욱 신중했다. 그러나 특별히 足下가 글로서 好音을 가지고 와 請勤하려 하니 어찌 조선으로서도 보답이 없겠는가.[23]

---

20) 『세종실록』 13년 6월 정사.
21) 『세종실록』 19년 7월 정미.
22) 이외에도 "交隣之事, 雖不當過厚, 亦不可太薄待之, 若得其中, 則自無邊患矣."라는 인식이 보인다(『중종실록』 39년 4월 병술).
23) "我國家自來, 交隣以義, 賞不虛施, 銅印之賜, 朝廷固嘗愼重, 而特以足下書懷好音來請勤, 渠在我, 報答之典亦不可."(『續善隣國寶記』[『史籍集覽』 28책], 296쪽)

여기서의 교린은 '朝廷'(朝鮮)이 일본 지방 세력에게 銅印, 즉 圖書를 급여하는 것을 보여주고 있다. 도서란 조선이 일본의 통교자에게 그 명의를 새겨준 印章을 가리키고 있고, 이를 받은 사람(受圖書人)은 조선으로부터 교역상의 특혜를 받는 대신 조선에 대해서는 조공하는 자로서의 입장을 취하지 않으면 안 되었다.

다음으로 교린이 접대의 의미로 사용된 사례를 들어보자. 蛇梁鎭 倭變(1544)이 발생한 직후 조선에서는 대마도에의 대응책이 논의되었는데 이하는 그때에 내어진 의견의 일부이다.[24]

> ① 교린하는 일은 한 가지의 잘못 때문에 경솔하게 거절할 수는 없는 것이다. 내(中宗) 생각에는 먼저 엄중한 말로 島主에게 타이르기를 "만일 또 다시 그와 같은 짓을 하면 반드시 용서하지 않고 끊어버리겠다."하고 서서히 그들이 답하는 것을 보는 것이 어떨까 한다.
> ② 교린의 도리는 마땅히 후하게 해야 한다. 그러나 이전에는 음식 대접하는 것도 원래 일정한 법이 있었기 때문에 왜인들이 감히 더하거나 덜하지 못했다.
> ③ 교린이라 하지만 倭奴의 거짓됨이 심하니 隣으로 대우할 수 없다. 마땅히 개·돼지로서 대우해야 한다. 조선이 교린이라 하여 후대하므로 그들이 감히 교활하고 간사한 짓을 하여 이처럼 기만하고 모욕하는 것이다.
> ④ 交隣하는 도리는 마땅히 후하게 해야 하지만, 이번에 왜인들은 먼저 隣好하는 도리를 저버리고 군사를 내어 소란을 일으키고

---

24) ① "交隣之事, 不可以一失而輕絶也, 予意, 先以嚴辭, 開諭于島主曰, 又若如此, 則必絶不饒云, 而徐觀其答辭如何." ② "且交隣之道, 當爲厚矣, 然古者飮食之事, 自有定規, 故倭人等, 不敢增損." ③ "雖曰交隣, 倭奴變詐難測, 不可待之以隣, 當以犬豕遇之, 在我國, 則以交隣之故厚待, 而敢爾狡詐, 大肆欺辱, 至於如此." ④ "交隣之道, 雖當以厚, 今此倭人, 先背隣好, 擧兵作耗, 至於圍城, 以義言之, 當絶無疑."(『중종실록』 39년 4월 무자·5월 무오)

城을 포위하기까지 하였다. 의리로 말하자면 의심할 여지없이
끊어야 할 것이었다.

①에서는 대마도가 소란을 일으킨 것은 단지 한 번의 과실이므로 이
를 가지고 관계를 단절해서는 안 된다고 하며 이것이 본디 '交隣之義'
라고 말하고 있다. 여기서의 조선의 교린은 대마도를 그 대상으로 하고
있다. ②, ③, ④에서는 '교린'이 후대하는 의미로 사용되고 있다. 특히
③에서는 교린이 그 상대를 '犬豕'(개·돼지)와 같은 짐승이 아닌 '隣'으
로서 대우하는 것에 있다고 하고 있다. ①이 대마도와의 관계 재개의
의지를 가진 견해인 반면, ③, ④는 대마도가 조선의 '交隣之道'에 위
배했다고 하여 관계 재개에 회의적인 반응을 보이고 있다.

　　平道全을 보내어 대의로써 책망하기를, "국가에서 너희를 아주 후
　　하게 대우하여 주었음에도 오히려 덕에 감화하지 않고 작은 일을 가지
　　고 원망을 품어 우리 백성을 해치고자 하였으니 교린의 도리가 이와
　　같은 것이냐? 너희들이 만약 큰 종을 구한다면 국가에 고하는 것이 가
　　하다. 어찌하여 패만하고 무례하기가 이처럼 심한가?"라고 힐책한 후
　　다른 鐘을 내려주고 돌려보내도록 하소서.25)

이것은 1414년 규슈와 대마도 사람 105명이 조선에 큰 종을 구하러
왔다가 이를 빨리 주지 않는다고 조선인을 다치게 한 것에 대해 예조판
서 황희가 태종에게 올린 의견이다. 즉 후대하고 있는 '국가'(조선)에 대
해 그들의 취한 행동은 '交隣之道'에 反한다고 하는 발언이다. 여기서
의 교린도 후대와 관련되어 있다. 또한 교린의 직접적 대상도 100여
명의 일본인을 가리킨다.

---

25) "平道全, 以大義責之曰, 國家待爾甚厚, 爾曹反不感德, 以小事啣之, 欲害
　　我民, 交隣之道若是乎, 爾等若求大鐘, 則告于國家可也, 何悖慢無禮, 如
　　是其甚耶, 遂賜他鐘, 脅令入送."(『태종실록』 14년 8월 정미)

　　태종조에 대마도 왜인이 우리 국경에 들어와서 도둑질하매, 大內殿
이 대의를 들어서 문죄하고 그 부락을 무찔러 죽였으니 그들이 本國(조
선)을 생각하고 교린을 우선으로 여기는 의리가 진실로 가상할 만하다.
… 이제 (대마도의) 왜인이 간절히 요청하는데 조선으로서는 교린의
字小하는 의리를 가지고 있으면서 이를 不許해야 할 것인가?[26]

　　이 기사에서 보듯 世宗은 태종대에 대마도인이 조선을 노략질할 때
오우치(大內)씨가 조선의 입장에 서서 대마도를 '問罪'했다면서, 그의
이러한 행위를 '交隣念先之義'라고 평가하고 있다. 세종은 한편, 조선
孤草島에 대한 대마도 측의 간절한 漁撈 행위 요청에 대해서는 '交隣
字小之義'로서 이를 허용해야 한다고 말하고 있다. 세종이 기억하고
있는 오우치씨의 행위는 사실여하와는 별도로 조선의 叛賊을 罰한 것
이 되며 그것이 오우치씨가 조선에 취한 교린이었다는 것이다.[27] 또한
대마도에 대한 교린은 무휼적 입장(字小)을 의미하고 있다.

　　이처럼 교린이 후대나 구휼하는 것, 그리고 賜物 급여 등의 의미로
사용되었으므로 당연히 조선의 북방에 인접해 있는 여진족과의 관계에
도 나타나고 있다. 1418년 예조가, 조선에 내조한 '日本客人'에게는
寢具類를 급여하면서 漢城에 상경하는 야인들에게는 그것을 주지 않
는 것에 대해 "교린의 도리로 헤아릴 때 후하고 박한 것이 고르지 않는
듯합니다."라고 지적하여 그 개선을 태종에게 건의하고 있다.[28] 이로
보아 일본인과 아울러 여진인에 대해서도 '교린'이 사용되었음을 알 수

---

26) "在太宗朝, 對馬倭人, 入寇我境, 大內殿, 擧義問罪, 屠殺部落, 其追念本
　　國, 交隣念先之義, 誠可嘉尙, … 今倭人請之懇懇, 以我國交隣字小之義,
　　其不許之可乎."(『세종실록』 23년 11월 갑인)
27) 오우치씨가 조선을 도와 대마도를 공격했다는 것은, 定宗代 아시카가 요시미
　　츠의 명령으로 왜구 소굴을 토벌한 일을 가리키는 듯하다(『정종실록』 원년 7
　　월 무인).
28) "其於交隣之道, 似乎厚薄不均."(『태종실록』 18년 정월 계유)

있다.

1554년 어숙권이 편찬한『攷事撮要』의 서문에는 "大要, 以事大交
隣爲主, 而以各種事次之."라고 하여, '사대·교린'을 중심으로 책의
내용을 구성했음을 설명하고 있다. 그리고「交隣」部에는「接待倭人
事例」,「倭人朝京道路」와「接待野人事例」가 있어 '교린'의 대상으
로 여진족까지 포함시키고 있는 것이 확인된다. 또한『增補文獻備考』
卷163, 市糴考1에도 "至於邊府互市, 寔爲交隣之重事."라 하여 국경
에서의 互市무역을 '교린'으로서 중시하고 있다. 그러므로 호시무역의
상대인 여진족도 교린의 대상이 되는 것이다.

여진족이 일본·유구 사자와 같이 중요한 외교대상이었다는 것은 조
선전기의 법전에도 나타나 있다. 예를 들어『經國大典』의「禮曹－典
客司」에는 그 설명으로 "掌使臣(明 使臣)·倭·野人迎接, 外方朝貢,
宴設·賜與等事"라고 덧붙여져 있다. 또한 같은 책의「事大」條에
이은「待使客」條에는 明·日·琉球·野人에의 제반 접대규칙이 기
록되어 있다. 1492년 이극증에 의해 편찬된『大典續錄』에도 禮典의
「待使客」條에 일본의 '국왕사'와 여러 지방 사절, 그리고 유구국왕사
및 야인의 접대규정 등이 나란히 기록되어 있다.

조선조의 司譯院은 교린정책을 관장하는 중요 기관이다. 그 기능에
대해『通文館志』(1714年刊)의 서문에 보면, 사역원이란 고려조에선 '通
文館'이라 칭하던 관청으로 '사대·교린'의 업무를 전문으로 관장하고
있으며 중국어·몽고어·일본어·만주어를 배우는 '四學'과 34개의
'廳'이 있어 합계 600여 명이 소속되어 있다고 설명하고 있다. 그리고
'사대·교린'에는 이미 정해진 도리가 있어 이를 실시함에도 규칙과 법
도의 구비가 필요하다고 하고 있다.[29]

---

29) "及乎勝國, 有通文館, 本朝有司譯院, 專掌事大交隣之事, … 蓋院有四學,
曰漢蒙倭淸, 其爲廳, 凡三十有四, 共六百餘員, … 事大交隣者, 必有其道,

그런데 1411년 태종은 사역원에 대해 蒙古學의 학생을 증가·교육
시켜 '교린'에 대비하라고 명하고 있다.[30] 이는 몽고와의 관계가 발생
했을 때에 대비하여 몽고 역관을 양성하려고 한 것이리라. 또한 1482년
성종이 "譯學은 교린·사대하는 데 있어서 그 임무가 막중하다. 女眞
通事는 내가 알지 못하나 倭 통사에 만약 서인달이 없다면 누구에게서
배우겠는가?"라고 발언하고 있다.[31] 이로 본다면 '교린'은 '사대'와 같
이 譯官을 양성하는 것과 깊게 관련되어 있다. 역관의 양성이야말로 외
교관계를 원활히 수행할 수 있는 첩경이 되기 때문일 것이다. 司譯院
에서 양성된 역관들은 漢城만이 아니라 남북 변방지역에도 파견되어
現地에서의 외국어 교육이나 최전선의 외교 실무를 담당하였다. 『增補
文獻備考』에 의하면, 그런 역관은 14명에 달한다.[32] 역관 중에서 通
事는 사절의 일원으로서 중국이나 일본 또는 여진 지역으로도 파견되
었고, 조선에 입국하는 사자나 來朝者의 접대역으로도 차출되기도 했
다.[33]

　　1471년 간행된 신숙주의 『海東諸國紀』 서문은 다음과 같은 내용으
로 시작된다.

　　　　무릇 交隣·聘問하여 풍속이 다른 민족을 어루만질 때엔 반드시
　　　그 실정을 알아야 禮를 다할 수 있게 되고, 그 예를 다하여야 마음을
　　　다할 수 있다. … (일본은) 우리나라와 바다를 사이에 두고 서로 마주보

而其行之, 又必有章程品式之具." 『增補文獻備考』 卷222, 「職官考9－司
譯院」 條에도 "本朝國初, 置司譯院, 掌譯諸方言語, 事大交隣"이라고 설명
하고 있다.
30) 『태종실록』 11년 윤12월 무오.
31) "且譯學, 交隣事大, 其任至重, 女眞通事, 予未知之, 倭通事, 若無徐仁達,
　　則誰從而學." (『성종실록』 13년 4월 기유·임자)
32) 『增補文獻備考』 卷233, 「職官考20－譯學」 條.
33) 『세종실록』 8년 9월 임자.

고 있으므로 도리를 차려서 잘 어루만져주면 예의로서 朝聘할 것이나,
그 도리를 차리지 못한다면 우리를 침략하길 함부로 할 것이다.[34]

즉 '교린'은 상대의 사정을 잘 파악하여 그에 합당한 禮와 마음을 다
하는 것이므로, 일본에 대해서도 능히 그 회유하는 방법을 얻어서 일본
인이 禮를 가지고 朝聘하도록 하지 않으면 안 된다고 신숙주는 주장하
고 있다. 그는 이어서, 고려 말엔 국정의 문란으로 일본을 무휼하는 방
법을 강구하지 못해 조선의 남해안을 황폐화시켰다고 단정하고, 武力
에 의존하여 外夷를 제어하려고 하였던 중국의 漢武帝나 隋煬帝의 실
패를 선례로서 들며, 내정을 우선하여 다스림으로서 이를 바탕으로 外
夷가 제압될 수 있다고 역설하고 있다.

이렇게 보면 신숙주가 『해동제국기』 서문에서 말한 '교린'과 관련한
설명은 중국이 취했던 外夷 制御策, 이른바 羈縻策과 다르지 않는 내
용이었음을 알 수 있다. 따라서 그 서문의 '교린'이 구체적으로 무엇을
가리키고 있는가를 파악하기 위해 『海東諸國紀』 본문의 내용을 검토
하여 보자.

'교린'이라는 이 제1장의 과제와 관련해 이 책을 검토할 때 두 가지
특징이 지적된다. 먼저 조선과 무로마치 막부와의 사절왕래 기록을 전
혀 찾아볼 수 없다는 것이다. 오히려 이 책의 「日本國紀—八道六十六
州」에서 알 수 있듯이 일본 국내 유력세력의 분포상황이나 그 세력의
조선에의 '來朝' 여하에 관한 기사가 대일관계 서술의 대부분을 차지하
고 있다는 점이다.

다른 하나의 특징은 조선과 깊은 관련이 있는 대마도나 규슈의 세력
들, 또는 교토를 중심으로 하는 세력으로서는 '巨酋'라 불리는 하타케

---

34) "夫交隣聘問, 撫接殊俗, 必知其情, 然後可以盡其禮, 盡其禮, 然後可以盡
其心矣, … 與我隔海相望, 撫之得其道, 則朝聘以禮, 失其道, 則輒肆剽竊."

야마(畠山)·호소카와(細川)·사부에이(左武衛)·교코쿠(京極)·야마나(山名)씨가 다른 세력보다 자세히 기술되어 있다는 것이다. 이것은 조선의 대일관계, 이른바 서문에서 말하는 '교린'관계가 이들 일본국내의 여러 세력을 대상으로 하고 있음을 보여주고 있는 것이 아닐까? 이 책 속의 「朝聘應接紀」의 내용은 일본국왕사를 포함한 위의 여러 세력의 使送人에 대한 접대법규이다.

이와 같은 본문 내용을 염두에 두고 다시 서문을 해석해 보면, "일본 내 여러 세력의 大小를 정확히 파악하여 마음을 다해 각각의 세력에 상응한 격식의 의례로서 후대하는 것"이라고 할 수 있다. 이것이야말로 '교린'의 궁극적 목적이었다고 할 수 있다.[35]

이러한 관점에서 『해동제국기』를 파악한다면 그 편찬자인 신숙주가 임종에 즈음하여 成宗에게 일본과의 관계를 끊지 말도록 당부했다는 그 유명한 일화는,[36] 당연히 새로운 해석을 내리지 않으면 안 된다. 즉 지금까지는 일본과의 대등한 선린관계를 단절하지 말도록 요청한 것으로 이해하여 왔다. 그러나 오히려 일본의 유력 세력과의 관계를 태만히 하지 말도록 바란 것이라고 할 수 있다. 이처럼 신숙주가 설정한 '교린' 대상은 일본국내의 多元的 세력이었다고 파악해야 할 것이다.

---

35) 高橋公明,「外交儀禮によりみた室町時代の日朝關係」(『史學雜誌』91-8, 1982), 69~70쪽에는,『海東諸國紀』의 편찬의도에 대해, 조선 측의 '交隣'정책을 지탱하는 관념에는 조선을 중심으로 한 華夷관념을 지적할 수 있다고 하고, 이 책이 '교린'정책 대상에 西日本 지역의 통교자와의 교섭을 華와 夷의 관계로서 파악·수용하고, 더구나 室町幕府·尙氏 琉球와의 대등한 통교관계마저 포함시켜 조선이 취한 '교린'정책의 통일적 이해를 곤란하게 했다고 논하고 있다. 그리고 이 책의 작성의도에 대해선 "어떠한 지역, 어떠한 배경 하에서 夷인 많은 통교자가 華인 조선에 來朝했는가를 객관적으로 보여주는 데에 있었다."라고 평가하고 있다.

36) "申叔舟臨終, 上(成宗)問所欲言, 對曰, 願無與日本失和, 上感其言."(『前後使行備考』[『國譯海行摠載』(Ⅰ)], 民族文化文庫刊行會, 1974)

이상과 같이 한국학계의 견해와 합치하는 '교린'의 용례를 중심으로 검토하여 보았다. 이를 통해 특히 조선과 조선 주변의 여러 세력들과의 관계가 상하관계로서 그려져 있는 것이 주목된다. 이를 잘 보여주는 예로서 변계량에 의해 지어진 太宗의 碑文 내용을 보자. 거기엔 "사대는 天子가 그 지성스러움을 칭송하였고, 교린은 倭邦이 그 도리를 지켜 복종하였다. … 교린에 도리가 있어 왜방이 來庭하였다."라고 하여, '교린'의 도리가 '倭邦'을 조선에 來朝하도록 회유함에 있다고 설명하고 있다.37)

그럼 본 절에서 검토한 내용을 정리하여 보자.

첫째, '교린'은 상대방에 圖書·賜物 등을 주어 후대하고 이를 통해 회유하는 것이다.

둘째, '교린'의 대상은 대마도 宗氏·오우치씨 등 일본 특정세력이나 조선과 통교관계를 가진 개인으로서의 '왜인'이며, 여진족도 그 대상에 포함된다.

셋째, '교린'의 목적은 위와 같은 '교린' 대상을 조선에 來朝시켜 反조선적 입장을 취하지 않도록 하게 하는 것이다. 또한 이들 세력이나 개인에게 조선을 '국가', '朝廷'으로 인식시키는 것도 중요한 목적이다.

넷째, 조선 내정상 '교린'의 실현이란, '교린' 대상과 원만한 관계를 유지하기 위한 譯官 양성을 의미하고 있다.

다섯째, '교린'은 원래 그 상대를 '隣'으로서 대우하는 것으로 짐승처럼 대우하는 것이 아니다. 이는 '교린'이 '交隣有道', '交隣之禮', '交隣以信'이라 표현되어 있는 것에서도 확인할 수 있다(후술).

이처럼 조선과 그 주변 세력과의 상하관계를 지향하는 '교린'이 존재하고 있었다는 사실은 일본학계의 '교린'에 대한 견해가 간과한 것이라

---

37) "事大, 則天子稱其至誠, 交隣, 則倭邦服其有道, … 交隣有道, 倭邦來庭."
(『태종실록』 18년 11월 갑인)

고 지적할 수 있다. 반면에 한국학계에서의 '교린'은 이러한 상하관계를 지향하는 '교린'에 한정시키고 있었다고 할 수 있다. 이 상하관계를 지향하는 '교린'을 '羈縻圈 交隣'이라 부르기로 한다. 이와 관련한 설명은 후술하고자 한다.

3. '기미'와 '교린'

'羈縻'는 전통적으로 중국의 夷狄에 대한 통제·회유책을 말한다. 明의 對여진 정책에서도 볼 수 있는 것처럼 기미는 이적을 중국에 조공하게 하고, 조공해 온 이적에게 관작을 부여하여 각기 그 관작에 합당한 접대를 행하고 厚賜하는 정책을 가리킨다. 明은 이 정책에 의해 이적으로부터 변경의 안전을 도모했던 것이다.

조선왕조도 그 목적과 정책면에서 明의 기미정책과 아주 유사한 정책을 전개했다고 할 수 있다. 그러나 그러한 조선의 기미정책이 '교린'의 이름으로 표현되어 있으므로 이를 '羈縻圈 交隣'이라 부르기로 하자. 여기서 '기미권'이라고 '圈'을 붙인 것은 조선의 기미정책의 영향 하에 있는 상대방, 즉 대마도·오우치씨·여진족 등이 조선 국경의 바깥에서 조선의 울타리와 같은 '藩屛'的 존재로서 일정기간에 걸쳐 일정 영역을 형성하고 있었기 때문이다.

물론 '기미'와 '교린'은 동아시아의 전통적 華夷관념에서 볼 때 서로 양립할 수 없는 개념이다. '기미'는 華의 夷에 대한 것으로, '禮'와 '法度'를 구비한 華가 이를 갖추지 못하고 있다는 주변의 夷에 대하여 주체적 입장을 가질 경우에 성립하는 것이다. 반면에 이웃과 사귀는 것을 가리키는 '교린'의 '隣'은 상하관계까지도 그 내용에 포함되어 있다고는 하지만, 華夷間의 관계를 가리키는 개념은 아니다(후술).

다만 조선 주변의 외부세력이 그저 조선에 인접해 있다는 이유만으로 조선에 의해 '隣'이 되는 것은 아니다. 앞에 든 '交隣以禮'라는 표현으로 보아도 '隣'은 상호간에 禮가 상통할 경우에 성립한다고 할 수 있다. 이는 전술하듯 조선과 '교린'관계에 있던 대마도가 사량진왜변을 일으킴에 의해 조선으로부터 '隣'이 아니라 짐승처럼 夷狄視(기미 對象 視)된 사례로 보아 명확해진다.

이처럼 '기미'와 '교린'과는 상호 용납할 수 없는 대립 개념인 것은 다음의 사례로부터도 설명될 수 있다. 1479년 무로마치 막부의 요청에 응하여 파견된 조선의 통신사가 내란을 이유로 한 일본 측의 입국 거부에 의해 어쩔 수 없이 대마도로부터 곧장 귀국하게 되었다. 이때 조선에서는 일본의 행위에 대해 "隣國의 禮로서 대우할 수 없고 마땅히 기미로 해야 한다."고 주장하고 있다.38) 이 주장이 실행된다면, 일본 즉 막부는 조선의 '적례적 교린'의 대상으로부터 기미의 대상으로 격하하게 되고, 조선으로 볼 때 일본이 '隣國'이란 華의 입장에서 夷의 입장으로 변화된다고 할 수 있다.

이처럼 '기미'관계가 華와 그에 의해 이적시되는 상대와의 관계라면, '교린'관계는 華와 그에 의해 華視되는 상대와의 관계를 가리킨다. 그렇다면 이러한 관점에서 조선과 대마도와의 관계를 보자.

전술한 것처럼 사량진왜변 발생 이전의 조선과 대마도와의 관계는 '교린'관계였다고 조선은 인식하고 있었다. 그러면 그 당시 조선과 대마도는 구체적으로 어떠한 관계였을까? 한마디로 말한다면 그것은 壬申約條(1512)의 관계였다고 할 수 있다. 이 약조는 三浦倭亂(1510)에 의해 새로 체결된 것으로 그 이전에 양자 간에 체결되어 있던 癸亥約條(1443) 규정보다 제한된 것이었다. 즉 대마도인의 三浦 거주를 금지하고

---

38) "不可以隣國禮待之, 羈縻可矣."(『성종실록』 10년 7월 무진)

歲遣船과 歲賜米豆를 半減시켰으며 특송선 제도를 폐지하고 개항장을 3개소에서 1개소로 제한한 것이었다.

이 임신약조의 규정은 대마도의 요청에 의해 완화되어 가지만 기본적으로 대마도는 이 규정을 준수하고 있었다. 또한 교역에서도 대마도가 조선에 물품을 '進上'하고 조선국왕은 이에 대해 물품을 '回賜'하는 일종의 조공무역 형태를 유지하여 양자 간은 君臣관계로 놓여있었다. 더욱이 여기에는 신의와 도리에 근거한 여러 가지 군신간의 의례를 동반하는 관계가 형성되어 있었다. 조선은 다름 아닌 이러한 관계를 '교린'관계라고 간주하고 있는 것이다.

이러한 '約條'는 조선이 대마도에 일방적으로 부여하는 '恩賜'의 형태를 취하고 있었고, 대마도는 이에 대해 조선의 藩臣 입장에서 왜구로부터 조선 연안을 보호하는 의무도 있었던 것이다. 조선·대마도 사이의 '약조'관계는 계해약조 성립 이후엔 삼포왜란에서 임신약조의 체결까지(1510~1512), 사량진왜변에서 정미약조의 체결까지(1544~1547), 임진왜란에서 기유약조의 체결까지의 기간(1592~1609)을 제외한다면 메이지정부가 대마도의 對조선 교섭권을 박탈하는 19세기 후반에 이르기까지 기본적으로 존속하고 있었다. 따라서 조선조로 볼 때 조선과 대마도와의 관계는 기본적으로 '기미권 교린'의 관계였다고 할 수 있다(제4장 제3절, 제6장 제1절 참조).

제2절 '교린'의 사상적 배경

1. 대등・상하관계의 '교린'

앞 절에서 '교린'이 상하관계 및 대등관계를 각각 지향하면서도 아울러 사용되고 있었다는 점, 따라서 한국・일본 학계의 '교린' 견해는 조선조가 사용한 '교린' 내용을 각각 일부분 밖에 수용하고 있지 않다는 점을 밝혔다. 그리고 조선조가 취한 '적례적 교린'정책과 '기미권 교린' 정책도 똑같이 '교린'으로서 표현되었으며, 더욱이 '交隣之禮', '交隣之道', '交隣以信' 등의 관용구로서 사용되었다는 점에 관해서도 이미 밝혔다.

그렇다면 이러한 내용을 가진 조선의 '교린'정책은 궁극적으로 무엇을 지향하고 있었을까? 이에 대해 다음과 같이 상정할 수 있을 것이다.

첫째, 조선은 두 '교린'의 대상을 동등하게 '隣'으로서 자리매김하려 했다는 것이다. 즉 '적례' 대상인 아시카가 쇼군에 한정하지 않고 조선에 '사대'의 입장을 취하고 있는 대마도 宗氏・오우치씨・여진족마저도 '隣'으로서 간주하려 한 것이다.[39]

---

39) 조선은 아시카가 쇼군의 사망만이 아니라 오우치씨나 대마도 宗氏의 사망에 대해서도, 국왕이 작성한 祭文을 사절에게 지참・渡日시켜 弔祭를 행하게 했다. 예컨대 1452년 조선의 대마도 宗貞盛에의 祭文에는 "惟靈篤厚純實, 克繼先志, 恭勤事大, 輯和下人, 禁暴弭姦, 藩屛我國家, 敬順之心, 終始一誠."이라고 있다(『단종실록』 즉위년 8월 갑자). 여기서 조선은 대마도를 自國에 '事大'하는 입장을 취하고 있는 '藩屛'이라 인식하고 있었음을 알 수 있다. 또한 1458년 여진족에 대한 世祖의 발언에 "大抵野人, 一以仰中朝, 一以仰我國, 故夏月來叩, 彼旣不廢事大之禮, 我當撫以字小之義."라 하듯이(『세조실록』 4년 4월 경오), 여진족의 조선에 대한 관계도 조선은 '事大'관계로 간

둘째, 조선이 희망한 진정한 '隣'은 조선처럼 '禮', '道', '信'을 조선과의 관계에 적용하려고 하는 상대이다. 따라서 이 '隣'은 지리적 '隣'이 아닌 동류 개념으로서의 '隣'이 된다.

셋째, 조선조는 스스로를 華로 설정하고 있었다. 그렇다면 華인 조선은 自國과 통교하는 '隣'도 華로 자리매김하겠다는 것이 된다. 결과적으로 華는 다원화하게 된다.

그렇다면 이러한 조선의 '교린'정책은 중국황제를 頂點에 두는, 이른바 '책봉체제'나 華·夷로서 自·他를 구분하는 '화이사상'과는 성격을 달리한다. 이 경우 조선은 '교린'사상의 이상을 어디에서 추구한 것일까? 이미 제2절의 '적례적 교린' 내용 정리에서 '교린'이 조선시대에도 고래로부터의 것으로 인식되어 있었다고 서술했다. 여기서는 이 점을 염두에 두고 조선조 '교린'의 사상적 배경을 검토하여 보기로 한다.

우선, 다음을 가지고 조선 측의 인식을 살펴보자.

> 일본 같은 나라는 원래부터 사대하는 나라가 아니며 또 환란을 구제하고 재앙을 나누는 나라도 아니다.
> 일본과 조선은 비록 隣國이라 하지만 옛날 列國의 교빙관계와는 견줄 수 없다. … 또한 列國이 서로 사귄 것은 사대의 例가 아니었다.

이것은 1443년 통신사 변효문이 일본에서 귀국한 직후, 쇼군 요시카츠(義勝)의 사망 소식을 접한 조선 조정에서 조문 사절을 재차 파견할 것인가의 여부를 논의하는 때에 내어진 사절파견 반대의 의견이다.[40] 이 의견에는 일본이 조선의 事大國도 아니라면 '救患·分災'의 나라

주하고 있다.
40) "如日本, 固非事大之比, 又非救患分災之國也." "然日本與我朝, 雖曰隣國, 非古列國交聘之比, … 且列國相交, 非事大之例."(『세종실록』 25년 10월 경자·계묘)

도 아닌 대등한 나라라는 인식과, 양국 사이가 '隣國' 사이이지만 사대
관계를 취하지 않았던 옛날 '列國'間의 상호 교빙관계와는 비교할 수
는 없다는 평가가 담겨져 있다. 당시 변호문의 교토 入京이 막부에 의
해 일시 허용되지 않은 것에 대한 조선 측의 불쾌감이 이 의견에 반영
되었다고 추측해 볼 때, 조선 측이 理想視한 양국관계는 '列國'間의
교빙왕래였다고 짐작할 수 있다. 그 관계야말로 본디 있어야 할 '隣國'
관계라고 여겨진다.

이 '列國' 사이의 교빙이란 다수의 '적국'간의 대등한 사절왕래를 가
리킨다고 여겨질 경우 다수의 '적국', 즉 '열국'이 공존한 시대란 언제
일까? 중국의 주변민족이 중국문화를 수용하여 제각기 민족적 성장을
추구하여 온 것을 부정할 수 없을진대, 조선이 예로 든 이 '열국' 또한
중국 역사상에서 찾을 수 있을 것이다. 이에 떠올릴 수 있는 시대가 春
秋시대이다.

2. 『春秋』와 조선의 외교 理想

春秋시대에는 晋·秦·楚·齊 등의 列國이 존재하여 그 상호간엔
교빙관계에 있었으며, 그 사이에 끼인 小國들은 이들 열국에 대해 事
大의 禮를 취하는 것으로 그 존속을 도모하고 있었다. 그렇다면 춘추시
대 국제관계는 국력의 강약에 입각하여 사대와 교빙이 중층적으로 겹
쳐 있던 시대였다고 할 수 있다. 『春秋左傳』의 「襄公1 元年」에는 "무
릇 제후가 즉위하는 경우, 이에 대해 소국은 來朝하고 대국은 來聘하
여 隣好를 잇고 신의를 맺으며 현안문제를 상담하고 문제점을 보완하
였으니 이는 중요한 예이다."라 하여, 당시 大小國間의 관계를 이야기
하고 있다.[41] 즉 어떤 나라의 제후가 즉위하면, 이에 대해 소국은 '朝'

하고 대국은 '聘'하는 것이 禮의 가장 중요한 요소라 하고 있다.

이로 보아 조선이 바라고 있던 아시카가 쇼군과의 관계는 춘추시대 열국간의 관계에 있었다는 것이 이해될 수 있을 것이다. 그리고 조선은 여진족 · 대마도 종씨 · 오우치씨 등과의 관계를, 대국(열국)과 소국간의 관계로서 설정하고 있었을 것이다. 전술한 '救患 · 分災之國'이란 대국의 소국에 대한 인식일 것이다.[42] 이를 뒷받침하는 것으로 다음의 例를 들 수 있다. 1659년 대마도가 큰 화재를 겪자 조선이 역관을 파견하여 '賜米' 300석을 급여하고 있는데, 이러한 조선의 행위를 대마도는 '交隣, 救災之義'라고 기록하고 있다.[43] 즉 대국의 소국에 대한 救災 활동을 '교린'으로 평가하고 있는 것이다.[44]

조선이 아시카가 쇼군에 한정하지 않고 대마도 宗氏나 오우치씨 등의 사망과 계승에 대해서도 조문과 축하의 사절을 파견한 일, 또는 소국에 해당하는 대마도 종씨나 오우치씨 등의 이른바 '기미권 교린' 대상의 구휼 요청에 대해서도 일일이 응하려고 한 것도 춘추시대 대소국

---

41) "凡諸侯卽位, 小國朝之, 大國聘焉, 以繼好結信, 謀事補闕, 禮之大者也." 이 외에도 『春秋會要』의 「公朝大國」에 "宣四年秋, 公如齊, 高氏閔曰, 公亟朝于齊, 謹事大國以自固也.", 『春秋左傳』의 「文元年冬」에 "凡君卽位, 卿出並聘, 踐修舊好, 要結外援, 好事隣國, 以衛社稷, 忠信卑讓之道也."라고 보인다.

42) 『春秋左傳』의 「僖公元年」에 "凡侯伯, 救患分災討罪, 禮也."라 있고, 後藤均平, 「陳について」(『中國古代の社會と文化』, 東京大學出版會, 1957)에도, 大國의 小國에 대한 禮의 하나로 患禍를 救恤하는 것이 있다고 한다.

43) 『交隣考略』의 「周急事考」(『古事類苑－外交部』, 715쪽).

44) 그러나 '敵國'이라 해도 疲弊한 상태에 있을 경우에는 '교린'의 禮로서 救災 행위가 취해졌던 듯하다. 예를 들어 1470년 오닌(應仁)의 亂으로 쇠약해진 무로마치 막부에 대한 조선의 원조 행위가 '交隣之義'로서 표현되어 있는 것이 그것이다("日本國伊勢守政親使入道等辭, 其答書曰, 禮曹判書金謙光奉復, … 仍審貴國兵禍未弭, 足下爲國深慮, 承稟國王殿下之命, 裁具遠達, 以索軍需, 夫救患分災, 交隣大義, 豈宜不恤, 具由以啓我殿下, …."『성종실록』 원년 9월 임인).

간의 외교관계에 영향 받은 때문으로 보여진다.

춘추시대 중국의 경우, 그 세계관은 중원인 중화제국의 영역에 한정
하여 구성되어 있었으며 夷狄은 그 외곽에 위치되어 있었다. 그리고 중
화제국과 이적과의 사이에는 공통하는 규범질서가 존재하지 않았다. 그
러므로 중화국가가 이적을 공격하는 경우에도 이를 '전쟁'이라 칭하지
않았다.[45]

이로 보면 춘추시대 중화지역에는 대국 사이나 대·소국 사이도 똑
같이 華의 관계이며, '隣', '隣國'이라는 '교린'관계가 성립되어 있었던
것이다.[46] 조선이 본래 대등이 아닌 '기미권 교린'의 상대까지도 '隣'
으로서 자리매김하려고 한 것은 이러한 춘추시대 중화지역 세계를 自
國 중심으로 재현하려고 했던 것이리라. 이것이 가능해진다면 華의 지
역은 확대되어 다수의 華가 대두될 것이다.

그런데 중국 고대 周나라 왕의 권력이 쇠퇴한 춘추시대에는 제국간
에 약육강식·실력주의·권력주의라는 覇者의 논리가 통용되고 있었
다. 그러나 이 시대를 배경으로 하고 있는 유교 경전은 이러한 패자적
논리를 전적으로 비판하고 있다. 이러한 비판은 다름 아닌 禮的 관점에
서의 비판이었다. 특히 이러한 관점에서 제국간의 관계를 엄격하게 비
판하고 있는 것이 공자의 『春秋』이다. 『춘추』에 대해 이리에 게이시로
(入江啓四郎)는 다음처럼 평가하고 있다.

> 『춘추』는 禮와 非禮, 有道와 無道의 구별을 내세워 내치와 외교상
> 의 실천규범을 명확히 하고 있다. 국가의 종류와 등급, 영토의 得失,

---

45) 入江啓四郎, 『中國古典と國際法』(成文堂, 1966), 20쪽.
46) 이 시대에 '交隣'이 成語로서 존재하고 있는가의 여부는 확인할 수 없으나,
    『孟子』卷2의 「梁惠王章句下」에는 "隣國과 사귐에 道가 있는가"("交隣國
    有道乎")라고 보이듯이, 적어도 '隣國', '隣'은 『春秋』등의 유교경전에 다수
    보인다.

君位의 쟁탈과 승인문제, 내란의 진정, 그 외에 국내질서의 유지와 회
복에 대한 협력, 여러 나라 사절의 지위, 내정간섭, 정치범죄인의 처리,
居中조정, 중재, 국제경제 협력, 조약준수의 원칙, 강압된 意思의 효력,
나아가서는 집단적 안전보장, 집단적 제재, 攻守동맹, 전쟁 등의 무릇
국제관계에서 발생하는 만반의 안건이 망라되어 있다. 실로 이것은 국
제법적 사실과 이론의 종합적 원천이다.[47]

　이처럼『춘추』에서 말하는 국제법은 중화지역 내 국가 간의 총체적
인 제반 행위가 '禮', '道'에 적합한가 아닌가를 가치기준으로 하고 있
다고 할 수 있다. 그러므로『춘추』가 외교상의 실천규범을 '禮'와 '非
禮', '有道'와 '無道'로 구분하고 있다는 사실은 크게 주목할 만하다.
왜냐하면 조선도 '교린'을 항상 '交隣之禮', '交隣以道', '交隣有道',
'交隣之道, 在於信義'라고 하는 관용적 표현으로서 사용하고, '非禮',
'無道'한 행위를 비판하고 있기 때문이다. 이러한 것은 조선의 '교린'
정책이 유교경전, 특히『春秋』에 의해 '禮', '道'에 합당하다고 평가된
춘추시대 외교관계를 이상화하여 지향하였다는 것을 짐작하게 한다.
　바꾸어 말한다면『春秋』가 춘추시대 제국간의 외교관계를 '禮',
'道'로 평가하여 '마땅한 隣國관계'로 제시하고 있는 것처럼, 조선도
『春秋』의 '禮'와 '道'의 관점에서 '교린' 질서를 세우려고 한 것이라
할 수 있다. 즉 조선 측이 인식한 이상적인 '隣', '隣國'이란『春秋』의
'隣', '隣國'을 그 原型으로 한 것이다(<표 2> 참고). 조선왕조가 유교를
숭상하고 그 통치이념을 유교경전에서 추구하였다는 사실에서 볼 때,
'교린' 사상이 공자의『춘추』에 나타난 가치기준에 커다란 영향을 받
고 있다는 것은 상상하기 어렵지 않다고 하겠다.[48]

---

47) 入江啓四郞, 앞의 책 45), 序文.
48) 한 例를 든다면 임진왜란을 일으킨 일본을 가리켜 조선이 '無道之國'이라 비
　　판하고 있으나(『선조실록』에 散見) 이 또한『春秋』的 가치관에 의한 것이리라.

〈표 2〉 조선전기 '교린'사상과 『春秋』의 국제관계와의 비교

	『春秋』의 국제관계	조선의 交隣 思想
事大관계	大國 ← 小國	조선 ← 여진족·대마도 宗氏·大內氏 등 ('羈縻圈交隣' 관계)
交聘관계	大國 ━ 大國	조선국왕 ━ 아시카가 쇼군 ('敵禮的交隣' 관계)
華의 대상	中華地域內	조선 및 조선과 통교하는 諸國·인접세력
국제규범	禮·道를 가치기준	禮·道를 가치기준

제3절 일본 학계의 '교린' 견해에 대한 검토

일본학계의 '교린' 견해에 대한 朝·日間의 외교실태 분석에 의한 검토·비판은 제2장에서 상세하게 행할 예정이다. 이 제1장은 '교린'의 검토에 중점을 두고 있기 때문에 이 제3절에서는 일본학계의 '교린' 견해에 한정하여 살펴보기로 한다.

1. 琉球의 對조선 외교

제2절에서 말한 것처럼 조선전기 '교린' 사상은 『춘추』를 중심으로 하는 유교경전에 의해 평가된 춘추시대 제국간의 관계를 배경으로 하고 있었다고 생각된다. 따라서 중국의 책봉을 받은 번속국끼리의 대등한 외교를 '교린'으로 한, 이른바 책봉체제론에서 演繹된 일본학계의 '교린' 견해는 재고되지 않으면 안 된다.

그렇다고는 하나 조선전기 대외정책에 적용될 수 없는 일본학계의 '교린' 견해가 琉球의 對조선 외교를 검토할 때에는 적용될 수 있는 것처럼 보여진다. 이에 대해 검토하여 보자.

조선과 琉球와의 관계는 고려말기인 1389년 유구의 中山王 察度가

고려에 玉之를 파견하여 表文을 통해 신하라 자칭하고 왜구에 의해 잡혀간 고려 被虜人을 송환한 것에서 시작된다. 이에 대해 고려는 같은 해 사자 김윤후를 유구에 답례로 파견하고 있다.[49] 김윤후가 유구에서 귀국하면서 중산왕 찰도는 재차 옥지를 동행시켜 '稱臣奉表'하고 있다.[50] 조선시대에 들어와서도 유구는 조선에 '稱臣奉書', '遣使奉箋'을 계속하고 있다.[51] 이로 보아 이 시기 유구는 조선을 사대국으로 설정하고 있었음을 알 수 있다. 이는 당시 조선과 유구 사이에 상호 '적국'인식이 존재하고 있지 않았음을 보여주는 것이다.

유구가 조선과의 외교에 대등 논리를 처음으로 제기하는 것은 1409년 조선에 보낸 유구국 中山王 思紹의 咨文에서였다. 즉 思紹는 그 자문에서 유구가 明에 책봉되었음을 알리면서, "隣國의 義交에 대한 一節을 생각하건대 또한 마땅히 사신을 보내어 서로 소식을 통하는 것이 곧 四海가 한 집이 되고 여러모로 允當할 듯하기에 ⋯."라고 말하고 있는 것이 그것이다.[52] 책봉을 받은 隣國끼리의 교제는 사절 왕래를 통한 것으로 그에 의해 '四海一家'가 되는 것이라는 주장이다. 이러한 내용은 思紹가 그 다음해 조선에 보낸 자문에서도 반복되고 있으니,[53] 이야말로 明의 책봉을 전제로 한 被책봉국 사이의 '隣國' 논리라 할 수 있다. 또한 明 책봉을 받은 '국왕'과 동격의 明 관청과의 사이에 사용하여야 할 咨文을 유구가 조선에의 외교에 사용한 것도 이러한 논리에 기인한 의도에서였다.

유구가 明으로부터 최초로 책봉된 것은 이로부터 이전인 1372년이

---

49) 『高麗史』 卷137 列傳 卷50 辛禑 5.
50) 『高麗史』 卷45 世家 卷45 恭讓王 2년.
51) 『태조실록』 원년 12월 갑진, 3년 9월 병오.
52) "切念隣國義交一節, 亦合遣使往來, 相通音耗, 是爲四海一家, 庶爲允當."
　　(『태종실록』 9년 9월 경인)
53) "竊念隣國, 義合遣使往來, 是爲四海一家."(『태종실록』 10년 10월 임자)

었다. 그러면서도 1409년 단계가 되어 처음으로 '책봉된 국왕 사이'라
는 논리를 가지고 조선과의 대등한 관계를 시사하고 있는 것이다. 다음
은 17세기 초반 유구 中山王의 자문으로 유구의 그러한 논리를 명확히
보여주고 있다.

> 弊邦과 귀국이 비록 멀리 떨어져 있으나 함께 天朝(明)에 稱臣하였
> 으므로 천지의 안에 같이 있는 것이다. 서로 마음으로 비추고 정신으
> 로 독려하여 여러 번 후대하심을 받았으며, 매년 문안도 끊이지 않으
> 니 폐방이 귀국에게 무엇을 잘하여 이리하는가. 폐방이 요즘 천조로부
> 터 冠服과 王爵을 封해 받는 황은을 입어 비로소 귀국과 형제의 정을
> 맺고 함께 천조의 번병으로 股肱의 신하가 되었다. 그러므로 이제부터
> 는 길이 동맹을 맺어 귀국은 형이 되고 폐방은 아우가 되어 형제로서
> 천조를 우러러 섬기고 서로 화목하게 빙문하며 영구히 변함이 없기를
> 바란다. …54)

이 자문은 實錄으로 볼 때, 조선이 유구 표류민을 송환한 것에 대한
유구왕의 감사의 뜻을 담은 것으로 1606년 발급되었다.55) 내용을 보면,
明의 책봉을 받아 그 臣을 자칭하는 조선·유구는 형제관계이며 明에
충성을 바치는 동등한 藩屛이라 하고, 앞으로도 유구는 아우로 조선은
형으로서 같이 明을 섬기면서 상호 빙문하여 동맹관계를 맺자고 하고
있다. 이 내용이야말로 다름 아닌 일본학계의 '교린' 견해 그것이라 할

---

54) "敝邦與貴國, 雖有風馬牛之隔也, 然自同稱臣于天朝, 視之則共在覆載之
內, 以心相照, 以神相馳, 屢蒙厚貺, 歲問不絶, 敝邦, 何脩得此于下執事哉,
敝邦邇年, 荷天朝頒賜冠服, 襲封王爵, 始能與貴國, 締兄弟之雅, 同藩天
朝, 爲股肱臣子, 自今以往, 請結永盟, 貴國爲兄, 敝邦爲弟, 以兄弟以仰事
天朝, 歡睦聘問, 願與天長地久之耳, …."(李肯翊, 『燃藜室記述』 卷18, 邊
圉典故 「琉球國」)
55) 『광해군일기』 원년 3월 癸卯條엔 본문의 자문과 거의 같은 것이 보이며, 발급
일자는 萬曆34(1606)년 8월 13일로 되어있다.

수 있다.

朝·日 양국이 외교에서 '書式外交文書'를 사용했다면, 유구는 이와 달리 '咨式外交文書'를 조선이나 동남아 여러 나라와의 외교에 사용하고 있었다. 즉 유구가 사용한 외교문서의 양식은 明과 책봉관계에 있는 나라의 국왕이 明의 관청에 보내는 咨文의 양식과 일치하는 것이었다. 또한 유구는 '자식외교문서'에서 '서식외교문서'로 그 양식을 전환하는 15세기 후반에 이르러서도 자문 양식을 부분적으로 외교문서 속에 남기고 있다. 이는 유구가 자문을 낼 수 있는 자격을 가진 나라임을 대외적으로 과시하기 위한 것으로 추정되고 있다.56) 그렇다면 유구는 주변국에 대해 자문의 양식을 외교문서에 사용하는 것으로서 스스로를 明에 보다 가까운 존재로서 대외적으로 과시하고, 被冊封國의 '국왕' 사이는 나라의 강약과 대소를 초월하여 대등하다는 논리를 전개하여 小國인 自國을 明의 권위에 의존하여 유지하려고 했던 것이 아닐까?

이렇게 본다면 일본학계의 '교린' 견해는 곧 유구의 隣國과의 외교에 합당하다고 보아야 할 것이다. 즉 明과의 사대관계에 스스로 구속되어 주변국과의 '교린'관계를 전개하려고 한 나라는 조선이 아닌 유구였던 것이다.57) 유구가 취한 외교야말로 일본학계에서 말하는 책봉체제론으로 설명될 수 있을 것이다.

2. 임진왜란기의 '교린'

또한 특정시기에 한정되나 조선에도 유구와 같은 논리를 대일관계의 前面에 장식한 적이 있었다. 다름 아닌 임진왜란기라고 할 수 있다.

---

56) 高橋公明, 「外交文書, 『書』『咨』について」(『中世史研究』 7, 1982).
57) 琉球의 외교문서집인 『歷代寶案』에는 조선이나 동남아시아 여러 나라에 보낸 유구의 외교문서가 수록되어 있으며, 이 문서들에는 '交隣'이 散見하고 있다.

예를 들어 1606년 말 回答兼刷還使를 일본에 파견하기로 결정한
조선은, 渡日하는 사절이 현지에서 받을 것으로 예상되는 질문이나 요
구에 대한 답안 草案을 미리 준비하고 있었다. '問答逐條'라는 10여
조목이 그것이다.

그 중에는 朝·日 양국 간의 '교린'관계의 재편에는 '부모의 나라'
에 해당하는 明의 의지를 존중해야 한다고 답하려는 부분이 있다.[58] 그
리고 전쟁 중 일본에 잡혀간 조선 인민의 송환을 요청하는 논리에서도
"조선 백성은 바로 천자의 赤子이니 고국으로 쇄환시켜 각기 그들의
생업에 편안히 종사케 하는 것이 진실로 교린의 도리이다, 라는 말로서
꾸민다면 사리에도 편할 것이다."라고 하여, 조선 被虜人을 明 황제의
'赤子'로서 설정하여, 이들을 송환시킴이 교린의 도리라고 일본 측에
설명하려 하고 있다.[59] 또한 1607년 일본에 파견된 회답겸쇄환사가 지
참한 宣祖의 도쿠가와 이에야스(德川家康)에의 서계에는 "교린하는 도리
는 예부터 그러하여 200년간 바다가 조용했던 것은 어찌 天朝의 은혜
가 아닐 수 없겠습니까? 弊邦 또한 어찌 귀국을 저버렸겠습니까?"라고
적고 있다.[60] 여기에도 양국 간의 평화스런 '교린'관계를 明 황제의 은
혜와 관련시키고 있다.

그러나 이 시기의 조선이 대일관계에서 이처럼 적극적으로 明의 권
위에 의존하려 한 것은 『선조실록』에 의하면 '借重之計'라는 계략에
불과했다고 평가할 수 있다(제4장 제3절 참고). 즉 국가적 존망이 걸린 임
진왜란기에 조선은 '사대'관계를 '교린'관계의 前面에 내걸어 일본으로

---

58) 『선조실록』 39년 11월 갑술.

59) "吾民卽天子之赤子, 刷還于鄕國, 使之各安其業, 此固交隣之道也, 以此措
辭, 事順理便."(『海行錄』 丁未年 正月 戊辰條)

60) "交隣有道, 自古而然, 二百年來, 海波不揚, 何莫非天朝之賜, 以弊邦亦何
負於貴國也."(慶暹, 『海槎錄』[『國譯 海行摠載』(Ⅱ), 민족문화문고간행회,
1974] 正月 12일)

부터의 위협에 대응하기 위해, 또는 일본과의 관계재개를 유리하게 전
개하려 한 계략에 불과하였던 것이다.

맺음말 ― 동아시아史上의 '교린'

이상과 같이 이 제1장에서 검토한 내용을 정리하면 다음과 같다고
할 수 있다.

조선전기 '교린'정책은 대등관계인 '적례적 교린'과 상하관계인 '기
미권 교린'을 각각 지향하고 있었다. 특히 前者가 禮에 의거한 사절파
견을 통하여 어디까지나 '적례'의 교환을 중시한 것에 비하여, 후자는
주변의 여러 세력이 조선국왕에게 신하의 禮를 표하는 것에 전제를 두
고 있었다.

그런데 이러한 '교린'정책은 조선왕조가 제창한 것이 아니라 이미 동
아시아 역사상에 그 전례가 보인다고 여겨진다. 예컨대 '적례적 교린'
관계에 대해서는 宋과 遼와의 사이에 '적례'적인 사절의 왕래가 활발하
게 이루어졌고(제2장 제4절 참고), 또한 '기미권 교린'관계는 역대 중국왕
조가 행하였던 대외정책과 거의 동일하다. 그렇다면 조선의 '교린'정책
은 동아시아史上의 대외정책의 전통을 계승한 외교정책이라고 자리매
김할 수 있지 않을까?

또한 조선의 '교린'사상은 『춘추』 등의 유교경전에 의해 평가된 춘
추시대의 국제관계를 그 배경으로 설정하고 있었다. 이러한 춘추시대
국제관계를 지향한 것은 국가의 통치 질서를 유교에서 구하고, 그 때문
에 유교경전 속의 세계를 이상화하여 그것을 끊임없이 구현하려고 노
력한 동아시아 역대왕조의 경우에도 다름없지 않았을까? 그 경우 어떤

왕조와 그 주변민족과의 관계설정은 양자 간의 관계가 상하 또는 대등
의 어느 쪽이라 하더라도 華인 춘추시대 중화세계의 外緣的 확대를 의
미한다고 할 수 있다. 그러기에 양자 간에는 일종의 禮를 교환하는 '隣'
의 관계가 성립되게 된다.

다음은 에도막부 말기 막부의 로쥬(老中 : 총리)였던 홋타 마사요시(堀
田正睦)의 외교문서집에서 발췌한 것이다.

　　　외국에 대응하는 근본취지를 隣國과 사귀는 도리로서 할 것인가?
　　　夷狄을 처리하는 도리로서 할 것인가?[61]

여기서 '外國'이란 서양의 나라들을 가리킨다. 마사요시가 그들 서
양나라들에 대해 '隣國과 사귀는 도리'와 '夷狄을 처리하는 도리'의 어
느 쪽을 가지고 대응할 것인가를 묻고 있음으로 보아, 당시 일본에도
'인국'과 '이적'이란 반대개념이 존재하였음을 알 수 있다. 그러한 경우
'인국'이란 유교·불교·한자·율령 등으로 일컬어지는, 이른바 동아
시아 문화권의 기본요소를 공유하는 동아시아 국가들을 가리키는 것이
아닐까? 어쨌든 스스로를 華라고 내세워 온 일본의 경우 '인국'이란
'이적'을 가리키지 않는다, 라는 인식만은 이 사료를 통해 명확히 읽을
수 있다.

이러한 일본의 '인국과 사귀는 도리'와 조선의 '交隣之道'는 이적에
대한 것이 아니라는 점에서 일치하고 있다. 이것은 同類의 華로서의
'隣' 인식이 동아시아 국제사회에 존재하고 있었음을 시사하는 것이리
라. 이러한 인식이 있었다는 것은 華·夷로서 자국·타국을 구별하여

---

61) "外國御處置之大本趣旨, 隣國に交る之道を以てすへき哉, 夷狄を處す
　　る之道を以てすへき哉."(『堀田正睦外交文書』[『千葉縣史料－近世編』],
　　85쪽)

차별하는 '화이질서'의 시각만으로는 동아시아 국제사회의 규명이 불가능함을 보여주는 것이다. 동아시아 국제사회에서는 他國·他勢力을 차별하는 의지만이 아니라, 동시에 타국·타 세력에 대한 동질성 지향의 의지도 있었던 것이 아니었을까?

이 제1장을 끝내면서 조선의 대일 '교린'정책의 성과에 대하여 말해 보고자 한다. 조선전기 對日 '기미권 교린'정책은 조선 침구의 왜구세력을 분해·소멸시키고, 대마도 및 巨酋 등을 조선에 遣使·來朝시켜 그들 사자로 하여금 臣禮를 행하게 하였다는 측면에서는 충분한 효과가 있었다 하겠다. 그러나 대일 '적례적 교린'은 조선의 적극적인 노력에도 불구하고 무로마치 막부의 외교인식 결여에 의해 실패로 끝난다(제2장 참고). 그리고 마침내는 도요토미 히데요시(豊臣秀吉)에 의한 조선 침략이 일어나자마자, 그때까지 일본을 '인국'으로 설정하려 했던 조선의 대일정책은 좌절되게 된다. 그리고 그 후 조선은 길이 일본을 '倭賊', '倭奴'의 나라로서 야만시하여 오게 된다.

제2장
조선전기의 '일본국왕' 인식
-'적례'를 중심으로-

머리말

朝鮮前期 對日관계에서 과연 明의 책봉이 일정한 구속력을 가지고 있었을까? 이 제2장의 주요 관심은 이 점에 있다. 만약 明의 책봉이 朝·日間 외교에 일정한 구속력을 가지고 있었다고 한다면 조선의 대일외교에 보이는, 明에게는 불만스러운 여러 정책들은 어떻게 설명해야 할 것인가?

이와 관련하여 明의 책봉과 朝·日間 외교와의 상관관계에 대하여 선행 연구는 어떠한 견해를 보이고 있는가 우선 짚고 넘어가기로 하자.

나카무라 에이코(中村榮孝)는 明의 책봉체제하에서 조선국왕과 '일본국왕'이 대등한 관계로 국교를 체결하고 있었다고 하며, 明의 책봉체제에 기초한 동아시아 국제질서에 관하여 논하고 있다.[1] 이 논리의 연장

---

1) 즉 "중국의 華夷관계 규제에 의해 형성되고 또한 안정을 유지하고 있던 동아시아 국제질서는 중국의 권위를 매개로 하여 諸國間 상호의 안전을 보장하고, 특

선에서 무라이 쇼스케(村井章介)는 "양국의 정상적인 관계가 개시되기 위해서는 明에 의한 양국에의 책봉을 기다리지 않으면 안 되었다."라고 하고,[2] 아라노 야스노리(荒野泰典)도 "아시카가(足利) 쇼군과 조선국왕 간에 明의 책봉을 매개로 대등한 외교체제로 교린체제가 성립되었다." 라고 朝·日間 외교를 규정하고 있다.[3] 즉 이들 연구에선 아시카가 요시미츠(足利義滿)가 明으로부터 '국왕'으로 책봉되어(1402) 그 2년 후 '日本國王使'를 '조선국왕'에게 파견함으로서 비로소 양국 간의 대등한 외교체제가 성립되었다, 라고 하는 점에서 일치하고 있다.

그리고 요시미츠가 '국왕'이 됨으로 인해 조선 측의 대우가 형식상 커다란 변혁을 가져왔다고 하는 다나카 다케오(田中健夫)는, 조선 측은 明에 책봉된 일본을 明 황제를 중심으로 형성된 동아시아 국제질서의 일익을 담당하는 존재로서 또한 이 국제질서의 안에서 이웃나라로서 명확히 인식했다고 말하고 있다.[4] 야스노리도 "당시 동아시아 세계에서 외교는 '국왕'간에 한정되어 존재하며 제각기 '국왕'의 認定權은 明 황제에게 있다는 구조를 가지고 있었다."고 평가하고 있다.[5]

이상의 논리를 정리한다면 朝·日間의 외교를 규정하는 것은 明의 책봉이며, 책봉을 받은 '국왕' 사이임으로 비로소 양국의 외교관계가 가능하다고 하는 것이 된다. 따라서 요시미츠가 明으로부터 책봉된 것

히 책봉체제하에서는 이를 전제로 하는 敵國 抗禮의 대등관계에 의한 交隣체제도 성립했다. … 明의 책봉체제하에 李氏朝鮮의 국왕과 足利將軍(일본국왕)이 抗禮 대등의 관계로서 국교를 체결하고 있고, 조선은 明에 대해서는 事大, 일본에 대해서는 交隣을 가지고 외교상의 國是로 했던 事例 등이 있다."고 논하고 있다(中村榮孝, 『日鮮關係史の硏究』(上), 吉川弘文館, 1965, 4쪽).

2) 村井章介, 「建武·室町政權と東アジア」(歷史學硏究會·日本史硏究會編, 『講座日本歷史』 4, 東京大學出版會, 1985), 22쪽.
3) 荒野泰典, 「大君外交体制の確立」(『講座日本近世史』 2, 有斐閣, 1981), 121쪽.
4) 田中健夫, 『中世對外關係史』(東京大學出版會, 1975), 107쪽.
5) 荒野泰典, 앞의 논문 3), 121쪽.

에 의해 비로소 조선 측은 일본과 대등한 외교관계를 체결할 수 있었으며, 그러한 것을 조선은 애초부터 명확히 인식하고 있었다는 것이다. 본 논문에서는 이러한 견해를 '國王間 外交說'이라 부르기로 한다.

그러나 이 '국왕간 외교설'은 다음과 같은 문제를 가지고 있다. 즉 그 이론은 양국 외교상의 실제적 동향을 면밀히 검토한 결과로서 도출한 것이 아니라, 중국의 책봉을 받은 번속국끼리는 대등하다고 하는 이른바 책봉체제론의 演繹的인 논리에 불과하다는 점이다. 따라서 검토대상도 '국왕' 칭호나 국서 양식에 한정하여 양국의 대등관계를 논하는 경향이 있고, 조선의 무로마치(室町) 막부에의 사절파견 의도나 일본국왕사[6]에 대한 조선의 접대 실태까지를 시야에 넣어 분석하고 있지 않다.[7]

이에 이러한 문제점을 전제로 하여 본 논문에서의 과제와 그 검토방법을 다음처럼 제시해 놓고자한다.

첫째, 조선조의 무로마치 막부에 대한 외교 실태로부터 '국왕간 외교설'이 내포하고 있는 모순을 지적한다.

둘째, 일본국왕사가 조선에서 받은 접대의 실태를 조선에 來朝하는 여진족의 유력자나 일본의 지방 세력과 비교·검토하는 것에 의해, 무로마치 막부가 취한 對조선 외교자세에 관해 조선 측이 어떻게 평가하

---

6) 여기에서 무로마치 막부의 使者를 日本國王使라고 호칭하는 것은 『海東諸國紀』에 '일본국왕사' 표현이 사용되고 있음에 의한 것이다. 그러나 『朝鮮實錄』에는 다른 호칭도 다수 보인다. 예컨대 '日本國使', '日本使臣', '倭使' 등이다.

7) 高橋公明은 이와 관련하여, "동아시아 지역 전체의 정치적 관계를 대상으로 할 때, 중국을 중심으로 하는 외교관계를 일정한 구속력을 가진 국제관계로서 파악하는 관점으로 '冊封體制', '華夷秩序'라는 용어로 定義되는 것이 일반적이다."라 하고, 明朝와 주변제국과의 관계 전체도 이러한 관점에서 종래의 연구가 파악하고 있기 때문에, 朝·日間의 兩者관계 연구가 무역관계를 중시하는 반면, 정치적 요소에 대해서는 이를 輕視하는 경향을 낳았다, 라고 지적하고 있다(高橋公明, 「外交儀禮よりみた室町時代の日朝關係」 [『史學雜誌』 91-8, 1982], 67~68쪽). 타당한 지적이라 하겠다.

고 있었는가를 분석한다. 여기서 말하는 여진족의 유력자와 일본의 지방 세력이란 제1장에서 개념화하려고 했던 '기미권 교린'의 대상을 가리킨다.

셋째, 조선조의 무로마치 막부에의 사절파견 의도를 검토하여 조선이 어떠한 對막부 외교관계를 지향하고 있었는가에 대해 명확히 한다.

넷째, 위의 셋째까지의 과정을 거치면 조선조의 무로마치 막부에 대한 일관된 외교 의도가 명확해질 것이다. 이를 바탕으로 그 외교의도가 어떠한 역사적 배경을 가지고 있었는가를 추정한다.

그런데 이들 과제의 검토는 무엇보다도 외교상의 '禮'的 측면을 기저에 둔 분석이 되겠다. 또한 그 분석은 제1장에서 제기한 '적례적 교린'의 개념을 보다 명확히 하기 위해 유효하다고 여겨진다. 그리하여 이 제2장에서는 최종적으로 일본학계의 '국왕간 외교설', 나아가서는 책봉체제론의 극복도 의도하고 있다.

제1절 '국왕간 외교설'에 대한 검토

이 절에서는 조선의 무로마치 막부에 대한 외교 실태를 들어 '머리말'에서 소개한 '國王間 外交說'이 가지고 있는 근본적인 문제를 다음과 같이 비판하여 보기로 한다.

① 요시미츠가 明의 책봉을 받은 것에 대해 조선은 아무런 평가를 하지 않고 있다는 점이다. 사료상으로 이와 관련한 어떠한 기록도 찾을 수가 없다. 그리고 이러한 무관심한 자세는 요시미츠가 파견한 일본국왕사에 대해서도 동일하다. 다만 다음과 같은 관련기사가 하나 있을 뿐이다.

倭奴가 근심이 된 지 오래인데 지금껏 그치지 않습니다. 지금 (明이 쇼군을) 封하여 왕으로 삼았다 하여 (조선이) 주는 것을 후하게 하니, 기고만장해져서 橫逆·방자함이 반드시 심할 것입니다. 마땅히 老成하고 學行이 있는 자를 한 사람 보내 隣好를 체결하여 그 형세를 관찰해야 합니다.[8]

이것은 1407년 領議政府事 성석린이 上書한 時務 20條의 일부분이다. 시기로는 '국왕' 요시미츠가 파견한 5번째의 일본국왕사를 맞이한 시점에서의 조선 측 인식이다. 이 기사에서는 요시미츠가 책봉되었다고 후대하니 반드시 오만해졌을 것이므로 높은 학식을 가진 사람을 수호 명목으로 파견하여 그가 어떻게 대응할까 관찰해야 할 것이라고만 논하고 있다.

② '국왕' 요시미츠가 보낸 일본국왕사가 그 이전 '大將軍' 요시미츠가 보낸 사자보다 박대를 당하고 있다는 점이다. 즉 조선국왕에 대한 관위 順으로 列지어 행하는 拜禮인 隨班行禮에서의 서열(班次)이 내려가고 있다는 사실이다. 구체적으로 조선은 1399년 '大將軍' 요시미츠의 사자를 수반행례에서 4品의 서열에 서게 했지만,[9] 1405년 '국왕' 요시미츠의 사자인 일본국왕사에 대해서는 5品의 서열에 서게 하고 있다.[10] 만약 '국왕간 외교설'에 따른다면 일본국왕사는 최소한 '大將軍' 사자보다는 높은 대우를 받지 않으면 안 되었을 것이다. 이 사실은 '국왕'간의 대등인식이 조선 측에 없었다는 것을 보여주고 있다.

③ '국왕' 요시미츠이기 때문에 조선의 대일외교관계가 성립될 수 있었다는 논리가 '국왕간 외교설'이므로, 이를 따른다면 쇼군 요시모치

---

8) "倭奴爲患久矣, 至今未已, 今封爲王, 厚其賚與, 志滿氣驕, 橫恣必甚, 宜遣一老成有學行者, 修結隣好, 以觀其勢."(『태종실록』 7년 정월 갑술)

9) 『정종실록』 원년 5월 을유.

10) 『태종실록』 5년 12월 무인.

가 明의 책봉을 거부한 1411년에서 그 다음 쇼군 요시노리가 다시 책
봉을 받는 1433년까지의 조선의 대일관계는 당연히 단절되어야 할 것
이며, 단절되지 않더라도 적어도 후퇴하는 변화가 생겨났어야만 했다.
그러나 '국왕'이 아닌 쇼군에 대한 조선의 사절파견은 이 기간 중 5회
에 이르고 있다. 즉 1420년 回禮使 송희경, 22년 회례사 박희중, 24년
회례사 박안신, 28년 통신사 박서생, 32년 회례사 이예의 파견이 그것
이다. 특히 박서생의 파견은 대를 이은 '新主'에 경하하고 사망한 '前
主'에 제사하는 것이 목적으로, 요시노리(義敎)의 쇼군직 취임에 대한
축하와 요시모치의 사망에 弔祭하기 위한 것이었다. 이 행위는 1410년
'국왕' 요시미츠의 사망에 대하여 조선이 報聘使 양수를 파견하여 弔
祭한 것과 같은 행위였다.11) 그런데 요시모치는 책봉관계를 거부했다
하여 明에서 征討해야 할 존재가 되어있었다.12) 그렇지만 조선에서는
'국왕'이 아닌 '쇼군' 요시모치에 대해서도 '국왕' 요시미츠와 구별하고
있지 않다. 아니 오히려 '국왕' 요시미츠代보다도 요시모치代에 더욱
朝·日관계를 정비하여가고 있다(후술).

　④ '국왕간 외교설'에서는 朝·日 양국의 군장이 상호 明에 책봉된
'국왕'이어야 외교가 성립될 수 있다고 한다. 그러나 조선은 요시미츠
가 '국왕'되기 이전부터 이미 적극적으로 그와의 외교를 시도하고 있었
다. 태조 이성계가 즉위년인 1392년 승려 覺鎚를 파견하고 있고, 그 후
정종 및 태종도 최운사 등을 요시미츠에게 파견하고 있다.13) 이 시기

---

11) 『태종실록』 10년 2월 신축. 三宅英利는 이 박서생 때의 사절파견 목적을 뒤
　　에 定型化한 통신사 파견의 이유와 합치하고 있다고 평가하고 있다(三宅英
　　利, 『近世日朝關係史の硏究』, 文獻出版, 1986, 88쪽).
12) 田中健夫, 『對外關係と文化交流』(思文閣, 1968), 15쪽, 村井章介, 앞의 논
　　문 2), 22쪽. 이에 대한 비판은 제3장을 참고.
13) 『정종실록』 원년 8월 계해, 『태종실록』 2년 7월 임진. 또한 승려 覺鎚의 파견
　　에 관해서는 中村榮孝, 앞의 책 1), 222~225쪽을 참고.

조선국왕은 아직 明으로부터 책봉을 받지 못하고 있었다.

⑤ 요시미츠가 책봉된 뒤인 1406년, 조선 사신 이현이 明에서 돌아와 明의 예부로부터 힐책과 차별대우를 받았음을 다음처럼 보고하고 있다.

> (明 禮部官 曰), "너희 나라는 이전부터 일본과 통교하지 않는다고 스스로 말해왔다. 그런데 朝廷(明) 사신이 일본에서 돌아와 告하길, 조선 사신이 이미 그 곳에 와 있더라고 하였다." … 이때 마침 일본사신이 중국에 來朝하자 조정은 이를 후하게 賞賜하고 서열도 李玄의 上位에 서게 하였다.14)

즉 일본에 건너간 明의 사신이 그곳에서 조선사신을 만났으므로, 지금껏 일본과 통교하지 않는다는 조선의 주장은 거짓이란 것이 판명되었다고 明側은 이현에게 힐문하고 있다. 그리고 마침 중국에 來朝한 일본사신을 明은 후대하고 隨班行禮 때에도 조선사자보다 상위에 위치시켰다는 것이다. 주목되는 것은 왜 조선 측이 '국왕' 요시미츠와의 통교를 明側에 숨기려하고 있었는가 하는 것이다. '국왕간 외교설'로 보면 모순되는 자세라 아니할 수 없다.

⑥ 조선은 막부의 對조선 외교에서의 '일본국왕' 자칭 여부나 明 연호 사용여하에 대해 전혀 간섭하지 않았다는 점이다. 이 또한 '국왕간 외교설'로 설명될 수 없는 조선의 태도라 하겠다. 즉 1419년 일본국왕사 료게이(亮倪)가 조선에 가지고 온 요시모치의 서한에는 '日本國源義持'라고 서명되어 있을 뿐, 王의 칭호를 사용하고 있지 않다. 그러나 이에 대해 조선 측은 아무런 이의를 표명하고 있지 않다. 오히려 明의

---

14) "汝國, 在前自云, 不與日本交通, 今朝廷使臣, 回自日本告曰, 朝鮮使臣, 先已在彼矣, … 時日本使適入朝, 朝廷賞賜甚厚, 且序其班於李玄之上云." (『태종실록』 6년 정월 정유)

책봉을 받지 않은 요시모치가 '征夷大將軍'이라 자칭하고, 일본 국내에서는 '御所'라 칭하고 있으므로 '王'號를 회피하는 것은 당연하다고 이해하고 있다.[15]

또한 이때 조선은 사절에 대한 접대체제를 정비하여 후대하고 있다. 즉 우선 일본국왕사의 입국을 경상도 관찰사가 즉시 중앙에 보고하면, 이에 곧 영접의 사자를 경상도까지 파견하여 마중하며, 한성에 가까이 오면 새로이 영접 사자를 한강변에 보내 환영하게 하고 있다.[16]

그 다음해 일본에서 돌아온 회례사 송희경은, 渡日時 지참한 조선국서에 일본 연호가 아닌 明 연호가 사용되었음을 요시모치로부터 힐책당했다고 보고했다. 上王인 태종은 이에 대하여 "일본 국왕이 永樂 연호를 사용한 것을 책망하면서도 조선에 사절을 파견하여 우호를 맺으려 함은 글을 깨우쳐 이치를 아는 사람의 언행으로 볼 수 없다."라고 요시모치의 행위를 無知의 탓이라고 비판하고 있다.[17] 이는 지금까지 조선이 일본 측의 對조선 국서에서의 일본연호 사용여하를 아무런 외교문제로 삼지 않은 것처럼 조선의 明 연호사용도 일본 측에 간섭받을 수 없다는 인식을 보여주는 것이다.

쇼군 요시마사(義政)가 1448년 조선에 보낸 국서에는 요시모치의 그것과는 다르게 '국왕'이라 자칭하고 明 연호까지 사용하고 있었다. 그러나 조선은 이에 대해서도 아무런 평가를 내리지 않았고, 이러한 국서를 지참한 일본국왕사에 대한 접대도 이전과 조금의 변화도 보이지 않고 있다.[18] 이로 보아 아시카가 쇼군의 對조선 국서에서의 '국왕' 자칭

---

15) "義持父道義, 帝嘗封爲王, 義持不用命, 自稱征夷大將軍, 而國人則謂之御所, 故其書只曰, 日本國源義持, 無王字."(『세종실록』 원년 12월 정해)
16) 『세종실록』 원년 11월 경신·계해, 12월 갑신.
17) "日本國王, 責用永樂年號, 而欲遣使結好, 非讀書識理者之言也."(『세종실록』 2년 10월 임술)
18) 『세종실록』 30년 6월 을해.

여부나 明·日本 연호 사용 여하가 조선의 대일외교에 어떠한 영향도 주고 있지 않았다는 것을 알 수 있다.[19] 신숙주가 대일 외교서인 『海東諸國紀』(1471年刊)의 「天皇代序」 속에서 일본연호의 존재를 인정하고 역대 천황을 객관적으로 서술하고 있는 점도 같은 관점에서 이해할 수 있겠다.

⑦ 일본의 지방 세력이 조선에 보낸 서한에서 아시카가 쇼군을 '皇帝國王', '我皇帝'라 하고,[20] 조선국왕을 '폐하', '황제'라고 칭하기도 했다.[21] 또는 아시카가 쇼군의 국서에서도 조선국왕을 '폐하', 조선을 '上國'이라 칭하기도 했다(후술). 그런데 흥미로운 것은 이러한 서한을 조선 측이 아무런 의문도 제기하지 않고 받아들이고 있다는 점이다. 더욱이 성종은 그 신하에게 아시카가 쇼군을 가리켜 '황제국왕'이라고 별다른 의식도 없이 표현하고 있다.[22] 이러한 사례들은 무엇을 의미하는가? 그것은 朝·日 양국외교상 明 황제만이 유일한 '황제', '폐하'라고

---

19) 高橋公明은 일본 측의 서한에서의 年號 변화에 관해 "조선 측이 일본 측의 외교문서 양식에 대해 어떠한 요구도 한 흔적이 없고, 以上과 같은 변화는 막부가 독자적으로 취한 자세라고 말할 수밖에 없다."고 하고 있다(高橋公明, 「室町幕府の外交姿勢」『歴史學研究』546號, 1985, 28쪽). 田中健夫도 "國王號의 사용과 관계없이 조선에서는 무로마치 정권의 首領을 국왕정권의 首領으로 인식하고 대응했다. 역대 일본국왕이 적극적으로 조선과 통교할 수 있었던 것은 조선 측의 이러한 國王政權觀의 존재를 무시하고 이해할 수 없다." 라 하고 있다(田中健夫, 「足利將軍と日本國王號」『日本前近代の國家と對外關係』, 吉川弘文館, 1988, 35쪽).

20) 1425년 대마도 측의 서한에 '日本國皇帝國王薨逝'라 하였고(『세종실록』 7년 5월 계미), 또 1470년 山名教豊의 서한에 '我國皇源義政, … 朝鮮國皇'이라 한 것(『성종실록』 원년 9월 갑오)이 그 例이다.

21) 高橋公明, 「朝鮮遺使ブームと世祖の王權」(田中健夫編, 『日本前近代の國家と對外關係』, 吉川弘文館, 1988), 362쪽을 참고.

22) 『성종실록』 10(1479)년 2월 병신. 통신사 변효문의 使行員이었던 李仁畦와 成宗이 渡日 당시의 일에 관해 문답하는 중에 보인다. 이인휴도 여기에서 아시카가 쇼군을 '皇帝國王'이라 표현하고 있다.

하는 인식이 없었던 것을 입증한다. 바꾸어 말한다면 양국은 상호 외교에서 明 황제를 頂點으로 하는 '국왕간 외교설' 같은 의식을 전혀 염두에 두고 있지 않았다고 할 수 있다.

이상으로 7가지를 지적해 보았다. 그 결과 '국왕간 외교설'이 근본적인 문제점을 내포하고 있다는 것을 알 수 있었다. 그러나 다만 요시미츠가 明으로부터 책봉된 것을 계기로 조선이 아시카가 쇼군을 '국왕'이라 칭하게 되었음은 사실이라 할 수 있겠다. 동시에 明의 쇼군에 대한 '국왕' 책봉이 조선으로 하여금 일본 중앙권력을 쇼군정권으로 고정시키게 된 동기가 되었다는 것도 사실일 것이다.

이와 관련하여 '國王' 요시미츠代(1402~1408) 朝·日 양국 외교에 일정한 양식을 가진 외교문서가 과연 왕래하고 있었는가 의심스럽다. 1407년 일본국왕사가 내용 불명의 '書契'와 예물을 갖고 왔다는 기록뿐으로,23) 전혀 양국의 사료에 보이지 않고 있기 때문이다. 그렇다면 책봉 받은 요시미츠가 조선 측에 아무런 인식이나 접대상의 변화를 불러오지 않았던 것처럼(전술), 대등한 양식의 외교문서가 이 시기 양국 간에 왕래했다는 추측 또한 섣부른 것이라 하겠다. 아마도 외교문서에 한정할 때 양국 간 외교의 성립은 '국왕' 요시미츠가 아닌 '쇼군' 요시모치代(1408~1428)였다고 할 수 있겠다.

조선 건국기 대일 외교현안은 말할 나위도 없이 왜구문제가 최우선 과제였다. 그렇다면 일본의 중앙권력자의 칭호가 '大相國'이건 '大將軍'이건 관계없이, 왜구의 조선침구를 통제할 수 있는 권력이라면 조선의 그 정권에 대한 외교의욕은 적극적인 것이었을 터이다. 반대로 왜구에 대한 통제능력이 없는 정권이라면 그 정권이 明의 책봉에 의해 '국왕'이 되었다 해도 조선의 대일외교에선 그것이 아무런 의미를 갖지 못

---

23)『태종실록』7년 2월 신해.

했을 것이다. 이러한 논리는 明側도 같다고 할 수 있다. 왜구의 중국침
구를 저지하지 못하는 일본의 정권은 책봉과 관계없이 중국으로부터
비난을 받게 되는 것이다(제3장 제2절 참고).

제2절 '일본국왕사' 접대에 나타난 조선의 '일본국왕'관

조선은 조선국왕과 아시카가 쇼군과의 관계를 대등한 관계로서 설정
하고 끊임없이 그러한 관계를 지향하려 하였다. 이는 무엇보다도 조선
의 무로마치 막부에 대한 서계 양식에 그 관계가 잘 나타나 있다.[24] 또
한 조선에는 일본을 대등한 나라로 보는 '적국'인식이 있었으며, 일본
국왕사를 맞이할 때에도 대등한 의례인 '적례'(抗禮)를 적용해야 한다는
논의가 종종 보인다(후술).[25] 즉 제1장에서 서술한 것처럼 조선에는 무
로마치 막부에 대한 '적례적 교린'관계를 구축하려고 하는 의지가 상당
기간 존재하고 있었다.

그런데 실제로 조선의 일본국왕사에 대한 접대 실상을 검토하여 보
면, 이러한 의지와는 상반되게 '적례'적인 접대가 아니었음을 알 수 있
다. 이에 조선이 취한 일본국왕사에 대한 접대 실상에 대해 살펴보자.

---

24) 高橋公明, 「外交文書, '書', '咨' について」(『中世史研究』 7, 1982)를 참고.
25) 예컨대 "我國雖蔑視日本, 然稱爲敵國, 其接待之禮, 不可不議"(『세종실록』
    30년 6월 병인), "如日本, 固非事大之比, 又非救患分災之國也"(『세종실록』
    25년 10월 경자) 등에 그러한 인식이 보인다. 그러면서도 야만스런 나라라는
    멸시관도 보편적으로 존재하고 있었다. 예를 들어 아시카가 쇼군을 '倭奴',
    '倭主'라고 칭하고 있는 것이 그 한 예이다(『태종실록』 7년 정월 갑술, 『세종실
    록』 13년 5월 경인).

1. 접대의 實狀

1) 접대 서열(班次)

다음 기사는 議政府가 주최하는 연회에서의 일본사자('日本使僧')에 대한 접대 격식 논의이다.

> 태종이 金士衡 등에게 議政府 잔치에서 일본사자의 座位를 어떻게 했는가를 묻자, 李茂가 남쪽 列에 앉게 했다고 답했다. 태종은 다시 政丞이 그 사자와 對酌했는가를 물었다. 金士衡이 "정승이 대작한 것은 오래 전부터 있은 일이지만 요즘 조선에 온 중국사신을 접대하기에 바빠 다른 사람을 시켜 대접하였습니다."라고 대답했다. 이러한 조선의 조치에 대해 일본사자가 "나를 대우함이 예전과 같지 않으니 돌아가겠다."고 불만을 제기하였다. 그러나 태종은 일본사자와의 대작은 정승이하의 관리가 행함이 可하다고 결정하였다.[26]

여기서 '日本使僧'이란 1402년 6월 조선에 체류 중이었던 '大相國' 요시미츠의 사자로 여겨진다.[27] 의정부는 이 사자에 대한 연회석에서의 座位를 남쪽에 위치시키고, 의정부 정승이 대작케 했던 관례도 고쳐 그 이하의 관리로 대체하고 있다. 그 이유로 정승이 중국사신을 접대하느라 분주하기 때문이라 하고 있다. 일본사자가 이러한 낮아진 대우에 적극적으로 불만을 제기했으나, 태종은 의정부의 조치에 손을 들어주고 있다.

---

26) "上, 問金士衡等曰, 議政府宴, 日本使僧坐次如何, 李茂曰, 坐日本僧于南行, 上曰, 政丞亦對酌乎, 士衡對曰, 政丞對酌, 其來久矣, 近以朝廷使臣, 應對無暇, 使人餉之, 僧言, 待我不如舊, 我欲去矣, 上曰, 政丞以下對酌, 可矣."(『태종실록』 2년 6월 계축)

27) 『태종실록』 2년 6월 무오조에 '大相國'에 賜物을 내렸다는 기사가 그 근거이다. 다음 달인 7월 임진조엔 조선이 朝官을 일본에 파견했다고 하니 이 조관은 당시 '日本使僧'과 동행해 渡日한 것으로 보인다.

그런데 김사형이 말한 정승이 대작하였던 전례란, 정승과 일본사자
가 동서로 마주 앉아 대작하였다는 것을 뜻하며 이는 조선이 양자를 동
위에 놓고 있었다는 것을 의미한다. 그렇다면 정승과 일본사자가 동서
로 마주 앉아 대작하였던 전례란 어느 때를 가리킬까? 실록으로 보아
명확히 단정할 수 있는 1402년 이전의 요시미츠 사자로서는 1399년 5
월의 '大將軍' 사자가 있다. 이 사자는 조선으로부터 4品의 서열에 처
해졌었다. 아마도 이 사자에 대한 대우가 전례에 해당될 것 같다.[28]

이처럼 1402년의 사자보다 1399년의 사자가 조선에서 더 나은 접대
를 받았으니, 그렇다면 그 배경에 대하여 검토하여 보자. 1399년의 경
우는 요시미츠가 왜구 금압을 조선에 약속하고 실제로 오우치(大內)氏
와 함께 이를 이행한 시기에 해당한다.[29] 이러한 시기였으므로 위와 같
은 접대가 가능했던 것이리라. 당시 왜구 대책에 골몰하던 조선은 요시
미츠의 왜구 금압 약속에 커다란 기대를 걸고 있었던지, 왜구의 내습에
대비하여 연안 각지에 배치하고 있던 騎船軍을 즉각 해산시킬 정도였
다.[30] 그러나 해산되었을 터인 기선군은 그 후 2개월도 안되어 다시 배
치되었다.[31] 그것은 요시미츠에게 건 왜구금압에의 기대가 곧 실현 불
가능한 것이라는 인식 변화에 기인한다. <표 3>에서 보듯 1402년 '대
상국' 사자와 1405년의 '국왕' 사자가 1399년의 '大將軍' 사자보다 낮
게 대우받고 있는 것은, 다름 아닌 요시미츠정권의 왜구금압 능력에 대
한 조선 측의 평가에 의한 것이었다.

---

28) 議政府는 1400년에 성립하므로 그 前年에 내항한 요시미츠의 사자는 都評議
　　使司(都堂)의 長官이 접대한 것이 된다. 여기서 주목되는 것은 의정부의 외교
　　기능이 禮曹에 移轉되는 시기(世宗 초기)보다 훨씬 以前에 요시미츠의 사자
　　에 대한 格下가 행해졌다는 것이다.
29) 『정종실록』 원년 5월 을유, 7월 무인.
30) 『정종실록』 원년 7월 기사.
31) 『정종실록』 원년 9월 정축.

〈표 3〉 조선의 幕府 사자에 대한 대우 변화

年代	行禮	宴會席 相對	비고·實錄 典據
1399(정종 1)	四 品	政丞(正一品)	'大將軍' 義滿의 使者
1402(태종 2)		政丞 以下	'大相國' 義滿의 使者
1405(태종 5)	五 品		'國王' 義滿의 使者
1414(태종14)		六曹判書(正二品)	義持의 使者
1420(세종 2)	從三品		義持의 使者
1425(세종 7)	三品上		'倭使肅拜節次'
1451(문종 1)	從二品	禮曹判書(正二品)	'五禮儀'(세종실록)

1414년 조선은 일본 측 사자에 대한 연회에서의 접대역 품계를 새로이 설정했다. 이에 의하면 일본국왕사는 六曹判書(정2품)가, 일본 지방 세력의 사자에겐 예조참판(종2품)이나 參議(정3품)가 각각 접대역으로 설정되었다.[32]

그런데 1405년 隨班行禮에서 5품의 서열(班次)에 처해졌던 일본국왕사가 그 이후 실제로 어떻게 대우되었는가는 알 수 없다. 다만 1420년의 일본국왕사는 西班 종3품의 서열에 서고 있다.[33] <표 3>으로 알 수 있듯이 行禮에서의 일본국왕사의 서열이 책봉된 요시미츠의 사자임에도 불구하고 내려가고 있다(1405년의 경우). 이에 반해 책봉을 받지 않은 요시모치의 사자에 대한 서열은 상승하고 있다(1420년의 경우). 그 후에도 상승을 보이고 있으나, 이 상승의 과정은 조선이 국내적으로 통치체제를 정비해 가는 과정과 대응하여 변화하고 있다고 보아야 할 것이다. 즉 관료체제나 그에 준한 품계질서의 정비가 일본국왕사의 접대 반차를 상승시키고 있다고 할 수 있다.

그렇다면 이 일본국왕사에 대한 접대 반차의 상승은 유구국왕사나 일본 지방 세력의 사자, 나아가서는 여진족 유력자에 대한 반차도 동반하여 상승하는 것을 의미하므로 일본국왕사에 한정한 우대조치라 할

---

32) 『태종실록』 14년 4월 을축.
33) 『세종실록』 2년 정월 을사.

수 없다. 예를 들어『태조실록』元(1392)年 9월 기축조를 보면 유구국
사자를 東班 5품에 위치시켰고, 여진족의 일족인 吾良哈은 西班 4품
에 위치시켜 행례하고 있다. 그것이『세종실록』7(1425)년 2월 신축조에
이르면 여진의 指揮가 서반 4품에,『세종실록』13(1431)년 정월 을유조
로 가서는 여진 都指揮가 서반 종3품에 처해지고 있다.34) 또한 같은
해 유구국왕사도 여진족의 유력자인 童猛哥帖木兒의 맏아들 權豆의
경우처럼 조선으로부터 3품의 서열에 처해지고 있다.35) 권두의 아버지
는 중국만이 아니라 조선으로부터도 관직을 수여받아 조선에 내조하고
있는 입장이었다.36) 그러므로 <표 3>처럼 세종대 일본국왕사에 대한
3품 서열은 권두와 같은 여진족 유력자와 동격이었음을 알 수 있다.

그 이후「五禮」의 '嘉禮儀式 – 正至百官朝賀儀' 규정으로 일본국
왕사 및 유구국왕사는 從2品 서열로 설정되어 여진족 유력자보다 상위
에 놓여 지나 실록에서는 그 실제 적용 기사를 찾아볼 수 없다.37)

2) 朝賀 · 朝會 · 宴會에서의 '일본국왕사'의 위치

世宗～世祖年間(1418～1468) 조선의 제반 儀式에서 일본국왕사가 어
떻게 자리매김 되었는가를 다음처럼 실록 기사를 통해 검토하여 보자.

---

34) 指揮 · 都指揮란 明이 여진족 유력자에게 내린 官職名.
35) "上曰, 前日議定琉球國使臣, 依權豆例, 序於三品班次."(『세종실록』13년
    11월 경오)
36)『세종실록』13년 정월 계미.
37) '五禮'란 嘉禮(慶事 儀式) · 賓禮(賓客 접대의식) · 軍禮(군사 관련의식) · 凶
    禮(喪葬과 弔問의례) · 吉禮(天地 日月 山川 宗廟 社稷 등을 祭祀하는 典
    禮)를 가리킨다.『세종실록』卷128에는 조선의 五禮가 自國에 전래하는 典
    禮와 故事 및 唐 · 宋 · 明의 오례를 참고로 하여 文宗 元(1451)年에 완성되
    었다고 하고 있다. 다만 吉禮는 당시 미완성이었다.

① 세종2(1420)년, 朝會에 일본국왕사 亮倪 등이 隨班行禮(『세종실록』 2년 정월 을사, 閏정월 을해)

② 세종7(1425)년, 조회에 '일본사신' 西堂 등이 참가(『세종실록』 7년 4월 을축)

③ 세종7(1425)년, '倭使肅拜節次'에 조선 百官과 '倭使'의 동시 行禮를 규정(『세종실록』 7년 4월 기유)

④ 세종12(1430)년, 조회에 '일본국왕'이 파견한 宗金 등이 수반행례(『세종실록』 12년 2월 임오)

⑤ 세종13(1431)년, 조회에 '일본국왕' 사절과 일본 지방 세력의 사자 및 여진족의 유력자가 참가(『세종실록』 13년 2월 병오)

⑥ 세종25(1443)년, 闕內宴에 '日本國使' 光嚴 등과 여진인들이 同席(『세종실록』 25년 11월 계유)

⑦ 세종26(1444)년, 元旦에 '倭使' 光嚴 등과 여진족의 유력자들을 궁전 뜰에서 접대(『세종실록』 26년 정월 신해)

⑧ 세종30(1448)년, 東宮이 세종을 대신하여 '일본국왕사'·오우치씨의 사자·여진족의 忽剌溫部의 사람을 접견할 때 大儀仗을 사용하여 大朝會의 例에 따름(『세종실록』 30년 3월 신해)[38]

⑨ 세조2(1456)년, 朝賀에 '일본국왕사자' 承傳 등이 隨班(『세조실록』 2년 3월 갑신)

⑩ 세조3(1457)년, 조하에 '일본국왕사자' 全密 일행·오우치씨의 사자 일행이 수반(『세조실록』 3년 3월 무인)

⑪ 세조4(1458)년, 世祖가 여진족의 유력자 童倉과 '日本國使' 盧圓에 명하여 술잔을 올리게 함(『세조실록』 4년 10월 임신)

⑫ 세조5(1459)년, 세조가 연회에서 '倭使' 秀彌 일행과 여진족의 兀狄哈 부족의 也堂其 일행을 동시에 引見(『세조실록』 5년 6월 을축)

이들 기사를 통해 다음과 같은 지적을 할 수 있겠다.

---

38) 大儀仗을 사용하고 있다는 것은 大朝會를 행하는 것과 같은 것이다("受常參視事, 上謂左右曰, 中國鹵簿, 有大駕小駕之殊, 本朝儀仗, 亦有大駕小駕之別, 今客人來去, 必於衙會隨筆參, 故凡儀仗與軍士, 一依大朝會之例, 野人之來, 但在冬節, 倭人則其來無時, 故客人不參之日甚少, 而每設大駕儀仗, 似爲煩冗, 除特賜見外, 諸小島客人隨班之日, 只設小駕儀仗何如, 左右對曰, 上敎誠然, 命下兵曹議啓." 『세종실록』 13년 3월 임신).

첫째, 朝賀 儀式에 일본 중앙정권의 사자인 일본국왕사를 참여시켰
다는 것이다. 조하란 元旦이나 국왕 誕日 등 祝日에 百官이 국왕에게
축하 의례를 올리는 의식을 가리킨다.

⑨, ⑩에 그 실례가 보이나, 이 조하에 대한 일본국왕사 참가는 이미
조선 초기부터 행해지고 있었다. 즉 1405년 말 조선의 行禮에서 5품에
처해졌던 '국왕' 요시미츠의 사자는 다음해의 元旦 조하에도 참가하고
있다. 다음의 기록은 '국왕' 요시미츠의 사자가 조하에 참가한 것에 대
해 조선 朝廷에서 논의된 내용이다.

> 임금이 正殿에 앉아 조하를 받고 群臣에게 宴會를 내렸는데, 吾都
> 里 · 兀良哈 · 日本使客이 모두 이 조하 儀式에 참여했다. 임금이 말
> 하길, "일본사자로부터 조하를 받음은 僭越이 아닌가? 또한 隣國의 사
> 자를 拜列에 세우는 것도 적절하지 않아 보인다."고 했다. 그러나 신하
> 들이 "옛부터 그러하였습니다."라고 대답했다. 群臣에게 賜宴할 때엔
> 일본사자도 모두 殿上에 앉혔다.[39)]

여기서 태종의 '敵國' 일본에 대한 '敵禮' 인식을 엿볼 수 있다. 즉
일본국왕사를 조하에 참가시킨 것이라든가, 또 일본국왕사를 조선의 백
관 및 여진족 부족의 유력자들과 함께 자신에게 배례하게 한 것은 '隣
國'의 사자에 대해 행하여서는 안 되는 것이라는, 이른바 그것은 "참월
행위가 아닌가?"라는 인식이 그것이다. 태종은 이와 같은 행위를 '적례'
에 상반하는 것이라고 여겼던 것이다. 이에 대해 신하들은 이전부터의
관례라고 묵살하고 있지만 태종의 '적례'인식 그 자체를 부정하고 있는
것은 아닌 듯하다.

---

39) "坐正殿受朝賀, 宴群臣, 吾都里 · 兀良哈 · 日本客使, 皆與朝, 上曰, 受日
　　本使之朝, 無乃僭歟, 且以隣國之使, 在於拜列, 似未便也, 左右對曰, 振古
　　如玆, 賜群臣宴, 日本客使, 皆坐於殿上."(『태종실록』 6년 정월 임진)

다카하시 고메이(高橋公明)는, 조선이 「五禮」 규정에서 일본국왕사의
행례 반차를 이전의 3品에서 從2品으로 승격시킨 점에 대해, 그 중에
서도 특히 '正至會儀'에서의 일본국왕사의 종2품 座次를 들어, 이러한
좌차의 설정은 조선 측의 대일 '적례'적 인식의 발로라고 평가하고, 그
러면서도 조선이 결국 그 규정을 이행하지 않은 것은 대일 멸시관의 표
현이라고 논하고 있다.[40]

여기서 말하는 '정지회의'란 元旦과 冬至에 행하여지는 의례를 가
리키며, 그때 문무백관의 좌차는 官位에 의해 정해져 殿內－階上－中
階－階下－庭下의 순서가 된다. 관위가 낮을수록 공간적으로 국왕의
御座로부터 멀리 또한 낮게 위치되어 그 좌차 자체가 관료질서의 구도
를 여실히 나타내는 의례이다. 이 '정지회의'에서의 일본 및 유구국왕
사의 좌차는 殿內의 서남방에 있어 조선 문무백관 종2품의 뒷렬에 해
당하고 있다. 다카하시는 이러한 위치를 가지고 '적례'적 인식의 표현
이라고 평가하고 있다.

그러나 과연 그러할까? 「五禮」에서는 '正至會儀' 직전에 朝賀('正至
百官朝賀儀')라고 하는 儀式이 행하여지는 것으로 되어 있다. 그리고 조
선 측은 이 조하에 일본이나 유구국왕사의 참가를 규정하고 있다. 이
조하는 말할 나위도 없이 元旦이나 冬至, 또는 국왕의 誕日 등의 祝日
에 조선국왕에 대하여 행하는 賀禮이다. 국왕이 殿上의 어좌에 앉고
世子를 비롯한 百官은 뜰아래에 관품 순위로 늘어서게 함으로, 거기에
는 君臣관계가 공간적으로도 확연히 二分되어 있다. 그리고 四拜禮의
반복과 三叩頭의 의례 및 '千歲 千千歲'의 합창을 통하여 신하가 통
치자의 위엄에 승복하는 禮를 다하는 의식이다. 이 조하 의식에 일본
및 유구국왕사(從二品)가, 조선의 백관만이 아니라 조선으로부터 관직을

---

40) 高橋公明, 앞의 논문 7), 71∼73쪽.

받은 여진족 유력자(從三品 이하)와 함께, 서열의 고저가 있다고는 하나
그 列에 참가하였다는 것은, 일본 및 유구국왕사가 조선국왕 앞에서 명
확하게 君臣의례를 취한 결과가 된다.[41] 그것은 동시에, 조선에서 '기
미권 교린' 대상인 여진족의 유력자와 일본 및 유구국왕사가 동등한 입
장에 처해지는 것을 의미한다. 이 같은 의미를 가지고 있는 조하에 일
본국왕사를 참가시키는 것은 '隣國'에 대한 '적례'가 아니라고 태종이
이미 지적하고 있었다.

조하에의 참가를 전제로 행하여지는 것이 '正至會儀'이다. 따라서 그
의식에서의 일본국왕사에 대한 殿內 從二品 좌차는 일본국왕사가 조선
국왕의 從2品 신하임을 나타내는 것에 지나지 않는다. 이러한 측면에서
'정지회의'에서의 일본국왕사에 대한 좌차 설정을, 조선 측의 對日 '적
례'적 인식의 발로라고 한 다카하시의 평가에는 찬성할 수 없다.

둘째로 지적할 수 있는 것은 朝會의식에 일본국왕사를 참가시킨 것
이다. 조회란 백관이 아침에 국왕을 뵈옵는 의식을 가리킨다.

일본국왕사의 조회의식에의 참가는 ①, ②, ④, ⑤에 보인다. ③, ⑧
에 보이는 조선의 일본국왕사에 대한 규정은, 이 의식에 조선 백관이
참가하고 있는 것으로 볼 때 조회와 동등한 의식에의 참가규정이라고
여겨진다. 특히 ⑤에서는 일본국왕사가 여진족 유력자와 함께 조회에
참가하고 있다는 사실이 주목된다.

「오례」의 '嘉禮儀式'에는 '五日朝參儀'(매월 5·11·21·25일의 조회)와
「朔望百官朝儀」(매월 1·15일의 조회)라고 하는 의식이 기재되어 있어, 만
약 일본국왕사가 조선에 머물고 있는 경우에는 이들 의식에 참가하도
록 규정되어 있다. 이러한 뜻아래에서의 백관이 殿上 어좌의 국왕에 대

---

41) 중국 역대왕조의 황제는 諸王이나 百官만이 아니라, 四夷 君長의 使者까지
　　도 朝賀儀式에 적극적으로 참가시켜 왔다. 이는 황제를 頂點에 놓는 國內外
　　질서의 확립에 조하의식이 가진 상징적 의미가 얼마나 至大한가를 말해준다.

하여 행하는 조회의식은 君臣질서의 일상적 표현이라 할 수 있다. 따라서 그 의식에 일본국왕사를 조선 백관과 아울러 참가시켰다는 것은, 조하의 경우와 마찬가지로 일본국왕사에 대한 군신의례의 적용이었다 할 수 있다.

셋째로는, 접대 宴會席에서 여진족 유력자들과 동석시켰다는 것이다. ⑥, ⑦, ⑪, ⑫가 이에 해당하는데, 여기에서는 일본국왕사가 여진족의 유력자들과 동일한 공간에 처해져 있다. 특히 元旦 연회에서의 위치를 보여주는 ⑦의 경우, 조선의 신하들이 殿內에 처해진데 비하여 일본국왕사 일행은 여진족과 더불어 대궐의 뜰에 처해졌다. 이러한 '기미권 교린' 대상인 여진족과 같은 공간에 일본국왕사를 놓은 것은 일본국왕사에 대한 조선의 대우가 '적례'가 아니었음을 보여준다.

3) '일본국왕사'와 일본 지방세력 사자와의 접대 차이

조선은 '적국' 일본의 외교권 행사자인 아시카가 쇼군 사자에 대해 본래 일본 지방 세력의 사자보다 각별한 대우로 접대하지 않으면 안 되었을 터였다. 그러나 실제로는 그러한 특별한 대우를 찾아볼 수 없을 듯하다. 이하의 기사가 그것을 잘 보여주고 있다.[42]

> ⑬ 예조에서 아뢰기를 "이번에 온 일본국왕의 사신에 대한 예우는 諸島의 사자보다 한 등급을 높이소서."라고 하였다.
> ⑭ 신 등의 생각으로는 지금의 日本國使는 三島의 왜인과 같을

---

42) ⑬ "禮曹啓, 今來日本國王使臣禮待, 視諸島使人, 加一等."(『세종실록』 원년 12월 갑신) ⑭ "臣等以爲, 今日本國使, 非三島倭人之例, 自言, 朝鮮待我, 等如三島商倭."(『세종실록』 32년 閏정월 경신) ⑮ "禮曹啓, 日本國王, 本朝待以隣國, 其使臣應接之禮, 比諸巨酋, 當倍優厚, 今觀國王使臣, 支供之品, 與尋常人無異, 過於簡略, 請與戶曹商議, 豊其館待之禮, 從之."(『성종실록』 20년 8월 경자)

수가 없는데, 그들이 말하길 "조선에서 우리를 대우하기를 三島의 商倭와 같이 한다."고 합니다.

⑮ 예조에서 아뢰기를, "일본국왕은 本朝에서 隣國으로 대우하니 그 사신을 응접하는 禮는 여러 巨酋에 비하여 마땅히 배나 더 후하게 해야 합니다. 지금 국왕의 사신에게 支供하는 品數를 보니 보통 왜인과 다름없이 간략함이 지나칩니다. 청컨대 戶曹와 상의하여 館待의 禮를 풍성하게 하소서."하니, 임금이 따랐다.

즉 세종 元(1419)年에 일본국왕사는 일본 '諸島'로부터의 사자에 비해 일등급 높은 접대 대상으로 논의되고 있었다(⑬), 그러나 세종 말년(1450)엔 '三島商倭'와 동등하게 취급당하고 있고(⑭),[43] 그 뒤 성종 말년(1489)에 이르러서는 보통 왜인('尋常人')과 다름없는 접대를 받기에 이른다(⑮). 1471년 간행된 『해동제국기』엔 일본 측 사절 중 일본국왕사를 제1등급으로 대우한다고 규정되어 있으나 ⑮로 보아 이 또한 이행되지 않고 있음을 보여주고 있다.

또한 『해동제국기』의 「日本本國之圖」나 『攷事撮要』의 「接待倭人事例」에는 아시카가 쇼군을 '國王殿'이라 하고 호족인 '巨酋' 또한 '○○殿'이라 표기하고 있다. 이는 兩者를 同列視하는 편찬자의 의도에 의한 것이리라. 앞에서 든 ⑤, ⑩에서 일본국왕사가 일본 지방 세력의 사자와 같이 조회와 조하에 참가하고 있는 것도, 조선에서 양자가 이미 동일 공간에서 접대되는 존재가 되었음을 의미한다. 아울러 일본국왕사를 여진족 유력자와 연회에 동석시킨 것도(⑥, ⑦, ⑪, ⑫) 같은 의미로 '적례'적 접대라 할 수 없다.

이처럼 본래 조선의 '적례적 교린' 대상이어야 할 '일본국왕'의 사자가 조선에서의 제반 의례나 접대상의 지위로 볼 때, 조선의 '기미권 교

---

43) 田中健夫는 '三島'를 대마도·壹岐·肥前 松浦지방이라고 추정하고 있다 (田中健夫, 『倭寇』, 敎育社, 1982, 41쪽).

린' 대상인 일본 지방 세력의 사자나 여진족 유력자에 대한 그것과 별로 차이가 없었음이 밝혀졌다.

2. 非 '적례' 접대의 이유

전술하듯 조선은 '적국'으로 인식하고 있던 일본(무로마치 막부) 사자인 일본국왕사에 대해 '적례'에 해당하는 접대를 한 적이 없다. 어느 경우라도 '적례' 접대 여하를 논하는데 그치고 있다. 이 절에서는 그 이유에 관하여 5가지 점을 정리하는 형태로 전개해 보기로 한다.

1) 무로마치 막부가 중앙정권으로서의 통치력을 갖지 못했다는 점을 지적할 수 있다.

이미 다루었듯이 조선이 아시카가 쇼군의 왜구 금압능력에 회의를 가지기 시작한 것은 요시미츠代부터였다. 또 조선은 일본에의 사절파견을 통해 무로마치 정권의 허약한 통치능력을 점차 확인하고 있었다. 따라서 왜구문제는 물론, 조선 被虜人 송환 등의 외교현안조차도 건국 초기부터 이미 대마도나 규슈(九州)세력에 의뢰하여 해결하려는 경향이 있었다.

2) 무로마치 막부가 무례한 외교자세를 취한 점을 들 수 있다.

임금이 좌우 신하에게 이르기를, "일본국은 그 왕이 薨去하였는데도 사신을 보내어 訃告하지 않고, 즉위하는 일이 있어도 또 사신을 보내어 수호의 뜻을 통해 오지도 않았으니, 우리나라도 또한 통신사를 보낼 필요가 없었다. 그러나 우리가 교린하는 예에 있어 이를 닦지 않을 수 없기 때문에, 사절을 파견하고 贈儀를 전달하였으며 또 즉위를 축

하하였으니 저희들이 응당 보답해야 마땅하거늘, 또 사절도 보내지 않
고 도리어 청구하는 일로 인하여 宗金을 보냈으니 실례 중에도 실례인
것이다."44)

이것은 쇼군 요시모치의 사망과 요시노리의 쇼군 취임에 대해 일본
에 파견되었던 통신사 박서생의 귀국보고(1429)에 대한 세종의 비평이
다. 즉 막부로부터 '왕'의 訃告와 '즉위'를 통지하는 사절이 없었으므
로 조선도 통신사를 파견할 의무가 없었지만, 조선은 '交隣之禮'를 표
하기 위해 사절을 파견하여 조의하고 새 쇼군에게 축하를 올렸다. 그런
데 막부는 이에 대해 回禮使를 파견하기는커녕 오히려 물품을 청구하
는 사자로 소킨(宗金)을 보내고 있으니 이는 크게 실례되는 짓이라고 비
판하고 있다.

이 기사로부터 조선이 외교의례의 관점에서 막부의 對조선 외교를
주로 비판하고 있음을 알 수 있다. 즉 막부가 自國의 국가적 경조사를
통고하지 않고 조선의 통신사 파견에 회례사를 파견하지 않으며 물품
청구의 사자를 보냈다는 비판이다. 그러면 이 기사를 바탕으로 조선이
無禮라고 비판한 막부의 對조선 외교자세가 구체적으로 무엇이었는가
정리해 보자.

첫째, 막부가 쇼군의 사망과 새 쇼군 취임을 조선에 통지하지 않았다.

1428년 통신사 박서생이 요시모치의 사망과 요시노리의 쇼군 취임
을 弔祭・慶賀하기 위해 파견되나, 이 같은 쇼군 교체를 조선에 알린
것은 막부가 아니라 조선과 통교하는 지방 세력이었다.45) 이때 조선이

44) "上謂左右曰, 日本國, 其王薨, 不遣使訃告, 及卽位, 又不遣使通好, 我國,
亦不必遣通信使也, 然在我交隣之禮, 不可不修, 故遣使致賻, 且賀卽位,
彼宜報謝, 又不遣使, 反因求請, 乃遣宗金, 失禮之中, 又失禮焉."(『세종실
록』 11년 12월 신사)
45) 즉 宗金과 九州巡撫使인 平常嘉 및 少貳滿貞 등이었다(『세종실록』 10년 7
월 갑자・8월 을사・10월 갑진).

박서생에게 건넨 국서에서 "이제 규슈에서 온 사자로 인하여 비로소 새로 큰 명을 받아 位號를 바로 함을 알았는데,"라고 새삼스레 명시하고 있는 것은,[46] 막부가 국가적 경조사를 직접 조선에 통고하지 않은데 대한 간접적 힐문의 의미가 담겨져 있다고 보여진다.

1443년 통신사 변효문의 일본 파견도 요시노리의 사망과 요시카츠(義勝)의 쇼군 취임에 弔祭·慶賀를 표하기 위한 것이지만, 이 또한 막부로부터가 아닌 대마도의 소 사다모리(宗貞盛)의 보고에 근거한 파견이었다.[47]

둘째, 막부가 조선왕실의 경조사에 사자를 파견하지 않았다.

예를 들면 1429년 통신사 박서생이 세종에게 복명하는 가운데,

> 또한 일본은 구할 것이 있으면 사자를 보내서 이를 청하고, 만약 구하는 바가 없으면 비록 新王에 賀禮하고 舊王을 弔喪하는 큰 예절이라 할지라도 禮를 닦지 않습니다. … 원컨대, 이제부터 국가의 부득이한 일과 報聘하는 이외에는 사신을 보내는 것을 허락하지 마시고, ….[48]

라고 말하고 있다. 즉 막부는 물품을 청하는 경우에만 조선에 사절을 파견하고, 상대국의 新舊국왕의 교체라고 하는 국가적 경조사에 대해서도 사자를 파견하려고 하지 않는다. 그러므로 앞으로는 부득이한 경우나 회례사를 보내야 할 때를 제외하고는 사자를 파견할 필요가 없다,고 제안하고 있다. 이러한 박서생의 제안에 조선 조정의 반응도 대부분 찬성이었다.[49]

---

46) "今因九州來使, 乃知新膺景命, 以正位號, …."(『세종실록』 10년 12월 갑신)

47) 『세종실록』 23년 12월 을미, 25년 정월 기사, 25년 2월 정미.

48) "且日本有所求, 則遣使請之, 如無所求, 雖賀新吊舊之大節, 漫(慢)不致禮, … 願自今國家, 不得已之事及報聘外, 不許遣使, …."(『세종실록』 11년 12월 을해)

1448년 세종 왕비의 사망 이후 파견된 일본국왕사 세이유(正祐)가 분향을 요청한 일이 있었다. 그러나 세종은 '일본국왕'의 서한에 화호나 대장경 요청만이 기재되어 있고, 세이유가 지참한 제문도 '일본국왕'으로부터 내어진 것이 아니라 하여 이를 거부하고 있다. 또한 재상 강맹경도, 조선이 '일본국왕'의 사망에 弔祭할 때에는 국왕이 몸소 제문을 작성하여 사자에게 위탁하는 것이 관례이며, 중국의 조선국왕에 대한 경우에도 황제가 스스로 제문을 작성하여 보내는 있는데, 私的으로 작성한 제문을 제출하려고 하는 것은 조선에 대한 무례행위라고 반대하고 있다.[50] 종당에 조선은 세이유의 進香을 허용하지만 그렇다고 막부의 무례를 기본적으로 수용한 것은 아니었다.[51]

그 뒤 1452년, 세종의 사망 이후 내항한 일본국왕사가 조선 측으로부터 분향을 요청받자 쇼군으로부터 그러한 명령을 받지 않았다는 것을 이유로 私的인 분향을 하려 한 일이 있었다. 이에 조선은 사적 분향 요청에는 응할 수 없다고 거부하고 있다.[52]

셋째, 조선의 사절파견에 대해 막부가 회례사를 파견하지 않았다.

1443년 통신사 변호문이 渡日했을 때 막부에 회례사의 조선 파견을 요청한 적이 있다. 이에 대해 막부는 조선에 회례사를 파견한 전례는 없으나 대장경을 요청하는 '請經使'라면 전례가 있다면서 '청경사'로 고겐(光嚴)을 파견하고 있다.[53] 이로 보아 막부는 조선에 회례사를 파견할 의도가 없었음을 알 수 있다.

넷째, 막부의 사절파견이 오로지 '求請'을 목적으로 하고 있었다.

---

49) 『세종실록』 11년 12월 을해.
50) 『세종실록』 30년 6월 을해.
51) 『세종실록』 30년 6월 임오, 7월 병술.
52) "(일본국왕사 曰) 進香非國王之命, 我輩欲行私禮耳, 政府令監護官止之曰, 若非國王之命, 不可行私禮, 乃止."(『문종실록』 2년 5월 기해)
53) 『세종실록』 25년 10월 갑오.

앞에서 박서생의 복명이나 세종의 감상에서도 언급한 것처럼, 막부 측의 사절파견 이유는 거의 다 물품을 요청하는 데 있었다(후술).

다섯째, 일본국왕사가 직접 막부로부터 파견되지 않았다.

예컨대 1431년 조선에 내항한 일본국왕사 샤온(舍溫)은 쇼군으로부터 직접 받은 서한이 아닌, 교토로부터 규슈에 전송된 서한을 지참하고 있었다. 이를 파악한 세종은, 이 행위를 심히 무례한 행위라고 단정하고 답서와 禮物의 생략 여하를 조정에 제기하여 논의하게 하고 있다. 그 결과 예물이 생략되지는 않았으나 그 양을 크게 축소시키는 결과가 되었다.[54]

3) 막부가 物的 요구로 일관하였다는 점을 들 수 있다.

조선은 무로마치 막부의 조선에 대한 사절파견 목적이 주로 물품을 요청하는 것에 있다는 것을 잘 파악하고 있었다.

그 청구 물품의 하나가 대장경이었다.

이것은 요시미츠 이래 일관된 요구였지만, 특히 요시모치는 朝鮮本 大藏經板을 손에 넣으려는 강한 집착을 나타냈다. 이러한 그의 태도에 대해 조선은, 지금까지의 대장경 증여로서는 그를 만족시킬 수 없을 것이므로 아예 대장경판마저 주어서 일본국왕사가 다시 오지 못하도록 하자던가, 또는 왜구가 조선 연안을 침탈하는 일만 없다면 일본에 사절을 파견할 필요도 없다, 는 등의 대일 통교의 無意味論을 논하고 있을 정도였다.[55]

요시모치의 대장경판 요청은 그 후 對조선 외교의 궁극적인 목적이 되어간다. 즉 1424년에는 조선에 파견하는 일본국왕사 게이츄(圭籌)·

---

54) 『세종실록』 13년 2월 병오, 3월 경오·정축.
55) "淸城君鄭擢曰, 日本使往來, 爲求佛法耳, 若送板子, 則恐不復來也, 上曰, 只要不侵我境, 不須通使."(『태종실록』 14년 7월 임오)

본레이(梵齡)에게 斷食을 명령하여 시위행동을 취하게 하던가, 조선 변경을 침략한다는 풍문을 고의로 흘리게 하는 둥하여 대장경판의 요구를 관철하려 하였다.56)

또한 요시모치는 같은 해 도일한 회례사 박안신을 시모노세키에 구류함으로서 대장경판에 한하여 일관되게 증여를 거부하는 조선의 태도에 불만의 뜻을 표현했다. 그리고 박안신의 귀국에 즈음해 건넨 서한을 통해서는, 자신에게 대장경판 이외의 조선 측 예물은 아무런 의미도 없으므로, 앞으로는 막부에 사절 파견시 예물을 지참하는 의례도 폐지해야 할 것이라고 주장하고 있다. 그러면서도 '賜'라는 표현마저 사용하면서 재삼 경판을 요청하는 문장으로 서한을 끝맺고 있다. 이에 반발한 조선은 일본에 '聘問之禮'를 적용시킴은 아무런 의미를 갖지 못한다하여 사절파견을 1世에 1~2회로 한정하려 하고 있다.57)

막부의 요구의 또 하나는 寺院 건립자금이나 군사 원조금이었다.

나카무라의 연구에 의하면, 대장경의 요구에 아울러 막부 측은 사원 건립자금을 요구하고 있고, 이 요구는 世祖 3(1457)년에 시작되어 成宗 연간(1470~1494)에 더욱 활발하게 행해졌다고 한다.58) 동시에 군사 원조금 요구도 이 시기에 행해졌다. 조선은 이러한 요구에 대해 매번 성의를 보이고 있다. 그 대표적인 예가 世祖 3년 銅錢 1萬貫을 보내고 있고,59) 성종 元(1470)年에는 綿布·正布 각 1千匹과 쌀 500石을 보낸 적이 있다.60) 특히 후자는 막부에의 군사자금 원조로서 당시 일본에선 오닌(應仁)의 亂(1467~1477)이 진행되고 있었다.

---

56) 『세종실록』 6년 정월 기묘·신사·임오·을미·정유·기해·임인, 2월 정미.
57) 『세종실록』 6년 12월 무오.
58) 中村榮孝, 「15, 6世紀日本國王使·朝鮮通信使年表」(中村榮孝, 『日本と朝鮮』, 至文堂, 1966).
59) 『세조실록』 3년 5월 무자.
60) 『성종실록』 원년 9월 임인.

4) 막부의 조선에의 사절파견이 무역이윤을 추구하는 것에 지나지 않았다는 점을 들 수 있다.

외교의례를 무시하고 物的 요구로 일관한 무로마치 막부의 對조선 외교자세는 일본국왕사의 파견을 통해 무역이윤을 최대한 획득하려고 했다는 것이다.

예컨대 1453년 요시마사가 조선에 요청한 '通信符'는 막부 이외의 세력이 일본국왕사를 사칭하지 못하게 하기 위한 것으로, 스스로 對조선 무역 이익을 확실히 장악하기 위한 것이었다. 明이 주변국의 '국왕'에 급여한 勘合符와 기능의 면에서 같은 성격을 가진 이 '통신부'는 이미 조선이 오우치씨 등의 '巨酋'들에게 賜與했던 것이었다.[61]

이러한 무로마치 막부의 무역외교 자세는, 禮的 외교에 가치기준을 둔 조선으로 하여금 아시카가 쇼군을 '國王殿'이라 칭하게 하는 계기가 되었다고 생각된다. 그리고 '적국' 일본의 중앙권력의 사자였을 터인 일본국왕사마저도 오히려 조선의 藩屛的 존재인 대마도의 文引(渡航증명서)에 의한 통제를 받게 하는 결과가 되었다고 할 수 있다.[62]

5) 무로마치 막부가 對조선 서한에서 저자세의 표현을 사용하고 있었다는 점을 들 수 있다.

요시모치가 서한에서 대장경판의 급여 요구에 불응하는 조선의 태도

---

61) 中村榮孝는 通信符를 설명하여, "將軍이 이를 청구한 것은 日明勘合에 暗示된 것, 그 체제는 조선 국내에서 이뤄졌던 여러 가지 勘合의 符驗에서 案出된 것"이라고 논하고 있다[中村榮孝, 앞의 책 1), 181~182쪽]. 또한 '일본국왕'에게 보낸 통신부는 象牙製로서 10매였으며, 이 통신부를 半으로 나눠 오른쪽 부분은 '일본국왕'에게 급여하고, 왼쪽 부분은 조선이 대조용으로 비치하고 있었다 한다. 그 외에 靑銅製의 통신부도 있었으며 이것은 '巨酋'에게 급여되었다 한다(中村榮孝, 『日本と朝鮮』, 至文堂, 1966, 181~182쪽).
62) 中村榮孝, 앞의 책 1), 479쪽.

를 노골적으로 비판하면서도 '賜'를 쓰면서 대장경판을 재삼 요구했다
(전술). 그러나 요시마사代의 서한에는 조선에 대한 저자세가 더욱 두드
러지게 된다.

예를 들어 對明 조공 알선을 조선에 의뢰하는 요시마사의 서한에
는 조선을 '上國'이라 칭하고 있으나,[63] '상국'이란 소국의 대국에 대
한, 이른바 종주국에 대한 것이다. 또한 그는 지금까지 양국 간의 서
한에서 이용되고 있던 '전하' 대신 조선국왕에 대해 '폐하'를 사용하
기도 했다.[64] 이 '폐하'도 '전하'의 上位的 칭호에 해당한다. 나아가
1470년 조선에 金印(통신부)을 요청할 때 그의 서한에는, "(나의) 臣인
승려 壽藺과 松見이 皇華(조선)에서의 임무를 잘 수행하여 扶桑(일본)
의 都城에 사무치게 하여, … (일본의 내란으로) 조선의 金印을 잃어
버렸으니, … 엎드려 바라건대 승려 수린에게 다시 금인을 내려 주시
어 영구히 隣好를 닦게 하시면 이보다 더 큰 다행이 없겠습니다."[65]
라고 하여, 조선을 '皇華'의 나라로서 표현하고 金印의 '再賜'를 '伏
希'한다고 기록하고 있다. 이 같은 사례들은 조선의 자세, 즉 일관되

---

63) 일본국왕사 盧圓・柴江이 지참한 義成(義政)의 서한에, "伏聞上國之於大明,
   彊域連接, 聘問交繁, 請爲我先容, 以通夙夜之心, 亦善隣之謂也"(『세조실
   록』 4년 10월 병인)라고 있고, 또한 일본국왕사 性春이 지참한 서한에도 "竊
   承上國之於大明也, 封域連接, 聘問頻煩, 請紹介於我, 以此事見告, 則上
   國賜執加焉"(『성종실록』 6년 8월 정해)라고 있다. 그 외에 일본국왕사 等堅
   의 지참한 서한에도 '上國'이라 기록되어 있다(『성종실록』 18년 4월 을미).
64) 일본국왕사 俊超가 지참한 서한에는 '陛下', '賜'를 사용하고 있다(『세조실록』
   9년 7월 신축).
65) "臣僧壽藺幷松見, 能盡皇華之美, 以達扶桑之都, … 朝鮮金印旣失, …
   伏希附僧壽藺, 再賜金印, 永修隣好, 幸莫大焉."(『성종실록』 원년 8월 경
   오) 그런데 인용문에서 승려 壽藺 등이 "皇華에서의 임무를 잘 수행하여,"란
   부분은, 壽藺이 1466년 일본국왕사로 조선에 파견되었던 일을 가리키는 듯하
   다. 그는 實錄에 守藺으로도 표기되어 있다(『세조실록』 12년 윤3월 기해, 4
   월 무진).

게 대등한 관계를 나타내는 칭호와 표현을 막부에 사용하여 '적례'관
계를 유지하려고 한 것과는 대조적이다. 막부의 물품 요청에 즈음한
이 같은 철저한 저자세는 조선의 일본국왕사에 대한 접대에 일정한
영향을 주었을 것이 틀림없다.

여기서 위와 같은 쇼군의 서한에 어떠한 비판도 내리지 않고, 있는
그대로 게재하고 있는『善隣國寶記』,『續善隣國寶記』의 편찬 자세에
대해 주목하고 싶다. 兩書의 이러한 자세는, 특히 즈이케이 슈호(瑞溪周
鳳)가『善隣國寶記』에서 요시미츠의 明 황제에게 보낸 表文 형식에
대해 일본 自尊의 입장에서 엄하게 비판하고 있는 점에 비해 대조적이
다. 이는 양서의 編者인 슈호가 對조선 외교상 쇼군의 자리매김에 대
해 천황과 관련시켜 인식하고 있음을 시사하는 것이 아닌가 여겨진다
(제6장 제3절 참조).

전술하였듯이 막부가 物的 요구나 무역 이익의 추구에 철저하였고,
그 이유만으로 조선에 대해 저자세를 취했다는 것은 신의와 도리에 근
거한 조선의 '적례적 교린' 정책에 부적합한 무례한 외교태도였다. 따
라서 조선이 일본국왕사에 대해 非'敵禮'的 접대를 행한 요인은, 이러
한 막부의 무례한 외교자세와 중앙정권으로서의 취약성에 실망했기 때
문이었다고 할 것이다. 특히 후술하는 것처럼 무례한 외교자세가 주된
요인이었다 하겠다.

제3절 조선의 對막부 사절파견에 보이는 '일본국왕'관

조선이 아시카가 쇼군에 대해 대등한 양식의 국서를 사용하고 일본
국왕사의 내항에 임하여 '적례'적 접대의 적용 여하를 의논하면서도 결

국 이를 실행한 적이 없었던 것은, 무로마치 정권의 빈약함만이 아니라 조선 측이 막부의 외교자세에 불만을 품고 실망한 결과였다(전술). 그 불만과 실망의 판단기준은 앞 절에서 지적한바 그대로이다. 이 제2절에서는 그 판단기준을 보다 명확히 하기 위해 조선 측이 보인 무로마치 막부에의 사절파견 자세를 이하처럼 3가지의 관점에서 검토하여 보자.

1. 禮에 입각한 사절파견

1443년 10월 조선에서는 통신사 변효문의 귀국을 전후하여 통신사의 재파견 논의가 활발하게 이루어지고 있었다.[66] 쇼군 요시노리의 사망과 요시카츠(義勝)의 쇼군 취임에 즈음하여 파견된 변효문이 귀국 도중에 다시 새 쇼군 요시카츠가 사망했다는 소식을 접했기 때문이었다. 논의는 통신사를 즉시 다시 파견할 것인가 말 것인가의 점에서 대립하고 있었다.

우선 통신사의 재파견에 찬성하는 측의 의견은 다음과 같다. '交隣之道'는 禮·信을 중시하는데 있다. 그러므로 이번 '일본국왕'의 사망에 대해서는 무엇보다도 먼저 遣使·致祭하여 禮·信에 진력해야 할 것으로, 만약 조선 사절에 대해 일본 측이 非禮를 행한다 할지라도 조선으로서는 禮를 다해야 할 것이다. 또한 이번에 온다는 일본의 '請經使'의 귀국에 조선 사절이 동행하여 渡日한다면 해적에 습격당할 위험도 적을 것이다. 혹 이번에 파견하지 못하다면 쇼군이 이에 불만을 품게 될 것이고, 그리되면 추후에 파견해도 일본 측으로부터 정중한 접대를 기대할 수 없을 것이다.

이에 대해 통신사의 재파견에 반대하는 측의 의견은 다음과 같다. 일

---

66) 三宅英利, 앞의 책 11)의 第1編 第2章.

본 측이 조선에 대한 답서와 예물을 막부 사절이 아닌 통신사 변호문에게 건넨 것은 非禮이다. 더구나 지금은 통신사가 막 귀국한 참이다. 즉시 다시 통신사를 파견한다 해도 일본 측이 이를 환영하지도 않을 것이거니와, 경우에 따라서는 해적의 습격도 예상하지 않으면 안 된다. 더욱이 아직 일본의 정정이 불안정하며, '일본국왕'의 나이 또한 어리므로 뒷날 다시 파견하는 것이 바람직하다.

이처럼 양자의 주장을 보면, 재파견에 찬성하는 측은 아시카가 쇼군의 사망에 중점을 두어 즉시 파견을 주장하고 있다. 이에 대해 반대하는 측은 막부 측이 행한 非禮와 통신사에 대한 거부 자세에 불쾌감을 가지고 있으면서도, 추후 파견에는 찬성한다는 입장이다. 이 경우 추후라는 것은 '일본국왕'이 성장하여 스스로 조선사절을 접견할 수 있는 때를 가리키는 것이다. 그렇다면 양자가 시기만 다를 뿐 통신사의 재파견에 대해서는 똑같이 찬성하고 있는 것이 된다.

이러한 찬반논의는 열흘 이상 조선의 重臣이 참여하여 이루어졌고, 결국 세종의 의견을 따라 가까운 시일에 재파견 하기로 결론되어졌다. 통신사 변호문이 무로마치 막부로부터 받은 非禮와 거부적인 자세들, 즉 교토 上京의 거부, 상경 이후의 박대, 귀국 도중 일본 호송인들의 습격, 막부의 '回禮使' 아닌 '請經使'의 파견 등을 알면서도 세종은 사절의 즉시 재파견을 결정하고 있는 것이다.

世宗代(1418~1450)는 조선조의 문화의 황금기로 일컬어지고 있다. 중앙집권체제가 정비되고, 문화가 융성하는가 하면, 국방에 대해서도 자신을 갖게 되는 시기이기도 하다. 이러한 시기였으므로 왜구로부터 自國 연안을 보전하는 것이 비교적 용이했으며, 그러므로 왜구문제가 점하는 對日 외교상의 비중도 엷어졌다고 여겨진다.[67] 따라서 왜구의 위

---

67) 1419년 대마도 정벌 이후, 왜구의 조선 연안 침구는 격감하고, 世宗 말년에는 "但國家昇平日久, 倭賊之害, 耳聞目見者少"(『세종실록』 26년 정월 병자)라

협이 격감된 시기, 즉 대일외교상 현실적인 현안이 없는 시기에 무로마
치 막부로부터 일면 굴욕을 당하면서도 오히려 다시 사절을 파견할 것
을 결정한 조선의 의도는 어디에 있었을까? 그것은 사망한 쇼군에 弔
祭하는 것, 이것이 이 시점에서의 유일한 목적이며 至高의 가치 있는
행위라고 판단하고 있기 때문이었다.

1443년 12월 무로마치 막부가 파견한 '請經使' 고겐이 조선에 내항
했다. 그리고 그는 조선에 대해, 새 쇼군이 아직 어리며 통신사 또한
방문한 직후이므로 조선의 新舊 쇼군에 대한 축하·弔祭用 예물은 자
신에게 위탁하는 것이 좋을 것이다, 라고 하여 조선의 통신사 파견을
거부하는 입장을 밝혔다. 더욱이 통신사가 일본에 올적마다 쇼군의 신
체에 이변이 생기므로 일본 측은 조선사절의 입국을 기피하고 있다고
전해왔다. 즉 고득종이 왔을 때엔 쇼군이 살해되더니(1439), 이번 변효문
이 왔을 때엔 쇼군이 病死한 것은 조선 사절이 찾아와 不淨을 탔기 때
문이라는 일본의 분위기를 전달해 왔다.

이에 이르러 조선은 통신사 재파견 여부를 다시 논의하게 되고, 최종
적으로 사절파견은 중지되기에 이른다.[68] 이 최종 결정에는 고겐의 발
언이 커다란 영향을 끼쳤다고 여겨진다. 통신사가 올 때마다 쇼군에게
이변이 생긴다는 막부의 조선사절에 대한 반응은 조선의 '적례' 외교
노력에 허탈감을 주었을 것이 틀림없다. 이로부터 5년 후인 1448년 일
본국왕사가 다시 조선에 내항했다. 그러나 조선은 이때 막부가 조선사
절을 기피하고 있다는 이유를 가지고 회례사의 파견 논의를 아예 행하
지 않고 있다.[69]

<표 1>을 보면 알 수 있는 것처럼 朝鮮前期 무로마치 막부에의 사

고 할 정도로 평화상태가 이어지고 있었다.
68) 『세종실록』 25년 12월 정미.
69) 『세종실록』 30년 6월 을해.

절파견 의도는 '報聘使', '回禮使', '通信使'라는 명칭만을 사용한 것
에 명확히 나타나고 있다. 이른바 막부의 사절파견에 답하는 '報聘'·
'回禮', 新舊 쇼군의 교체에 대한 축하와 弔祭를 행하는 '通信', 이것
이야말로 조선의 막부에 대한 사절파견의 前提的인 명분이었다.[70]

2. '적례' 실현을 위한 사절파견

『성종실록』 10(1479)년 4월 戊子條에는 '日本國王處傳書幣儀'라는
儀式 내용이 기재되어 있다. 예조의 啓로서 내어진 이 의식은 통신사
가 '일본국왕'에게 書·幣를 전달할 때의 의례에 대한 것이다. 무자조
에서 예조는 또, 1443년 통신사 변효문이 '일본국왕'에게 행한 楹外拜
(건물의 지붕을 받치는 기둥의 바깥 측 마루 위에서 행하는 拜禮)에 대해 언급하여,

> "변효문의 통신사행에는 正官 이상이 楹外拜의 禮를 행하였으니
> 이는 군신의 禮가 아닌 듯합니다. 대개 왕명을 받들어 외국에 가는 사
> 신은 모든 일을 禮에 의거하여 행하도록 하고, 군신 상하의 義를 알도
> 록 해야 합니다. 그러므로 이번에 가는 조선사절에게 만약 막부가 다시
> 영외배의 예를 행하게 한다면 마땅히 禮가 아니라고 거절하고, 강청한
> 다면 그때서야 (堂上에) 올라가서 拜禮하는 것이 어떠하겠습니까?"하
> 니, 임금이 따랐다.[71]

---

70) 田中健夫는 "조선 측에서는 일본국왕사의 渡來에 대해, 태종시대에는 回禮
使, 세종시대 이후는 通信使를 파견하여 답했다. 그 회수는 61회에 이르고 있
다."고 말하고 있다[田中健夫, 앞의 책 4), 107쪽]. 그러나 이 61회라는 회수
는 대마도나 규슈의 지방 세력에의 사절파견도 포함된 것이리라. 조선이 무로
마치 막부에 파견한 사절은 <표 1>에서 보듯 16회에 불과하며 그중에서도
6회는 쇼군의 거처인 교토까지는 도달하지 못했다.
71) "下孝文之行, 正官以上於楹外行禮, 似非君臣之禮, 大抵奉使絶域, 凡事皆
據行禮之, 使知君臣上下之義, 今若許陞楹外行禮, 則當以非禮辭之, 强請
然後陞拜, 如何, 上從之."

라고 하여 그 禮가 군신의 禮가 아니었음을 비판하고, 이번에 파견될 통신사는 일본 측에 '君臣上下之義'를 이해시키기 위해 막부 측으로부터 楹外拜를 허락 받아도 이를 非禮라고 사양하고, 막부가 강하게 요청한다면 그때엔 그에 응하게 하라고 건의하고 있다. 즉 가능한 한 庭下拜(뜰에서 殿上의 군장에게 행하는 拜禮)를 행하게 할 것을 주장하고 있고, 成宗도 이 예조의 의견에 찬동하고 있다.

주목되는 것은 書·幣의 전달 의례가 조선에서 일본국왕사에게 행하게 해온 것과 기본적으로 거의 같다는 데에 있다.[72] 또한 정하배에 대해서도 이때까지 조선 측만이 일본국왕사에게 행하게끔 해오던 것이다. 書·幣 전달의례나 정하배의 의례를 막부 측이 조선사절에게 행한 적은 없었다. 그런데 조선 측은 이번에 통신사의 일본 파견에 즈음하여 두 의례를 솔선하여 행하려고 하고 있는 것이다.

여기서 朝·日 양국 간 정하배에 관하여 검토하여 보자.

1422년 일본국왕사로서 조선에 파견된 게이츄가 세종에게 행하는 의례와 관련하여 다음의 기사를 보자.

> 圭籌 等이 殿庭에 들어와서 浮屠의 禮로써 하고 拜禮를 하지 않으려 하자, 禮官이 通事로 하여금 그를 타이르기를, "군신의 禮가 없으면 어찌 使命을 받들고 왔는가. 隣國의 사신이 庭下에서 拜禮함은 禮이니라."하니, 마지못하고 그제야 절하였다.[73]

조선 측은 뜰에 선 게이츄에게 명하여 세종에게 拜禮를 하게 했으나 게이츄는 불교의 禮인 합장으로 끝내려하였다. 이에 대해 禮官이 隣國

---

72) 『세종실록』 卷133의 「受隣國書幣儀」 參照.
73) "圭籌等入殿庭, 以浮屠禮欲不拜, 禮官, 使通事諭之曰, 無君臣之禮, 則何以奉使而來, 隣國之使, 拜於庭下, 禮也, 不獲已乃拜."(『세종실록』 4년 11월 기사)

의 사자가 조선국왕에게 신하의 예로서 庭下拜를 행함은 당연하다, 고
하여 이를 강요하고 있다. 이는 쇼군의 사자가 조선국왕에게 정하배를
행하는 것이 쇼군의 조선국왕에 대한 '적례'라고 조선 측이 인식하고
있었음을 보여주고 있다.

庭下란 흙이나 돌이 깔린 뜰이란 공간이 되겠다. 관련 例로 1431년
일본의 左武衛(斯波氏) 사자의 行禮에 대해 우의정 맹사성 등이 세종
에게,

> 경회루 위에서는 원래 인견할 수 없는 것이며 그 아래는 땅이 질척
> 거려 행례하기가 어렵습니다. 하물며 客人을 인견함에는 반드시 儀仗
> 과 예악을 갖춘 뒤에 하는 것이 옳으니 날이 맑기를 기다려 알현하게
> 함이 옳겠습니다.[74]

하고 건의하고 있다. 이 발언에서도 알 수 있는 것처럼 경회루의 아래에
해당하는 뜰은 여러 날 날씨가 개어있지 않으면 排水 설비의 불충분 등
의 이유로 拜禮를 행하기 곤란한 장소였다. 조선은 태종대부터 이러한
庭下에서 일본국왕사에게 배례인 정하배를 시키고 있었던 것이다.

이에 비하여 무로마치 막부 측이 조선사절에게 정하배를 행하였다는
기록은 없다. 1439년 통신사 고득종이 쇼군 요시노리에 대해 행한 禮는
"고려(조선) 통신사가 殿中에 이르자 南面한 欄中에서 三拜를 받았다."
라고 하듯이 난간에서 행한 三拜禮였다.[75] 변효문의 경우는 "臣 이하
의 正官은 楹外에 서고, 軍官 이하는 뜰에 서서 모두 四拜를 행했다"
고 하여,[76] 正·副使 등의 正官級은 楹外拜를, 軍官 이하만이 庭下

74) "慶會樓上, 固不可引見, 樓下則卑濕, 進退爲難, 況引見客人, 則必備儀物
禮樂, 然後乃可, 宜待天晴, 賜見爲便."(『세종실록』 13년 5월 임진)
75) "高麗通信使, 參殿中, 乃於南面欄中三拜."(『蔭凉軒日錄』 永享11년 12월
26일條 [『古事類苑-外交部』], 吉川弘文館, 1978, 371쪽)
76) "臣以下正官, 立楹外, 軍官以下, 立庭, 皆行四拜."(『세종실록』 25년 10월

拜를 행했음을 알 수 있다. 楹外란 御殿의 지붕을 받치는 바깥기둥에서 처마 밑의 안쪽까지의 공간을 가리키는 것으로 대체로 마루로 깔려 있는 공간이다. 따라서 아시카가 쇼군이 통신사로부터 禮를 받는 楹內(바깥기둥에서 안쪽의 공간으로 內殿)와 正官級의 통신사가 禮를 행하는 楹外와의 사이에는 공간적인 높낮이의 차가 별로 없다. 이러한 점에서 정하와 영외와는 큰 차이가 있었다.

그러나 이와는 다르게 쇼군이 유구사절을 인견하며 그들에게 庭下三拜禮를 행케 하고 있다.[77] 그렇다면 막부 측에 庭下拜에 대한 무언가의 인식이 존재하고 있었음을 살필 수 있다. 그렇다고는 하나 조선이 정하배를 '적국' 사자가 행해야 할 '적례'라고 하는 인식이 있었던 것과는 대조적으로, 막부에는 그와 관련한 구체적인 인식이 존재하지 않았던 것 같다.

그러면 成宗代 조선이 이러한 군신관계를 명확히 표현하는 정하배나, 상세한 書・幣 전달의례를 통신사로 하여금 아시카가 쇼군에게 솔선하여 행하게 하려한 의도는 무엇일까?

먼저 생각할 수 있는 것은 일본을 기본적으로 '적국'으로 인식한 점에 있을 것이다. 진정한 '적국' 관계는 사자를 통한 君臣儀禮의 교환으로 성립한다. 그리고 이 군신의례는 상호 교환하지 않는 한 궁극적으로 '적례'로서 성립될 수 없다.[78] 정하배도 書・幣 전달의례도 조선 측이 일본국왕사에게 일방적으로 행하게 한 의례이다. 이것을 진정한 '적례'

갑오)

77) 『蔭凉軒日錄』 文正 元(1466)年 7월 28일條에 의하면, 琉球의 사자가 寢殿의 前庭에서 쇼군에 대해 三拜禮를 행하고 있다.

78) 예컨대 A와 B라는 '敵國'관계에 있는 나라가 있다고 하자. A나라 사자가 B나라에 가서는 B나라의 君長에게 일종의 臣下의 儀禮를 행한다. 이에 대해 B나라의 사자가 A나라에 回禮로서 와서 同格의 의례를 행한다. 이러한 형태로서 A・B 양국 간에 교환된 의례가 '敵禮'에 해당한다.

로 위치시키기 위해서는 일본으로 하여금 조선사절에 대해 이들 의례를 행하게 하지 않으면 안 된다. 이들 '일본국왕'에 대한 의례 결정에 대해 당시 조선 조정에서 누구 하나 반대하고 있지 않다. 이는 이 시점에 와서 이러한 '적례' 실현의 의지가 조선에서 공통적인 것이 되어있음을 보여주는 것이다.

다른 하나는, 조선이 무로마치 막부의 권위 회복을 위해 이를 측면에서 지원하려는 의도가 있었다고 여겨진다. 1479년인 당시 일본은 오닌(應仁)의 亂이 끝난 직후로 막부의 권위가 심각하게 실추된 시기였다. 조선이 이러한 일본 내정을 정확하게 파악하고 있었음은 『해동제국기』 마지막 부분에 첨부된 「畠山殿副官人良心曹, 饋向日呈書契」로부터도 추측할 수 있다.[79] 조선이 통신사로 하여금 아시카가 쇼군에 대하여 진정한 '적례'가 되는 신하의 예를 행하게 하려 한 것은 일본국내의 反막부세력, 또는 막부의 권위를 경시하는 세력을 의식한 의도일 것이다. 즉 앞에 든 『성종실록』 10년 4월 무자조에 보이는 예조의 주장처럼, 일본의 여러 세력에 대해 막부와의 '君臣上下之義'를 새삼스럽게 인식시키려는 의도가 있었던 것이다.[80] '일본국왕'이 통치권자로서의 권위를 확보하고 일본 정국의 안정이 회복되길 조선은 기대하고 지원하려는 것이다. 전술한 조선의 막부에의 군비 원조금도 이러한 관점에서 보면 쉽게 이해될 수 있다.

그런데 막부에 대한 조선의 이러한 지원 의도는 대마도에 이은 親조선 세력인 오우치씨에 대한 조선의 대응으로부터도 관찰할 수 있다. 즉 1478년 오우치씨가 조선에 綿布 1萬匹의 賜給을 요청한 적이 있었다.

---

79) 이외에 『海東諸國紀』의 「八道六十六州」를 참고.
80) 즉 殿上의 쇼군에 대해 조선 사절이 뜰아래에서 군신의례인 庭下拜를 행한다는 것은, 이를 바라보는 일본 지방세력('巨酋')으로 하여금 쇼군이 조선국왕과 대등한 존재이니 그를 '국왕'으로 모시고 섬기라는 조선의 의도가 담겨있다고 하겠다.

그러나 이때 조선은 오우치씨가 오닌의 亂에서 '일본국왕'에 반역하는
입장을 취하고 있는 것이 아닌가 의심하고 있다. 이는 만약 오우치씨가
'일본국왕'에 반역한 신하일 경우, 조선이 그러한 요청에 응하는 것은
결과적으로 일본 내란을 조장하는 것이 된다는 인식이 있었기 때문일
것이다.[81] '일본국왕' 정권의 존속에 위협을 가하는 세력이라면, 아무
리 그 세력이 親조선세력이라 할지라도 이를 돕지 않는다는 것이 조선
의 입장이었다.

　成宗年間(1469~1494)은 조선조 중앙집권체제의 완성기로 일컬어진
다.『國朝五禮儀』나『經國大典』의 편찬을 통해 禮와 法에 기반을 둔
국내질서를 확보하고 대외적으로도 가장 평화가 유지된 시기였다. 이러
한 시기에, 무로마치시대에서도 가장 약체화한 아시카가 정권에게 오히
려 '적례'를 실시하려고 한 의도는 그런 만큼이나 높이 평가할 수 있다.
일본국내상으로는 상하질서가, 朝·日 양국 간에는 대등질서('적례'질서)
가 의례에 의해 구현되는 것을 조선은 간절히 원하고 있었던 것이다.

　이상과 같은 의도를 가지고 이형원을 정사로 한 통신사가 일본에 파
견되는 것은 1479년이다. 이 통신사행 또한 도일기간의 일상비용 등 일
체의 비용을 스스로 마련하고 있었다.[82] 그러나 일본 본토에 건너지 못
하고 대마도에서 귀국할 수밖에 없기에 이른다. 일본 내란의 격화 때문
이었다. 무로마치 막부나 오우치씨의 통신사 파견 요청을 확신하고,[83]
주도면밀한 준비 하에 파견된 통신사였던 만큼이나 조선의 막부에 대한
실망은 컸던 모양으로, "倭人의 變詐는 헤아리기 어려우니 隣國의 禮

---

81)『成宗實錄』9년 정월 기묘·신사. 오우치씨의 이러한 요청이 있은 다음해 조
　선은 오우치씨의 그간의 전투행위를 '국왕'에 대한 반역이 아니라, 少貳氏와
　의 세력항쟁에 불과한 것이었다고 논하고 있다(『성종실록』10년 4월 계묘). 그
　러나 應仁의 亂에서 실제로는 오우치씨가 反막부 주도세력이었다.
82)『성종실록』8년 정월 정미.
83)『성종실록』6년 6월 신사.

로써 대우할 수 없고 羈縻해야 할 것인데, 어찌 반드시 멀리 일본까지 報聘해야 하겠습니까?"라고 비판할 정도였다.[84] 즉 앞으로는 일본에 대해서 '인국'에 행하는 빙례를 멈추고 기미대상처럼 취급하자는 의견이다. 조선의 무로마치 막부에의 사자는 이후 다시 파견되는 일이 없었다.

3. 무역외교의 배제

조선은 世宗 초기부터 대일 사절파견에 私的인 무역행위를 금지하고 있었다.[85] 1429년 통신사 박서생의 파견을 전후하여 조선에서는 무역행위의 금지가 다시 논의되었다. 즉 '講信修好'를 목적으로 파견된 대일사절이 교역의 이윤을 탐내는 것은 君命을 모욕하는 것과 같다는 인식에 근거하여, 예의의 나라로서의 조선의 이미지를 손상하지 않도록 사절의 휴대품목을 제한하고 위반자는 법에 의해 처벌할 것을 논하고 있다. 그리고 對明 사절파견에는 이미 사무역 행위 금지가 입법화되어 있었으므로 그것이 참조되었다.[86] 그 결과 사절의 私的인 휴대품목이 일정량의 布物에 한정되고 金銀·銅錢·花席(花紋席)·虎豹皮 등의 휴대는 금지되었다.[87] 1439년 통신사 고득종의 파견에 즈음해서는 사절의 私的 교역금지 세목이 입법화되었다.[88]

원래 조선조의 외교상, 무역은 기본적으로 서계에 명시된 예물의 교환에 한정되어 있었다. 따라서 사자의 지참물은 예물이 주류를 이루지 않으면 안 되었던 것이지만 대일 사절파견의 경우에는 이외에 왕명에

---

84) "倭人變詐難測, 不可以隣國禮待之, 羈縻可矣, 何必遠聘日本."(『성종실록』 10년 7월 무진)
85) 『세종실록』 5년 정월 임인·6년 정월 을사.
86) 『세종실록』 11년 정월 임자.
87) 『세종실록』 11년 정월 신미.
88) 『세종실록』 21년 7월 기유.

의한 특정 품목의 구입이나 경유지에서의 소요비용으로 예컨대 旅費 등의 임무수행을 위한 필요한 제반경비나 일본 지방 세력을 회유하기 위한 물품 등이 여기에 더해졌다.

이러한 조선조의 사절파견과 관련한 무역통제는 국가에 의한 무역독점의 시각만으로는 평가할 수 없다. 오히려 무역행위 자체가 禮的 외교에 위배된다고 하는 인식의 결과였다고 여겨진다. 이것은 유교이념에 근거하여 대외질서를 추구하려는 조선의 경우 당연한 자세라 할 수 있을 것이다.

유교에서는 인간 상호간에 한정하지 않고 외교상으로도 禮를 중시하고 재물을 경시하도록 역설하고 있다. 즉 『禮記』의 「聘義」 條에는 제후간의 빙례외교에 圭璋(禮式에 휴대하는 玉)을 이용하는 것에 관해 "이는 輕財하고 重禮하는 義이다. 제후가 서로 輕財하고 重禮함을 힘쓴다면 백성도 겸손해지는 것이다."라고 평가하고 있는 것이 그것이다.[89] 조선조의 표방하는 외교도 『예기』에서 주장하고 있는 빙례외교를 전제로 하고 있었다. 그러므로 무역외교는 止揚되어 무역은 사절이 공식으로 지참하는 예물이라는 형태로 한정되었다. 다음의 사례에서도 조선의 그러한 자세가 여실히 나타나 있다.

1471년 유구왕 尙德이 조선에 보낸 서한에서 '南蠻國王'使가 유구에 와서 조선과의 통교무역 알선을 요청해 왔다고 전했다. 이에 대해 조선의 회답은,

　… 아울러 南蠻國王을 효유하여 우리와 통호시키려 하고, 이어서 우리나라에서 필요한 것을 물으시니 경의를 표하는 마음이 돈독하여 몹시 감사하오나, 그러나 사신을 서로 보내어 통호하는 것은 신의가 귀중하지 물질에 있는 것이 아닙니다.

---

89) "此輕財而重禮之義也, 諸侯, 相厲以輕財重禮, 則民作讓矣."

였다.90) 이로 보건대 조선의 외교상의 전제조건은 무역 이윤에 있지도
않았으며 중국의 책봉여하에 있지도 아니했다. 오직 신의에 근거한 聘
禮('交聘')외교를 행하려는 의지 여하에 있었다는 것을 알 수 있다.

　이상의 검토에 의해 조선 측의 무로마치 막부에 대한 외교는 禮的
관점을 무시하고서는 평가할 수 없다는 것이 이해될 것이다. 그것만이
아니라 모든 외교행위가 禮에 적합한가 아닌가를 바탕에 놓고 행해졌
다고 할 수 있다. 따라서 일본국왕사가 조선으로부터 非'적례'적 대우
를 받은 것도 무로마치 막부의 무례한 對조선 외교자세에 유래하는 것
으로서, 무로마치 정권의 약체화는 오히려 부차적인 것이었다고 말해도
좋을 것이다.

제4절 막부에의 禮的 외교 전개의 배경

　지금까지의 검토 결과 조선조가 지향한 무로마치 막부와의 관계는
다름 아닌 禮的 외교질서의 구축이었다고 말할 수 있다. 제4절에서는
이러한 질서 구축의 의도가 어떠한 배경에서 나타난 것인가를 이하의
3가지로 상정하여 분석하려 한다.

1. 전통적 중국왕조의 의례질서를 지향

　전통적으로 중국왕조가 지향하고 있던 통치 질서를 조선 스스로 실
현하려고 했던 데에 있다.

---

90) "… 兼諭南蠻國王, 欲通好於我, 仍問我國之所需, 禮意勤至, 深用慰悅, 然
　　交聘之通, 信義爲貴, 不在於物也."(『성종실록』 2년 12월 경진)

漢代 이후 역대 중국왕조가 그 통치 질서를 구축하기 위해 이용한 것은 유교였다. 유교의 기본적 관념은 '禮'에 있고 모든 질서는 '예'에 의해 실현된다. 따라서 '禮'는 여러 가지 儀禮를 동반하는 바의 구체적인 구조를 가진다. 또한 최종적으로 군주의 덕치질서는 禮的 질서의 실현에 의해 완성되는 것으로 인식되어 있었다.[91] 역대 중국왕조가 法典과 나란히 「五禮」로서 분류한 禮典을 편찬하고, 그 속에 使人에 대한 의례인 「賓禮」를 둔 것은 대외관계에까지 禮的 질서를 파급시키려 했음을 보여주는 것이다.

이러한 중국처럼, 유교이념을 가지고 통치 질서의 완성을 지향하고 있던 조선조도 건국 초기부터 여러 가지 의례 정비에 착수하고 있었던 것은 말할 나위도 없다. 太宗代에 儀禮詳定所가 설치되고 세종 연간에는 순차적으로 儀禮節目이 정립되어 갔다. 唐·宋·明朝의 의례를 참고로 하여 편찬된 「五禮」는 『세종실록』에 포함되어 있으며 이것은 의례절목의 結晶이라 할 수 있다. 이리하여 세종 말년에는 禮를 기준으로 한 對內外的 질서가 거의 정비되었다고 할 수 있다.

2. 춘추시대 列國외교를 지향

유교경전의 시대적 배경인 春秋시대 列國間 외교를 대일외교의 理想으로 했다는 점이다.

유교이념에 의한 통치 질서를 구현하려고 한 동아시아 세계의 역대 왕조는 유교경전 속의 춘추시대 제국간 외교를 각각의 시대, 각각의 국

---

91) 西嶋定生, 『中國古代國家と東アジア世界』(東京大學出版會, 1983), 23~24쪽. 또한 『禮記』의 「曲禮」에는 "道·德은 萬事의 근본이며 仁·義는 行의 大가 되는 것이다. 그러나 이들이 禮에 의거하지 않으면 완전히 이를 성취할 수 없으니 禮는 行事의 근본이 된다."고 禮를 자리매김하고 있다.

가 간 외교에 적용시켜 실현하려고 했다고 상정하고 싶다.

> 일본과 我朝(조선)는 비록 隣國이라 하지만 예전의 列國이 서로 聘
> 問하던 일과 비할 수 없고, … 또 列國이 서로 사귀는 것은 사대의
> 例가 아니며, …92)

이것은 1443년 10월 통신사 변효문이 일본에서 귀국한 직후, 사망한 쇼군 요시카츠에 대해 재차 사절을 파견할 것인가의 여부를 논의할 때에 내어진 재파견 반대의 의견이다. 이 발언 속에는 일본과 조선은 隣國이지만 '列國'間처럼 교빙을 행하고 있다고는 말할 수 없다, 고 하는 인식이 포함되어 있다. 변효문이 또는 그 이전의 조선 사절이 渡日하여 박대 받은 것은 전술한바 그대로이다. 그것을 염두에 두고 이 사료 내용을 검토하면, 인국간의 외교는 본래 '列國'間 교빙관계라고 해야 하지만 현재 朝·日관계는 그러한 인국간 외교가 되어있지 않다고 비판하고 있음을 알 수 있다. 여기서 말하는 '열국'간 교빙이란 유교경전에서 이상시 되어 있는 춘추시대의 大諸侯間의 외교관계를 가리키고 있음에 틀림없다. 그렇다면 당연히 조선의 대일외교 이념은 이 열국 간 외교관계였다고 할 수 있다(제1장 제2절 참고).

한편, 유교경전 중에서도 예컨대 『禮記』는 고대 중국의 봉건사회에서의 신분적 제반 관계를 禮로 규정한 이론서이며, 『春秋』는 춘추시대 여러 나라 사이에서 실제로 발생한 제반 사실을 禮에 근거하여 비판한 것이다. 양서는 모두 天子(周王)의 존재를 頂點에 놓은 제후간의 禮的 질서를 표방하고 있다. 그러나 그러한 제후간의 예적 질서에 이상을 추구하고 있는 조선의 대일외교의 특징은 천자와 같은 존재, 즉 明 황제

---

92) "然日本與我朝, 雖日隣國, 非古列國交聘之比, … 且列國相交, 非事大
之例."(『세종실록』 25년 10월 계묘)

의 존재를 배제하고 있다는 점이다. 이는 제2절의 '국왕간 외교설' 비판
에서 이미 밝히고 있다.

『춘추』에서 어떤 大國이 다른 대국과 어떠한 관계를 맺어 '적례'를
구체화하고 있는가? 이를 파악하는 것 또한 조선조의 대일외교 의도를
명확히 하는 데에 도움이 될 것이다. 『춘추』가 '禮'에 합당하다고 평가
한 제반 외교행위는 조선의 대일외교의 원형이 되고 기준이 되었다고
할 수 있다.

3. 宋의 '적례' 외교를 지향

宋의 對遼·對金 외교관계로부터 시사를 받고 있었다고 하는 점을
조선의 대일외교 전개의 또 하나의 배경으로서 들 수 있을 것이다.

宋의 遼·金과의 관계는 漢民族인 중국왕조와 그 왕조로부터 夷狄
視된 주변왕조가 구체적인 禮에 의해 평화를 일정기간 유지할 수 있었
던 '적국'관계였다.[93] 이 관계는 역사적 선례로서 조선조의 대일정책에
커다란 시사를 던져주었다고 여겨진다. 이에 특히 宋과 遼 사이의 외교
의례 관계에 초점을 맞춰 조선의 대일관계와 관련시켜 검토해 보자.

우선 宋·遼 양국 간에는 975년 이후 '國信使'가 왕래하고 있었
다.[94] 이와 관련하여 조선조가 사절을 '통신사', '信使'라고 명명하여

---

93) 金과 宋의 관계는 1141년에 君臣관계, 1165년에서 金의 멸망까지는 叔姪관
   계였다. 그러나 의례적 측면에 한정시켜 본다면 양국 간은 '敵禮'관계였던 듯
   하다(『宋史』 卷119~124와 『金史』 卷38을 참고). 18세기 일본의 유학자 新
   井白石도 이 兩國間을 '敵國'關係로서 보고 있다(제8장 제1절 참고).
94) 宋은 고려에도 '信使'를 파견하고 있다. 宋이 遼·고려에 대한 사자를 아울러
   '信使'라고 칭한 것은 宋에 있어서의 고려의 지위를 시사하는 것이리라. 즉
   宋은 遼·金으로부터의 위협을 견제하기 위해 그 배후세력으로 고려를 중시
   하여 이를 親宋 세력화 하려고 부심하고 있었던 것이다. 또한 '信使'의 명칭

일본과 후금에 파견한 것은 이 '國信使'로부터 유래하는 것이 아닌가
생각된다.

그리고 宋·遼 양국은 상호 경조사에 사절을 파견하고 있었다. 즉
元旦이나 상대국 황제·황후의 생일에는 매년 慶賀使를 보냈다. 황
제·황후의 사망에는 해당국이 상대국에 '告哀使'를 보내고, 이를 맞
이한 나라에선 '祭奠·弔慰使'를 파견해 응답했다.[95] 바다를 사이에
둔 朝·日 양국과는 다르게, 宋·遼 양국은 육지로 인접하고 있었으며
또한 동시에 禮的 질서를 지향했으므로 이러한 활발한 사절 교환이 가
능했을 것이다.

또한 양국이 각각 사절에 대한 접대체제를 정비하고 있었다는 점도
주목된다. 宋의 경우, 遼使가 국경에 도착하면 接伴 正·副使를 파견
하여 마중하고 서울에 이르는 각 驛館에서 접대하며, 사절의 귀국시에
도 送伴 正·副使로 하여금 국경까지 배웅하게 했다. 遼의 宋使에 대
한 접대도 거의 같아 후대하는 체제를 갖추고 있었다. 이 宋·遼 양국
의 상대국에 대한 접대체제는 조선조의 세종연간에 정비된 일본에 대
한 접대체제와 유사하다.

이러한 宋의 遼에 대한 것처럼, 조선조가 일본을 '적국'으로 자리매
김하여 '적례'관계를 맺으려고 한 것은 禮가 가진 성질에 의한 것이리
라. 즉 예는 華·夷라는 차별만이 아니라 결합과 통일을 지향하기 때
문이다.[96] 또한 예를 기본으로 하는 사자의 정기적 교환이 이뤄지는 국

자체에 상하관계가 나타나지 않는다는 것도 주목된다.

95)『宋史』卷124의「外國喪禮及入弔儀」와,『遼史』卷50의「宋使祭奠·弔慰
儀」,「宋使告哀儀」에는 弔祭의 의례가 상세하게 기재되어 있으며 그 내용도
서로 유사하다.

96) 小倉芳彦은 儒家의 '禮'의 기능을 다음과 같이 말하고 있다. "'禮'를 기준으
로 하여 華와 夷를 차별하는 것은 差等主義를 원칙으로 하는 '禮의 본질적인
것이다. 그럼에도 華와 夷의 차별은 단순히 차별로 끝나지 않고, 夷를 華로

가 간에는 상호간의 평화가 지속될 수 있다고 여겨지기 때문이다. 의례의 정기적 교환은 평화외교와 불가분의 관계를 갖고 있을 것으로 여겨지기 때문이다.

이상과 같이 3가지의 역사적 배경에 의해 조선조의 대일외교상 예적 외교가 추진되었다고 할 수 있다.

맺음말 – 明朝의 입장에서 보는 '조선국왕'과 '일본국왕'

조선전기의 대일관계상 아시카가 쇼군을 조선국왕과 대등시하는 '일본국왕'관이 정착하고 '적국', '적례' 인식에 기초한 적극적인 對막부 외교가 전개되었던 것은, 왜구에 의한 조선 침구가 한창이었던 시기도 아니라면 아시카가 쇼군이 明으로부터 책봉된 시기 또한 아니었다. 조선이 국내적으로 禮的 질서를 확립·완성한 세종~성종 연간이었다.

그 반면에 예적 측면을 계속 일탈한 채 파견된 일본국왕사가 군신의 례인 조선의 朝賀儀式에 참여하게 규정된 것도, 일본국왕사가 '기미권 교린'의 기본대상인 대마도 종씨의 文引 통제 하에 처해지는 것도 또한 세종~성종 연간이다. '적국', '적례' 인식에 기초한 對日외교의 전개가 막부를 조선의 예적 외교질서에 편입시키려고 하는 적극적인 의도에 근거한 것이었다고 한다면, 일본국왕사에 대한 非'적례'적인 대우는 禮를 벗어난 막부의 對조선 외교자세에 수동적으로 대응한 결과에

근접시키는 것에 의해 이를 華에 포섭하는 지향성과 불가분의 관계에 있다. '禮'도 또한 差等을 차등으로 끝내게 하는 것이 아닌, 차등을 통해 다른 次元의 통일을 기대하는 것이다"(小倉芳彦, 『中國古代政治思想研究』, 靑木書店, 1970, 330쪽).

의한 것이리라.

이러한 明의 존재를 전제로 하지 않은 조선의 '적례' 지향의 대일 예적 외교는 '책봉체제', '화이질서'의 논리로는 설명할 수 없는 것이다.

한편, 무로마치 막부의 對조선 인식에는 조선의 대일인식과는 달리 일관성이 결여되어 있었다 하겠다. 對조선 서한에 조선을 '上國', 조선 국왕을 '폐하'라 칭하는가 하면, 일본국왕사가 조선의 朝賀·朝會의식에도 이의를 제기하지 않고 빈번히 참석하고 있다. 게다가 막부는 조선 사절을 맞이하여서는 庭下拜를 강요하지도 않고 있다. 때로 막부는 조선의 대일서계에 明 연호를 사용했다고 힐문하거나 조선이 예로부터 일본에 '來朝'하던 나라라고 발언하기도 하지만,[97] 이 또한 渡日한 조선사절에게 私的으로 투덜댄 것으로 서한 등을 이용하여 공식으로 주장하는 일은 없었다. 오히려 무로마치 막부는 대장경 등의 物的 요구를 외교문제의 주안으로 삼고 있었다.

일본역사상 외교의례와 국가 위신을 명확히 인식하고 이에 근거하여 외교를 전개하려고 한 것은 에도(江戸)시대, 그중에서도 아라이 하쿠세키(新井白石)의 시대인 18세기 초, 즉 하쿠세키가 쇼군 이에노부(家宣)의 정치고문이 되어 對조선 외교개혁에 착수하던 시기를 기다리지 않으면 안 된다. 유교경전에 기초한 '적례' 논쟁이 朝·日 양국 간에 발생하는 것도 하쿠세키의 시대였다(제8장 참고). 또한 에도막부는 '通信之國'으로 조선과 琉球를, '通商之國'으로 중국과 네덜란드를 설정하여 구분하고 후자인 通商國보다는 前者인 儀禮外交國을 중시하였다. 새 쇼군의 취임 때마다 조선으로부터 통신사를 맞이하고 통신사와 일본인과의 私貿易을 법령으로 엄금하기에 이르지만, 이러한 에도막부의 외교정책은 그 통치 질서를 유교에서 추구했기 때문일 것이다.

---

97) 앞의 주 22) 참고. 이인휴의 술회에 보인다.

만약 예적 질서 지향을 동아시아 국제사회의 전통적이며 또한 보편적인 외교자세라고 규정한다면, 에도막부야말로 동아시아적 전통외교를 지향했다고 할 수 있지 않을까? 이러한 관점에서의 연구를 앞으로의 과제로서 제시해보고 싶다.

이와 관련하여 明의 입장에서의 '조선국왕'과 '일본국왕'과의 차이에 관하여 다음과 같은 시각을 제시해보고 싶다.

아시카가 쇼군은 '조선국왕'처럼 명으로부터 '일본국왕'으로 책봉되었다. 그렇다면 '국왕'끼리는 明에게 있어 동등하게 인식되었을까? 아닐 것이다. 만약 明에게 朝·日 양국이 차등화 되었다면 그것은 아마도 勘合符의 지급 여하에 있을 것이다.

明은 宋·元代와는 다르게 단순하게 무역만을 목적으로 하는 外國商船의 출입을 거부하고, 明 皇帝에게 신하의 禮를 취하는 表文과 方物을 받들어 보내는 외국 군장의 사자에 한정하여 그 입국을 허락하고 탑재한 물품의 무역을 인정하고 있었다. 그 경우 사자가 의무로서 지참하는 것이 감합부이다. 이것은 明이 被冊封國에 급여하여 조공하러 올 때에 지참케 한 것이다. 따라서 이 감합부는 명에 대한 조공무역 자격증이란 기능과 명에 의한 조공무역량 제한이라는 기능을 가지고 있었다. 『皇明外夷朝貢考』 卷下에 의하면 이 감합부를 지급받은 나라는 일본 등 15개국에 이른다.

그런데 주목되는 것은 조선과 유구가 이러한 감합부의 지급대상에서 제외되고 있는 점이다. 『皇明外夷朝貢考』 卷下에 있는 明에의 조공 상황을 기록한 「外國四夷符勅勘合沿革事例」에는 감합부를 제외한 이유에 대해, 조선과 琉球로부터는 禮에 근거한 사절이 왕래하고 있고 중국과 상호 文意가 통하므로 감합부를 이용하지 않아도 신의를 가질 수 있기 때문이라고 기록하고 있다.[98] 이로 볼 때 감합부를 급여하지 않은 조선과 유구는 조공무역에 한정되지 않고, 예적 측면에 합당한 사

절을 파견한다면 명으로서는 그 사절을 언제라도 수용할 수 있는 의지
가 있었음을 알 수 있다. 明代에 조선과 유구가 明과 활발한 사절왕래
를 할 수 있었던 것은 예적 외교관계를 실현하려고 하는 상호의 의지에
의한 바가 크다고 여겨진다. 이와는 반대로 明으로부터 감합부를 받은
나라들은 明과의 외교관계가 조공무역에만 제한되어 있었다고 말할 수
있겠다. 그 경우, 양자 간에는 조공·回賜의 형식을 취하면서도 경제적
인 외교관계가 중시되었다 할 수 있다.

　몽고족인 元朝를 쓰러뜨리고 중국을 회복한 明朝는 복고정책을 내
걸고 이전의 역대 중국왕조처럼 유교이념에 기초한 통치 질서를 구현
하려고 했다. 이러한 입장의 明朝에게 '禮的 政治外交國'인 조선·유
구와, '朝貢貿易 外交國'인 감합부 급여국들 중에서 어느 쪽과의 외교
관계를 중시했을까는 상상하기 어렵지 않을 것이다. 이는 바로 에도막
부가 '通信之國'과 '通商之國'을 구분하여 前者를 중시한 것과 다름
없는 것이라 하겠다. 결국 明에 책봉된 '국왕'끼리는 대등하다고 하는
'국왕간 외교설'의 주장은, 이 같은 감합부의 지급 여하에 유래하는 明
朝에서의 '국왕'의 차이를 간과한 것이라 할 수 있지 않을까?

---

98) "凡各國四夷來貢者, 惟朝鮮素號秉禮, 與琉球國入賀謝恩, 使者往來, 一以
　　文移相通, 不待符勅勘合爲信."

제3장
明代 초기 일본정벌론과 조선의 대응

머리말

조선 太宗代 明에서 일본 정벌이 수차례 거론된 적이 있었다. 그 원인에 대해서는 일반적으로 무로마치(室町) 막부의 쇼군(將軍) 아시카가 요시모치(足利義持)가, 그 아버지 요시미츠(義滿)가 받았던 明과의 冊封 관계를 거부했기 때문이라고 알려져 있다.

그러나 이 정벌론의 출현 배경이나 의도, 또는 정벌의 실제적인 동향 有無 등에 관해서는 거의 밝혀져 있지 않다. 그 이유는 무엇보다도 남아있는 관련 사료가 한정되어 있기 때문이다. 다만 다나카 다케오(田中健夫)나 무라이 쇼스케(村井章介)가 이에 대해 단편적으로 언급하고는 있으나, 두 사람 모두 요시모치(義持)의 對明 책봉관계 거부에 기인하여 明의 일본정벌론이 일어났다고 추론하고, 정벌론에 의해 明과 책봉관계에 있던 조선도 요시모치와의 통교가 明에 알려질 것을 두려워했다고 하여, 어디까지나 明의 책봉체제의 유지와 확립이라는 입장에 선 견해를 발표하고 있다.[1]

　그러나 요시모치 시대(1408~1428) 明의 일본정벌론은 다음과 같은 의
문점을 지니고 있다고 볼 수 있다.

　첫째, 明의 일본정벌의 意思가 일본보다 오히려 조선에 주로 전달되
어 왔고, 더구나 요시모치期 이전부터 조선에서 이에 대해 논의되어지
고 있었다는 점이다.

　둘째, 당시 明은 몽고정벌을 진행 중에 있었으므로(1409~1424) 제3지
역인 일본에까지 정벌군을 파견할 여력이 없었을 시기이다. 이러한 시
기에 구태여 일본정벌을 제창한 것은 그 정벌의 의도가 다른 곳에 있었
음을 추측케 한다는 점이다.

　셋째, 조선은 明의 일본정벌 제창의 원인을 왜구의 중국 침구로 인식
하고 있었으며, 요시모치의 책봉관계 거부에 관해서는 어떠한 인식도
가지고 있지 않다는 점이다.

　넷째, 조선은 自國의 대일통교 사실이 明에 알려질 것을 우려한 것
이 사실이나, 그것은 요시모치와의 통교사실보다는 오히려 왜구세력과
의 통교사실이 노출될까 더 염려했기 때문으로 보인다는 점이다.

　이러한 의문점을 바탕으로 이하에서는 明으로부터 조선에 전해진 일
본정벌에 관련한 정보와, 또는 조선에서 논의된 明의 일본정벌에 관련
한 조선의 사료를 검토하여, 조선이 일본정벌론을 어떻게 인식하고 대
응했는가를 명확히 하고, 나아가서는 明의 일본정벌론의 진의를 파악
해 보고자 한다.

　이 제3장의 궁극적 과제는 明과 조선간의 책봉관계가 조선의 대일관
계에 일정한 구속력을 가지고 있었던 것인가의 여부를 밝히는 것에 있
다. 그러므로 제1장·제2장과도 밀접한 관련을 가진다고 할 수 있다.

---

　1) 田中健夫, 『對外關係と文化交流』(思文閣, 1968), 15쪽, 村井章介, 「建武·
　　室町政權と東アジア」(歷史學硏究會·日本史硏究會 編, 『講座 日本歷史』
　　4, 東京大學出版會, 1985), 22쪽.

제1절 여말선초의 사료에 보이는 明의 일본정벌론

다음에 열거한 사료는 明의 일본정벌론에 관한 조선 측의 주된 기록이다.

① 1387년 8월, 고려의 武官 鄭地는 대마도·이키(壹岐)섬 등을 정벌할 것을 국왕에게 제안하면서, "요즘 중국에서 倭를 정벌한다고 외치는데 만약 모두 고려의 경계에 함선을 나눠 정박한다면 그 접대도 힘들 뿐 아니라 고려의 허실도 염탐될 것이다."라고 예상하고 있다. 즉 明이 요즘 일본정벌을 제창하고 있으니 만약 이를 위해 明軍이 고려의 남해안에 주둔하기라도 한다면 접대비용의 부담은 말할 나위도 없고 고려의 방어체제상의 허실도 노출될 것이라고 염려하고 있다. 이에 鄭地는 대안으로 대마도·이키를 선제공격하면 明軍의 고려 주둔의 구실을 없앨 수 있다고 제안하게 된다.2)

② 1409년 3월, 경상도 水軍이 왜선 2척을 나포하자 타고 있던 왜인들이 對馬島主 소 사다시게(宗貞茂)로부터 발급 받았다는 行狀(여행 증명서)을 제시했다. 수군 측은 행장의 진위가 명확하지 않았으므로 배 안을 조사하게 되었는데, 싣고 있는 물건들이 모두 중국 산물이었으며 더구나 明의 靖海衛 印信까지 발견되었으므로 왜구 혐의로 체포했다. 그러자 왜인들이 밤을 틈타 도망하려 하여 수군 측은 이들을 모두 살해하고 조정에 보고했다. 이 보고를 접한 태종은, "일찍이 明 永樂帝가 왜구가 중국 변경을 노략질하고 일본으로 돌아가려 조선 연안으로 향해 가니 조선은 대기했다가 나포하라고 명한 적이 있었다. 그러므로 이번에 왜

---

2) 『高麗史』卷113, 列傳26, 鄭地條. "近中國聲言征倭, 若並我境分泊戰艦, 則非惟支待爲艱, 亦恐覘我虛實, …."

구로부터 빼앗은 무기를 영락제에게 헌상하면 어떨까?"라고 대신들에게 제안했다. 그러나 대신들은, "만약 영락제가 조선이 바친 무기를 보면 왜구가 다시 침구해 왔음을 알게 되고, 이에 明 水軍으로 하여금 일본을 공격할 터이니 조선도 이를 도우라고 분부하게 될 것이니, 오히려 우리에게 곤란한 결과만 초래할 것."이라고 반대했다. 결국 조선은 이 사실을 明에 비밀로 부치게 되었다.[3]

③ 1413년 3월, 明에 파견되었던 賀正使의 通事 임밀이 南京에서 귀국했다. 그는 지난 1월 20일 반포된 영락제의 일본정벌에 관한 宣諭를 보고했는데 그 내용은, 요시모치가 아버지 요시미츠와는 달리 왜구 금압을 게을리 하는 바람에 중국 연안이 왜구에게 짓밟혔다. 게다가 요시모치는 아버지의 초상화를 벽에 걸고 그 눈을 찌르는 등 不道의 행위를 일삼으니, 明은 병선 1만 척을 발동하여 일본을 토벌할 예정이므로 조선도 미리 이를 알고 있으라는 것이었다.[4]

이 보고에 접한 태종은 다음과 같이 대책을 제안하고 있다. 우선, 영락제에게 慶賀使를 보내는 형식으로 중국 내정을 탐색할 것, 그리고 明軍이 일본정벌을 행한다면 반드시 조선을 통과할 터이니 전라도의 조세는 올해에 한정해 현지에 군량으로 비축하여 한성으로 수송시키지 말 것, 일본정벌이 금년 오뉴월로 예상되므로 한성에 체류하고 있는 왜사 일행을 2~3개월간 더 구류하여 정벌에 관한 정보가 일본 쪽으로 흘러나가지 않도록 할 것, 등이었다. 태종은 또한, "上國(중국)에서는 반드시 우리나라가 倭와 통호하는 것으로 여길 터인데, 모른 척하면 반드시 우리나라가 속인다고 할 것이다."라고 말하고 있다.[5] 즉 중국 몰래

---

3)『태종실록』9년 3월 기미.

4)『태종실록』13년 3월 기해.

5) "上國, 必以我國與倭通好, 今又恝然, 必以我國爲詐也."(『태종실록』13년 3월 기해) 여기서 태종이 제시한 대책으로는 마치 明의 일본정벌을 조선이 각오하고 있는 듯이 보인다. 그러나 그 후 이와 관련한 구체적인 대응 기록은 그

일본과 통교하고 있는 조선의 행위를 明이 이미 알아차린 것에 틀림없다고 하여, 조선의 대일정책에 대한 明의 불만을 우려하고 있다.

④ 1413년 7월, 北京에서 귀국한 조선사자 권규 등이 明 환관의 말을 태종에게 다음처럼 전달하고 있다. 영락제가 '匈奴'(몽고)를 親征하기 위해 천하의 군사 100만을 징발하여 이미 上都(開平)에 보냈다, 요동사람이 영락제에게 奏請하여 제주도의 말은 일찍이 元朝가 방목한 것이므로 明에 양도해야 한다고 했다, 明은 3천의 전함을 만들어 일본을 공격할 예정이다.[6]

이 소식을 접한 大臣들은 태종에게 그 대응책으로서, '東西二界'(평안도·함경도)에 武臣을 파견하여 현지의 병졸을 훈련시켜야 한다고 촉구했다. 대신의 獻策에 대해 태종은, "예전에 明 황제가 일본과 화친했을 때, 당시의 신하들은 모두 明이 일본과 연합해 조선을 치지나 않을까 걱정했다.[7] 그러나 자신은 그 우려를 처음부터 부정하고 있었다. 실제로 그러한 징후도 나타나지 않았지 않는가! 이번 조선사절에 대한 영락제의 접대도 이전과 다르지 않았다. 더구나 明 황제의 北征과 遼東 순시는 원래 중국 국내의 일이다. 그러므로 어찌 조선에까지 다른 뜻을 두겠는가?"하고 반문하고 있다.[8] 이 같은 태종의 反問으로 보아 대신

어느 것도 『태종실록』에서 찾아볼 수 없다. 이로 보아 조선이 곧이어 明의 일본정벌 提起를 一過性的인 것으로 이해했던 듯하다. 그렇지만 같은 己亥條 기사에 投化倭人 平道全이 중국의 일본정벌 계획을 좌의정 河崙에게 확인하려고 하는 기사가 있으므로, 당시 중국의 일본정벌 풍문은 조선 조정에 어느 정도 유포되어 있었다고 봐야겠다.

6) 『태종실록』 13년 7월 을미.
7) 이것은 1404년 10월 報聘使 呂義孫이 일본에 파견되었을 때 그곳에 와 있던 明 사자로부터 들었다는 이야기로("上國論日本, 挾攻我國"), 그는 귀국해서도 태종에게 이를 보고하지 않고 私的으로 주변에 전했다는 이유로 조정의 탄핵을 받아 流配刑에 처하게 된다(『태종실록』 6년 2월 무자).
8) 『태종실록』 13년 7월 을미. 이 내용에서 당시 조선 大臣들의 對明인식을 추출할 수 있다. 즉 일찍이는 明·日 연합군의 조선 침략을 걱정하고 이제는 明軍

들이 '東西二界'에 대한 방비강화를 촉구한 배경을 짐작할 수 있다. 대신들은 영락제가 '北征'(몽고 정벌)을 단행하면서 '東征'(일본 정벌)을 公言하고 있는 점을 조선에 대한 야욕의 일환으로 이해하고, 요동사람의 제주도 말과 관련한 奏請 傳言을 제주도 말에 대한 明側의 강탈 의도로 이해하여 조선 북방의 경계를 강화해야 한다고 촉구한 것이다.

그로부터 며칠 후 좌의정 하륜은, "이제 들건대 중국에서 장차 北征한다고 하면서 동시에 또 사람을 東北面 야인에게 보내니, 비록 우리나라와는 화친한다고 하지만 마침내는 우리 영토를 도모할는지도 알 수 없습니다."라 하여, 전술한 대신들의 의견과 같은 의견을 내고 있다. 즉 하륜은 明이 몽고를 정벌한다고 하면서 조선 동북지방 여진족을 회유하기 위해 사람을 보내고 있다고 하고, 이는 조선과 화친한다고 하면서도 마침내는 조선 영역을 넘보는 것일지도 모른다고 우려하고 있다. 하륜의 의견에 대해 태종은, 영락제의 北征·東征件은 明의 내정에 관한 것이므로 염려할 필요가 없다고 일축하면서도 武臣을 변방에 보내 방비에 힘쓰라고 분부했다 하여, 며칠 전 대신들의 '東西二界'에의 무신 파견 요청에 응했음을 알려주고 있다. 하륜은 그러나 明軍에의 대응책을 적극 강구하도록 재삼 태종에게 요청하고 있다.[9]

이에 대해 태종은, 영락제가 홍무제의 명을 받들지 않고 스스로 즉위하여(靖難의 變) 남쪽으로 '交趾'(베트남)를 정복하고 북으로는 사막을 공격(北征)하고 있는데, 무슨 겨를이 있어 조선을 돌아보겠는가? 만약 明이 조선을 공격하여 오는 일이 있다면, 수비보다는 오히려 진격하여 이에 대항해야 할 것이라고 답하고 있다. 이에 대해 정승들 중에서는 그러한 때에는 일본과 연합해야 한다고 발언하기도 했다.[10]

의 침략을 우려하고 있다. 太宗代 신하들의 눈으로는 明과의 책봉관계가 곧 조선 영토에 대한 안전보장의 역할을 한다고 보고 있지 않음이 주목된다.

9)『태종실록』 13년 7월 계묘.

이처럼 明이 몽고정벌 과정에서 만주지역에까지 그 여파를 떨치고, 나아가서는 일본정벌을 구실로 하여 조선에 군대를 파견하지나 않을까 조정에서는 우려하고 있다. 그 때문인지 다음 달인 8월초엔 이조판서 이천우를 西北面都體察使로 임명·파견해 해당 지역의 城堡와 武備를 돌아보게 하고, 이어서 別賜田·功臣田·寺社田 등의 조세 일부를 거두어 軍資에 충당하여 돌연한 변고에 대비할 것을 사헌부에서 상소하고 있다.[11]

다음해인 1414년 5월 영락제의 北征이 재개된다는 소식이 전해지자 그 다음 달 태종은, "근래 황제가 北征하였다는 말을 들었는데, 그것은 곧 門庭의 적이라 하니 일은 부득이한 데에서 나온 것이다. 지난번 安南에 출정한 것은 황제의 실책이었다. 스스로 우리 동방을 생각하면, 땅은 메마르고 백성은 가난하고 국경이 중국과 접해 있으므로 진실로 마음을 다하여 사대하여 한 나라를 보전하는 것이 마땅하다. 만약 피할 수 없는 경우라면, 곡식을 축적하고 병사를 훈련하여 강토를 固守함이 마땅하다."라고 하여 明에 대한 우려가 잔존해 있음을 말해주고 있다. 그러나 태종은 이어 영락제가 조선을 신임하고 있고 그 위에 베트남과 몽고 문제로 겨를이 없을 것이라고 그 우려를 스스로 부정하면서, 다만 중국의 변민이 北征의 영향으로 조선에 난입해 들어올 것을 우려하고 있다.[12]

---

10) 『태종실록』 13년 7월 계묘. 明의 위협에 대해 일본과 연합하자는 의견은 당시 日本觀의 일면을 보여주고 있는 것으로 주목된다.
11) 『태종실록』 13년 8월 무신·임자. 이 시기 조선은 북방에 연이어 重臣을 武官으로 파견하고 있다. 그러나 이러한 조치에는 영락제의 北征 여파로 인한 여진족의 침구 등을 예방하기 위한 측면도 있었다.
12) 『태종실록』 14년 5월 을미, 6월 신유. 辛酉條에서 태종은, "辛丑年의 沙關과 같이 될까 두려울 뿐이다."라고 말하여 영락제의 北征으로 인한 여파를 우려하고 있다. 이를 『태종실록』 13년 7월 癸卯條에 있는 하륜의 발언으로 비추어 보면, 辛丑(1361)年 紅巾賊의 고려 亂入과 같은 상황을 우려하는 듯하다.

⑤ 1413년 말, 통신사 박분이 일본에 파견되지만 도중에 병을 이유로 일본으로 건너가지 않았다. 이에 조선은 박분 대신 사행원인 종사관이나 投化倭人 平道傳의 파견을 검토했으나 결국엔 중지하기에 이른다. 중지의 이유로 조선은 두 가지를 들고 있다. 그 하나는, 왜구의 빈번한 중국 침구에 의해 明이 일본정벌의 의지를 나타내고 있는 이때 통교의 사절을 파견함은 도의적으로 부적절하다. 또 하나는, 1410년 요시미츠의 사망에 파견했던 回禮使 양수가 태종의 서계와 예물을 해적에게 강탈당하고 겨우 목숨을 건졌을 정도였는데 요시모치는 그 범인을 색출·처벌한다고 약속했으면서도 이를 이행하지 않고 있다. 이처럼 약속을 이행하지 않는 정권과 굳이 통교할 필요가 없다는 것이었다.[13]

⑥ 1415년 7월, 通事 강유경이 요동으로부터 귀국하여, 이 달 초 왜구가 旅順 지방을 노략질하여 2만여 명을 살상하고 150여 명을 포로로 잡아갔다고 태종에게 보고했다. 이 보고에 대해 태종은, "왜적이 중국을 침구한 것이 여러 번인데 이번이 가장 심하다. 황제가 만일 노하여 정벌하고자 하면 반드시 정벌을 도우라는 命('助征之命')이 있을 것이니, 장차 어찌 할 것인가? 또 우리나라가 일본과 교통하여 倭使가 계속 잇달아 오니, 황제가 만일 이를 알면 반드시 우리나라에 허물을 돌릴 터이니, 또한 장차 어찌 할 것인가?"라고 사태를 우려하고 있다.[14]

⑦ 1417년 윤5월, 일본으로부터 도망친 중국 피로인 倪觀音保 등을 明에 송환하고 돌아온 조선의 押送官 설내가 조정에 다음과 같은 내용을 보고하고 있다.[15]

우리가 송환해 보낸 예관음보 일행에게 明의 左軍都督이 심문했다. "너희들이 일본에서 조선까지 타고 간 倭의 興利船엔 무엇이 실려 있

---

13) 『태종실록』 13년 12월 병오, 11년 정월 정해, 14년 2월 을사.
14) 『태종실록』 15년 7월 무오.
15) 『태종실록』 17년 윤5월 갑자.

었느냐?"고. 이에 예관음보가 대답하길, "한 배에는 생선과 소금이, 다른 한 배에는 중국 목면이 실려 있었다. 왜인들은 이것을 조선에서 식량과 바꾸었다."라고. 그러자 좌군도독이 "이는 조선이 필시 倭와 통교하고 있는 것이다."라고 말하였다. 예관음보 등이 다시 말하기를, "왜인들은 모두 무기를 숨겨놓고 있다가 조선의 방비가 허술한 곳에 닿으면 노략질하고 방비가 굳은 곳에 이르면 물건을 교역하고자 했다."고 하였다. 그들은 또 황제에게 아뢰기를, "왜국은 보잘것없이 작은 나라이므로 조선과 함께 정토한다면 몹시 용이한 일이 될 것입니다."라고 하자, 황제도 征倭의 뜻을 가지게 되었다고 한다.

⑧ 1417년 12월, 영락제를 알현하고 귀국한 원민생이 태종에게 다음과 같이 보고하고 있다.[16]

영락제가 묻기를, "일본국왕의 무례한 일을 알고 있는가?" 하기에 저는 대답하기를, "일본 본국의 일은 臣이 알지 못하나 賊島의 일은 대강 압니다. 그들은 스스로 行狀을 만들어 가지고 조선에 이르러, 방어가 확고한 곳에서는 가지고 온 魚鹽으로 민간의 식량과 바꾸기를 청하고, 사람이 없는 곳이나 방어가 허술한 곳에서는 틈을 타서 노략질하거나 혹은 인명을 살상하여 본국 사람이 많이 일본으로 잡혀가서 賊島에 살고 있습니다."라고 하였습니다.

이윽고 영락제는 呂淵을 시켜 일본에 가져가는 칙서 초안을 저희 사신들에게 보게 했습니다. 그 칙서는, "너의 父王 아무개가 지성으로 사대하여 중국 조정의 큰 은혜로써 王을 봉하고 誥命·印章을 주어 후대하였는데, 지금 네가 아비의 道를 따르지 않고 사람을 시켜 (중국) 邊海에서 군사와 백성을 살상하고 잡아갔으니, 마땅히 조정의 큰 법으로 활을 잘 쏘고 잘 싸우는 사람을 보내어 가서 토벌하겠다. 지금 行人 呂

---

16) 『태종실록』 17년 12월 신축.

淵을 보내어 네 나라에 이르니, 무릇 조정에서 잡아간 인물을 조선 국
왕 아무개처럼 모두 송환하라. 조선 국왕은 太祖의 洪武 때부터 이후
로 지성으로 사대하여 지금은 한집과 같이 되었으니 어찌 아름답지 않
느냐?"하는 내용이었습니다.

영락제는 또 琉球 사신에게 宣諭한 내용, 즉 "너의 나라가 일본과
서로 친하니, 후일에 일본을 정벌하게 되면 너의 나라가 반드시 먼저
길을 인도하여야 한다."는 것을 조선사신에게 알려주었습니다.

이러한 보고에 대해 태종이 "어찌 일본에 보내는 칙서 초안과 유구
에 행한 勅命을 조선사신에게 알리는 것인가"라고 의아해 하고 있
다.17) 이는 아마도 일본의 요시모치처럼 사대를 지성으로 하지 않으면
정벌의 대상이 된다는 것, 조선의 대일 통교관계를 계속하면 유구에 명
령한 것처럼 일본정벌시엔 길 안내역으로 동원하겠다는 영락제의 간접
경고로 태종은 수용했을 것으로 여겨진다.

제2절 明의 일본정벌론에 대한 조선의 인식

앞 절에 열거한 ①～⑧의 자료를 기초로 제2절에서는 일본정벌론에
대한 조선의 인식을 다음처럼 3가지로 정리하여 보기로 하자.

1. 왜구의 중국침구가 원인

明의 일본정벌론은 왜구의 중국침구가 그 원인이며, 그러므로 왜구

---

17) "上曰, 日本勅草, 琉球國勅命, 何以使陪臣知之."(『태종실록』 17년 12월
신축)

세력의 토벌을 일본정벌의 중요 목적으로 하고 있다고 조선은 인식하고 있었다(①, ②, ⑤, ⑥).

①의 경우, 그 前年인 1386년 5월 明은 고려에 왜구 토벌을 요청할 정도로 당시 매년 계속되는 왜구로 큰 피해를 보고 있었다.[18] 마침 그러한 때 林賢 사건이 발생했다. 明州(寧波)衛 指揮인 임현이 그 시기 권세를 휘두르던 左丞相 胡惟庸의 모반에 가담해 일본에 가서 援兵과 武器를 청구한 일로 발단이 된 이 사건은 호유용을 처형한 후 6년이 지난 1386년 발각되었다.[19] 洪武帝는 이 사건을 계기로 일본에 대한 불신감이 팽배해, '일본국왕' 懷良親王(南朝의 征西將軍)과의 통교관계를 단절하고, 중국 연안의 방비를 굳건히 하게 했다. 마침 이러한 시기인 만큼 明의 일본정벌론 公言이 고려에까지 그 영향을 끼쳤다고 볼 수 있겠다.

⑤, ⑥의 사료는 요시모치가 明의 책봉관계를 거부했던 시기의 것으로, ①처럼 日·明관계가 단절되어 있던 시기의 기사이다. 그러나 ②는 1409년으로 例外라 할 수 있다. 즉 이 해는 사망한 요시미츠에 대한 영락제의 弔辭의 사자 周全이 교토에 도착한 해에 해당하기 때문이다. 요시모치는 주전의 귀국에 즈음하여 圭密을 동반시켜서 영락제에 謝恩을 표하였다. 요시모치가 이러한 태도를 돌변하여 일본에 재파견 된 영락제의 사자 王進의 교토 入京을 거부하며 對明관계 단절을 처음으로 표명하는 것은 1411년의 일이다.

그렇다면 책봉관계의 측면에서 ②처럼 日·明관계가 순조로울 시기에도 조선은 明의 일본정벌을 의식하고 있었다는 것이 된다. 이는 조선이 明의 일본정벌론 제기 원인을 책봉관계 여하에 의한 것이 아니라, 왜구의 중국침구에 의한 것으로 간주하고 있었음을 나타내고 있다. 요

---

18) 『高麗史』卷136, 辛禑傳 4, 13년 5월.
19) 森克己·田中健夫編, 『海外交涉史の視點』(1)(日本書籍, 1975), 250쪽.

시모치의 책봉 거부시기 일본정벌론을 바라보는 조선의 인식 ⑤, ⑥도 같은 관점이다. 따라서 明 황제가 구체적인 징벌의 대상으로 요시모치를 지목했다 해도(③), 조선은 그 정벌의 이유를 요시모치의 책봉관계 거부 행위에 두지 않고, 중국을 침구하는 왜구를 방치하는 요시모치의 행위에 의한 것으로 인식하고 있었음에 틀림없다.

2. 조선의 對日통교에 대한 압력

明의 일본정벌론은 조선의 對日 통교에 대한 압력으로서 조선에 이해되었다는 측면이 있다. ③, ⑤, ⑥, ⑦, ⑧이 그것이다.

그런데 明으로부터 비난받을 것이라고 인식하고 있던 조선의 대일 통교상대는 무로마치 막부에 한정하지 않고, 왜구 또는 왜구의 배후세력까지도 포함하고 있다. 구체적으로 보면 ③, ⑤에서의 조선의 통교상대는 무로마치 막부이며, ⑥에서의 통교상대는 문맥으로 볼 때 왜구를 비호하는 일본의 지방 세력이라 볼 수 있다. 또한 ⑧의 경우의 통교는 요시모치와의 통교만이 아니라 왜구와의 통교까지 가리키고 있다. 그것은 조선 사자가 영락제에게, '賊島' 사람들이 일방적으로 조선에 도항하고 있는 것으로 조선은 그들과의 통교를 바라지 않았다고 역설하고 있다는 점에서 살필 수 있다. ⑦의 사례는 明이 지적한 것이지만 조선과 興利왜인과의 통교를 가리키고 있다.

그러면 조선은 왜 明이 조선의 대일통교를 압박하고 있다고 인식하고 있는 것일까? 그것은 첫째, 무로마치 막부 특히 요시모치정권과의 통교는 전술한 바와 같이 요시모치 자신이 중국을 침구하는 왜구를 방치하여 明으로부터 정벌의 대상이 되어 있었기 때문이라고 여겨진다.[20)

둘째로, 왜구 또는 왜구를 비호하고 있는 일본의 특정세력과의 통교 문제를 들 수 있다. 예컨대 ⑦에서 明이 지적하고 있는 것처럼, 興利왜 인이 조선에 지참한 것 중에는 중국의 목면이 있었고, 또한 ②에서는 조선 연안에 건너온 왜선이 대마도주의 조선 도항 증명서(行狀)를 가지 고 있으면서 중국 産物만을 싣고 있었다. 이러한 중국의 산물은 왜구의 중국 침구에 의한 약탈품이라고 조선은 명확히 인식하고 있었다.

이와 관련하여, 왜구가 조선에 대해서는 평화적 통교관계를 유지하 면서 明에는 침구행위를 계속한 사실은 實錄의 해당시기 기록에서 많 이 찾아 볼 수 있다.[21] 이런 왜구세력에 대한 조선의 입장을 단적으로 나타내고 있는 기사가 있다. 1416년 9월의 다음과 같은 것이다.

태종이 倭使의 조선에 조공하는 물건이 반드시 중국에서 도둑질한 물건이라고 여겨, 왜사가 바치는 물품 중에 일본산이 아닌 것은 수용하 지 말라고 예조에 명했다. 이에 예조는 일본 客人과 興利倭人이 조선 에서 교역하려는 중국 물건까지 거부하자는 의견을 내었고, 태종이 이 를 따랐다. 그러나 경상도 水軍都節制使 정간이, 倭使는 본래 중국에 서 훔친 물건을 조선에 팔아서 衣食을 마련해 왔는데 조정에서 이를 금지하면 장차 소란을 일으킬 것이라고 정책변화에 이의를 제기했다. 이에 의정부·육조·臺諫에서도 上言하여, 왜구의 조선 침구를 예방 하기 위해선 일본 측이 가지고 오는 물품을 받아주어야 하니 중앙에서 는 그 교역을 금지시키되 지방에서는 이를 허용하고, 전하는 이 사실을

---

20) 조선은 明과의 책봉관계를 맺고 있는 요시미츠에 대해서도, 책봉을 거부하여 그 관계를 단절시킨 요시모치에 대해서도 전혀 차별을 두지 않고 똑같이 통교 해야할 대상으로서 설정하고 있었다. 이러한 것은 조선이 兩者의 사망에 즈음 하여 다름없이 사절을 파견하여 弔祭를 행한 것으로 보아도 이해할 수 있다. 이 점에 대해서는 제2장 제2절을 참고.

21) 有井智德, 「14·5世紀の倭寇をめぐる中韓關係」(有井智德, 『高麗李朝史の 研究』, 國書刊行會, 1985), 507쪽의 주 23).

그저 모르는 체하면 될 것이라고 요청했다. 그러자 태종은, 중국의 신하로 일컬으면서 이 같은 행위를 어찌 용납할 수 있겠는가 하고 반문하자, 우의정 박은이 "전하의 말씀은 지당하나 중국의 도적이 곧 倭使인데 그 왜사를 접대하는 것이 중국의 물건을 사는 것보다 무엇이 나을 것이 있겠습니까? 전하께서 왜사를 우대하시는 것은 다름 아닌 연해의 백성을 위하는 것입니다. 이미 중국의 도적을 접대하고 있으니, 그 중국 물품을 外方에서 교역하게 허락해도 무엇이 해롭겠습니까?"하였고, 태종이 결국 이를 따랐다.[22]

여기서 태종은 倭使가 중국에서 도둑질한 물품과 교역하는 관례에 반대하고 있고 예조 또한 외교 담당 부서답게 적극 찬성하고 있다. 그러나 경상도 수군 측이나 중앙의 주요 중신들이 이에 반대하고 있다. 반대의 관점은, 일본의 왜구 또는 잠재적 왜구세력이 조선 변방을 침구하는 것을 예방하는 차원에서였다. 이처럼 중국을 침구한 왜구를 후대하고 그들의 지참한 약탈물에 대한 교역을 허가하고 있는 조선은, 그 종주국인 明에서 볼 때 도저히 용서할 수 없는 존재였을 것이다. 明에서 본다면 당연히 범죄자인 왜구인데 이를 번속국인 조선이 환대하고 있기 때문이다. 이러한 실정에서 조선은 明의 일본정벌을 조선과 왜구세력과의 통호에 대한 압력으로 받아들였을 것이다.

---

22) 『태종실록』 16년 9월 을미. 『세종실록』 즉위년 10월 己卯條에도 사간원의 다음과 같은 상소의 내용이 있다. "왜적이 중국을 침략해 그 약탈한 재물을 가지고 우리나라의 남쪽 국경에 와서는 연안의 백성들과 교역한지 오래되었습니다. 그런데 지금 우리는 기근 때문에 재물이 없어 교역에 응할 수 없는데, 만약 왜적이 衣食을 못 얻게 되면 필시 노략질할 마음을 갖게 될 것입니다."("倭賊侵掠中國, 以其所掠財物, 來泊我國南界, 與邊民互市久矣, 今我饑饉無皆, 不得互市, 賊倭衣食無所, 必有竊窬之心.")

3. 조선에 대한 시위

조선은 원래부터 明의 일본정벌을 탐탁하게 여기지 않고 있었다. 그
것은 정벌이 실행될 경우 반드시 明軍이 조선을 통과할 것이며(①, ③),
또한 조선군을 동원할 것이라고 예상하고 있었기 때문이다(②, ⑥, ⑦).
元 世祖가 일본을 침략할 때 한반도 남해안을 병참기지로 삼고 고려군
을 동원한 전례를 조선은 떠올렸을 것이다. 만약 그와 같은 형태의 정
벌이 이뤄진다면 조선은 明의 압도적인 군사적 영향력 아래에 놓여지
게 되고, 明의 마음가짐에 따라 조선이 점령당할 우려도 있었다. 또한
明軍에 대한 군량 지원 등 막대한 경제적 부담도 감수하지 않으면 안
될 것이다. 따라서 明의 일본정벌 公言 그 자체가 조선에 있어서는 커
다란 위협으로 작용하게 된다.

더구나 당시 조선조의 왜구에 대한 회유정책(기미책)이 정착되고 있어
고려 말과 같은 대규모적이고 지속적인 한반도 연안에서의 왜구활동은
1409년 이후 보이지 않게 되고, 왜구는 점차 평화적 통교자로서 변질해
가고 있었다. 그리고 잔존한 일부 왜구도 그 활동무대를 중국연해지방
으로 옮겨가고 있었다.[23] 조선으로서는 이처럼 對왜구 정책이 효과를
내고 있었기 때문에 自國을 침구하지 않는 왜구를 明의 강요에 의해
공동으로 토벌한다는 것은, 오히려 왜구세력으로부터 원한을 사는 일이
되므로 극력 기피하고 싶었을 것임에 틀림없다.

그런데 ③에서처럼 1413년 3월 단계에서 2~3개월 이내에 실행될
것으로 조선이 예상한 明의 일본정벌은, 그 이후 朝・明관계로 볼 때
실제로 준비된 흔적을 찾아볼 수 없다. 다만 정벌의 의사만이 明으로부
터 조선에 흘러들어 올뿐이었다. 그러다가 같은 해 7월부터는 ④에서

---

23) 森克己・田中健夫編, 앞의 책 19), 248쪽.

보듯 明의 일본정벌론이 일본이 아닌 조선에 대한 위협으로 인식되고 작용하여, '일본정벌=조선정벌'로까지 이해하여 우려하는 조선 조정의 분위기를 읽을 수 있다. 1417년의 ⑧의 단계에서도 태종은 영락제의 조선 사자에게 보인 행위(對日 칙서와 對琉球 宣諭 공개)를 보고 받고, 明의 일본정벌 제기 의도를 조선에 대한 위협으로 인식하고 있다.

그렇다면 왜 明의 일본정벌이 명분뿐으로 실제로는 조선에 대한 위협 내지 시위라고 조선이 인식하게 되었을까? 그것은 우선, 明이 조선의 對왜구 정책에 불만을 가지고 있을 것이라고 조선은 판단하고 있었기 때문이다. 이에 대해서는 앞에서 논한 그대로이다. 또 하나 그러한 판단자료로서 상정할 수 있는 것은 여진족을 둘러싼 朝·明간의 마찰이다. 예를 들어 ④의 사례에서 明이 회유책으로서 여진족에 사람을 보내고 있는 것에 대한 조선의 반응(하륜의 의견)에서 볼 수 있듯이 여진족을 둘러싼 朝·明 양국 간의 대립을 알 수 있다. 그렇다면 여진족에 대한 회유책을 둘러싼 朝·明間의 관계를 알아보자.

14세기 후반, 고려는 元朝의 쇠퇴를 계기로 하여 동북방면으로 두만강 하류에 진출하고, 서북방면으로는 압록강 상류로 진출하려 했다. 그러나 이 계획은 明의 만주지역 진출정책과 충돌하게 되었다. 明은 만주지역의 여진족을 회유하기 위해 많은 衛를 설치하고 있었다. 특히 明은 고려가 이미 점유하고 있던 함경도와 강원도와의 경계에 鐵嶺衛를 설치하려고 했다. 이에 대해 고려는 요동정벌군을 파견하기에 이르지만, 이성계의 위화도 회군으로 양국 간의 정면충돌은 회피되었고 明 또한 철령위를 瀋陽지방으로 후퇴시켰다.

1392년 조선왕조가 성립했지만 그 후에도 조선은 여진족에 대한 활발한 기미정책을 취해 북방으로의 진출을 도모했다. 즉 여진족에게 조공적인 무역을 허용하고 慶源에 互市를 열고, 入朝하는 여진족의 유력자에게는 千戶·萬戶 등의 관직을 주어 후대정책을 행했다. 한편 明

영락제도 두만강 유역에 적극적으로 진출을 획책하여 이 지역의 여진족 유력자가 입조하면 그 지역에 衛를 설치하고 장관으로 임명하여 후대했다. 이것은 이른바 여진족에 대한 朝·明間의 기미정책의 대립이라 할 수 있다. 한 예를 든다면, 明으로부터 建州衛 指揮使에 임명된 阿哈出은 조선 태조로부터 萬戶로 임명된 인물이었으며, 建州左衛 指揮使에 임명된 童猛哥帖木兒도 조선으로부터 萬戶와 上護軍 등의 印信을 받은 사실이 있다.

1404년 明이 조선의 동북방면 11개소 여진족을 초유하여 이곳으로의 진출을 계획했던 적이 있다. 그러나 조선의 방해공작─해당지역의 여진족에게 明의 초유에 응하지 않도록 하는 회유공작─과 조선의 역사적 반박─해당지역이 고려조의 옛 땅이었음을 역사적으로 고증─에 봉착하자 明의 이 같은 계획은 중지되었다. 그 뒤 1410년 2월 조선은 동북 여진지역에 정벌군을 파견하기도 한다. 이유는 해당지역 여진족이 조선을 배반하고 明에 입조한 것에 대한 보복이었다. 조선은 이 정벌로 明으로부터 指揮의 관직을 받은 다수의 여진족 유력자를 살해하고 그 지역에 설치되어 있던 毛憐衛을 멸망시켰다.[24] 이 시기 朝·明間의 여진족을 둘러싼 대립에 대해 한우근은, "태종대의 조선과 明 사이에는 마치 여진쟁탈 분쟁이 일어난 것과 같은 양상을 보인다."라고 분석하고 있다.[25]

이러한 여진족을 대상으로 한 朝·明間의 대립이라는 측면에서 보면, 明이 일본정벌이라는 위협으로 조선의 여진에 대한 기미정책을 포기, 또는 소극화를 우회적으로 요구하고 있다고 조선은 인식하고 있었을 것이다.

---

24) 金九鎭, 「初期毛憐兀良哈研究」(『白山學報』 17, 1974), 徐炳國, 「童猛哥帖木兒 建州左衛研究」(『白山學報』 11, 1971).
25) 韓㳰劤, 지음·平木實 옮김, 『韓國通史』(學生社, 1976), 245쪽.

제3절 明의 일본정벌론에 대한 조선의 대응

앞 절에서는 조선이 明의 일본정벌론을 어떻게 인식하고 있었는가에 대해 검토했다. 제3절에서는 그 인식에 의거하여 조선이 어떠한 대응을 보이고 있는가 검토하기로 한다. 기본 사료는 제2절에 열거한 ①~⑧을 근거로 한 검토가 되겠다.

1. 왜구정벌과 왜구의 중국침구에 대한 정보제공

①에서 고려의 鄭地가 국왕에게 上申한 왜구 토벌은 그 2년 후인 1389년 대마도 정벌로서 실행에 옮겨지게 된다.[26] 그리고 1419년에도 기해동정을 일으켜 왜구의 본거지로 설정된 대마도가 재차 조선에 의해 정벌된다. 이러한 정벌의 원인은 조선의 對왜구 정책의 일환이라는 측면만이 아니라, ①에서 정지가 왜구정벌을 구실로 하는 明軍의 조선 주둔을 방지하기 위해서라고 제안한 것처럼, 明의 일본정벌론을 둘러싼 朝·明관계의 검토로도 명확해 질 것이다.

張學根은 조선에 의한 대마도 정벌의 주된 원인을 明의 '對倭征伐論', '對北征論'에 대응하기 위한 것이었다고 하고, 그 결과 明軍의 한반도 주둔이 저지되고, 또한 만주지역의 여진족이 조선 내지에 유입하여 朝·明관계가 악화되는 것을 사전에 방지하게 되었다고 지적하고 있다.[27] 타당한 분석이라 아니할 수 없다. 그러나 장학근이 기해동정의

---

26) 『高麗史』 朴葳傳·辛禑傳, 辛昌 元年 2월조.
27) 張學根, 「조선의 대마도 정벌과 그 지배정책」(『海士論文集』 18, 1983). 그런데 장학근은 앞의 주 7) 기사에서 "上國將北征, 又遣人于東北野人"에 대해

주요 원인을 朝·明관계에 한정하고 있는 것은 이미 전개되고 있던 조선의 대마도주 중심의 對왜구 정책, 즉 島主를 조선의 '기미권'의 중요 대상으로 편입시키려고 한 정책(제1장 제2절 참고)을 간과한 것이 아닌가 생각된다.[28] 조선에 있어서 대마도 왜구의 조선 침구는 그것만으로 대마도주에 대해 징벌을 가하는 충분한 이유가 될 것이기 때문이다. 기해동정은 조선만이 아니라 明마저도 침구한 왜구의 본거지에 대한 토벌이 되기 때문에 왜구를 둘러싼 朝·明의 이해가 이때에는 일치했다고도 할 수 있다.

기해동정 중에 중국연안으로 건너간 왜구는 金州衛 望海埚에서 대기하고 있던 明의 공격으로 괴멸되나, 이 승리에 결정적 역할을 한 것은 중국 침구 왜구에 대한 정확한 정보를 제공한 조선이었다.[29] ⑧인 1417년 12월 기사를 최후로 조선 측 사료인 實錄에서 明의 일본정벌론이 사라지는 것은, 조선의 기해동정에 이은 이러한 왜구침구 정보의 제공에 대한 明의 평가에 의한 것이리라. 조선은 그 후에도 왜구의 중국연안 침구 정보를 明에 제공하고 있지만, 이것은 왜구와의 통교와 관련한 明으로부터의 비난을 회피하기 위한 것이었을 것이다.

'北征'이 만주의 여진족 정벌이라고 이해하고 있고, 그 때문에 이 제3장 제2절 ④에서의 필자의 해석과 차이가 난다. 그러나 ④와 관련해 주 7)의 癸卯條에서 태종이 "帝之征東·征北, 自家之事, 不必爲慮" "帝非父命而自立, 南征交趾, 北征沙漠, 何暇東顧哉"라는 중에서의 '征北', '北征沙漠'이라는 표현에서 보듯 '北征'은 몽고정벌을 지칭하는 것으로 여겨진다. 사실관계로 보아도 1413년은 영락제가 제2차 몽고원정을 행한 前年에 해당한다.

28) 그 외에 中村榮孝, 『日鮮關係史の硏究』(上)(吉川弘文館, 1965), 232~233쪽을 참고.

29) 有井智德, 앞의 논문 21), 440~460쪽.

2. 對일본 통교의 비밀화

조선은 明이 정벌해야 할 존재로 여긴 왜구세력이나 이를 방치하는 요시모치와의 통교를 明에 비밀로 하고 있었다. 특히 왜구세력에 대한 기미정책이 明에 알려지는 것을 극력 주의하고 있었다(전술). ⑥의 사례가 그것을 단적으로 설명하고 있다. 조선은 明의 일본정벌론 公言이 종식된 이후에도 對日통교 사실을 비밀화하려는 자세를 견지하고 있었다. 더구나 일본으로부터 건너온 중국 피로인의 중국 송환 여부가 조선에서 종종 논의 대상이 된 것도, 다름 아닌 그 송환된 중국인을 통해 조선의 對왜구 정책이 明에 탄로 날 것을 우려했기 때문이었다.[30]

그리고 明으로부터 대일통교 사실에 관한 힐책이 있는 경우에는, 왜구에게 참혹한 피해를 받고 있다는 사실만을 강조하고, 明과 아울러 조선도 왜구의 피해국임을 역설하여 그 추궁을 회피하기도 했다(⑧).

3. 明에의 중국 피로인 송환

조선이 왜구세력과의 통교에 관한 明의 비난을 피하는 수단으로서 이용한 것이 일본에서 건너온 중국 피로인의 송환이었다. 이와 관련하여 1418년 2월, 明에 파견하는 조선사자 윤향 등에 대해 太宗이 말한

---

30) 중국 피로인 송환에 대한 이러한 조선의 우려를 나타내고 있는 기사는 實錄에 散見하고 있다. 예컨대, 金得觀 등에 대한 朴信의 의견(『세종실록』元年 정월 경신), 張淸에 대한 대신들의 의견(『세종실록』5년 12월 임신), 多金夫에 대한 세종의 발언(『세종실록』11년 2월 병술), 無名의 피로인에 대한 대신의 의견(『세종실록』24년 12월 경인), 徐成에 대한 朝廷의 논의(『세종실록』25년 11월 임자·무오), 왜구의 중국 침구 정보전달과 관련한 朝廷內의 논의(『세종실록』26년 6월 을유), 潛嚴에 대한 조정의 논의(『성종실록』17년 10월 병신) 등이다.

다음의 지시를 인용하여 보자.

　　지난번 경상도에서 왜인들에게 사로잡혔던 중국사람 남자 부욱과
여자 진불노 등을 데려 와서 중국으로 송환한 일이 있었다. 이에 대해
예부에서 황제에게 청하기를, "조선이 일본과 친교하여 이렇게 피로인
들을 송환하였으니 부디 일본과 친교한 죄를 문책하소서."하였다 한다.
그러나 황제가 "조선이 중국 사람을 사서 송환하여 왔는데 무슨 죄가
있는가?"라고 답하여 무마되었다고 한다. 이제 만약 다시 (중국 측에서
일본과의 통교를) 묻는 자가 있거든 마땅히 대답하기를, "전하가 사대
하는 정성으로써 잡혀간 중국인을 사서 보내 온 것이다."고 하라.[31]

　이에서 보듯 조선의 왜구세력과의 통교가 明 예부에서 '문책' 당할
사안으로까지 논란되고 있다는 점에 주목할 만하다. 그리고 이에 대해
조선은 중국 피로인 송환으로 明의 朝・日통교에 대한 비판을 완화시
키려 하고 있다. 또한 明 황제도 조선의 중국 피로인 송환에는 만족하
고 있는 듯하다.

　조선의 중국 피로인 획득 방법은, 피로인 자신에 의한 일본으로부터
의 도망, 왜구로부터의 탈취, 일본으로부터의 轉送이나 購買, 또는 왜
구로부터 버려진 피로인 수거 등에 의해 행해졌다. 그 결과 1372년부터
1466년까지 59차례에 걸쳐 총 474명의 중국 피로인이 조선에서 중국으
로 송환되었다고 한다.[32]

---

31) 『태종실록』 18년 2월 병오.
32) 有井智德, 앞의 논문 21), 464~467쪽.

제4절 明에 입장에서의 일본정벌론

지금까지 明의 일본정벌론에 대한 조선의 인식 및 대응을 검토했다.
이 절에서는 明에 있어서 일본정벌론의 제창 의미를 살펴보기로 하자.

1. 영락제의 대외정벌의 한계

明 황제가 일본정벌의 의사를 직접 조선에 전달한 것은 1413년과
1417년으로 2차례이다(③, ⑧). 따라서 해당시기 明의 대외 武力진출의
동향을 살피는 것으로 일본정벌의 실행의사가 있었는가 없었는가에 대
한 객관적인 평가가 가능해질 수 있을 것이다.

결론부터 말한다면 이 시기 明은 대외 武力진출의 중점을 몽고원정
에 두었다고 할 수 있다. 그 경위는 다음과 같다.

1409년 중국 북방의 몽고부족인 타타르部에 파견한 明의 사자가 살
해되자 영락제는 10만의 군대를 파견하여 타타르부를 토벌하려 했다.
그런데 이 원정군이 타타르부에게 괴멸되자 다음해엔 영락제가 親征하
여 타타르부에 큰 타격을 가했다. 그러나 이번에는 타타르부에 대신하
여 중국 서북방 몽고부족인 오이라트部가 몽고고원의 패권을 장악하여
明에 위협을 줄 정도로 강성해졌다. 이에 이르자 1414년 영락제는 다시
50만의 대군을 거느리고 이를 원정하기에 이른다. 전과는 명군 측에 유
리했으나 결정적인 승리를 거두지는 못하고 오이라트부의 항복 의사
표현으로 개선할 수 있게 된다. 그 후에도 1422년부터 1424년까지 영
락제는 3회에 걸쳐 몽고지역을 親征한다. 그의 이러한 원정은 몽고의
국가적 부흥을 예방하기 위해 취한 明의 적극적 방어책으로 자리매김

할 수 있다. 몽고족 元朝로부터 중국을 회복한 明으로서 최대의 경계 대상은 몽고이며 그 국가적 흥기였을 것이다.

한편, 이 시기 明의 남방진출에 관해 보면 1406년 베트남의 내분에 개입하여 침략을 단행, 그곳에 통치기관으로 交趾布政司를 설치하고 1414년에는 중국영토로서 편입하는 조치를 취하고 있다. 그러나 곧이어 베트남 인민의 저항에 봉착하여 1427년에는 베트남 지역을 포기할 수밖에 없게 된다.

鄭和의 남해원정도 이 시기에 이뤄진 것이다. 28,000명의 군대로 1405년 시작된 이 원정은 제4회 원정이 1413년 10월부터 2년간이었으며, 제5회 원정은 1417년 가을에서 2년간이었다. 이 원정의 최대목적은 남해 諸國에 대한 조공 권유와 남방의 珍貨를 취득함에 있었다고 한다.[33]

이상과 같은 당시의 明이 취한 대외적 군사행동을 보면, 아무래도 일본정벌에까지 병력을 투입하여 단행할 여유가 없었을 것으로 여겨진다. 이를 뒷받침하듯 일본정벌에 관한 어떤 구체적인 계획 하나 사료에서 찾아볼 수 없다.

2. '不征之國' 일본

明 홍무제는 대외관계의 기본방침으로서 정벌하지 않을 나라 15개국을 들고 있다. 이른바 '不征之國十五'이다. 이것은 홍무제가 祖宗之法으로서 후대 황제에게 엄격히 그 준수를 명령한 「皇明祖訓」의 일부로서, 1395년경 성립되었다고 한다. 15개국 속에는 조선·일본과 南海 여러 나라도 포함되어 있으나, 중국의 '西戎', '北狄'에 해당하는 지역

---

33) 愛宕松男·寺田隆信, 『中國の歷史』(元·明編)(講談社, 1974), 278~287쪽.

은 당연하게도 제외되어 있다. 이 '西戎', '北狄' 지역은 몽고족의 거주
지역에 해당하기 때문일 것이다. '不征之國 日本'이란 인식이 성립한
것은 1381～1383년경으로 그 직접적 원인은 전술한 胡惟庸 사건에 의
한 것이라고 한다.[34]

　'不征之國十五'란 祖訓은 원칙적으로 明代 전시기를 통해 준수되
었다고 한다.[35] 그렇다면 明의 일본정벌론은 이러한 明의 대외 武力사
용 제한방침과 모순된다고 할 수 있다.

3. 明의 對日 조서에 보이는 정벌의 의미

　다나카는 ③의 기사, 즉 영락제의 일본정벌에 관한 宣諭와 이에 대
한 조선 태종의 대응책과, 여기에 1418년 明 사자 呂淵이 가져온 詔書
(⑧에서 영락제가 조선 사자에 보인 것은 그 초안) 내용을 더하여, 요시모치의 책
봉관계 거부에 의해 明의 일본정벌 계획이 실제로 세워져 있었다고 추
정하고 있다.[36] 그러나 ③에 보이는 일본정벌에 대한 태종의 대응책은
일과성에 불과한 것이므로,[37] 그것을 가지고 일본정벌의 실제 입안을
주장할 수는 없다. 더욱이 요시모치의 책봉관계 거부가 이유가 되어 明
의 대일 조서에 일본정벌건이 기입되었다는 추정도 납득할 수 없다.

　그렇다면 일본정벌건이 기입되어 요시모치에게 보내어진 明의 조서

---

34) 石原道博, 「日明交涉の開始と不征國日本の成立－明代の日本觀(1)－」
　　(『茨城大學文理學部紀要』 4, 1954), 35쪽.
35) 中村榮孝, 「明太祖の祖訓に見える對外關係條文」(『日鮮關係史の研究』(中),
　　吉川弘文館, 1969), 69쪽. 明의 베트남 침공은 예외로 볼 수 있다. 그러나 중
　　국 고대·중세에 걸쳐 1천 년간 중국의 식민지였다고 하는 '安南'에 대한 漢
　　族의 특별인식이 존재·작용하지나 않았을까 가정해 보고 싶다.
36) 田中健夫, 앞의 책 1). 村井章介도 앞의 논문 1)에서 ③의 기사를 이용하여
　　설명하고 있다.
37) 앞의 주 5) 참고.

가 가진 성격을 밝히기 위해 그 이전에 일본정벌에 관해 기록한 懷良
親王 앞으로 보낸 홍무제의 조서를 검토해 보자.[38]

> a) … 朕이 만약 前王(元 世祖)을 본받아 强兵과 謀士의 많음에 의지
> 하여 멀리 바다를 건넌다면 遠夷(일본)의 편안히 있는 인민들이
> 멸화를 당할 것이나, 이는 上帝의 맡긴 바가 아니며 또한 인사로
> 서도 그리할 수 없다. 그저 外夷 小邦이 본디부터 天道를 거스
> 르고 스스로 安分하지 아니하여 때로 노략질하여 오니 이는 반
> 드시 神人共怒할 일로 천리로도 용서할 수 없다 ….
> b) 바야흐로 일본이 큰 바다에 가로막혀 있다 해도 순풍에 돛을 올
> 리면 5일이면 족히 닿을 것이다. 왕(懷良親王)은 仁政에 힘쓰고
> 天心을 바로 하여 중국의 禍를 불러들임을 면함이 실로 大寶라
> 할지니 오직 왕은 이를 조심할 것이다 ….
> c) … 王(懷良親王)은 큰 바다 건너에 居하면서 上帝의 命을 받들지
> 아니하고 스스로의 분수를 지키지 않는다. 바다와 산으로 둘러싸
> 인 국토의 험준함만 믿고, 隣邦을 멋대로 모욕하고 제멋대로 인
> 민이 도둑질을 하게 하여 帝將이 사람에게 도움을 얻어 禍가 있
> 은 지 오래되었다. 나는 황제의 命을 받들어 왕에게 문서를 보낸
> 다. 왕이 만약 不審하여 스스로 방종하여 어찌 不和의 원천이 되
> 게 하랴 ….

a)는 홍무제의 일본에 대한 제3차 招諭때의 조서로 懷良親王이 明
사자를 살해하여 초유에 응하지 않았던 뒤에 내어졌다. b)는 회량친왕

---

38) a) "… 朕, 若效前王, 恃甲兵之衆, 謀士之多, 遠涉江海, 夷禍遠夷安靖之
民, 非上帝之所托, 亦人事之不然, 或乃外夷小邦, 故逆天道, 不自安分, 時
來寇擾, 此必神人共怒, 天理難容, …."(『明太祖實錄』 卷50 洪武 3년 3월
是月條) b) "方今與日本止隔滄溟, 順風揚帆, 止五日夜耳, 王(懷良親王)其
務脩仁政, 以格天心, 以免中國之內禍, 實爲大寶, 惟王察之, …."(『明太祖
實錄』 卷105 洪武 9년 4월 甲申條) c) "… 王(懷良親王)居滄溟之中, 不奉
上帝之命, 不守己分, 但知環海爲險, 限山爲固, 肆侮隣邦, 縱民爲盜, 帝將
假手於人, 禍有日矣, 吾奉至尊之命, 移文與王, 王若不審, 自以爲大, 無乃
構隙之源乎, …."(『明太祖實錄』 卷138 洪武 14년 7월 戊戌條)

의 사절파견과 入貢에 대한 조서로서 그의 왜구금압 태만을 홍무제가 비난한 것이다. c)는 회량친왕의 사절파견과 入貢에 대한 明 예부상서의 서한이다. a)는 회량친왕과 明과의 책봉관계 성립 이전에, b)와 c)는 그 성립 이후에 내어진 것이나, 모두 왜구 금압을 태만히 하고 있는 회량친왕에 대해 똑같이 정벌로서 응징할 것임을 나타내고 있다. 이처럼 明의 일본정벌은 책봉관계의 유무와 관련 없이 오직 왜구문제에 의해 제기되고 있었던 것이다.

이로서 본다면, 요시모치가 책봉관계를 거부했다 해도 왜구의 중국연안 침구를 온전히 통제할 수 있었다면 明으로부터 정벌 위협도 받지 않았을 것이 틀림없다. 게다가 '不征之國'에 일본도 포함시켜 武力에 의한 대일 책봉관계 유지를 明 스스로 부정하고 있었다. 실제로 보아도 1417년 이후 요시모치의 對明 자세에 아무런 변화가 없었음에도 불구하고 明의 일본으로 향한 정벌의 公言은 사라진다. 이러한 일본정벌론의 소멸은 전술한 望海堝에서의 왜구 격파에 의한 왜구의 중국침구 격감이 최대의 이유였다.

그렇지만 요시모치의, 구체적으로는 그의 아버지 '국왕' 요시미츠에 대한 불효가 明側에 일본정벌이란 대의명분을 갖게 하는 계기가 되었음은 부정할 수 없을 듯하다. 즉 영락제는 요시모치의 중국연안을 침구하는 왜구의 방치라는 실제적 이유 이외에, '국왕' 요시미츠의 자식된 몸으로서 바늘로 아비 초상화의 눈을 찌르는 '不道'한 非'國王' 요시모치에 대해 징벌을 가한다는 명분을 세울 수가 있었기 때문이다. 이른바 불효를 '不道'로 설정하여 그 징벌의 명분으로 삼은 영락제는 번속국이며 일본에 인접한 조선·유구에 일본 징벌에의 동참을 강요할 수 있는 입장에 설 수 있었을 것이다(③, ⑧).

이상과 같이 明에 있어서의 일본정벌론을 검토했다. 그 결과, 왜구의 중국 침구가 일본정벌을 제창하는 중요 요인이 되었다는 것, 또한 그

정벌론이 公言의 단계에 머물러 있었다는 것을 밝혔다. 이는 제3절에서 검토한 조선이 인식하고 있던 明의 일본정벌론과 모순되지 않는다.

맺음말

이상과 같이 검토한 明의 일본정벌론에 대해 다시 明의 입장에서 재정리해 보자.

본디 중국연안의 대규모적인 왜구침구에 기인해 제창된 明의 일본정벌론은 요시모치의 책봉관계 거부, 구체적으로는 '국왕' 요시미츠의 초상화에 '不道'를 행하는 非'국왕' 요시모치의 행위에 의해 대의명분을 얻을 수가 있었다. 그러나 明이 왜구침구에 대해서는 해안방어라는 소극적인 대응에 그치며 끝내 일본정벌을 실행에 옮기지 않은 것은 당시 明에 있어서 몽고족의 국가적 재흥을 사전에 방지하는 것이 최우선적인 과제였기 때문이었다. 그러므로 明은 직접, 간접으로 조선에 일본정벌을 公言하기에 이르렀다. 그것은 조선에 위협을 가하기 위함이기도 했다. 일본정벌은 한반도 남해안에 明軍을 주둔시키고 조선군의 동원도 암시된 것이기 때문에 조선에 대한 충분한 압력으로 작용되었다.

이러한 일본정벌론과 관련한 조선에 대한 明의 시위 의도는 다음과 같은 배경에서 이루어졌다고 여겨진다. 첫째, 明은 조선의 對왜구 정책에 불만을 품고 있었다. 중국을 침구하는 왜구가 조선연해를 경유하여 왕래하고 있고 그 본거지도 조선에 근접한 대마도·잇기 등에 두고 있다는 것 때문에, 明은 조선에 왜구금압을 기대하고 있었다(①, ②). 그런데 조선의 對왜구 기미정책은 조선을 침구하지 않는 한 왜구세력을 토벌하기는커녕 식량과 관직마저 주는 것으로서, 중국을 침구한 왜구의 다수도 조선에서 후대 받고 있었던 것이다. 明은 조선의 이러한 왜구정책을 파악하고 있어 그 정책의 중지를 조선정벌의 공언을 통해 우회적으로 강요했던 것이다.

둘째, 조선이 취하고 있던 對여진 기미정책을 소극화 시키려한 것이다. 明은 두만강 유역을 포함한 南滿洲 지역에서의 조선세력을 쫓아내려고 하고 있었다. 元·明 교체기 고려는 北元과 연합하여 反明戰線을 계획한 적도 있어, 明은 北征을 계기로 조선·몽고·여진족의 연합을 事前에 봉쇄할 필요도 있었다. 따라서 明이 北征을 진행하면서 일본정벌을 동시에 제창한 것은 몽고를 격파한 후 그 대군을 그대로 한반도에 남하시키겠다는 조선에 대한 시위이며 협박이기도 했다.

明에서의 일본정벌론 공언이 조선에 전해지지 않게 된 것은 1419년의 기해동정과 조선의 정보에 의한 望海堝의 왜구 섬멸 이후였다. 이후 중국연안을 침구하는 대규모적인 왜구는 사라지고 일본에 대한 정벌 위협도 없어졌다. 그러므로 明이 일본정벌이라는 명목으로 조선을 협박하는 것도 통용될 수 없었다. 그러나 여진족을 둘러싼 朝·明의 마찰은 이후 조선 世祖代까지 계속되고 있다.

제2부

임진왜란 이후의
조선 · 막부 · 대마도 관계

제4장
임진왜란 직후 朝·日 講和교섭과 대마도
─ '許和'를 중심으로 ─

머리말

임진왜란(이하 임진란이라 약칭) 이후 朝·日 양국의 講和교섭은 일본군의 철수 직후 대마도에 의해 시작되었다고 한다. 그 후 강화교섭 과정에 시종일관 일본 측의 대행 역할을 수행한 것은 대마도였다고 일컬어지고 있다.

그런데 이 과정에서 주목하고 싶은 것은 대일 강화에 우선하여 1604년 조선이 대마도에 '許和'를 부여했다는 점이다. 여기서 '허화'란 단절되어 있던 대마도의 對조선 관계의 재개를 조선이 허용하는 것을 의미한다. 왜냐하면 이미 삼포왜란, 또는 사량진왜변으로 단절된 대마도와의 관계에 대해 조선이 그 관계의 재개를 '허화'라고 표현하고 있기 때문이다.[1] 이처럼 朝·日 양국 간의 강화가 아직껏 타개될 전망도 불투명할 당시 대마도에게 군이 '허화'를 부여한 배경에는 대마도에 대한

조선의 독자적인 입장이 있었기 때문일 것이다. 이 제4장의 주된 문제
관심은 여기에 있다.

　강화교섭의 과정에 관해서는 나카무라 에이코(中村榮孝)·다나카 다
케오(田中健夫)·아라노 야스노리(荒野泰典) 등에 의한 상세한 연구가 축
적되어 있다.[2] 그러나 다음과 같은 점에 대해서는 재검토를 가해야 할
필요가 남아있다고 여겨진다.

　첫째, 기존연구가 조선과 대마도와의 관계정상화, 즉 교역관계 재개
를 강화성립 이후의 기유약조(1609년)에 의한 것으로 보고, 1604년의 '허
화'부여의 사실에 관해서는 논하지 않고 있다는 점이다. 그러나 朝·
日 강화교섭의 전개과정을 파악하기 위해서는 조선·대마도 관계를 밝
히는 일이 선결과제가 되지 않으면 안 된다. 왜냐하면 강화교섭 과정의
일본 측 대행 역할을 일관되게 대마도가 수행하고 있고, 조선 또한 대
마도와의 관계재개를 우선시하고 있었기 때문이다. 그러므로 기존연구
가 간과하고 있던 '허화'와 관련한 조선·대마도 관계를 새로이 시야에

---

1) 霞沼松浦允任撰, 田中健夫·田代和生校訂, 『朝鮮通交大紀』(名著出版, 1978),
　第二의 「東島寺公(宗盛長)」(94쪽), 조선 禮曹의 「答對馬島主書」에 '當初許
　和之日'이라 하여 三浦倭亂으로 발생한 단절관계의 재개를 '許和'라고 표현
　하고 있다. 사량진왜변 이후의 관계재개 허가에 대해서도 조선에선 "對馬島許
　和事, 朝廷會議, … 然日本旣爲屢請, 辭意而懇切, 而今若不許, 則有乖於交
　隣之義, 嚴立約條, 許和爲便."이라고 하여 '許和'로 표현하고 있다(『명종실
　록』 2년 2월 신묘).
2) 中村榮孝, 「江戸時代の日鮮關係」(『日鮮關係史の硏究』(下), 吉川弘文館,
　1969), 田中健夫, 「鎖國成立期における朝鮮との關係」(『中世對外關係史』,
　東京大學出版會, 1975), 荒野泰典, 「大君外交体制の確立」(『講座日本近世
　史2 鎖國』, 有斐閣, 1981), ロナルド·トビ, 「初期德川外交政策における
　'鎖國'の位置づけ」(社會經濟史學會 編, 『新しい江戸時代史像を求めて』,
　1977), 三宅英利, 「德川政權初回の朝鮮信使」(『朝鮮學報』 82, 1977), 高橋
　公明, 「慶長11年の回答兼刷還使の來日についての一考察－近藤守重說の再
　檢討－」(名古屋大學文學部硏究論集, XCⅡ 『史學』 31, 1985).

넣어 강화과정을 재검토할 필요가 있다.

둘째, 기존연구가 강화교섭에서 대마도의 독단적인 의향이 강하게 반영된 것으로 강조하고 있다는 점이다. 즉 대마도에게 젖줄이라고 말할 수 있는 조선과의 교역관계가 임진란에 의해 단절되었으므로, 그 관계재개에 급급하고 있던 대마도가 교섭을 독단적으로 주도·전개했다고 하는 것이 기존연구의 시점이다. 그러나 조선의 '허화'부여 단계에서 대마도의 對조선 교역관계는 이미 그 문이 활짝 열린 것과 다름없다. 대마도에게 절실했던 젖줄은 '허화'부여의 시점에서 이미 확보되었던 것이다. 그럼에도 불구하고 그 이후에도 대마도가 계속하여 강화교섭에 몰두하지 않으면 안 되었던 이유는 무엇일까? 이것은 대마도의 강화교섭이 다른 어떤 강력한 힘에 의해 조종되고 있음을 보여주는 것이라 할 수 있지 않을까?

셋째, 기존연구가 강화교섭기의 朝·明관계에 대해 거의 언급하지 않고 있다는 점이다. 당시 明은 임진란에 군대를 파견했던 참전국이었다. 따라서 강화교섭상으로도 제3자의 입장이 아니었을 것이다. 그러한 明에 대해 조선이 강화교섭상 보인 자세는 어떠한 것이었는가? 이러한 朝·明間의 문제를 밝히는 것은 朝·日강화교섭의 과정을 파악함에 있어 중요한 시사를 던져줄 것이다.

이 제4장에서는 기존연구가 남겨놓은 이러한 문제점을 바탕으로 다음과 같은 관점을 기초로 朝·日 강화교섭상 대마도의 역사적 입장과 朝·明관계를 분석하려 한다.

우선, 대마도의 강화교섭행위는 도쿠가와 이에야스(德川家康)의 강력한 통제 하에 놓여져 추진되었던 것으로 이해하려 한다. 그 이유는 전술한 바처럼 '허화' 이후에도 대마도가 조선과의 교역관계 재개에 착수하지 않고 있기 때문이다(제5장 참고).

그리고 惟政(이하에선 편의상 사명당으로 대신함)의 대마도 파견(1604년 6월)

까지의 조선의 對日교섭은 대마도에 한정된 '허화'부여를 전제로 한 정책의 전개과정으로서 이해하려 한다. 즉 조선전기에서 보듯 대마도를 조선의 '기미권'에 재차 편입시키기 위한 정책, 이른바 좁은 의미에서의 기미정책이 이 시기 대일정책의 근간이었다고 생각하려 한다. 좁은 의미에서의 기미정책이란 삼포왜란에서 '허화'를 부여하는 임신약조까지, 또는 사량진왜변에서 '허화'를 부여하는 정미약조까지의 조선이 취했던 대마도에 대한 정책을 말한다.

또한, 조선의 대일교섭에 대한 明의 입장은 참전국임에도 불구하고 조선전기 明이 취한 입장과 다름없이 기본적으로 불간섭의 입장이었다고 이해하려 한다. 그리고 이러한 明의 입장을 조선도 충분히 납득하여 대응하고 있었다고 여겨진다.

이 제4장에서는 이러한 관점으로 대마도에 의한 강화교섭의 개시(1599년 7월) 전후부터 사명당의 대마도 파견(1604년 6월)까지를 검토하려 한다. 그 이후부터 강화성립까지의 검토는 제5장에서 다루기로 한다.

제1절 朝·日 강화교섭의 개시

『通航一覽』卷25의 「修好始末」에 수록된 몇 개의 사료를 보면 임진란 이후 일본의 對조선 강화교섭은 조선으로부터 일본군이 철수한 직후 이에야스의 분부에 의해 대마도주인 소 요시토시(宗義智)가 시작했다고 한다.

이 같은 기록에 대해 다나카는 '세키가하라의 전쟁'(1600) 이전에 이에야스의 對조선 강화 의도가 있었는가에 의문을 나타내고, 이에야스가 異國渡海朱印狀을 최초로 발급한 것이 1602년이었다는 사실과 나가사키에 내항하는 포르투갈船에 대한 絲割符 商法의 실시가 1604년이었다는 점을 이유로, 이에야스의 조선에 대한 움직임이 시작되는 것도 이 시기일 것이라고 추정하고 있다.[3]

그러나 이에야스의 해외무역에 대한 적극적인 태도와 동일선상에 그의 對조선 교섭을 놓으려는 것은 문제가 있다. 특히 임진란의 전쟁 상황이 정식 종결되지 않은 당시의 양국관계로 볼 때, 더욱이 조선후기를 통해 일본 측의 對조선 외교가 경제적 측면보다 정치적 측면을 중시했다는 점에서 보아도 이에야스의 對조선 교섭 의도는 그의 대외적 무역 관심과는 별도 차원에서 바라봐야 할 것이다. 후자와 관련해서는 다나카도, 도쿠가와정권이 조선에 대해 경제적인 이익을 구하지 않고 통신사 파견이라는 정치적 관심을 최대 요구사항으로 하고 있었다, 고 말하고 있다.[4] 그렇다면 그의 이해는, 일본 측이 무역적 관심으로부터 對조선 교섭을 시작했지만 결과적으로 정치적 외교만을 중시하기에 이르렀다는 논리가 된다. 그러나 일본의 對조선 강화교섭과정에 그러한 정책 전환이 나타나지 않았으므로 수긍할 수 없는 논리이다.

『通航一覽』의「隣好始末物語解」卷25를 보면, 일본군이 조선에서 철수한 직후 이에야스가 요시토시에게, "무릇 수호함은 양국의 이익이 될지니 서로 그간의 원한을 잊고 길이 隣好를 맺어야 한다는 뜻을 조선에 통고할 것."이라고 和好교섭을 분부했다고 한다. 이에 대해 요시토시는 도요토미 히데요시(豊臣秀吉)가 사망하여 겨우 해가 바뀌었을 뿐인데 이러한 분부는 어떤 의도에서인가, 하고 반문하자 이에야스는 화호교섭의 이유로서 다음의 3가지를 들었다고 한다.

첫째, 조선은 가장 가까운 隣國이므로 그 나라와 선린관계를 맺는

---

3) 田中健夫, 앞의 책 2), 261~262쪽.
4) 田中健夫, 앞의 책 2), 262쪽.

것은 도리이기 때문이다. 둘째, 전쟁으로 형성된 朝・明연합의 군사적
위협을 해소함이 교섭의 중요 목적이며, 조선과의 화호가 성립되어 사
절왕래가 가능해지면 국내외에 태평을 가져올 것이 틀림없기 때문이다.
셋째, 조선과 수호를 맺음으로 인해 그 나라의 내정을 살필 수 있게 되
고, 나아가 일본의 武勇도 조선에 전해질 것이므로 '保國永久의 策'이
될 것이기 때문이다.

　이를 보면 이에야스가 조선과의 강화교섭을 대마도주에게 분부한
의도가 임진란으로 파탄된 양국 간 국교를 회복하여 일본 국내외적으
로 평화를 확립하려한 것이었음을 알 수 있다. 그런데 朝・明 연합군
의 위협을 해소하기 위해서라는 이유는 실제적 동향 여부를 떠나 주목
된다.

　한편, 『宣祖實錄』에 처음으로 일본 측의 강화교섭에 관한 기사가
보이는 것은 선조 32(1599)년 7월 辛酉條로, 여기엔 조선 被虜人의 송
환에 곁들여 대마도주의 家臣 야나가와 시게노부(柳川調信) 명의로 된
부산첨사 이종성에게 보낸 서한이 실려 있다.

　그 내용을 보면, 올 1월 明將의 인질('質子')과 差官 3명을 조선에 호
송했던 船主 康近이 아직 귀국하지 않고 있으며, 이전에도 要時羅(小
西與四郞)를 조선에 보냈으나 그 또한 돌려보내지 않고 있으니 어떠한
이유로 이들 2명을 억류하고 있는 것인가, 하고 힐문하고 있다. 그리고
이번에 明將의 인질과 差官 및 조선 피로인 등을 송환하지만, 앞으로
도 '和好'를 위해 적극적으로 조선 피로인 송환을 행할 것이라고 약속
하고 있다. 또한 일본이 바라는 '화호'란 조선 사신이 도일하는 것이라
고 제시하고 있다. 여기서 明將의 인질이란 일본군이 조선에서 철수할
때 明軍側이 정전협정의 보장을 위해 보낸 자들을 말한다.

　1600년이 되자 대마도는 피로인 송환을 통해 조선에 강화 의지를 밝
히기 시작한다. 즉 2월에는 57명의 피로인을 송환하면서 서한을 통해,

사오월까지 강화교섭에 관해 회답하지 않으면 칠팔월에는 조선에 大軍
을 파견하겠다고 재침의 가능성을 전면에 내걸어 강화를 요구하고 있
다. 이때 송환된 피로인 方彦龍도 조선 조정에 상신하여, 대마도는 이
에야스 및 여러 다이묘(大名 : 영주)의 강력한 요청에 의해 강화교섭에 임
하고 있는 것이며, 일본 측은 조선의 국서와 사신 파견을 바라고 있고,
이것이 달성되면 明의 인질이나 조선 피로인을 적극적으로 송환할 예
정이라고 일본 측의 의향을 전하고 있다.[5]

　그 해 4월 대마도의 사자를 따라 明 인질 등 40여 명과 조선 피로인
20여 명이 부산포에 도착했다. 이때 대마도주와 시게노부 및 고니시 유
키나가(小西行長)·데라사와 마사나리(寺澤正成)의 도합 3통의 서한이 예
조 앞으로 보내졌다.[6] 그 내용은, 도요토미 히데요리(豊臣秀賴 : 히데요시
의 아들)가 조선사절을 조속히 渡日시켜 전쟁 상황이 종식되길 바라고
있으며, 이러한 그의 뜻은 이에야스의 上申에 의한 것이라고 설명하고,
일본 측의 희망은 다만 '화호'이며 그것은 히데요시의 遺命이기도 하다
는 것이었다.

　이에 조선에서는 송환된 조선 피로인과 明의 인질로부터 얻은 일본
정보에 근거하여 일단 회답하기로 결정한다. 여기서 일본정보란 히데요
시 사망 후 일본은 이에야스가 國事를 주관하고 있으며, 일본이 이 이
상 '興兵結怨'을 바라지 않고, 다만 조선이 사자를 통해 서한을 보내어
'賀禮'를 보이면 朝·日·明 삼국은 태평하게 될 것이라고 희망하고
있다는 것 등이었다.[7]

　이 같은 일본 측의 강화요청에 대한 조선의 최초 答書는 『通航一覽』
卷25에 실려 있다. 내용을 보면 우선 일본의 침략행위를 비난하는 한

5)『선조실록』33년 2월 정유·무술.
6)『선조실록』33년 4월 갑신·정해.
7)『선조실록』33년 4월 기해.

편, 조선은 明의 '敝邑'이며 동시에 明의 자식과 같은 존재이므로 조선의 중요사항은 明帝에게 여쭈어 행하고 있으며 강화에 관해서도 또한 明帝의 허가가 필요하다고 말하고 있다. 그리고 이전의 일본 사자(要時羅)는 明將이 연행해 갔다고 설명하고, 일본이 만약 신용을 중시하여 길이 우호를 맺을 마음이 있다면 明帝도 그에 상응한 조치를 내려줄 것이며, 그리되면 조선 또한 그에 따를 것이라고 끝맺고 있다. 이처럼 조선은 스스로 明의 속방이라는 점을 강조함으로서 강화와 관련한 어떠한 스스로의 의사도 표현하지 않은 채, 오직 明의 권위를 빌려 일본 측의 성실한 노력을 요구하고 있다.

이 시기 피로인 강항이 일본에서 송환되어 왔다. 그는 조정에 상신하여, 조선과의 강화가 성립되지 않으면 조선을 재침하겠다는 이에야스의 주장은 규슈(九州) 지역의 다이묘들, 이른바 反이에야스 세력을 조선에 파견하여 그 힘을 소모시키려는 의도이지만, 히데요시 사망 후 일본 국내정세가 매우 불안정하므로 조선을 재침할 여유가 없을 것이라고 그 재침에 부정적인 견해를 보이고 있다.[8]

한편, 明軍이 조선에서 철수한 1600년 후반이 되자, 대일 강화교섭은 명 대신에 조선이 그 전면에 나서서 임하게 되었다.

1600년 9월, 조선은 대마도에 보낼 답서를 작성하고 있다. 그 내용은 임진란 직전 대마도는 히데요시의 조선침략 계획을 수시로 보고하여 그 성의를 가상하게 여기고 있었는데, 어찌 왜란에서는 일본군의 선봉이 되어 조선의 은혜를 배반 했는가 비난하고, "만약 피로인을 모두 쇄환하여 스스로 성의를 다 보인다면, 본국으로서도 마땅히 그 개과천선하는 길을 허락하여 조처할 것이다."라고 피로인 쇄환에의 진력을 '허화'의 중요조건으로서 제시한 것이었다.[9]

---

8) 『선조실록』 33년 6월 경진.
9) "若盡數刷還被擄男婦, 竭誠自效, 則本國, 亦當許其自新之路, 而處之云."

이때 비변사는 대마도의 '허화'를 요청하는 자세가 마치 목숨을 내걸은 것과 같다고 이해하고 있다. 그러나 그 후 일본 측으로부터의 사자는 '세키가하라의 전쟁' 때문인지 두절되고 있다.

다음해인 1601년 2월, 조선은 대마도로부터 사자가 오지 않는 것에 대해 불안해하던 중 마침 일본에서 도망쳐 온 김대함이 대마도 정탐을 자원해 오자, 그에게 여비의 지급을 서둘러 그 계획을 실행하려 하고 있다.[10]

그러나 4월이 되자, 조선 피로인이 일본으로부터 다시 송환되기 시작하고 동시에 유키나가의 처형을 비롯한 '세키가하라의 전쟁'이 상세하게 전달되었다. 그리고 이러한 피로인 송환이 이에야스의 허락에 의한 것이라는 점도 피로인을 통해 전해졌다. 그렇지만 조선에서는 일본 측의 피로인 송환 재개를 조선 정탐을 위한 것이 아닌가 의심하여, 대마도를 정탐하기로 했던 김대함을 근처 다른 지역으로 바꾸고, 대마도엔 임진란에서 일본군과 면식이 있는 사명당과 장희춘 등의 私書를 김달에게 건네 파견하자는 비변사의 密啓가 내어지고 있다.[11]

6월, 피로인 송환차 동반 내항한 '왜인'에 대해 都體察使 이덕형은 조정에 馳啓하여, 明軍 철수 이후 몹시 소홀해진 변방의 방비가 '왜인'에게 탄로날 우려가 있으므로 낙오한 명군 병사를 끌어 모아 조선에 명군이 다수 주둔하고 있는 것처럼 위장하자고 제안하고 있다. 비변사의 반대에도 불구하고 이 제안이 실행되자 史官은 이를 평가하여, 重職에 있는 이덕형이 自國의 힘으로 적을 굴복시키려 하지 않고 오히려 明의 도망병을 이용하여 '欺賊之計'를 행하는 것은 참으로 졸렬한 짓이었다고 비난하고 있다.[12]

(『선조실록』 33년 9월 신축)
10) 『선조실록』 34년 2월 경오·계유.
11) 『선조실록』 34년 4월 경오·임신·경진·임진.

7월, 전번 달에 온 '왜인'의 지참 서한이 한성에 도착하자 이를 열람한 비변사는, 아직 조선을 위협하는 뜻은 있지만 불손한 표현은 크게 줄어들었다고 평가하고 이에 대해 어떠한 내용의 회답을 낼 것인가 의견을 구하고 있다.[13]

이상과 같이 일본군의 조선 철수로부터 1601년 前半까지 대마도를 통한 일본의 對조선 강화교섭 내용과 이에 대한 조선의 대응을 검토했다. 이를 정리하면 다음과 같다.

강화교섭에 나타난 일본 측의 요청은 강화를 의미하는 조선사신의 파견, 또는 그러한 내용의 서한을 획득하는 것에 있었다. 이러한 요청은 일본군이 철수할 때 조선에 주둔한 明將과 일방적으로 맺은 정전협정에 의거한 것이다. 그리고 일본 측은 교섭에 임해 조선 재침이란 위협적 자세를 보이는 한편으로, 明 인질 및 조선 피로인을 송환하여 강화를 촉진시키려 하고 있다. 그러나 일방적인 정전협정에 반대하여 明·日 군대의 정전교섭에 관여하지 않았던 조선은 물론 明軍門 萬世德마저도 정정협정이 없었던 것으로 무시하고 있었다(후술).

한편, 조선은 일본의 조선 재침 여하에는 촉각을 곤두세우면서도 일본 측의 강화교섭이 대마도의 恣意에 의한 것으로 간주하기에 이른다. 그러므로 대마도가 조선 피로인 송환에 성의를 다하면 和를 허용한다('허화')고, 대응하게 된다. 조선 측에서 볼 때 대마도에 대한 이러한 피로인 송환이란 조건 제시는, 임진란에서 대마도가 일본군의 길잡이(嚮導)役을 수행한 것에 대한 속죄조건으로, 이를 대마도가 수행하면 그 반대급부로서 '허화'를 부여한다는 것이 된다.

---

12) 『선조실록』 34년 6월 갑오, 7월 기해.
13) 『선조실록』 34년 7월 병신·정유.

제2절 明軍의 조선 철수 전후의 朝·明관계

1. 明軍의 조선 철수와 '朝鮮通倭'

일본군이 조선에서 철수한 직후인 1598년 12월 경상도관찰사 정경세가 조정에 보고하길, 조선 주둔 明將 劉綎·茅國器 휘하의 2명이 철수하는 일본군에게서 '倭書'를 받아 明軍門으로 돌아갔다는 것, 그들의 말에 의하면 유정의 휘하 30명과 모국기의 휘하 19명이 인질로서 일본군을 따라 바다를 건넜다고 하고 있다. 조정에서는 이에 이 '왜서'의 존재를 중대시하여 비변사에 그 대책을 논의케 하고 있다.[14]

한편 일본 측은 이보다 4개월 전인 8월, 히데요시의 사망으로 이에야스 등에 의해 일본군의 조선 철수명령이 전달되었다. 동시에 강화에 대한 지시도 있어, 일본군 측은 철수 준비와 아울러 明將 측과 화의를 교섭하게 된다. 그 결과 양국의 주둔군 장수의 휘하 사람을 인질로 상호교환하는 정전이 약속되었다. 이때의 조건은 명확하진 않으나 다만 후일 조선의 사자를 渡日시켜 화의를 성립시키기로 약속되어 있었다고 한다.[15]

이처럼 조선을 도외시하여 진행된 明軍의 정전교섭에 대해 조선은 1599년 7월 일본으로부터 明의 인질 일부가 송환되자, 明 제독이 유키나가에게서 다액의 뇌물을 받아 일본군의 철수를 방관하고 일본에 인질마저 보내어 강화를 꾀했다고 비난하고 있다. 그러나 明軍門은 송환된 인질을 '誘賊', '정탐'을 위해 도일했던 자들이라고 하여 사실을 은

---

14) 『선조실록』 31년 12월 임술.
15) 中村榮孝, 앞의 책 2), 254쪽.

폐하려 하였다.16)

그런데 이때 明 인질을 송환해 온 '왜사'에 대한 처리가 조선 조정에서 논란되기에 이른다. 그것은 한성 주둔 明 經理 만세덕이 '왜사'를 심문하겠다고 그 上京을 명령했기 때문이다. 이에 대해 조선은 '왜사'가 상경하면 조선 내지나 수도의 실정이 敵에게 있는 그대로 탐지될 것이라고 우려하여 상경에 극력 반대하고 있다. 조선은 '왜사'에게 답서를 주어 변방에서 그대로 귀국시키려 하고 있다.17)

그러나 明軍의 명령에 의해 '왜사'가 상경하고 있음을 파악한 조선은 '왜사'가 조선 내지의 소홀한 방어체제를 보고 일본 측에 조선 재침을 재촉할지도 모른다고 우려하고, 만약 일본이 재침한다면 그 표적은 부산에 한정되지 않을 것이라고 추측하고 있다. 또한 明軍이 '왜사' 조치를 조선에 위임한다고 말하면서도 상경시키고 있다고 비난하고, '왜사'건은 이미 국가의 존망과 관련되는 문제가 되었으므로 직접 明 병부에 咨文을 내어 明帝에게 그 조치를 요청하자는 의견도 제시되고 있다.18)

조선 측의 이러한 반대에도 불구하고 1599년 8월 중순이 되자 '왜사'가 한성에 도착했다. 이와 관련해 조선과 明軍側의 입장은 당시 宣祖와 明 제독 李承勳과의 대화로부터 파악할 수 있다. 즉 明軍側은 '왜사' 처리를 조선에 위임하려 하고 있다. 이에 대해 조선은 '왜사'가 일단 상경한 이상 조선의 허실이 탐지되었으므로 방환시킬 수 없으며, 그렇다고 이를 처형하면 戰端을 여는 것이 되므로 明側이 압송해 가는 수밖에 없다고 주장하여 '왜사'건에 대한 明의 專權행사를 요청하고 있다.19)

---

16) 『선조실록』 32년 7월 갑자・계해.
17) 『선조실록』 32년 7월 갑자, 8월 임진・기해.
18) 『선조실록』 32년 8월 무자・경인.

그 후 이 '왜사'는 '賊倭'로서 명에 압송되었다. 조선을 재침하기 위해 파견된 일본 측의 첩자라고 朝·明側이 단정했기 때문이었다.[20]

그런데 1599년 2월 明에서는 조선의 '通倭' 여하에 관한 조사 여부 건('朝鮮該國是應否通倭應勘與否.' 이하에서는 '朝鮮通倭'라 약칭)과 관련해 明 병부가 다수의 관료들의 의견을 모아 明帝에 제출하고 있다.[21]

'朝鮮通倭'란 조선 주둔 明 贊畫 鄭應泰가 明帝에게 조선이 일본과 내통·결당하여 명제를 속이고 있다고 고발하고, 그 증거의 하나로서 『海東紀略』(『海東諸國紀』)을 제시하여 발생했다. 이에 대해 宣祖는 정응태의 음모라 하여 그 무고함을 명제에게 탄원하게 된다.

이에 明 조정에서는 '조선통왜'에 대해 본격적으로 논의하게 된다. 그 주된 내용을 보면, 조선조는 건국 이래 200년간 明에 공순한 자세를 지켜왔고, 임진란 때엔 '倭賊'에게 길을 빌려주지 않았을 뿐만 아니라 명군의 來援을 믿고 저항하였으므로 明도 은혜를 내려 조선을 구해주었으며, 이후 조선은 일본을 불구대천지원수로 생각하고 있는데 어찌 그런 일본과 손을 잡으려 하겠는가? '통왜'란 실로 정응태의 속임수에 불과하다고 단정하기에 이른다.

그런데 이러한 논의 가운데 조선의 대일관계를 明이 어떻게 인식하고 있는가를 살필 수 있는 다음과 같은 부분이 있다.[22]

---

19) 『선조실록』 32년 7월 계해, 8월 계묘.
20) 中村榮孝, 앞의 책 2), 270쪽의 註⑨.
21) 『선조실록』 32년 2월 기사. 『明神宗實錄』의 관련기사는 卷330 萬曆27년 정월 병오·정미조, 卷331 萬曆 27년 2월 신해·임자·무오·신유·정묘·기사·신미조 등이다.
22) 典據는 앞의 주 21). 원문은 ① "其國隣倭, 與倭互市, 亦非一日." ② "則海東紀略所載, 原係交隣儀節, 日本今雖敵國, 昔爲友邦." ③ "朝鮮國王李所奏, 反復數千言, 皆叙該國, 羈縻日本, 恭順天朝." ④ "朝鮮·日本, 相望一衣帶水, 釜山爲市, 匪朝伊夕." ⑤ "爲海東紀略, 乃成化, 陪臣申叔舟, 得之倭人, 所紀其國世圖, 特就其書, 加一添註, 以著倭人僭竊反覆之態,

① 그 나라(조선)는 倭와 인접하여 있어 倭에게 互市를 연지 또한 오래되었다.

② 海東紀略에 실어놓은 것은 본디 교린의 儀節에 관한 것으로 (조선이) 비록 일본을 지금은 적국으로 보지만 예전엔 우방으로 삼고 있었다.

③ 조선국왕 李가 辨誣하여 반복한 그 많은 말들은 모두 조선이 일본을 羈縻하고 明에 공순해 왔다는 이야기이다.

④ 조선은 일본과 아주 인접해 있어 부산에 互市를 개설한지 무척 오래되었다.

⑤ 海東紀略은 成化年間(1465~87년)의 책으로 陪臣 신숙주가 왜인에게서 얻어 그 나라(일본)의 世系를 기록한 것이다. 특히 그 책에 註를 첨가하여 왜인의 僭竊하고 反覆하는 모습을 적고 이를 기미로 아우르려는 뜻을 밝힌 것이다.

⑥ 倭는 본디 조선과 교역하였으므로 可하다. 그러나 조선이 통왜한다면 국가(明)에 禍를 끼치므로 불가하다.

여기서 明의 인식을 살펴보면, 조선의 대일관계가 원래는 隣國으로서(①), 오랜 동안 '互市'(①), '釜山爲市'(④), '市易'(⑥)을 행한 '교린'의 우방 관계였다고 보고 있다(②). 그리고 조선이 중국에는 '공순'을, 일본에는 '기미'를 행해 왔고(③, ⑤), 그 때문에 조선의 대일관계는 결코 '통왜'하여 明을 위협하는 것이 아니었다고 평가하고 있다(⑥). 이것은 明이 조선전기 대일관계의 기본을 숙지하고 또한 인정하고 있다는 것, 그리고 조선의 대일관계가 明을 犯하는 것이 아니라면 간섭하지 않는다는 입장을 보여주는 것이다.

그러나 이 같은 明의 불간섭의 입장은 조선의 對여진 관계에 한해서는 달라진다. 즉 明은 조선이 여진족과 결탁하여 反明세력화하는 것을 특히 우려하여 조선과 그 서북방의 여진족인 建州衛와의 통교를 일찍

併屬羈縻之意." ⑥ "倭素與朝鮮市易, 則可, 謂朝鮮通倭, 以貽禍國家, 則非."이다.

부터 금지하고 있었다.[23] 이 같은 차이는 건주위가 明의 국경상에서 조선과 인접해 있었던 반면, 일본은 明과 바다를 두고 떨어져 조선과 이웃하여 위치해 있다는 지리적 위치에 유래하는 듯하다.

한편, 明軍의 주력부대가 조선에서 철수하는 것은 1600년 후반기에 본격화된다. 이는 이 시기에 이르러 일본의 재침 가능성이 희박한 것으로 朝・明間에 인식되어졌음을 보여주는 것이다. 마침 그러한 때 일본에서는 '세키가하라의 전쟁'이라는 內亂이 일어나고 있다.

그런데 조선에서 철수하기 이전의 명군의 탐욕부리기는 조선에 커다란 부담이 되어있던 모양이다. 당시 明 經理 萬世德의 접반사였던 조선의 심희수는 宣祖에게 올린 보고에서 그 같은 상황을 적나라하게 나타내고 있다. 그 때문에 조선에서는 명군의 주둔을 혐오하는 분위기가 팽배했던 모양이다. 그러나 中樞府事 이덕형은, 명군의 존재가 조선 백성에게 더할 수 없는 고통이 되어 있으므로 명군의 철수를 바랄지도 모르나 만일의 사태라도 일어난다면 어떻게 대처할 것인가, 라고 일본에의 경계를 환기시키고 있다.[24]

당시 명군의 철수와 관련하여 조선에서는 명군의 잔류 규모와 그에 따르는 부담을 어느 수준으로 明에 요청하면 적절할 것인가에 대해 중신들과 논의하게 된다.[25] 그 의견을 분류해 보면 명군 잔류를 3천 명으로 하고 그들에게 매월 공급하는 급료인 月餉銀을 明側에 부담 지우자는 의견, 宣祖의 주장이기도 하지만 1천 명을 잔류시키고 그 월향은의 半을 명 측에 부담시키자는 의견, 1천 명 잔류와 그 소요비용 전액을 조선이 부담하자는 의견, 또는 잔류 규모와 부담 정도를 明에 요청하기 전에 조선의 궁핍한 상황을 우선 상세히 明에 알리자는 의견도 있었다.

---

23) 震檀學會編, 『韓國史』의 「初期의 對外關係」(1962).
24) 『선조실록』 32년 8월 신축, 33년 8월 갑오.
25) 『선조실록』 33년 8월 을미.

나아가서는 1천 명을 요청하되 그 부담을 조선 농민에게 할당 지우자는 의견으로서 명군 1명씩의 급료를 大戶는 5戶, 中戶는 10호, 小戶는 20호에게 할당하면 下三道만으로도 수만 명을 부담할 수 있다고 주장하고, 월향은에 사용되는 銀은 조선에서 산출되지 않으므로 대신 조선의 토산품으로 부족분을 보충하면 될 것이라는 의견도 있었다.

논의는 결국 1천 명의 잔류와 그 월향은의 절반을 明에 요청하자는 의견으로 집약되었고 그 배경엔 이덕형이 지적한 다음과 같은 사정이 반영되었다. 즉 明은 조선이 명군의 주둔을 기피하고 있다고 인식하고 있다. 그러므로 조선이 3천 명의 잔류를 요청한다 해도 전번처럼 거짓이라 여기고 허용하지 않을 것이니 1천 명으로 요청하여 명의 그러한 인식을 고쳐줄 필요가 있다. 이런 이덕형의 의견처럼 조선은 명군 잔류를 재정적으론 부담스럽지 않으면서도 군사적으로는 일본에 위압을 보이는 상징적인 선에서 요청하려 했음을 알 수 있다.[26]

그러나 명군의 본격적인 조선 철수 이후 어느 정도의 명군이 잔류하고 있었는가는 명확하지 않다. 다만 일정기간 부산 중심의 남해안에 일정규모의 明軍이 잔류하고 있었을 것으로 추정된다.

2. '허화'에 대한 朝・明의 입장

明軍이 철수한 다음해인 1601년 7월, 조선에서는 2品 이상의 重臣이 모여 대일정책을 심도 있게 의논하고 있다. 그것은 시게노부의 요청, 즉 조선이 明 몰래 비밀히 일본 측과 할 말이 있으면 사람을 대마도에 파견하라는 요청에 대응하기 위해서였다. 논의 결과 대마도에 사람을 보내어 '權辭通諭'하면서 겸하여 대마도를 정탐하기로 하였다. 또한

---

26) 『선조실록』 33년 8월 기해・병신.

답서를 통해 '허화'는 明의 처리사항이므로 조선 스스로 이를 결정할 수 없다고 표현하기로 하고 있다. 한편 '허화'부여는 明의 허락이 필요하니 이를 위해 대마도에 대한 조선의 사정을 상세히 명에 奏請하여 그 처치를 요청하자고 하고 있다.27)

그러나 '허화'부여건을 어떠한 내용으로 明에 주청하여야 할 것인가에 대해 다음과 같은 논의가 벌어졌다. 즉 조선이 '羈縻之計'로서 '허화'를 행하지 않으면 대마도가 조선에 약탈행위를 가할 우려가 있다고 하는 취지로서 주청하는 경우, 明側은 조선이 지금껏 일본과의 강화를 반대하고 있더니 어찌하여 갑자기 태도를 바꾸는가 하고 조선을 힐문할지도 모른다. 그렇다고 '倭使'가 조선에 내항하여 '화호'를 요청했다고만 알려서는 明이 '허화'부여를 허용하지 않을 것이다. 또는 조선이 대마도에 '허화'를 부여하지 않으면 틀림없이 일본의 재침을 받을 것이므로, 그러한 상황이 발생하면 조속히 파병해 달라고 주청하면 明은 自國군대의 조선 파병을 꺼려 조선의 '羈縻之計'를 승인할 것이라는 의견도 있었다. 그러나 논의 결과 대마도의 근황만을 상세히 보고하기로 결정되었다.28)

그리하여 다음 달인 8월 작성된 奏文을 지참한 陳奏使 유근이 베이징으로 향했으나, 다음해인 1602년 4월, '허화' 요청이 明에 의해 거부되었다고 보고하여 왔다. 이를 기록한 史臣은 明이 義로서 불허한 것은 조선에게 다행한 일이라고 평가하고 있다.29) 實錄에선 이와 관련한 다른 기록을 찾아볼 수 없다.

그런데 史臣의 표현처럼 조선의 '허화' 요청을 명이 거부했다면 전술한 것처럼 조선 내지에 들어온 '倭使' 처리건이나 '朝鮮通倭'와 관

---

27) 『선조실록』 34년 7월 기해·신축.
28) 『선조실록』 34년 7월 을묘.
29) 『선조실록』 34년 8월 갑술, 35년 4월 기유.

련한 明 조정의 의견 등으로 볼 때 의문스럽다. 왜냐하면 明은 조선의 대일관계에 대해 원칙적으로 불간섭의 입장이었기 때문이다. 따라서 '허화'에 대한 明의 대응을 중국 측 사료를 가지고 구체적으로 검토하기로 한다.

전술한 유근이 明帝에게 제출한 奏本에 관해 『明神宗實錄』萬曆 29(1601)년 12월 甲子條(卷366)에는 "朝鮮國王李昖, 奏對馬島倭求款"이라 기록하고 있을 뿐으로 그 내용은 실려 있지 않다. 그런데 同日條에서 明은, 히데요시가 사망하고 명군이 조선에서 철수하자 조선은 더욱더 '倭'를 두려워하게 되어 '倭'와 '通款'하려고 하고 있다. 그러면서도 한편으로는 그 의도가 明에 罪가 된다고 걱정하고 있다, 고 조선의 입장에 대해 추측하고 있다.[30] 여기서의 '倭'란 대마도에 한정하지 않는 일본을 가리키고 있는 듯하다. 그러므로 조선이 대일강화를 희망하면서도 明의 힐책을 우려해 주저하고 있다는 明의 추측은, 기본적으로 조선의 대마도에 대한 '허화'건을 조선의 일본에 대한 '화호'건으로 인식함으로서 발생한 것이리라.

동일조에서 明帝는 兵部에 명령하여 '倭'와 조선과의 '화호'건은 경솔하게 단정 지을 사안이 아니므로 일본정세를 숙지하고 있는 總督 萬世德의 의견을 참작하여 결정해야 할 것이라고 말하고 있다. 이에 의거해 만세덕의 差官 譚宗仁이 조선에 입국한 것은 1602년 1월이다. 다음의 대화는 그때의 것이다.[31]

> 宣祖 : 大人(담종인)은 軍門에서 파견되었으므로 군문 大人(만세덕)으로부터 필시 小邦과 관련한 지시도 가지고 왔을 것이오. 삼가 그 내용을 듣고 싶소.

---

30) 『明史』卷320, 外國1, 朝鮮, 万曆29년. "秀吉死, 我軍盡撤, 朝鮮畏倭滋甚, 欲與倭通款, 又懼開罪中國."
31) 『선조실록』35년 정월 정미.

宗仁 : 그에 관한 것은 모두 군문으로부터의 咨文 안에 있습니다. 제가 떠나올 때 군문(만세덕)이 분부하여 "(조선의) 和와 不和의 일은 천조(明朝)가 主斷할 일이 아니므로, 가서 조선국왕과 그 重臣들의 의견을 들어오라. 내가 그에 의거해 명제에 覆奏하겠다."라고 말했습니다.

선조 : (이덕형에게) 담종인의 말은 이와 같은데 무슨 말로 이에 답할까?

덕형 : "小邦은 사소한 일도 감히 함부로 결정하지 않았습니다. 이 허화건은 중대한 일이므로 더욱 말할 나위조차 없습니다."라고 대답해야 할 것입니다.

선조 : 그건 그렇지만 그가 이번에 가지고 온 자문을 보면 和事件에 관해 천조는 반드시 담당·지휘하지 않는다, 고 써 있다. 무엇 때문인가?

덕형 : 和事는 천조가 이미 아국에 위임하고 있으니 이번에는 화사를 제기할 필요가 없습니다. 다만 "전에는 天兵(明軍)이 주둔하여 소방이 무사했었는데 지금은 왜적이 연안민들을 괴롭히며 천병이 있는지를 염탐하기도 하고 마냥 건너와 위협하곤 하니 이것이 고민이오."라고 하는 것이 적당할 듯싶습니다."

선조 : (이덕형의 말대로 담종인에게 대답한다).

종인 : (조선의) 변방을 소란스럽게 하는 것은 대마도의 작은 賊의 행위에 불과합니다. 만약 '화호'를 강구하면 반드시 그러한 근심은 없어질 것입니다.

선조 : (이덕형에게) 그가 이 같은 말을 하는 것을 보니 허화에 찬성하고 있는 듯하다.

이를 보면 明軍門은 咨文을 통해 '화호'건을 조선에 위임하고 있는 것을 알 수 있다. 또한 '화호'건은 明이 '主斷'할 수 없는 것이므로 조선의 의향을 明帝에 보고하려 한다, 고 조선에 전달된 만세덕의 발언도 이덕형의 판단처럼 '허화'의 조선 위임으로 조선 측에 이해되고 있다. 그리고 담종인은 조선의 남해안을 위협하고 있는 것은 대마도에 불과하다고 단정하고 '화호'를 강구하면 대마도로부터의 근심은 없어질 것이라고 말하고 있다. 이에 宣祖는 明 측에 '허화'의 뜻이 있다고 추정하고 있다. 그 다음날 明 군문의 자문을 열람한 영의정 이항복도, 明은 '허화'건을 스스로 담당하려 않고 조선에 위임하고 있으며, 사태가 어려우면 '허화'를 허락하고 그렇지 않다면 거절하여 수비를 엄하게 하라는 것이 明의 '허화'에 대한 입장인 듯하다고 판단하고 있다.[32]

그 후 만세덕은 조선에서 돌아온 담종인의 보고를 근거로 같은 해 3월 明 조정에 보고하고 있다. 그 내용은, 지금 조선을 위협하고 있는 것은 일본이 아니라 대마도이며, 그 이유는 대마도가 조선과의 관계재개를 바라고 있기 때문이라는 것이었다. 이 보고는 조선의 전술한 奏請 내용을 대마도에의 '허화'가 아닌 일본과의 '화호'로 간주하던 明의 인식에 대한 수정도 되므로 주목된다. 이 보고에 대해 兵科給事中 孫善은 반박하여, 겨우 '一島之倭'의 일이라 하여 明이 조선의 '허화' 요청을 허락하고 조선이 그에 의거해 '허화'를 실행한다면 앉아서 적당한 시기를 잃을 우려가 있으므로 반드시 후회하게 될 것이니, 조선에 힐책하여 스스로 국방강화에 역점을 두게 해야 할 것으로, 조선 또한 구실을 만들어 '허화' 주청을 반복하는 것은 奏의 가치를 모욕하는 것이 되므로 이를 중지시켜야 한다고 주장하고 있다. 그러나 이와는 다르게 兵部는, 조선에 있어서 일본과의 '和'의 여하를 강구하는 것은 당연하지만 明이 그에 대한 허용 여부를 논할 수는 없으며, 그 반면에 중국에 있어서 조선에 대해 해안 방비 여하를 묻는 것은 당연하나 조선의 일본에 대한 '和'의 여부를 따져서는 아니 된다고 주장하고 있다.[33]

손선이 대마도와 일본을 별개로 구분하려는 만세덕의 의견을 경계하고 있는 반면에, 병부는 조선의 강화문제는 明이 좌우할 문제가 아니라고 하여 이전의 明의 입장을 재확인하는 발언을 하고 있다. 그러나 동

---

32) 『선조실록』 35년 정월 무신.
33) 『明神宗實錄』 卷370, 万曆30년 3월 계유.

일조에 보이는 양자의 공통된 결론은 일본에 대비해 중국 연안의 경계를 강화해야한다는 것이었다.

　조선과 明側의 기록으로 보는 한 이상이 조선의 '허화' 주청에 대한 明側 반응의 전부이다. 이로 볼 때 조선의 일본과의 '화호' 여하는 明이 결정해야 할 것이 아니라는 明의 일관된 입장이 입증되었다 하겠다. 만세덕의 보고로 조선의 주청이 대마도에 한정된 것으로 파악되었어도 明의 그러한 입장에 변화를 찾아볼 수 없다. 다만 손선의 의견이 다른 것처럼 보이지만 그것도 본래의 뜻은 조선이 국방 강화를 우선하지 않고 경솔하게 '허화'를 실행하려고 하는 것에 대한 경계라 할 수 있다.

　이상으로 볼 때 조선의 '허화' 주청에 대한 명 측의 반응은 조선의 史官이 파악한 것처럼 거부가 아니었다. 그것은 오히려 기피였다고 표현함이 옳을 것이다. 즉 明은 찬성·반대 어느 쪽의 반응도 보이지 않았다고 해야겠다. 이를 증명하듯 양국 측의 기록에는 명 측의 반응이 문서의 형태로 실려 있지 않다.

　그러면 明이 이처럼 무반응을 나타낸 의도는 무엇일까? 그것은 조선의 '허화' 주청에 대해 明이 찬반 어느 쪽을 표명하든 그 이후 조선·대마도, 나아가서는 朝·日間에 발생하는 모든 문제에 일일이 明도 책임을 지지 않으면 안 된다고 예측했기 때문이리라. 그러나 당시 明은 누루하치에게 통솔되어 세력을 증대해 가는 建州女眞에 대해 크게 위협을 느끼고 있었다. 그러므로 조선의 대일문제에까지 하나하나 관여할 여유가 없었을 것이다. 전술한 明 兵部의 지적처럼 明이 조선에 대해 일관되게 충고하고 있는 것은 조선의 국방강화였다.[34] 朝·日교섭에

---

34) 1603년 6월, 만세덕의 死後 그 후임으로 明 經略禦倭가 된 蹇達도, 조선국왕에 보낸 回咨에서 '禦敵, 貴邦自任之矣.'라고 하여 일본의 군사적 위협을 조선 스스로의 힘으로 대처하도록 당부하고 있다(『선조실록』36년 6월 갑오). 이

대한 明의 우려는 일본의 조선 재침에 있으므로 朝·日 강화에 의해
양국 간 긴장이 사라진다는 보장만 있다면 오히려 강화를 환영하는 입
장이었을 것이다.

조선은 이러한 明의 입장을 알고 있었던 듯하다. 왜냐하면 '허화' 주
청이 '거부'된 이후에도 대마도에의 기미정책을 일관하여 진행하고 있
기 때문이다(제5장 참고). 이러한 측면에서 보면 '허화' 주청을 明이 거부
했다는 조선의 입장은 오히려 대마도에 대한 답변용이었을지도 모르겠
다. 즉 '허화'件은 明이 결정하는 것이라고 주장하여 왔던 조선에 있어
서 조선 스스로 '허화'를 결정할 수 있다는 것이 대마도에 누설되어서
는 아니 되기 때문이었을 것이다.

한편, 조선이 '허화' 주청과 관련하여 明에 취한 태도는 어떠했는가?
그것을 단적으로 보여주고 있는 것이 다음의 비변사 의견으로, 전술하
듯 조선에 온 담종인으로부터 '허화'에 대한 明의 자세가 파악된 후 마
련된 것이다.

　　羈縻하는 일을 兵部가 萬軍門(만세덕)에게 미루었고, 만군문은 이에
　아국으로 하여금 스스로 결정하라 하였으니 이에 이미 公事는 결정된
　것이다. 만약 다시 倭와 강화함의 難易와 便否를 거론하여도 中朝(明)
　가 반드시 아국을 대신하여 구차하게 처리해 줄 리가 없다. 그렇다고
　사세가 이렇다 하여 군문의 뜻이라고 본국이 결정해 버리면 후일 닥칠
　난처한 후회될 일이 한 두 가지가 아닐 것이다. 그러니 다만 賊情의
　兇狡함과 難測함만을 극력 아뢰는 것이 마땅하다.[35]

　러한 내용의 明側 注文은 그 후에도 때때로 보인다.
35) "羈縻之事, 兵部, 推諉於萬軍門, 而軍門, 令我國自決, 此爲已決公事, 若
　更以講倭之難易·便否爲言, 中朝, 必無代我國, 而苟許處置之理, 若謂事
　勢如此, 而欲從軍門之意, 本國有決語, 則後日難處之悔, 又不止一二, 但
　當極陳賊情兇狡難測."(『선조실록』 35년 정월 기유)

즉 明이 '허화'('羈縻之事')를 조선 스스로 결정하게 한 것은 틀림없으나, 그러나 그렇다고 조선이 '허화'를 공공연하게 행하면 '後日 難處之悔'가 많을 것이라 우려되므로 '賊情'의 '兇狡難測'함을 강조함이 좋을 것이라는 의견이다.

그렇다면 조선으로 하여금 스스로의 '허화' 결정을 주저하게 만든 '後日 難處之悔'란 무엇일까? 그것은 첫째, 임진란에서 明은 조선을 위해 일본과 싸웠는데 조선이 함부로 일본과 강화하는가, 라는 明의 힐책 논리를 걱정했기 때문일 것이다. 조선의 이러한 걱정에는 조선의 일본·대마도에 대한 별개적 대응을 明이 기본적으로 이해하지 못하고 있을 것이라는 인식이 자리 잡고 있다. 즉 조선의 대마도에의 '허화'의도를 일본에의 '화호'의도라고 오해하고 있을 것이라고 조선은 추측하고 있다.36) 만약 明이 이처럼 이해하여 조선을 질책할 경우 조선은 明의 '再造之恩'을 배반하는 것이 된다고 우려하고 있는 것이다.

둘째, 조선이 대일문제를 스스로 결정할 경우, 전술한 '朝鮮通倭'件에서처럼 조선을 무고하는 '通倭'로 발전하지 않을까 우려하고 있었기 때문일 것이다.

셋째, 대마도나 또는 대마도에 선동된 일본 측 세력으로부터의 武力위협에 대응하기 위해서였을 것이다. 즉 다음과 같은 위험이 예상되었기 때문이다. 조선 스스로 대마도에 '허화'를 부여한다 → 대마도가 '허화'(교역관계 재개) 폭의 확대를 요구한다 → 조선이 경제적 부담 확대를 우려해 이를 거부한다 → 대마도 및 대마도에 선동된 세력이 武力시위

---

36) 明은 기본적으로 조선과 대마도 사이의 전통적 관계('기미권 교린'관계)를 구체적으로 인식하고 있지 않았던 듯하다. 조선에서 '허화' 奏請件이 논하여졌을 때, "則我國之論, 略有馬島(대마도)·日本之差耳, 天朝聞之, 別無輕重於其間."이라고 조선의 일본·대마도에 대한 구별된 대응을 明側은 이해하고 있지 않을 것이라고 평가하고 있는 것이 그것이다(『선조실록』 34년 8월 기사).

로 나온다 → 조선이 明에 援兵을 요청한다 → 明이 조선 스스로 결정한 '허화'이므로 그 결과도 조선이 책임지라, 는 논리로 요청을 거부한다(제3절의 사료⑨ 참고). 조선은 이러한 가상적 시나리오에 의거하여 '허화'의 自決을 주저하고 있었던 것이리라.

이상으로 제2절에서의 검토에 의해 明側은 기본적으로 조선의 대일관계에 대해 불간섭의 입장을 견지하고 있었다는 것, 이에 대해 조선은 도의적 측면이나 일본·대마도의 무력위협에의 대응적 측면에서 明의 간섭을 한정적으로 유도하고 있었다는 것을 밝혔다.

제3절 조선의 대마도에 대한 기미정책의 성립

1601년 7월, 조선에서는 2품 이상의 중신이 모여 대일정책을 광범위하게 논의하게 된다.[37] 이런 규모의 논의는 일본군의 조선 철수 이후 처음의 일이다. 여기서 논의·결정된 것은 대마도에 '허화'를 부여하는 前단계 정책으로서 '羈縻之計'를 사용해야 한다는 것이었다. '기미지계'란 조선전기처럼 대마도를 조선의 '기미권'에 편입시키기 위한 정책, 즉 좁은 의미에서의 기미정책이다(머리말 참고). 이 제3절에서는 이때에 논의된 중신의 의견을 중심으로 기미정책에 대해 검토하기로 한다.

1. 기미정책 채택의 배경

이 시기 조선에서 대마도에 대한 기미정책이 채택된 것은 다음과 같

---

37) 『선조실록』 34년 7월 기해.

은 배경에 의한 것으로 여겨진다.

첫째, 일본의 재침이 부정되고 그 대신 대마도의 왜구집단화에의 우려가 증가되었다는 점이다.

조선은 일본군의 철수 이후에도 그 재침에 대비하여 각별한 주의를 기울이고 있었다. 그러나 일본군의 전면적인 재침의 가능성은 점차 부정되기에 이르렀다. 그 이유의 하나로 히데요시의 사망을 들 수 있다. 『선조실록』 33년 8월 甲午條에서 이덕형은 히데요시가 사망하였으니 일본의 침략위협은 사라지겠지만 그 대신 대마도가 武力시위로 '乞和' 할 가능성은 충분하다고 예상하고 있다. 그 다음 이유로는 일본 내정의 불안정 때문에 조선을 재침할 여유가 없다고 하는 판단에서였다. 이것은 누차 송환된 피로인의 보고에 의한 것이다. 1600년 8월 단계에서의 明軍의 조선 철수도 일본 재침의 가능성이 희박해졌다는 판단에 의한 것으로 보인다. 그리고 다음해 4월 '세키가하라의 전쟁'이 조선에 전달되자 재침 가능성은 부정되기에 이른다. 그러나 그 반면에 대마도의 약탈집단화에 대한 경계심은 고조되고 있다. 다음 기사를 보아도 당시 조선의 관심이 어디에 있었는가 이해될 것이다.

① 오늘날의 和는 이전과 다르게 국가의 존망·성패와는 무관하다. 다만 변방의 소란을 그치게 하기 위한 것이다(『선조실록』 34년 7월 을묘, 이항복 의견).
② 부산과 대마도는 가장 가까워 平地처럼 대마도는 부산을 왕래하고 있었다. 지금 대마도가 講和를 구실로 軍兵을 거느리고 공연히 조선을 위협한다면 그 기세는 전라도 그 외의 지역도 아닌 부산이나 거제도로 향할 것임에 틀림없다(『선조실록』 34년 12월 신묘, 경상도관찰사 이시발 馳啓).

이 1601년의 기사로부터 조선이 대마도의 왜구화를 크게 우려하고 있었음을 알 수 있다. 특히 ②에서는 대마도가 '講和'를 구실로 武力을 행사한다면 부산이나 거제도가 될 것이라고 그 출몰지역까지 예측하고 있다. 실제상으로도 정체불명의 배가 때때로 조선 남해안에 출몰했다는 기록이 일본군의 철수 이후 1604년까지의 『선조실록』이나 『通航一覽』 卷25～26의 기사에 보이고 있다. 고려 말 이후 왜구로부터 커다란 피해를 경험해 온 조선으로서는 대마도의 왜구화를 방지하는 것이 무엇보다도 중대한 과제로 새로이 등장하게 되었다.

둘째, 대마도에 대한 조선의 전통적 인식이 작용했다는 점이다.

③ 대마도는 가장 조선에 근접하여 옛부터 조선에 의해 자식처럼 양육되어 왔다. 따라서 대마도는 일본의 다른 세력과 비교될 수 없는 존재이다. 이러한 대마도가 조선전기와 같은 관계 재개를 희망하는 것은 진심에서 우러난 것이리라. 한편 조선에 있어서도 기미책이 있으므로 대마도를 아주 배척할 수는 없다(『선조실록』 34년 7월 기해, 황신 의견).

④ 부산에 더욱 가까이 있어 조선의 害가 되어 온 대마도는 생산물이 부족하여 원래부터 조선의 開市에 의존해 왔고, 그 때문에 하루도 조선을 잊었던 적이 없다. 세종대 己亥東征을 행하고, 그후 허화를 부여해 圖書를 내리고 歲遣船을 정하며 조선에의 왕래를 기미하여 변경을 안정시킨 지 200년이 지났다. 이러한 先王의 백성을 위한 대마도에의 회유책은 참으로 적절한 것이었다. 그런 전례로 보아도 조선의 대마도에 대한 관계는 결코 끊을 수 없는 것이라 하겠다(『선조실록』 33년 8월 갑오, 이덕형 의견).

이 ③, ④에 조선의 대마도에 대한 특별 인식이 나타나 있다. 조선전기부터 '기미권'의 존재로서 긴밀한 관계를 유지해 온 대마도에 대한 '기미권' 재편은 이 시기에 와서도 필연적인 귀결로서 인식되고 있다.

2. 기미정책의 의도

조선이 대마도에 대한 기미정책을 적용하는 첫째 의도는 국력을 회복하기 위한 것이었다.

> ⑤ 옛부터 和에 의지하여 길이 그것을 지키고 걱정을 없앴다는 말을 지금껏 들어본 적이 없다. 다만 조선이 힘이 없어 대마도를 완전 제압할 수도 없으므로 일단 대마도에 기미를 행하고 스스로는 自强의 계책을 성취시켜 후일의 대의를 펴는 것, 이 또한 兵家의 한 계책이다(『선조실록』 34년 7월 기해, 유근·성영 의견).
>
> ⑥ 대마도의 '허화' 요구에 조선이 기미를 더하여 통제하는 것도 하나의 계책이다. 그러나 기미란 반드시 먼저 상대의 항복을 받고 革面·사죄시킨 뒤에 바야흐로 허용하는 것이다(『선조실록』 34년 7월 기해, 이상의 의견).

일본군이 조선에서 철수한 직후 조선에서는 대마도 정벌의 논의가 일어났다. 1598년 12월 전라도관찰사 황신의 上疏나, 다음해 4월 慶尙左兵使 김응서의 啓가 그것이다.[38] 특히 황신은 임진란에서 일본군의 선봉역을 행한 대마도의 행위를 징벌하기 위해서도, 또는 대마도의 교역재개 의욕을 보다 강하게 통제하기 위해서도 대마도 정벌은 필요하다고 역설하고 있다. ⑥에서도 기미란 반드시 먼저 '賊'의 항복을 받고 '革面謝罪' 시킨 뒤에 허용되어야 한다고 주장하여 대마도 정벌의 중요성을 강조하고 있다. 그러나 조선엔 대마도를 완전 제압할 힘이 없었던 듯하다(⑤).

따라서 조선은 대마도의 왜구화를 방지하고 조선의 국력도 회복할 시간적 여유를 벌기 위해 기미정책을 대마도에 적용키로 하고 있다. 그

---

38) 『선조실록』 31년 12월 임신, 32년 4월 병인.

에 대한 관련기사는 전개한 ⑤와 다음의 ⑦이다.

> ⑦ 대마도의 倭가 지금 바야흐로 조선에 왕래하고 있으니 그것은
> 마치 조선에 이미 기미 되어 가는 듯한 것이다. 따라서 조선으
> 로서는 일단 대마도를 기미하면서 自强의 길을 다하는 것이
> 무난할 것이다(『선조실록』 36년 9월 병진, 기자헌 의견).

이 기사는 1603년 9월의 重臣회의에서 내어진 의견의 하나로 주목
된다. 그것은 대마도에 기미정책을 행한지 2년을 경과한 당시, 대마도
가 끊임없이 조선을 왕래하게 된 것은 마치 조선의 '기미권'에 들어서
게 된 것과 같다고 평가하고 있기 때문이다.

기미정책의 둘째 의도는 '허화'의 幅을 가능한 한 제한하여 부여하
기 위함에 있었다.

> ⑧ 대마도에 '허화'한 뒤 일본의 여러 세력이 속속 조선에 사절
> 을 파견하는 것은 금해야 할 것이다(『선조실록』 34년 7월 을묘, 宣
> 祖 의견).
> ⑨ 지금 중국으로부터의 허가나 지시도 없이 간단하게 대마도에 開
> 市를 허락하면 후일엔 信使·九殿 왕래의 舊例 복구마저 요구
> 해 올 것이다. 이는 쥐가 쌀겨를 핥다가 쌀알로 미치는 것처럼
> 그 욕심이 어찌 끝이 있겠는가? … 만일 개시를 허용한 후 대마
> 도가 조선의 신사 파견 등의 거부를 이유로 兵端을 연다면, 어쩔
> 수 없이 중국에 사실대로 말하여 구원을 요청해야 할 형세이다.
> 그때 중국에서 "어찌하여 조선은 明에 여쭈지 않고 멋대로 개시
> 를 허가했느냐"고 힐문하면 뭐라고 답하겠는가?(『선조실록』 36년 9
> 월 병진, 윤근수 의견).
> ⑩ 조선이 대마도에 '허화'로서 개시를 허용한다 해도 대마도는 그
> 것으로 만족하지 않고 필시 세견선의 파견이나 드디어는 한성에
> 의 上京까지도 요구하게 될 것이다. 그 요구에 대해 조선이 불응
> 하면 대마도는 반드시 무력으로서 위협할 것이니 이것이 실로

염려스럽다. 지금 당장 대마도의 기세에 대응할 수 없다고 그 요
구에 일일이 따른다면 참을 수도 없을 뿐더러 나라의 재력을 다
쏟더라도 그 욕심을 채울 수 없을 것이다(『선조실록』 36년 9월 병진,
이광정 의견).

이처럼 조선은 '허화'를 기회로 일본의 여러 세력이 조선과의 관계재
개를 요청하여 온다던가(⑧), 開市 허용에 의해 信使(通信使) 파견이나
'九殿'39) 왕래의 전례를 복구하자는 요청이 뒤를 이을 것으로 예상하
고 있다(⑨). 또한 개시 허용으로 歲遣船의 규정이나 漢城 상경에까지
요청이 확대될 것이므로 이를 허락하는 경우 조선의 재정이 커다란 타
격을 받을 것이라고 우려하고 있다(⑩).

위의 기사에서 다음 3가지가 파악될 수 있을 것이다. 첫째, 조선이
당시 예상하고 있는 '허화' 수준은 개시 정도의 관계재개였다는 점이
다. 이 방침은 1601년 7월 단계에서는 미정이었지만 그 이후 계속 논의
되어 1603년 9월 단계에 이르자 명확해졌다.

둘째, '허화'부여는 우선 대마도의 세견선·한성 상경 등 조선·대
마도간의 교역관계 복구요청으로 옮겨지고, 다음으로 규슈 등지의 지방
세력과의 관계회복으로, 마침내는 일본 중앙정권의 통신사 파견 요청으
로 확대될 것이라고 조선은 우려하고 있다는 점이다. 바꿔 말하면 '허
화'부여는 조선전기 朝·日관계 全般을 복구하라는 요구로 확대될 것
이라고 조선은 전망하고 있었다.

셋째, 대마도는 일본의 한 지역에 불과하지만 對조선 관계상으로는
일본의 여러 세력이나 중앙정권마저 선동해 올 존재, 그를 통해 자신의
이익을 확대할 존재로서 조선에 인식되어 있다는 점이다. 사실상 대마
도는 임진란 이전까지 일본의 對조선 외교전반을 중재·대행하고 교역

---

39) 『선조실록』 36년 8월 신묘조에는, '九殿'을 國王·畠山·大內·小貳(少貳)·
　　左武衛·右武衛·京極·細川·甲斐殿으로 규정하고 있다.

관계까지 독점해 왔던 것이다.[40]

조선이 '허화'부여를 논의하는 것은 대마도를 개별적·私的 존재로서 파악할 경우의 대응이다. 대마도에 대한 왜구화 우려도 같은 차원에서 이해될 수 있다. 그러나 대마도가 일본 중앙정권의 외교의지를 가지고 조선과의 교섭에 임할 경우, 조선은 私的이 아닌 公的 존재로서의 대마도, 즉 일본의 '對조선 외무부'(禮曹)로서의 대마도와 대응하게 된다. 결국 '허화'부여 이후에 대한 조선의 불안은 대마도가 私的 교역관계나 公的 외교관계를 조선전기와 같은 수준으로 요구해 올 경우를 想定한 것이었다.

당시 조선은 대마도에 한정한 소규모 교역관계의 허가를 방침으로 세우고 있었다. 무엇보다도 임진란에 의해 국가재정이 파탄되어 있었으므로 조선전기처럼 경제적으로 부담이 큰 대일 다원적 교역관계 재개는 바라지 않고 있었다. 무엇보다도 '無故動兵'하여 조선을 유린한 일본과의 강화에 대해서는 조선 조정에서 거론하는 것마저 이 시기엔 허용되지 않고 있었다.[41] 조선에 있어서 문제의 초점은 대마도가 제반 관계의 확대 요구를 '허화' 이후에도 속속 제기하고, 이것을 거부하는 조선에 武力시위로 나오는 것이었다. 이러한 관점에서 조선은 기미정책을 통해 대마도에 국한된 최소 규모의 '허화'를 부여하려고 했던 것이다.

---

40) 荒野泰典는 앞의 논문 2), 129쪽에서, 16세기 중엽에 이르면 조선에 파견하는 '일본국왕'이나 '巨酋' 使船의 구성과 그 서한의 작성 및 무역품의 조달 등을 대부분 대마도가 자행했고, 나아가서는 일본 國書 작성이나 '일본국왕'의 날인마저 대마도에서 행해졌다고 한다.
41) 『선조실록』 34년 7월 기해.

3. 기미정책의 전략

羈縻란 역대 漢族이 주변민족에 행한 것처럼 원래 강자의 약자에
대한, 그리고 '禮', '法'을 갖춘 쪽의 그것을 갖추지 못했다는 쪽에 대
한 통제·회유책이다. 따라서 거기에는 기미를 행하는 주체 측의 기미
되는 객체 측에 대한 권위나 실력이 갖추어지지 않으면 안 되었다.

조선전기의 대외적인 기미정책은 강자로서의 정책이었다. 예컨대 대
마도에 대한 경우, 세종대에 보이듯 왜구의 조선연안 약탈을 방치한 대
마도를 우선 징벌하고(1419년 己亥東征) 후속조치로서 기미를 행했다(1443
년 계해약조. 앞의 사료 ④ 참고). 이러한 '先懲罰 後羈縻' 형태는 여진족에
대해서도 똑같았다. 그러나 임진란에 의해 조선은 대마도에 징벌을 가
할 만큼의 군사적 자신감을 갖추지 못했으므로 약자의 입장에서 기미
를 행하게 된다. 이러한 조선의 입장은 여진족에 대해서도 유사하게 나
타난다.[42] 즉 조선전기의 경우 기미하는 주체로서의 권위나 실력을 가
지고 있었으나 임진란을 통해 조선은 그것을 상실하고 있었다.

그렇다고는 하나 조선이 대마도에 기미정책을 재개하려 하는 한, 기
미의 주체로서의 권위나 실력을 가지고 대마도를 맞이하지 않으면 안
되었다. 그 권위나 힘을 다른 나라에서 빌려서라도 갖추어야 했다. 그러
한 때 明은 아주 적절한 존재였다. 조선의 종주국이기도 하고 임진란에
서는 일본을 敵으로 하여 같이 싸운 참전국이기도 했다. 더욱이 대마도
가 입에 올린 요청이 다름 아닌 朝·日 양국의 강화였으므로 참전국인

---

42) 徐炳國은 世祖 年間 建州左衛의 酋長 董山에 대한 除職이 우월한 입장에
　　서의 除授라면, 宣祖 말기 忽剌溫部 추장 何叱耳에 대한 除職은 열세한 입
　　장에서의 除授였다고 평가하고 있다(徐炳國, 『宣祖時代 女眞交涉史硏究』,
　　敎文社, 1970, 212쪽). 이로부터 조선의 對女眞 기미정책도 朝鮮前期와 후기
　　에 따라 강약의 차가 있었던 것을 알 수 있다.

明 또한 제3자가 아닌 입장이었다. 여러모로 明의 권위를 빌릴 수 있는 객관적 조건이 조선 측에 구비되어 있었다.

이러한 배경에서 조선은 강화에 관한 自國의 의사를 일관되게 明의 의사로서 대일교섭의 전면에 내걸게 된다. 즉 '화호'는 조선의 상국인 明이 결정하는 것이므로 그 속국인 조선에는 결정권이 없다, 는 논리로서 시종 대마도의 강화요청에 대응했던 것이다. 다음의 기사가 이를 말해주고 있다.

> ⑪ "화호건은 明과 관련되므로 明帝에 奏聞하여 처리하지 않으면 안 된다."라는 뜻으로 대마도에 회답하여 임시로 기미의 계책을 행해야 할 것이다(『선조실록』 34년 7월 기해, 유희림 의견).
>
> ⑫ 아국의 병력은 이미 조금도 기대할만한 것이 없게 되었으니 일단 기미의 계책을 써서 눈앞의 위급함을 늦춰야 할 것이다. 따라서 우선은 화호건은 전적으로 明이 처분하므로 조선으로서는 감히 결정할 수 없다고 이전처럼 대마도에 회답해야 할 것이다(『선조실록』 34년 7월 기해, 한응인 의견).

이처럼 明의 권위를 빌려 대마도의 강화요청에 대응한 것은 조선 스스로도 평가하고 있는 것처럼 기미정책의 전략에 불과했다. 이 전략은 곧 '借重之計'였다.[43]

이 시기 조선의 '借重之計'는 대마도의 對조선 자세가 공순하지 않음을 이유로, 明이 아직도 '허화'를 지시하지 않고 있다고 속여 대마도에 '허화' 시기를 미루는 것이었다. 따라서 미룬다는 측면에서는 '遷就之計'라고도 할 수 있다. 예컨대 1606년 4월, 이덕형이 그간의 대일교

---

43) 『선조실록』 36년 9월 병진. 尹涧의 의견에는 明 장수의 힘을 빌려 대마도에 대응하는 것에 관해 "只欲得一介天將, 以爲借重之計."라고 표현하고 있다. 이로 보면 '借重之計'란 他로부터 힘을 빌려 자신을 보호하는 계책을 가리킨다.

섭 과정을 술회하는 가운데,

> 다만 애초 遷就之計로서 돌아보니 지금 벌써 몇 년이 지났다. 그
> 런데도 또다시 매번 虛說만을 고집하길 나귀의 발자국을 닦듯이 하
> 니, 저 교활한 賊이 이에 어찌 순종만 하고 끝내 우리의 계책에 맡기
> 겠는가?[44]

라고 말해 '遷就之計'의 내용을 밝히고 있다. 즉 지금까지의 대일정책
은 항상 거짓말('虛說')만을 가지고 핑계 대며 일본 측의 요구에 대한 답
을 지연시켜 왔다는 것이다. 이른바 지연작전이라 할 수 있다.

또 하나의 예를 들어 보자. 1603년 8월 비변사는 啓에서 "대마도의
왜인은 끝내 기미하지 않으면 안 됩니다. … 다만 지금 虛辭로 遷就한
지 이미 3년이 지났으니 이 일(開市)은 마땅히 끝맺어야 합니다."라고 하
여 대마도를 '기미권'에 편입시킬 필요성을 논하고, 지금껏 3년간 '虛
辭로 遷就'하여 '허화'를 지연시켜 왔지만 이제 개시를 허락해야 한다
고 주장하고 있다.[45] 이 또한 기미정책이 '遷就之計' 전략이었음을 보
여주는 예이다.

그렇다면 이처럼 이덕형이나 비변사가 말하는 대마도의 요청에 대한
'虛說', '虛辭'란 무엇을 가리키는 것일까? 그것은 말할 나위도 없이
"화호와 허화는 明이 결정하는 것으로 조선은 그에 따를 뿐이다."라는
주장을 가리킨다. 그러므로 이러한 주장은 '借重之計'에 불과한 '허
설', '허사'로 조선은 이를 가지고 '遷就之計'로서 이용해 온 것이다.

이상과 같이 기미정책을 통해 조선은 대마도에 대해서는 그 왜구화

---

44) "但以當初遷就之計, 觀之則今已過累年矣, 而每守虛說, 如磨驢之跡, 彼狡
賊, 豈肯帖耳, 而終任我之爲謀哉."(『선조실록』39년 4월 계묘)
45) "對馬倭人, 終不得不羈縻, … 但今以虛辭遷就者, 已低三年, 此事當有
結局."(『선조실록』36년 8월 신묘)

의 포기와 일관된 공순자세를 취하게 하는 한편, 스스로는 기미 주체로
서의 국력회복을 도모하면서 한정적인 '허화'가 부여될 수 있는 시기를
예비하고 있었던 것이다.

제4절 전계신의 대마도 파견과 가토
기요마사(加藤淸正)의 서한

이 제4절에서는 대마도에 대한 기미정책이 실제상으로 어떻게 전개
되어 가는가를 전계신의 대마도 파견과 가토 기요마사(加藤淸正)의 明
福建省軍門에 내어진 서한에 대한 조선의 대응을 중심으로 검토한다.

1. 전계신의 대마도 파견

1601년 11월, 대마도주와 시게노부는 다치바나 도시마사(橘智正)를
통해 조선 예조에 서한을 보내고 있다. 조선이 明에 奏請했던 '허화'건
의 결과를 탐지하기 위함이었다. 대마도주는 그 서한에서 오사카에서
이에야스를 알현하고 7월 중순에 대마도로 돌아왔다는 것, 이에야스가
임진란 때 히데요시에게 빈번히 철병할 것을 간언 했었으므로 대마도
로서도 억지로 '화호'건을 진척시키지 않았다고 주장하고 있다.[46]
이에 대해 조선은 답서에서, 武力 위협으로 '화호'를 요청하면 오히
려 明의 분노를 사게 되어 결국은 일을 그르칠 것이므로 임진란에서의
행위를 반성하고 솔선하여 성의를 다할 필요가 있다. 그 결과 明 軍門
이 일본 측의 진실 됨을 믿게 된다면 자연히 "화호는 이뤄질 수 있을

---

46) 『선조실록』 34년 11월 무오, 『通航一覽』 卷26.

것이다. 明으로부터 '화호'에 관한 지시가 내려지면 즉각 이를 전해줄
것이다."라는 내용이었다.[47]

  12월말이 되어 體察使 이덕형은 다음해 1월 대마도에 사람을 보내
정탐할 계획을 세우고 있다. 이 계획은 이미 그해 4월 사명당 등의 私
書를 지니게 한 사람을 대마도에 파견하여 정탐하자는 의논에서 비롯
된 것이다. 그리고 7월, 明側 몰래 대마도와 논의할 사안이 있으면 대
마도로 사람을 파견해 달라는 시게노부의 제안을 받자 조선은 대마도
에 대한 기미의 일환으로 이 계획을 추진하려 했고, 이 12월 단계에서
실행에 옮기려 계획하게 된 것이다.[48]

  이덕형의 계획은 사명당의 私書를 지닌 승려를 대마도에 파견하여,
"惟政(사명당)이 지금 明 經理 만세덕의 휘하에 있으므로 서한으로 대신
하게 되었지만 그가 조선에 돌아오면 직접 시게노부와 회담케 할 예정
이다."라고 대마도 측에 둘러대려는 것이었다. 그러나 파견할 적당한
승려를 물색하지 못하게 되자 軍官武士 중에서 선발하기로 하여 東萊
召募陳千摠인 전계신과 統營軍官 김시약이 뽑혀졌다. 이미 그들이 도
시마사와 면식도 있고 일본어도 잘한다는 이유에서였다.

  이 계획은 이덕형 스스로도 밝혔듯이 적극적인 대응책이라 할 수 있
다. 즉 조선의 당시까지의 대일교섭은 대마도가 어떻게 나오는가를 보
고 그에 대응하는 수동적인 것이었다. 그러나 이 같은 수동적인 대응은
대마도로 하여금 불만을 품게 하여 약탈행위 등 호전적인 태도로 나오
게 할 우려가 있었다. 그렇게 되면 '和約'의 주도권을 대마도에게 빼앗
기는 결과가 될 것이다. 따라서 조선은 이 계획을 통해 대마도로 하여
금 '허화'에 대한 기대를 갖게 하는 한편 조선에 대한 무력적 위협도

---

47) 앞의 책 1)의『朝鮮通交大紀』卷4, "… 唯在足下(調信), 痛改舊愆, 能盡其
    誠意, 以取信於天將, 則不須仗於敝邦, 而和事可成, …."
48)『선조실록』34년 4월 경진, 12월 임신.

잠재우는 결과를 기대한 것이다.

이 계획의 특징은 사명당을 조선이 아닌 만세덕의 휘하에 있는 것처럼 꾸민 점, 따라서 사명당의 서한도 조선 조정이 직접 작성했으면서도 明의 의향을 받은 사명당이 작성한 것처럼 속였다는 점에서 '借重之計'라 할 수 있다. 또한 이 시점에서 사명당이 시게노부와 직접 회담할 차기 계획의 중심인물로 이미 조선에서 부상해 있었다는 점이다.[49]

그러나 1602년 2월, 전계신과 함께 대마도로 파견될 격군들에 의해 사명당의 조선 거주가 탄로 날 것을 우려한 조선 조정은 시게노부에게 보낼 서한을 사명당의 스승인 休靜(서산대사)의 명의로 바꾸게 된다.[50]

이렇게 작성된 휴정의 서한 내용은, 자신은 임진란 중 明 經略 顧養謙의 휘하에 있었으나 그 뒤 經略 邢玠·經理 萬世德을 수행하여 조선에도 왔었으며 기요마사와는 和議件으로 만난 적이 있다, 고 우선 자기소개를 하고 있다. 그리고 대마도가 하늘에 달하는 성의를 나타내지 않으면 교섭을 진행시킬 의향이 없다고 전제하고, 만세덕이 일일이 시게노부의 행위가 진의에서 나온 것인가 아닌가를 파악하여 '和事'를 처리하려 하니 '審察善圖'하라고 明을 借重하여 그 의향인 것처럼 전달하고 있다. 끝으로 시게노부의 뜻이 '화호'에 대해 성실하게 노력하려는 것이라면 뒷날 만나서 '화호'를 진행시키자고 제안하고 있다.

조선은 이 서한이 휴정 스스로 작성한 私書인 것처럼 조선 남방의 변장들에게도 속이고, 수행원 김효순 등도 明 軍門 伺候譯官인 것처럼 꾸며 파견하게 된다. 그리고 다음 차례에 파견할 사명당도 휴정의 지휘에 의한 것처럼 하기로 했다.[51]

이러한 경위를 거쳐 전계신·손문욱 등이 대마도에 파견되었으나 그

---

49) 『선조실록』 34년 12월 임진, "凡百推諉於惟政, 以爲後日相接之地."
50) 『선조실록』 35년 2월 병인.
51) 『선조실록』 35년 2월 병인.

들의 대마도 왕래 행적에 관련한 기록은 거의 남아있지 않다. 다만 파견 시기는 실록의 관련기사로 볼 때 2월 중순에서 4월 사이였을 것이라고 추정할 수 있다. 그것은 대마도에 파견되는 전계신의 이름이 같은 해 2월 3일 이후엔 보이지 않고, 같은 해 5월 4일의 기사에 처음으로 나타나기 때문이다. 그 기사에는 내항한 '왜사'의 응대로서 전계신의 부산 下送이 조선 조정에서 논의되고 있다.[52]

1602년 5월, '倭' 2명이 서한 5통을 지참하여 왔다. 서한에는 대마도주가 이에야스에게 시게노부를 파견했다는 것, 그가 이에야스의 뜻을 받아 돌아오면 즉시 다시 사절을 파견하여 보고하겠다는 내용이 들어있었다. 그런데 이에야스를 알현한 시게노부는 같은 해 6월경엔 대마도로 돌아온 듯하다.[53]

한편 이때 비변사는, 지금 '倭' 2명이 머지않아 이에야스의 命을 받든 사자를 다시 조선에 파견해 올 것이라고 말하고 있지만 그것은 조선의 대응 여하를 살피기 위한 것일 것이므로 그들을 속히 답서를 주어 돌아가게 하여 海防의 허점을 간파하지 않도록 해야 한다고 경계하고 있다. 이때의 시게노부에 대한 답서는 예조참의 송준명의 명의로 된 것이다.[54]

같은 해 7월 體察使 이덕형은 密啓를 통해 팔구월경 내항하는 '倭使'에 건넬 사명당의 회답내용에 관하여 상신하고 있다. 사명당의 회답이란 지난 봄 전계신 등이 대마도에 건너갔을 때 받은 시게노부의 서한에 대해 사명당이 회답할 것이라고 약속한 것에 의거한 것이다. 이덕형의 의견은 다음과 같다.

---

52) 『선조실록』 35년 5월 을축. 또한 전계신 등의 대마도 渡航이 봄이었다는 증거는 손문욱이 조선에 건너온 도시마사에게 '去春入馬島(대마도)時'라고 한 것으로 보아 알 수 있다(『선조실록』 36년 정월 기미).
53) 『선조실록』 35년 5월 을축, 36년 정월 기미조의 李時發의 장계.
54) 『선조실록』 35년 5월 병인.

絶影島(影島)에서의 開市를 근간에 허가할 예정이면 대마도에 그런 뜻을 간접적으로 보이고, 뒤에 明 軍門委官이 조선에 올 때 재차 의논하여 처리해야 할 것이다. 그러나 개시를 끝내 불허할 방침이라면 明을 핑계대어 즉각 대마도에 통고해야 할 것이다. 대마도가 다시 사절을 파견해 올 때엔 기대를 가지고 올 터인데 이에 부응하지 않으면 눈앞의 禍를 부를 것이다. 그렇다고 개시를 간단히 허용해도 후회하게 될 터이니 우선 '賊'의 계략을 살피고 이를 기미 하는 것이 긴요하며, 최종적으로는 明 委官과 의논해야 한다고 假託하여 조처하는 것이 바람직하다.[55]

8월에 이어 10월에도 다시 '왜사'가 내항하자 비변사는, 사명당은 최후의 카드로서 남겨놓기로 하고 내항한 '왜사'를 박대근으로 하여금 접대케 하고 있다. 그리고 사명당의 대마도 파견은 '賊情'을 보면서 내년 봄쯤으로 잡되, 다만 대마도가 이를 절실히 요청하지 않거나 明將이 근간에 조선에 올 경우엔 明을 借重하여 사명당의 파견을 연기할 수도 있으므로 무엇보다도 '賊情'을 자세히 탐지하여 결정하는 것이 중요하다고 논하고 있다.[56]

12월 도시마사가 다시 내항해 왔다. 그는 이때 '薩摩州太守' 沈安道의 서한을 지참하여 왔다. 그리고 이 서한이 쓰여진 이유로, 심안도가 이에야스에게 항복하여 和議에도 동조하게 되었기 때문이라고 말하고, 화의에 관한 이 서한을 조선에 보임으로서 모든 일본 諸將이 화의를 원하고 있음이 거짓이 아님을 확인시켜 주려 지참했다고 설명하고 있다.[57]

---

55) 『선조실록』 35년 7월 기묘.
56) 『선조실록』 35년 10월 계사.
57) 『선조실록』 35년 12월 임진. 同日條엔 沈安道란 인물을 割註로서 "賊中, 號將行長之餘黨, 而叛於家康者也."라고만 설명하고 있으나, 『선조실록』 32년 정월 신축조로 볼 때 그는 사츠마(薩摩)의 시마즈 요시히로(島津義弘)를 가리

이에 이어 도시마사는 이에야스가 대마도주에게 조선과의 강화교섭권('和事')을 전적으로 위임하고 있다고 전하고, 이대로 '和事'가 진척되지 않고 내년 봄에도 '통신사'를 이에야스에게 파견하지 않으면 조선이 일본으로부터 禍難을 받게 된다고 말하고, 이러한 말이 믿어지지 않으면 자신을 투옥한 이후 일본 측이 나오는 태도를 보면 그 진위가 밝혀질 것이니 그 뒤엔 자신을 죽여도 좋다, 고 통신사 파견을 강조하고 있다.

같은 달 중순 손문욱이 부산에 가서 도시마사와 문답하고 있다. 여기서 손문욱은, 자신이 전년 대마도에 갔을 때 대마도가 '改心革面'하여 '조정'(조선)에 '輸誠'하는 것을 직접 보았으나 그러한 대마도의 성의를 明將에게 전하면 明帝의 노여움도 풀릴 것이고 대마도의 갈망하는 '허화'도 이뤄질 것이다, 라고 말하고 있다. 또한 "대마도가 성의를 가지고 '화호'를 바란다면 좋은 결과를 가져올 것"이라고 만세덕이 분부했다고 '차중지계'로 전하고 있다.[58]

도시마사가 이에 답해, 조선이 이에야스에게 사자를 파견하여 明의 '화호' 거부 의사를 전달한다면 일본으로부터의 禍難을 일이년은 면할 수 있을 것이다, 라고 하여 조선의 사자 파견을 교묘하게 종용하는 한편, 이에야스의 조선에 대한 태도를 히데요시와 비교 칭찬하며 이에야스의 '화호' 요청에 응할 것을 요구하고 있다. 이에 손문욱은, 이에야스가 히데요시와 다르다면 피로인을 모두 송환하고 히데요시가 행한 침략행위에 대해 사죄해야 할 것이며, 그리되면 明이 반드시 '화호'를 허용할 것이라고 반박하고 있다.[59]

1603년 2월 조선은 남해안의 경비를 재차 강화하고 있다. 그것은 도시마사가 前年 12월에 돌아갈 때 3개월 후에 다시 오겠다고 했음에도

킨다.

58) 『선조실록』 36년 정월 기미.
59) 『선조실록』 36년 정월 기미.

조선으로서는 和議에 대한 뚜렷한 대응책을 마련하지 못했기 때문이었
다. 그러므로 이에 불만을 품은 대마도가 武力위협으로 나올 것에 대비
하기 위함이었다.[60]

그리고 도시마사의 내항에 대비하여 明 軍門의 '傳語'人으로서 손
문욱을 칭하여 그 접대역을 담당케 하고 있다. 즉 그를 明 군문의 뜻을
직접 대마도 사자에게 전달하는 公人으로 만든 것이다.[61] 이 또한 요
동에 주둔하는 明 군문의 의향을 대마도 측에 직접 전달하는 형식을
띤 '借重之計'라 할 수 있다.

이처럼 조선은 명군의 조선 철수에 유래하는 대마도로부터의 군사적
위협에 대해, 요동에 주둔하는 明 군문과의 사이에 직통연락 루트를 확
보하고 군문의 뜻을 전달하는 형태를 취하는 것에 의해 해소하려고 하
고 있다.

3월이 되어 약속대로 도시마사가 피로인 85명을 동반하여 내항했다.
이때 송환된 조선 피로인 한찬은 이에야스로부터 대마도에 보낸 서한
이 2월 하순에 도착되었음을 알리고 있다. 또한 도시마사가 이때 지참
한 서한은 대마도주와 시게노부가 明 軍門과 휴정 및 사명당과 예조를
수신인으로 한 것으로, 그 주된 내용은 이전에 대마도에 건넨 휴정의
서한을 이에야스가 보고 탄복했다는 것, 기요마사의 明 福建金軍門에
대한 서한 발송행위를(후술) 비난한 것이었다.[62]

그런데 시게노부의 예조에 보낸 서한에서는 지난 여름 조선 唐浦 사
람을 잡아간 '賊徒'가 대마도인이라고 조선이 혐의 두고 있는 것에 언
급하고 있다. 즉 작년 11월 자신이 규슈의 히젠(肥前)에서 들은 바에 의

---

60) 『선조실록』 36년 2월 갑오.
61) 『선조실록』 36년 2월 병진, 3월 경진("孫文彧, 稱爲軍門標下出入之官, 往來
傳言, 故下送釜山, 以待倭事.").
62) 『조선실록』 36년 3월 경진.

하면 '賊'이 唐浦를 犯한 것은 확실하며, 이번 송환된 한쇄량(한찬)이 그 사실을 잘 알고 있으므로 그에게 물으면 알 것이다. 그러나 지금 이에 야스가 '賊徒'의 조선 변경 침략을 엄금하고 있으므로 앞으로는 그러한 일이 생기지 않을 것이라고 설명하고 있다. 또한 唐浦에서 잡혀간 여자 1명을 우선 송환하고 나머지는 다음에 보내겠다고 덧붙이고 있다.

이로 볼 때 '賊徒'의 정체는 알 수 없다. 『通航一覽』 卷26에는 이와 관련하여, "이때 일본 해적이 조선 당포에 건너가 몰래 어민을 잡아 왔다. 이 악행으로 開城府에 있는 大明의 李總兵 등이 (일본의) 和睦 요청을 성심으로 보지 않게 되었다."라고 기록하고 있다. 그런데 앞의 서한에서 보이듯 이에야스가 조선 연안으로의 일본인의 이유 없는 도항을 금지시킨 것이 사실이라면 아마도 조선과의 강화교섭을 순조롭게 진행시키려는 의도에서였을 것이다.

또한 이때 대마도 측이 조선에 전달한 서한에는 '禮賓寺奴守永'이라 서명한 것도 있었다. '守永'은 降倭였던 박수영으로 당시 대마도에 체류하며 송환 예정인 피로인들에게 강화의 필요성을 설득하였던 인물이라 한다.[63] 그는 서한에서, 히데요리가 올 4월 이에야스의 손녀와 결혼하여 아버지 히데요시에 이어 太閤의 지위를 계승하였다고 전하고 있다. 또한 히데요리와 이에야스가 대장들을 소집하여 강화건을 논의한 결과, "대마도주·시게노부에게 강화에 대한 全權을 위임하는 대신 '築城之役'을 면제하기로 결정한지 4년이 지난 지금도 강화교섭이 성과를 내지 못하고 있다. 만약 올 봄까지 그 성과를 얻지 못하면 대마도주를 불러 힐문할 것이다."라고 결정했다고 밝히고, 지금 츄고쿠·규슈의 세력들이 조선 재침의 명령을 대기하고 있다는 소문이 있음을 전하고 있다.

---

63) 中村榮孝, 앞의 책 2), 261쪽.

이때 도시마사의 접대역인 손문욱은 비변사가 미리 준비한 답변을 가지고 도시마사에게 답하려 하고 있다. 그 내용은, 만세덕이 작년 病死하여 그 후임으로 蹇達이 明 經略禦倭로 취임하였으나 아직 임무에 익숙하지 않다. 휴정이 대마도의 희망을 이뤄줄려고 노력하고 있으나 이 같은 정세변화로 진척되지 않고 있다. 그러므로 조선으로서도 다만 대마도의 사정을 明에 상세히 전달할 뿐이다. 만약 蹇達로부터 지시가 있으면 직접 부산에 와서 전달하겠지만 그 지시가 내어지기에는, 기요마사가 福建金軍門에 보낸 '悖書'의 영향이나 蹇達의 임무 미숙 때문에 시간이 걸릴 것이다. 때문에 빨라도 12월까지는 기다리지 않으면 안될 것이다, 라는 것이었다.[64)]

같은 해 4월, 조선은 예조참의 이철의 명의로 대마도에 답서하고 있다. 그 주된 내용은 대마도의 '화호' 노력을 칭찬하면서 계속된 '輸誠'을 표할 것을 요구한 것이었다.[65)]

2. 기요마사의 서한

한편 이즈음 朝·日間에는 기요마사의 福建金軍門에의 致書件이 문제로 등장하고 있다. 이와 관련한 기사가 실록에 처음으로 출현하는 것은 1603년 1월이다. 즉 손문욱이 당시 내항한 도시마사에게, 중국에 보낸 기요마사의 서한에 불손한 내용이 있음을 이유로 일본 측의 '화호' 요청에 대한 진위를 힐책하고 있는 것이 그것이다.[66)]

『通航一覽』卷26에도, "加藤清正이 임진란에 잡아온 조선인을 송환하려고 그 家臣에 딸려 같이 보낸 서한이 심히 不敬하다하여 조선인

---

64) 『선조실록』 36년 3월 신사, 4월 정해.
65) 『선조실록』 36년 4월 무자.
66) 『선조실록』 36년 정월 기미.

제4장 임진왜란 직후 朝·日 講和교섭과 대마도 175

이 분노하였으므로 여러모로 和好가 연기되게 되었다.”라고 기록하고
있다. 이로 보면 기요마사가 조선 피로인 送還次 그 가신에게 건넨 외교
서한의 내용이 문제가 되어 강화교섭에 큰 지장을 주었음을 알 수 있다.

『明神宗實錄』卷371 萬曆 30(1602)년 4월 癸酉條에는 기요마사가
피로인 87명을 중국에 송환하면서 2통의 서한도 보내왔다고 기록되어
있다. 피로인에는 조선·중국인이 섞여있던 듯하나 2통의 서한이 구체
적으로 누구를 受信人으로 설정하고 있는지는 알 수 없다.[67)]

이러한 파문을 일으킨 기요마사의 서한에 대해 대마도가 취한 대응
은 어떠했는가? 1603년 3월 시게노부의 휴정과 사명당에 보낸 서한에
의하면, 기요마사의 서한 때문에 ‘和好’가 지연되고 있는 것은 유감이
라고 말하면서, 기요마사가 서한에서 “귀국이 만약 화친하지 않는다면
이는 禮를 어기는 것이다. 그렇다면 훗날 兵船을 보내던가 賊船을 보
내던가하여 원수지간이 될 것이 틀림없다고 운운하였다.”라고 하였다
는 점과, 그 서한의 끝에 일본연호를 사용한 점을 들어 이를 비난하고
있다.[68)]

시게노부가 인용한 기요마사 서한에서의 ‘귀국’이란 조선을 가리키
고 있는 듯하다. 그렇다면 서한은 결국 궁극적으로 조선을 상대로 내어
진 것이다. 그렇다면 왜 기요마사는 조선 피로인과 함께 이 서한을 조
선이 아닌 중국 福建金軍門으로 보냈을까? 이는 아마도 戰後부터 당
시까지의 대마도를 통한 조선에의 ‘화호’ 교섭에 반발하기 위한 것이었
으리라 여겨진다. 기요마사의 이러한 행위가 이에야스의 승인 하에 행

---

67) “倭國王淸正將, 被虜人王寅興等八十七名, 授以船隻, 資以米豆, 並倭書
二封, 與通事王天祐, 送還中國, …” 또한 『明神宗實錄』卷373, 萬曆 30년
6월 무신조에도 “倭送回被虜, 盧朝宗等五十三名, 并縛南賊王仁等四名, 福
建撫按, 以聞下兵部覆議.”이라 하여 일본으로부터의 중국 피로인이 때때로
중국으로 직접 송환되었음을 나타내고 있다.

68) 『선조실록』 36년 3월 경진.

하여진 것으로는 여겨지지 않으나, 다만 일본 측이 조선과의 강화교섭
에 초조해 있다는 것, 또한 대마도의 강화교섭에 회의를 품고 있는 세
력이 있었다는 것 등은 추측할 수 있다.

그렇다면 기요마사의 서한에 대한 대마도의 입장은 어떠했을까?
朝·日 강화교섭을 독점·대행하고 있던 대마도로서 양국 간의 교섭
에 대마도 이외의 세력이 개입하는 것은 단연코 거부해야 할 입장이었
다. 그러므로 위의 시게노부의 서한에서 보듯, 기요마사를 비난하고 조
선에 더욱 공순한 자세를 나타내는 것에 의해 강화를 촉진시키려 하고
있는 것이다.

한편 조선은 기요마사의 서한에 대해 어떻게 대응하고 있는가? 대마
도에의 회답에서 조선은, 기요마사의 서한으로 일본의 對조선 강화교
섭 자세에 明이 불신을 품게 되었으니 그 불신을 제거하려면 기요마사
처럼 위압적인 '화호' 요청 자세를 불식시켜야 하며, 이를 위해서는 대
마도의 거듭된 성의가 필요하다고 강조하고 있다.[69]

이처럼 조선은 대마도 이외의 일본 내 세력이 조선과 교섭하려는 것
을 대마도의 절실한 '화호' 의욕을 이용하여 봉쇄하려 한 것을 알 수
있다. 더구나 기요마사의 서한은 明으로 보내졌으므로 明마저 모욕한
결과가 되며, '화호'건은 明의 결정사항이라는 형태를 취하고 있던 조
선으로서는 당연히 이에 대해서도 묵과할 수 없었을 것이다. 특히 조선
은 일본 내 對조선 강경파의 억제를 대마도에 기대하고 있었다고 할
수 있다. 이에야스가 대마도를 對조선 교섭의 창구로 선택한 이상 조선
의 일본에 대한 外交意志는 대마도를 통해 일본에 반영될 터이기 때문
이다. 대마도의 입장을 이용하여 일본의 對조선 외교를 조종하려 한 것
이 조선의 전략이기도 했을 것이다.

---

69)『선조실록』 36년 4월 무자.

1603년 6월 明 經略禦倭 蹇達로부터 조선국왕에게 回咨가 내어졌다. 이것은 宣祖의 咨文에 대한 회답으로, 宣祖가 그에게 보낸 자문은 1602년 후반부터 다음해 前半에 걸친 일본의 對조선 '화호' 교섭 현황을 설명하며 明軍의 파견을 요청하는 내용이었다. 이에 대한 건달의 회답은 조선의 自力에 의한 국방력 강화를 강조하며 請兵을 거부한 것이었다. 다만 조선이 募兵의 형식을 취하고 병사에 대한 충분한 재정적 대우를 해준다면 자기 휘하의 병사 일부를 파견할 의향이 있다고 단서를 단 내용이었다.[70]

같은 시기 도시마사가 아직 조선에 체류 중임에도 다시 대마도로부터 사자가 도항하고 있다. 이 사자가 지참한 서한은 대마도주가 예조에 보낸 것으로, "두 나라의 화호건은 자신 이외엔 분부를 받은 사람이 없습니다. 이에야스가 手押(친필서명)에서도 이르기를 '대마도주 요시토시는 이것으로 증험을 삼아 다른 사람들의 방해를 막도록 하라'고 말했습니다."라고 적고 있다. 즉 시게노부가 이에야스에게서 대마도주를 對조선 강화교섭의 전담자로 분부하는 '手押'을 받아 왔다고 강조하고 있다.[71] 또한 明에 요청하여 조속히 신사를 파견해 달라고 재촉하고 있다. 별도로 전계신에게 보낸 시게노부의 서한에서는, 이에야스가 우황 등의 약재를 구하고 있으니 그것을 도시마사가 가지고 간 물품들과 교역해 달라는 내용이었다.

대마도주의 서한에서 보듯 이 시점에서 이에야스의 '手押'이 등장한 것은 대마도의 주장, 즉 기요마사의 서한이 '화호'에 나쁜 영향을 끼쳤으므로 조선과의 교섭은 역시 대마도에 일임해야 한다는 주장이 이에야스에게 受容된 것이 아닌가 여겨진다. 대마도주에게 이에야스의 '手

---

70) 『선조실록』 36년 6월 갑오.
71) "兩國和好之事, 除義智外, 別無受命人之旨, 家康手押謂曰, 義智以之爲驗, 塞他妨云云."(『선조실록』 36년 6월 기해)

押'이 중요한 의미를 가졌음은, 이미 파견한 도시마사의 귀환을 기다리지 않고 다시 조선에 이를 알리는 사자를 특별히 파견한데서 짐작할 수 있다.

한편 조선에서는 대마도 측이 이에야스로부터 '手押'을 받았다고 말하면서도 實物을 보이지 않는 것으로 보아 이를 거짓일 거라고 간주하고 있다. 또한 이에야스가 갑자기 약재를 구하고 있다고 하거나 도시마사가 체류 중임에도 재차 사절을 파견하는 행위를, 조선을 탐색하기 위한 것으로 여기고 이를 明 軍門 등에 咨報하고 있다. 그러나 이에야스가 요청했다는 약재에 대해서는 국내에서 산출되는 것에 한해 응하기로 결정하고 있다.[72]

또한 시게노부에 대한 전계신의 답장에서는, 임진란 때 沈惟敬이 정전교섭을 서두르다가 큰 과오를 범했다고 비유하고 기요마사의 致書행위와 만세덕의 사망으로 '화호'가 지연되었음을 들어 대마도의 변함없는 성의를 요구하고 있다.[73]

이처럼 조선이 강한 자세로 '화호'를 요청하는 대마도에 대응할 수 있었던 것은 '遷就之計'를 행할 수 있는 더할 나위 없는 좋은 조건이 갖추어져 있었기 때문이었다. 그것은 기요마사의 致書행위와 만세덕의 사망이었던 것이다.

이상처럼 제4절에서는 1601년 말부터 1603년 前半까지의 朝・日교섭을 검토했다. 이 기간 중의 주된 동향을 보면 우선 일본에서는 이에야스의 지시에 근거한 대마도의 강화교섭이 활발히 전개되고 있다. 한편 福建金軍門에 보내진 기요마사의 서한에는 강화요청에 대한 위협적인 표현이 있어 일본의 '화호' 교섭에 일시 파문을 일으켰다. 다음으로 明에서는 조선의 대일강화교섭에 영향력을 행사하는 인물로서 조

---

72)『선조실록』36년 6월 임인.
73)『선조실록』36년 6월 갑진.

선으로부터 선전된 明 經略 만세덕이 사망하고 후임으로 蹇達이 부임했다. 조선에서는 전계신 등이 대마도에 파견되고, 그 다음해에는 '허화'로서 대마도에의 개시 허용여하가 논의되게 된다. 이 논의는 조선이 대마도의 '革面輸誠'을 인정하기 시작했다는 것을 보여주는 것으로, 동시에 대마도가 조선의 기미정책에 순응해 가고 있음을 나타내는 것이라 하겠다.

제5절 사명당의 대마도 파견과 '허화'부여

이 제5절에서는 사명당의 대마도 파견에 이르는 과정과 그를 통해 대마도에 부여한 '허화'의 배경과 의미를 검토하려 한다.

1. 사명당의 대마도 파견

1603년 9월 초순, 조선 조정에서는 正2品 이상의 중신이 모여 대마도에의 개시(關市) 허용여하 문제를 중심으로 대일정책에 관해 논의하게 된다. 그러나 개시를 일단 허용하면 이후에도 많은 대마도로부터의 요구가 야기될 우려가 있다는 것 때문에 결론은 내리지 못하고, 다만 응급조치를 내려 대마도의 기세를 누그러뜨리고 방비를 강화하자는 선에서 마무리 짓고 있다. 그리고 明이 일관되게 조선의 대일정책에 대해 조선 일임의 입장을 표하고 있으나, 개시건에 대해서는 明에 제기한 적이 없었음을 이유로 明 經略 蹇達이나 遼東의 各 衙門에 이를 상세히 진술하기로 하고 있다.[74]

---

74) 『선조실록』 36년 9월 병진('以對馬島計關市事, 各自獻議'), 9월 경신.

이러한 의도 하에 작성되어 보내진 조선의 咨文에 대해 건달은 그 回咨에서, 이에야스 정권은 성립한지 오래되지 않아 일본 '六十六島'를 동원해 조선을 '來犯'할 리가 없겠지만 만약의 사태가 발생한다면 대군을 파견해 토벌할 것이다. 일본 측이 계속 조선에 사람을 보내는 것은 이에야스의 '화호' 요청을 위임받은 대마도가 조선의 동정을 살피기 위한 것일 것이다, 라고 답하고 있다.[75]

同年末 조선 피로인 김광이 대마도에서 겐소(玄蘇)와 필담하고 그의 서한을 받아 도시마사와 함께 귀국했다.[76] 『通航一覽』 卷26에서는 김광이 1603년경 대마도에 건너간 손문욱・정동 일행과 귀국했다고 기록하고 있으나, 1603년 조선 사자의 대마도 파견이 실록에 나타나지 않는 점으로 보아 誤記라 할 수 있다.

김광의 송환과 관련하여 『通航一覽』 卷26에서는, 이에야스의 허락에 의해 귀국하던 김광이 대마도 측과 필담으로 강화에 대해 상세히 의견을 나누고, 귀국해서는 이에야스 정권의 성립과 강화의 뜻을 조선에 전하여 강화가 진척될 수 있었다고 기록하고 있다.

1604년 초 조선에 송환된 김광은 일본의 동향을 상소로 전달하여, 일본에 대해 '화호'를 허용하지 않으면 일본이 재침할 가능성이 있으나 이는 이에야스의 本意가 아니라 히데요시에게 은혜를 입은 세력들에 대한 배려 때문이며, '화호'를 위해서는 올해 안으로 통신사를 파견하라는 것이 일본 측의 희망이라고 말하고 있다.[77]

김광의 상소에서 주목되는 것은, 이에야스가 "大明에 稟命한다지만 (그런 조선의 주장은) 반드시 평계하는 말일 것이니 군사를 동원하지 않을 수 없다."하고, 大將을 나누어 정하여 軍機를 整齊하게 하였다는

---

75)『선조실록』 36년 10월 갑진.
76)『선조실록』 37년 2월 갑진.
77)『선조실록』 37년 2월 무신.

부분이다.[78] 이것은 일본과의 강화를 明의 허가사항이라는 '借重之計'로 대마도의 신사 파견 요청을 미루어 온 조선의 의도가 이에야스에 의해 이미 간파되었음을 단적으로 보여주는 것이다.

이러한 김광의 상소였던 만큼 조선에선 큰 파문이 일어나게 된다. 비변사의 반응을 보면 이에야스의 발언을 심각하게 받아들여, 戰後 지금까지 4년간 일본 측의 '화호' 요청에 明을 핑계대어 거절해 왔는데('托辭遷退') 그 계략이 일본 측에 간파된 이상은 양국 간에 戰端이 열릴 위험이 생겼다고 걱정하고 있다.[79]

비변사는 또한, 일본이 김광을 통해 제기한 것은 '허화'·개시가 아니라 오히려 조속한 신사파견 요청으로, 이 사안에 대해서는 조선이 근간에 의논한 적도 없는 사안이었다고 평가하고 있다.[80] 이는 당시까지의 대일정책이 '허화'·개시라는 대마도에의 대책이었지, 이에야스의 통신사 파견요청에의 대응은 전혀 고려되지 않고 있었음을 보여주는 것이다.

이 시점에서 조선은 드디어 이에야스의 통신사 파견 요청에 직접적인 관심을 나타내기 시작했다. 그러므로 조선이 일본 측의 '화호'교섭을 대마도의 독단에 의한 것이 아닌, 이에야스로부터 명령된 것이 아닐까하고 본격적으로 발상전환을 한 것도 이 시기가 아닐까 여겨진다. 당시까지 조선의 대일교섭은 대마도를 그 중심에 놓고 있었으므로 '허화' 부여를 전제로 한 것이었다. 그러나 이에 이르러 김광의 상소에 의해 戰亂 이후 계속 호소해 온 대마도의 주장―이에야스의 명령에 의해

---

78) "稟命于大明者, 必是託辭, 不可不動兵, 分定大將, 整齊軍機."
79) 『선조실록』37년 2월 경술조, "蓋以事勢言之, 我國, 於倭人請和之後, 托辭遷退者, 已至四年, 賊旣知我之情, 今以哄脅, 必逞其兇計爲務, 此機不能善處, 則兵釁之開, 誠可慮也."
80) "且金光之所起者, 不在於許和·開市, 而迫請差遣信使, 此則與我國近日, 所議者事機, 大異無他端."

'화호'를 주선한다—이 재검토 대상으로 인식되었고 대마도에 한정되었던 기미정책 또한 이 시점에서 커다란 전환을 맞게 되었다고 할 수 있다.

후술하듯 사명당의 渡日은 실로 이에야스 정권의 '화호' 의지를 탐색하기 위한 것이었다. 조선이 김광의 상소가 있은 뒤 1개월도 경과하지 않은 사이에 사명당의 대마도 파견을 실행으로 옮기고 있는 것도 그 이유에서였으리라.

3월이 되자 조선은 이전부터 계획하고 있던 사명당의 대마도 파견을 실행에 옮기고자하여 즉시 이를 대마도에 알리기로 했다. 그러면서도 한편으로는 박대근을 시켜 도시마사에게, 손문욱이 올 5월경 '화호'에 대한 明의 의향을 가지고 귀국하므로 그때에 가서야 사명당의 대마도 파견 여부가 결정될 것이라고 말하게 해 대마도 측의 반응을 살피기로 했다. 박대근으로부터 이러한 말을 들은 도시마사는, 사명당의 파견이 그처럼 늦어지면 대마도가 이에야스로부터 처벌을 받으므로 조속한 응답을 달라고 요구하고 있다.[81]

한편 같은 해 5월, 조선의 對日정책에 대한 明의 입장이 문서의 형태로 표현되어 조선에 전달되었다. 明 欽差巡撫遼東御史의 명의로 내어진 咨文이 그것으로 주요내용은 다음과 같다.

> 그 (일본 측 태도에 대한) 是非와 이해를 헤아림은 該國(조선)이 스스로 알아서 할 일이다. 사세를 살피고 策應하고 기회를 보아 대처하는 것 또한 該國이 스스로 해야 할 일로, 본디 天朝(明)에서 일일이 지휘할 수 있는 것이 아니다. 신의와 화목을 강구하고 닦는 것도 與國(조선)에 속한 일이고, 맹약을 맺어 변란을 막는 것도 미연에 대비해야 할 일로 더욱 천조에서 지휘할 수 있는 것이 아니다.[82]

---

81) 『선조실록』 37년 3월 임술·을축.
82) "其是非利害計, 惟該國自知之, 則觀勢策應, 相機區處, 亦惟該國自任之,

즉 조선의 대일관계 全般의 지휘는 明이 행하는 것이 아니라 조선
스스로 행해야 할 것이라고 단언하고 있다(이 咨文을 이하에서는 '朝鮮自任
咨文'이라 부르기로 한다). 특히 원래부터 明이 조선의 대일관계에 간섭하지
않았다는 표현은 조선전기, 나아가서는 전란 이후부터 당시까지의
朝·日관계에 대한 明의 입장을 술회한 것으로 주목할 만하다.[83]

이 자문은 당시까지의 明의 입장을 명문화했다는 데에 그 의미가 크
다. 이에 의해 明은 조선의 對日문제에서 마침내 해방되었다고 할 수
있겠다. 이 자문이 내어진 배경에는 일본의 조선에 대한 군사적 위협이
조선의 대일강화에 의해 억제될 수 있다는 明側의 확신에서 나온 것이
라 여겨진다. 그러면 이 자문이 조선에는 어떤 영향을 주었을까? 후술
을 통해 파악해 보자.

같은 해 6월, 드디어 사명당의 대마도 파견이 실행에 옮겨진다. 이와
관련하여 나카무라는 사명당의 파견을 5월에 明이 낸 '朝鮮自任咨文'
의 결과라 하여 양자를 인과적으로 설명하고 있다.[84] 그러나 그러한 논
리는 다음과 같은 이유에서 긍정할 수 없다. 역시 사명당의 파견은 조
선의 自意에 의한 것이리라.

첫째, 전술하듯 조선전기의 朝·明관계, 또는 전란 이후 朝·明관
계로 보아 조선의 대일정책에 대한 明의 간섭은 찾아볼 수 없다.

둘째, 전술했듯 사명당은 전계신의 대마도 파견 시 이미 차기 파견인

固非天朝所能——指揮, 而講信修睦事, 屬與國, 消盟弭變事, 屬未然, 尤
非天朝之所可指揮者也."(『선조실록』37년 5월 신미)
83) 『明神宗實錄』卷395, 萬曆 32년 4월 갑신조에는 "兵部覆朝鮮疏報倭情, 上
(明帝)以朝鮮兵計, 原宜該國君臣自强, 若朝廷遣官訓練, 必有生端掣肘等
弊, 彼此皆爲不便, 爾部, 其行文咨王, 及時修政, 以圖保國, 果有重大聲息,
星馳奏來, 以憑處置."라 하여, 조선에 보내어진 咨文이 明帝의 뜻에 의한 것
이라는 것, 그리고 조선의 明軍 分遣요청에 대해 明側이 소극적으로, 오히려
조선의 자주국방을 강조하고 있었다는 것을 알 수 있다.
84) 中村榮孝, 앞의 책 2), 263쪽.

물로 지명되어 있었다. 그리고 1602년 10월 단계에서 비변사는 다음해 봄에 사명당을 대마도에 파견하나 '賊情'에 따라 그 시기를 미루라는 啓를 올리고 있다.[85] 즉 사명당의 파견시기를 대마도의 동향 여하에 따라 결정하려 했다는 점이다.

셋째, 전계신이 明의 허가 없이 대마도에 파견된 것으로 미루어볼 때 사명당도 '朝鮮自任咨文'과 무관하게 파견될 수 있을 것이라는 점이다.

넷째, 전술하듯 사명당의 파견시기가 최종적으로 구체화된 것은 '조선자임자문'이 내어지기 2개월 전인 3월이었으므로 후자가 전자를 규정했다는 것은 시기적으로 타당하지 않다. 사명당의 파견은 앞에서 보듯 오히려 김광의 상소에 의한 대응이었다.

그렇다면 '조선자임자문'이 조선에 어떠한 영향을 주었을까? 우선, 대일교섭 행위와 이에 대한 明에의 보고형태를 당시까지의 '先報後行'에서 '先行後報'로 전환시키는 계기가 되었다는 점이다. 둘째, 임진란의 참전국인 明에 대해 조선이 대일강화로 전환할 경우 초래되는 도의적 책임에서 해방되었다는 점이다. 셋째, '朝鮮通倭'와 같은 혐의를 받지 않고 대일교섭을 자주적으로 전개해 갈 수 있게 되었다는 점이다.

1604년 6월 비변사는 密啓에서, 사명당의 파견형식을 국가에 의한 것이 아닌 개인자격으로 하기로 하고, 만약 대마도가 사명당을 일본 본토에까지 건너가도록 요청할 경우엔 대마도에 開諭하여 생령들을 구제하려 한 것뿐이라고 핑계대어 일단 거절하게 하자고 제의하고 있다. 이에 대해 宣祖는 일본 본토에 들어가게 되면 오히려 일본 정탐이 가능해지므로 유익할 것이라고 답하고 있다.[86] 이로 보아 조선은 대마도가 사명당을 이에야스에게 인견시키려 할 것을 예상하고 있으며 이를 이용하여 이에야스의 강화 의지의 진위를 탐색하려 했음을 알 수 있다.

---

85) 『선조실록』 35년 10월 계사.
86) 『선조실록』 37년 6월 정해.

　조선은 사명당의 수행원으로 손문욱과 通官인 김효순 · 박대근을 동행시키기로 하여, 사명당을 먼저 부산에 내려 보내고 그 외의 사람은 서한을 지니고 뒤따르도록 하고 있다. 또한 사명당 일행에게 明의 探倭委官이 주둔하고 있는 부산을 피해 金海의 竹島에서 배를 타고 多大浦에서 대기하고 있는 도시마사와 합류하여 대마도로 향하도록 명령하고 있다.

2. '허화'부여

　1604년 6월말, 사명당은 宣祖에게 下直을 고하고 한성을 출발한다. 이때 사명당이 지참한 서한은 예조참의 성이문 명의로 '對馬州太守平公足下'에게 보내진 것으로서 『通航一覽』 卷27에 수록되어 있다.
　서한 내용을 보면, 우선 대마도의 피로인 송환행위를 칭찬하고 있다. 그리고 '화호' 요청을 明 軍門에 아뢴바 蹇達이 옛날 明使(1598년의 册封使)에 대한 일본 측의 無禮와 히데요시의 책봉 거부행위를 들어 비난할 따름이었다고 둘러대고, 일찍이 대마도가 김광을 송환할 때 조선을 협박하는 언사가 있었다고 책망하고 있다. 또한 의심스런 배가 南海防踏島 · 娚妹島 사이에 출몰한 것은 납득할 수 없는 일이라 힐문하고, 만약 일본이 '강화'의 지연에 불만을 품고 조선을 재침한다면 明의 장병과 水陸에서 협공하여 국위를 떨칠 따름이라고 경고하고 있다. 한편 대마도에 대해서는,

　　다만 貴島(대마도)는 우리나라의 변경에 가장 가까이 있으면서 대대로 성의를 보내왔다. 요즘에는 성심껏 사람을 송환하여 前後 끊임이 없으니 귀도의 革心 向國의 뜻은 평가할만하다. 어찌 일본을 이유로 삼아 귀도와의 관계를 똑같이 아울러 끊겠는가?[87]

라고 대마도의 피로인 송환 등을 통한 조선에 대한 '革心向國'의 노력을 칭찬하고 '일본'과는 차별을 두어 대마도와의 교류는 단절시키지 않을 것임을 나타내고 있다. 끝으로 '일본'에 대해서는,

> 일본이 능히 스스로 성의를 다시 보내어 일관되게 나태하지 않으면 제왕의 오랑캐를 맞는 도리는 본디 관대했으니 天朝(明) 또한 어찌 이를 끊을 이치가 있겠는가? 오직 일본의 성심 여하에 있을 따름이다.[88]

라고, 일본의 '화호'에 대한 성의를 요구하고 그 성심만이 明의 인정을 받아 강화로 이어진다고 말하고 있다. 이것은 조선이 '借重之計'를 일본 중앙정권에도 적용하고 있음을 의미하며, 동시에 조선의 對日교섭이 대마도에의 '허화' 대책에서 이에야스의 통신사 파견요청에 대한 대응으로 전환하고 있음을 보여주는 것이다.

조선은 이 서한에서 마침내 부산에서의 교역을 대마도에 허용하겠다고 약속하고 있다.[89] 전란 후 당시까지 조선과 대마도 사이의 교역은 도시마사가 몇 차례 私的으로 銅鐵 등을 지참하여 조선 측의 일시적인 허용 하에 그 교환이 이루어진 것뿐이었다. 그러나 이번 사명당의 파견을 계기로 공식적으로 대마도에 이를 허가하게 된 것으로, 대마도도 평가하듯 이것은 '허화'부여였던 것이다.[90]

그렇다면 이 시점에서의 조선의 '허화'부여는 무엇을 의미하는 것일까?

그것은 첫째, 대마도가 조선에 대해 일정한 '革面輸誠'을 다했다, 고 조선으로부터 평가되었다는 것을 의미한다. 즉 대마도가 조선의 우려한

---

87) "但貴島, 與我境最爲密邇, 世輸誠款, 而近旦刷還人口, 前後不絶, 可見貴島革心向國之意也, 豈可以日本之故, 幷與貴島而絶之哉."
88) "日本, 若能自此更輸誠意, 終始不怠, 則帝王待夷之道, 自來寬大, 天朝亦豈有終絶之理哉, 唯在日本誠不誠如何耳."
89) "齎持物貨, 往來交易, 姑且許之."
90) 『선조실록』 36년 3월 경진, 38년 5월 을유.

왜구적 행위도 없이 그 대신 피로인 송환을 통해 끊임없이 임진란에서
의 일본군 길잡이 행위를 속죄했다, 고 간주한 조선은 그 반대급부로서
교역을 허용한 것이라 할 수 있다.

둘째, 대마도에 대한 '遷就之計'가 이미 한계에 도달했다는 것이다.
대마도의 '革面輸誠'을 평가한 이상 '허화'를 지연할 명목도 이미 없
어졌다는 것이 된다. 게다가 '借重之計'도 이미 일본 측에 간파되고
있었다.

셋째, 대마도를 '기미권'에 편입하여 통제할 수 있는 자신감이 조선
측에 생겼다는 것이다. 즉 당시까지 조선은 '허화'를 부여한 이후 야기
될 대마도의 통신사 파견이나 조선전기와 같은 양국의 다원적 교역관
계 부활 요청을 경계했기 때문에 '허화'를 지연해 왔다. 그러나 이 시점
에 이르러 '허화'를 부여한 것은 대마도의 그러한 요구를 통제할 수 있
다고 여겼기 때문이었다.

넷째, 일본 중앙정권에 대응하기 위한 조치이다. '허화'를 부여하여
대마도에의 대책을 일단락 시키고, 이를 계기로 이에야스 정권과의 강
화대책으로 정책을 전환시키기 위해서였다. 이러한 전환에는 이에야스
의 조선침략 동향이나 강화의욕의 진위에 대한 대응이 요구되어졌기
때문이다.

맺음말

이 제4장에서는 일본군이 조선을 철수한 이후부터 조선이 대마도에
'허화'를 부여하기까지의 과정을 검토했다. 그 결과 다음과 같은 사실
을 밝힐 수가 있었다.

　일본은, 조선에서 철수한 직후 곧 대마도를 통해 停戰의 상징인 조선 重臣의 渡日을 요청해 왔다. 그리고 히데요리의 뜻을 받은 이에야스의 명령으로 강화를 요청하는 것이라고 한 대마도의 주장은, '세키가하라의 전쟁' 이후가 되자 이에야스의 의도와 명령에 의한 것이라고 그 주장이 변화하고 있다. 요청의 내용도 통신사의 파견이라고 구체화시켜가고 있다. 그러나 이러한 요청 자세는 전란 시 납치해 간 조선 피로인을 송환한다고 하는 평화적인 방법과, 조선을 재침한다고 하는 위협적인 방법을 견지하고 있다. 또한 1603년 이에야스가 에도막부를 연 이후는 그 정권의 정당성을 조선으로부터 확보하기 위해서였는지 더욱 적극적인 태도로 통신사 파견을 요청하기에 이른다.

　대마도의 경우는, 교섭 초기부터 오직 강화문제에만 매달려 私的인 교역관개의 타개 요구를 대조선 교섭의 前面에 내걸지 못했다. 이것은 대마도가 이에야스의 직접적인 통제 하에 있었다는 것을 보여주는 것이다.

　조선의 이 시기의 기본적인 정책은 대마도에 '허화'를 부여하는 것을 전제로 한 기미정책이었다. 일본의 재침을 부정하고 그 대신 대마도의 왜구집단화를 우려한 조선은, 조선전기처럼 대마도를 조선의 '기미권'에 편입하지 않으면 안 될 존재로서 인식하게 되었고, 이것이 기미정책 성립의 배경으로 작용되었다. 이 조선의 인식에는 기본적으로, 대마도의 강화교섭이 단절된 대조선 교역관계를 재개하려 한 대마도 자신의 의지에 의한 것이라는 판단이 작용하고 있었다. 이러한 대마도에 대한 기미정책의 내용은, '허화'를 부여하는 대신 조선 피로인의 쇄환에 진력하며 위압적인 태도를 버리고 공순을 나타내는 것을 조건으로 한 것이었다.

　조선은 이 정책을 통해 안으로는 국력회복을 기대하고, 대마도에 대해서는 '허화'에 동반되는 교역관계의 재개에 대비하여 그 관계의 대폭

축소를 의도했다. 조선은 이 정책을 원활하게 전개시키기 위해 대마도의 강화요구에 대해, 강화건은 明의 결정사항이라고 明의 권위를 前面에 내어 회피하고('借重之計') '허화'부여를 지연시키면서('遷就之計') 그 부여의 適期를 기다리기로 하였다.

　마침내 조선에서 대마도의 왜구화에 대한 우려가 격감하고 피로인 송환 등을 통한 대마도의 공순 태도도 평가되기에 이르자 조선은 '허화'부여를 단행하기에 이른다. 그렇지만 이러한 전환에는 대마도에 대한 대응을 일단락 시키고, 이에야스 정권의 강화요구에 보다 적극적으로 대응하기 위한 전략적 측면도 있었다.

　조선이 '허화'부여 이전에 일본 본토의 동향에 대해서 전혀 관심을 보이지 않았다고는 할 수 없다. 즉 조선은 대마도를 일본의 첨병적 존재로서도 파악하고 있어 이러한 대마도를 통해 일본의 對조선 동향을 탐색하고 견제하려고 노력하고 있었기 때문이다. 기요마사의 서한건에 대해 대마도에 나타낸 조선의 대응이 그 한 예이다.

　그러나 조선에서는 이에야스의 對조선 강화의지에 대해서는 기본적으로 회의적이어서 관심의 대상이 되지 못했다. 이것이 변하는 것은 김광의 상소, 즉 조선이 통신사 파견을 계속 거부한다면 재침할 수밖에 없다고 한 이에야스의 뜻이 김광에 의해 전달된 때부터이다.

　한편 조선이 대일교섭에 관해 明에 취한 기본자세는 일본의 재침이나 대마도의 武力시위를 억제하는 존재로서 明을 항상 확보해 놓는 데에 있었다. 그러나 대마도를 '기미권'에 구속시켜 자국의 남해안을 안정시키려는 '허화' 단계에 이르러서는, 오히려 明으로 하여금 조선의 對日관계에 대해 제3자적 입장에 있음을 천명하게 할 필요가 생겼다. 그 이유는 우선, 대마도 역시 어디까지나 적국 일본이 되므로 조선 스스로의 '허화' 결정은 임진란에서 조선을 구한 明의 은혜('藩邦再造')에 위배된다, 고 하는 도덕적 측면에서였다. 둘째로, '허화'의 自決이 '조선통왜' 사건에서 보이듯 참언을 불러일으켜 朝·明관계를 악화시키는 원인이 될 수도 있다는 우려에서였다. 이에 조선은 대일문제에 관한 奏請을 반복하여 明으로 하여금 '朝鮮自任咨文'을 내게끔 함으로서, '허화' 결정에 明으로부터의 참언 발생의 여지를 막고 스스로는 明에 대한 도의적 부담으로부터 해방될 수 있었다.

조선의 대일교섭에 대한 明의 입장은 불간섭의 자세로 일관하고 있었으며 그것은 조선전기의 입장을 계승한 것이었다. 다만 일본의 재침시에는 조선과 협력하여 대응한다는 입장을 견지하고 있었다. 당시 누루하치에 통솔되어 세력을 증대해 가는 建州女眞에 위기의식이 높아진 明으로서는 조선의 대일강화가 일본의 武力시위를 억제할 수 있는 것이라면 환영하는 입장이었다. 이상과 같은 明의 입장이 공식적으로 표현되는 것은 '조선자임자문'이다. 이에 의해 明은 조선의 대일강화문제로부터 드디어 해방되고자 하였다.

마지막으로 이 제4장에서 내어진 문제, 즉 조선의 '허화'부여에 대해 대마도는 어떠한 반응을 보였는가? 또한 사명당의 대마도 파견에 이르러 조선이 처음으로 나타낸 이에야스의 강화요청에 대한 관심은 그 이후 강화교섭의 전개에 어떠한 형태로 표현되어 가는가? 이러한 의문에 대한 것은 제5장에서 상술하기로 한다.

제5장
임진왜란 이후 朝·日 講和교섭과 대마도
-‘二件’을 중심으로-

머리말

조선이 대마도의 對조선 講和교섭을 대마도의 독단에 의한 것이 아닌 도쿠가와 이에야스(德川家康)의 의향에 의한 것으로 파악하고, 그에 대한 대응을 강구하려 한 것은 일본에 끌려갔다가 송환된 김광의 상소에 의한 것이었다. 그 직후 결정된 惟政(이하 편의로 사명당으로 표기)의 대마도 파견은, 대마도에 대해서는 ‘許和’를 부여하는 것에 의해 그 대응책을 일단락 시키고 이에야스 정권에 대해서는 강화의지를 탐색하기 위해서였다. 이에 대해서는 이미 제4장에서 언급하였다.

제5장이 검토대상으로 하고 있는 시기는 사명당의 대마도 도착부터 제1차 回答兼刷還使가 漢城을 출발하기까지이다(1604년 7월~1607년 1월).

이 교섭기간 중의 조·일 양국 간의 주요문제는 말할 것도 없이 ‘二件’을 둘러싼 것이었다. ‘이건’이란 조선이 강화의 전제조건으로서 이에야스 정권에 제시한 두 가지의 요구이다. 이른바 일본을 대표하여 이에야스가 강화를 요청하는 서한을 우선하여 보낼 것('先爲致書'), 임진란 때 조선왕릉을 파헤친 일본군을 압송해 올 것('犯陵賊 縛送')을 가리킨다.[1] 조선이 임진란에 의해 '불구대천지원수'가 된 일본과의 적대관계를 강화로 전환시킨 것은 이 '이건'이 기본적으로 다름 아닌 이에야스에 의해 이행되었다, 라는 명분을 얻은 것에 의한 것이 아닐까? 제5장의 기본자세는 이 점에 있다.

그런데 기존연구는 '이건'의 요구가 대마도의 독단으로 행해진 것이라고 단정하고 있다.[2] 특히 조선에 보내진 이에야스의 서한은 對조선 교역관계의 타개를 서두르는 대마도의 날조였다고 주장하고 있다. 이에 대해 조선 측의 사료를 검토하여 반론을 제기하고 이에야스의 서한이 실재했음을 입증한 사람은 다카하시 고메이(高橋公明)다.[3]

이 제5장은 그러한 다카하시의 연구 성과를 수용하면서도 '선위치서'와 관련한 이에야스의 조선에 대한 강화의지를 보다 적극적으로 평가하려 한다. 그 이유는 첫째, 대마도의 조선에 대한 강화교섭이 이에야

---

1) 이 '二件'은 지금까지 일본 측의 관련학자들에 의해 '二個條'로 통칭되어 왔다. 그러나 『선조실록』에는 이것이 '二件', '二件事'로 기록되어 있다. 그러므로 이 책에서는 '二件'으로 칭하려 한다(『선조실록』 39년 6월 계해조의 손문욱과 橘智正과의 문답, 같은 해 7월 신미조의 비변사계, 같은 달 임신조의 비변사계 등을 참고).

2) 관련 연구로는 中村榮孝,「江戶時代の日鮮關係」(『日鮮關係史の硏究』(下), 吉川弘文館, 1969), 田中健夫,「鎖國成立期における朝鮮との關係」(『中世對外關係史』, 東京大學出版會, 1975). 田代化生,『書き替えられた國書』(中央公論社, 1983), 荒野泰典,「大君外交体制の確立」(『講座日本近世史2 鎖國』, 有斐閣, 1981), ロナルド·トビ,「初期德川外交政策における『鎖國』の位置づけ」(社會經濟史學會 編,『新しい江戶時代史像を求めて』, 1977), 三宅英利,「德川政權初回の朝鮮信使」(『朝鮮學報』82集, 1977) 등이 있다.

3) 高橋公明,「慶長十一年の回答兼刷還使の來日たついての一考察－近藤守重説再檢討－」(名古屋大學文學部研究論集, XCⅡ『史學』31, 1985).

스 정권의 직접적인 통제 하에 놓여있어 독자적인 對조선 교섭이 불가
능한 입장에 있었다고 여겨지기 때문이다. 이는 '허화'부여 이후 대마
도의 對조선 교섭 동향을 검토하는 것에 의해 밝혀질 것이다. 둘째, 이
에야스에게 파견된 조선의 사절(제1차 회답겸쇄환사)을 이에야스 측이 도중
에서 새 쇼군(將軍) 히데타다(秀忠)에게 향하도록 전환시켰기 때문이다.
이 전환에 의해 조선 사절이 지니고 간 이에야스를 수신인으로 한 답서
는 히데타다에게 전달할 수 없게 된다. 이것은 이에야스가 조선에 대해
서는 스스로 '선위치서' 요청에 응하면서도 일본 내정상으로는 조선이
먼저 국서와 사절을 파견해 왔다고 하는 입장에 서기 위한 것으로 여겨
진다. 그러므로 조선의 회답서를 받지 않는 회피수단으로 조선사절을
히데타다에게 향하도록 한 것일 것이다. 그 경우 조선과의 강화를 간구
한 것은 대마도가 아닌 이에야스이었음이 명확해질 것이다.

   제5장은 이러한 시각을 기본으로 하여 다음과 같은 점을 중점적으로
검토하고자 한다.

   첫째, 이에야스의 사명당 접견이 이에야스 정권과 대마도에 어떤 의
미를 갖는 것일까에 관해서이다.

   둘째, 조선의 일본 執政(로쥬[老中] : 총리격)에 대한 '差官' 파견계획의
배경과 의도, 그리고 이 계획이 중지되는 이유, 그 계획에 대한 대마도
의 입장과 대응에 관해서이다.

   셋째, '이건' 요청의 의미와 그 제시하는 시점, 그리고 '이건' 이행을
약속하는 대마도와 그에 대한 조선의 입장에 관해서이다.

   넷째, '이건' 이행의 진위를 둘러싼 기존학설이 가진 문제점에 관해
서이다.

   다섯째, 조선의 강화에의 전환 시기나 요인, 강화를 앞에 둔 조선의
양국관계 재개에 대한 인식에 관해서이다.

제1절 도쿠가와 이에야스(德川家康)의
사명당 접견

여기서는 사명당의 渡日과 이에야스의 사명당 접견이 이에야스 정권과 대마도에 어떠한 영향을 주었는가에 대해 검토하여 보고자 한다.

1604년 7월, 대마도에 건너간 사명당은 對馬島主인 소 요시토시(宗義智)의 요청에 의해 그대로 府中(嚴原)에 머물게 되었다. 그 사이에 요시토시는 야나가와 시게노부(柳川調信)를 이에야스에게 파견하여 그 뜻을 묻게 하였다. 이에 시게노부를 인견하게 된 이에야스는, 내년 히데타다와 함께 교토에 가니 그곳에서 조선사절의 예를 받게 하라고 분부했다.[4] 이로서 대마도 체류 중인 사명당 일행이 교토로 가게 된다.

일본 측의 사료에는 이에 관하여,

> (사명당이) 요시토시를 만나 드디어 (강화와 관련한 일본의) 정황을 묻고는, "和好件을 (이에야스가) 허용하려 한다면 江戶에 건너가 조선 국왕의 감사하게 여긴다는 뜻을 전할 것이다. 만약 아직도 수용될 수 없다면 대마도에서 곧 귀국할 것이다."라고 말했다.[5]

라고 기록하고 있다. 마치 사명당의 渡日이 일본에 강화를 요청하기 위해서였고, 그가 일본 본토로 건너간 것도 이에야스가 조선의 강화 요청을 수용했기 때문인 것처럼 서술하고 있다.

그러나 제4장 제5절에서 검토한 것처럼 사명당의 渡日은 대마도를

---

4) 『通航一覽』 卷27.
5) "義智に逢て彌樣子を尋問, 和睦の儀御許容なるへき於ては, 江戶へ罷り下り, 朝鮮王忝く存せらるるの趣御禮申し上へし, 若なを滯る事あらは, 對馬より先つ歸るへしとの義なり云云."(『通航一覽』 卷27)

주된 대상으로 '허화'를 부여하기 위한 것이었다. 또한 일본 본토에 가는 것도 일본 측의 요청이 있을 경우에 한정한 수동적인 입장이었으며, 그 경우에도 이에야스의 강화 요청의 진위를 탐색하는 것을 목적으로 하고 있었다. 다음해인 1605년 5월 대마도가 조선에 보낸 서한에도, "대마도에만 '허화'를 하고 본국과는 不和하면 후일에 장애가 있을 것이다."라고 말하고 있어,[6] 대마도가 조선과 이에야스 정권과의 강화를 추진하기 위해 사명당을 일본 본토로 안내했던 것이 파악된다.

다나카 다케오(田中健夫)는 『當代記』의 기록, 즉 사명당이 이에야스를 만나 조선은 明軍의 주둔에 의해 막대한 피해를 입고 있으므로 일본과의 강화를 원하고 있다고 발언했다는 기록을 그대로 인용하여, 조선 주둔 명군의 피해를 조선의 대일 강화 요인의 하나로 꼽고 있다.[7] 그러나 이러한 그의 주장은 다음의 면에서 수긍될 수 없다. 첫째, 사명당의 渡日은 전술하듯 강화 목적이 아니었다. 둘째, 당시 조선 주둔 명군은 대부분이 철수하여 소수에 불과했으므로(제4장 제2절 참고) 그 피해도 이미 크지는 않았을 것이다.[8] 셋째, 만약 명군의 피해가 해당시점에서조차 컸다고 하더라도 그 주둔은 일본의 재침을 억제하기 위한 조선의 요청에 의한 것이므로 그 피해는 감수해야 할 입장이었을 것이다. 다나카는 이러한 조선의 입장을 전혀 도외시하고 에도시대 일본 측의 일부 인식이었던, 이른바 명군의 조선주둔의 피해를 강조하는 것으로 일본군에 의한 조선 침략행위를 희석시키려 하는 『當代記』의 시각을 무비판적으로 수용하고 있다고 할 수 있다.

한편, 요시토시에게 인도되어 대마도를 출발한 사명당 일행은 같은

---

6) "此島獨許和, 亦與本國不和, 則他日恐有所妨乎."(『선조실록』 38년 5월 을유)
7) 田中健夫, 앞의 논문 2), 258쪽.
8) 柳承宙, 「倭亂後 明軍의 留兵論과 撤兵論」(『千寬宇先生還曆記念韓國史學論叢』) 참고.

해인 1604년의 12월 교토에 도착해 이에야스가 오길 기다리게 된다. 다음해 2월 중순 이에야스가 그곳에 다다랐을 때 동원된 인력이 10만이나 되었다고 『通航一覽』 卷27은 기록하고 있다. 이로 보아 이에야스가 조선사자의 渡日을 일본 전역에 선전하고, 조선에는 일본의 武威을 과시하려 했음을 알 수 있다.

그리고 3월 초 이에야스는 사명당을 접견하게 되는데, 이와 관련하여 다음해 조선에 내항한 다치바나 도시마사(橘智正)는 사명당이 이에야스로부터 '好意'를 '親聽'했다고 전하고 있다.[9] 그 뒤 조선 조정에서도, "이전에 惟政이 일본에 갔을 때 이에야스가 좌우에 말하길, '秀吉은 그 흉악한 威勢를 맘대로 부려 조선 사자를 접견하지 않았다. 이제 내가 政事를 보자 이러한 행차가 있게 되었으니 어찌 좋은 일이 아니랴.'라고 말했다 한다."고 하여,[10] 이에야스가 도요토미 히데요시(豊臣秀吉)를 비판하며 조선사절의 渡日에 만족하고 있었다고 평가하고 있다.

『通航一覽』은 이에야스가 사명당 접견에 즈음하여 요시토시에게,

> 올해 천하를 히데타다에게 양위할 것이다. 이번에 온 조선 사자는 후시미(伏見)에 와서 禮를 나타내야 할 것이다. 그러나 근간에 꼭 信使를 보내게 하여 히데타다에게 禮를 표해야 할 것이다.[11]

라고 하였다고 기록하고 있다. 그의 발언에서 주목되는 것은 이번에 온 사명당은 자신이 접견하지만, 곧 쇼군직을 히데타다에게 물려줄 것이므

---

9) 『선조실록』 39년 6월 계해.

10) "上年惟政之行, 家康謂左右曰, 秀吉肆其兇威, 而不見朝鮮之使, 今我爲政, 乃有此行, 豈不好哉云云."(『선조실록』 39년 5월 갑신, 이홍로 의견)

11) "當年天下を秀忠公へ御讓あるへし, 朝鮮の使者, 此度は伏見へ來り御禮申すへし, 近年の内に急度信使を渡し, 秀忠公へ御禮申し上へし."(『通航一覽』 卷27)

로 그에게 조선 신사를 반드시 파견하게 하여 禮를 표하게 하라고 한
점이다. 히데타다에게 쇼군직이 양위되는 것은 그해 4월이다. 그렇다면
이에야스는 이미 이 시점에서 양위하는 새 쇼군에게 조선의 정식사절
인 신사가 파견되길 바라고 있는 것이니, 조선 사절을 통해 쇼군의 위
엄과 막부의 정통성을 과시하려는 이에야스의 강력한 희망이 담겨져
있다고 여겨진다.

그해인 1605년 3월 하순 사명당 일행은 교토를 떠나 4월 중에는 귀
국하는 듯하다.『宣祖修正實錄』38년 4월조엔 사명당이 납치된 조선
인들을 쇄환해 돌아왔다고 기록하고 있다.

사명당 일행의 渡日기간 중의 활동에 관해서는 양국 사료에 별로
남아있지 않다. 1607년의 제2차 회답겸쇄환사가 도일했을 때 그 지참
한 사명당의 서한을 보면, 자신이 일본에 가 스승 서산대사의 '遺諦'
에 근거하여 외교승들과 교제하고 佛心에 대해 논했다고 술회하고 있
다.12)

이후 불교를 숭상하고 있는 일본과의 외교교섭에는 사명당처럼 승려
의 파견이 효과적이라고 조선이 평가하고 있는 듯, 제1차 회답겸쇄환사
의 파견이 논의되었을 때에도 사행에 승려를 포함시키자는 의견이 제
안되기도 했다.13)

그런데 사명당을 접견하고 난 이에야스는,

> 대마도주 요시토시에게 분부하여, 드디어 (대마도는) 양국의 통교를
> 관장하여 일본의 藩屛이라 할 수 있다. 지금부터는 3년에 1회 參勤하
> 라 하고, 領地도 늘려주라고 명령했다.14)

---

12) 慶暹,『海槎錄』(『國譯 海行摠載』(二), 民族文化文庫刊行會, 1974), 正月
20日條에 보이는 圓光·吉俉 등을 수신인으로 한 5통의 서한.
13)『春官志』卷2,「通信三使及一行員役」附錄.
14) "義智に被仰付, 彌兩國之通交を掌り, 可爲日本之藩屛候, 自今三ケ年ニ

라고 하여 대마도주의 對조선 교섭의 독점을 인정하는 한편 領地 2,800石을 더해 주고 3년 1회의 參勤交代를 허용했다고 한다.[15) 그런데 여기서 이에야스가 대마도주에 대해 "드디어 양국의 통교를 관장하여,"라고 일본의 對조선 교섭을 위임한 것은, 이 시점에 이르러 대마도주가 對조선 외교상에 확고한 대행적 위치를 이에야스로부터 공식으로 인정받은 것을 의미하므로 주목된다.

아라노는 이에야스가 사명당의 渡日로서 사실상 강화가 성립된 것으로 간주하고 있었다고 하고, 그 이유로서 대마도주 요시토시에 대한 領地의 증가를 들고 있다.[16) 그러나 과연 이에야스에게 그러한 인식이 있었을까? 「朝鮮聘考」(『通航一覽』卷27)를 보면, 이에야스가 사명당을 접견한 후 대마도에 "근간에 (조선) 사자를 에도에 파견케 할 것이다. 松雲(사명당)은 出家한 자이므로 사자로는 여길 수 없다. 官人으로 파견해야 할 것이다."라고 명령했다고 한다. 이로 보면 이에야스는 승려인 사명당을 정식 사자로서 수용하지 않고 있었음을 알 수 있다. 또한 대마도 측의 기록에도 사명당의 귀국 이후 '화호'건에 대한 조선의 회답이 전해오지 않는다고 조선을 비난하고 있는 것이 보인다.[17) 그러므로 이에야스나 대마도에게 사명당의 도일은 강화 성립과 직접 연관된 것으로 인식되지 않았다고 할 수 있다.

그렇다면 이에야스의 사명당 접견은, 이에야스 정권에게는 조선과의 강화를 보다 강력하게 요구하는 계기가 되었다는 점, 대마도에게는 對

一度宛參勤可仕と之上意に而, 御加增拜領被仰付候."(『通航一覽』卷27)
15) 그러나 실제로는 다른 다이묘처럼 격년 주기의 參勤交代가 행해졌다고 한다 [荒野泰典, 앞의 논문 2), 179쪽]. 參勤交代란 전국의 다이묘가 에도에 격년으로 1년씩 거주하는 것을 말한다.
16) 荒野泰典, 『近世日本と東アジア』(東京大學出版會, 1988), 176쪽.
17) 『通航一覽』卷27. 또한 같은 책의 卷27에는 "然二使(사명당·손문욱), 雖歸國, 未報和好之事, 不審不審."라고 있다.

조선 교섭 독점권을 이에야스로부터 부여받게 되었다는 점에 그 의의
가 있다고 할 수 있을 것이다.

제2절 조선의 '差官' 파견 계획

여기서는 조선이 일본의 '執政' 앞으로 '차관'을 파견하여 이에야
스 정권의 對조선 강화의 진위를 탐색하려 한 계획에 대해 검토하기
로 한다.

1. 조선의 일본 정탐계획

사명당이 일본에서 귀국한 다음 달인 5월(1605년), 대마도는 도시마사
(智正)를 조선에 파견하여 예조 앞으로 서한을 보냈다. 서한은 사명당을
교토에 안내한 것은 이에야스의 지시에 의한 것이었던 만큼, 조속히 일
본과 '화호'를 맺자는 내용이었다. 또한 서한의 별폭에는 대마도에 '허
화'를 부여한 것에 대한 감사의 뜻으로서 피로인 1,390명을 송환한다고
덧붙이고 있다.[18]

그러나 조선은 이러한 대마도에 의한 '화호' 요청이 역시 이에야스의
권위를 빌린 대마도의 독단에 불과하다고 단정하게 된다.[19] 이러한 조
선의 판단은 이에야스가 강화를 염원한다고 하면서도 그가 접견한 사
명당에게 문서의 형태로 그 뜻을 나타내지 않은 것에 기인하고 있었다.

1606년 4월, 조선에서는 2품 이상의 重臣이 宣祖의 분부에 의해 일

---

18) 『선조실록』 38년 5월 정유.
19) 『선조실록』 38년 5월 정유.

본에의 사절 파견 여하를 검토하게 된다.[20] 그것은 영의정 유영경의 발언에서 "사람을 일본에 파견함은 대마도의 갈망을 어루만지기 위함이며 또한 일본 사정을 살피기 위함이다."라고 하는 것에서 알 수 있는 것처럼, 대마도의 통신사 파견요청에 대한 회유와 일본 본토에 대한 정탐을 목적으로 한 사자를 파견할 것인가의 여부에 대한 검토였다. 그러나 유영경은 이어서, 이러한 목적을 가진 사절파견은 조선이 '통신'을 칭하지 않은 채 다만 사자를 파견하는 것이 되므로, 국서를 지참하지 않은 사자라는 이유로 일본 측으로부터 배척될 우려가 있다고 지적하고, 그렇다고 하여 어쩔 수 없이 국서를 지참시킨다 하여도 그 국서의 내용이나 受信處를 어디로 하여야 할지 모르겠다고 사절파견에 반대하고 있다. 그러나 領中樞府事 이덕형은, 어떤 형식으로든 서계를 만들고 그 명목도 구체화할 수만 있다면 파견해야 할 것이라고 파견에 찬성하고 있다. 이에 대해 우의정 심희수는 일본의 내정이 아직 동요하고 있으므로 파견이 위험하다고 반대하고 있다.

그런데 일본에 사자를 파견('差人')하자는 의견은 이보다 2개월 전인 2월에도 선조에 의해 제시된 적이 있었다.[21] 즉 선조는 이전처럼 사람을 대마도에만 파견해 정탐한다면 일본 정세를 파악하기에는 불충분하므로, 왜란 중 가토 기요마사(加藤淸正)와 면식이 있었던 사명당·김응서를 발신인으로 기요마사 앞으로 보내는 서한을 작성하여 이것을 '差人'으로 하여금 전달케 하되 파견 명목을 피로인 송환이라 한다면, 비록 일본 측이 이 '차인'을 받아들이지 않고 되돌려 보낸다 하여도 일본 정탐의 목적은 달성될 수 있을 것이라고 제안한 적이 있었다. 이 제안은 실행으로 옮겨지진 않았다고는 하나 당시 조선이 일본 본토의 동향에 강한 관심을 보이고 있었음을 나타낸다. 조선의 이 같은 움직임이

---

20) 『선조실록』 39년 4월 계묘.
21) 『선조실록』 39년 2월 신해.

대마도에 '허화'를 부여한 뒤에 일어나고 있다는 점이 특히 주목된다.

한편 조선은 전술하듯이 일본 본토에의 '차인'건에 관해 찬반양론이 있었음에도 불구하고 이를 진행시키려 하여, 우선 대마도에 이에 대해 묻기로 하고 있다. 특히 '차인'의 지참하는 서한의 수신인을 누구로 할 것인가에 대해 당시 부산 절영도에 체류 중인 도시마사에게 묻기로 하고 있다.22) 이것은 이 '차인' 파견 계획이 대마도의 협력에 의해 비로소 가능해진다는 것을 조선이 인식하고 있음을 보여준다.

비변사는 이러한 사정에 근거하여 박대근으로 하여금 도시마사에게 물을 언사를 작성하고 있다. 그 속에서는 우선, 사명당이 渡日했을 때 이에야스가 '和事'에 관하여 '一言一字'도 표명하지 않은 것에 대해 의문을 나타내고 있다. 그리고 대마도가 주장하듯 이에야스가 反히데요시的이며 피로인 쇄환을 계속하려 한다면 조선으로서도 이에야스의 통신사 파견 요청을 거부할 이유가 없으나, 이에야스가 그 둘째 아들(히데타다)에게 정권을 물려준다고도 하고 혹은 차남보다 히데요리가 나이가 위이므로 그에게 물려준다고도 들리니 어떤 것이 참인가를 묻고 있다. 또한 조선의 사절파견을 통한 통신은 일본의 이러한 내정문제를 확실히 파악한 후에 행해야 할 것이라고 하고, 마지막으로 조선이 일본에 글을 보낼 때의 受信處를 묻고 있다.23)

5월이 되어 도시마사가 내항하여 왔다. 이에 박대근은 비변사가 작성한 바대로 질문하게 된다. 이에 대해 도시마사는, "일본에 通書하는 일은 이미 前規가 있으나 다시 물을 것도 없다. (수신처는) 일본국왕이라 써야 한다."고 답하고 있다. 이에 박대근은 '국왕'은 누구를 가리키는가? 또한 일본에서는 '국왕'을 칭하지 않고 있지 않은가? 하고 묻고

---

22) 『선조실록』 39년 4월 갑인.
23) 『선조실록』 39년 4월 을묘. "家康, 封其第二子, 爲關伯(關白), 或云, 秀賴年長, 家康, 欲推位於秀賴, 前後所言, 不一何也."

있다. 그러자 도시마사는, '국왕'이란 이에야스로, 그를 일본에서 '국왕'
이라고 칭하지는 않지만 그 직책은 '국왕'이라고 설명하고 있다. 이러
한 도시마사의 발언이 강화를 재촉하기 위한 대마도의 자의적인 것인
지, 아니면 이에야스의 지시에 의한 것인지는 알 수 없다. 다만 이 시점
에서부터 대마도는 이에야스에게 보낼 조선 국서에 '일본국왕'이라 명
시하도록 요청하고 있다.[24]

　조선은 도시마사의 발언에 의거하여 이에야스가 일본의 패권을 장악
하고 있음을 확인한 모양이다. 그러나 이에야스 정권의 안정 여하에 대
해서는 여전히 의심하고 있다. 즉 당시 조정에서는,

> 이에야스가 비록 어린 히데요리를 끼고 국정을 좌우하고 있다고는
> 하나, 히데요시의 잔당이 아직 건재하여 뒷날의 승부를 알 수 없다. 지
> 금 우리가 그들의 형세를 살피지 않고 그들의 서한 하나도 받아보지
> 못한 채 倭使(橘智正)의 말만 믿고 가벼이 강화를 허락한다면 지금 기만
> 당하고 뒤엔 화를 당할지 모를 일이다.[25]

라고, 이에야스 정권이 아직 불안정한 이때에 강화를 요청하는 이에야
스의 서한도 받지 못한 채 강화를 진척시키는 것은 뒷날 화를 부를지도
모른다고 경계하고 있다.

　이에 조선은 '차인'에게 지참시킬 서한을 '禮曹判書官銜'에서 '日
本國執政大臣'에게 보내는 형식으로 작성하게 된다.[26] 여기서 조선이
여태껏 발상조차 없었던 '執政'을 수신인으로 설정한 것은 아마도 대마
도의 助言에 의한 것으로 여겨진다.

---

24) 『선조실록』 39년 5월 기묘.
25) "家康, 雖挾幼秀賴也, 擅國秀吉餘黨, 布滿其國, 他日勝負, 未可知也, 今我
　　不審其形勢, 不見其一紙書, 只憑差倭之言, 輕許納款, 則恐被瞞於今, 而
　　嫁禍於後也."(『선조수정실록』39년 5월)
26) 『선조실록』 39년 5월 기묘.

그러면 서한의 내용을 살펴보자. 먼저 임진란에서의 히데요시의 침략행위를 언급하여 그를 '萬世不忘之讐'라고 전제하고, 이에야스가 그 전쟁에 파병하지 않은 점과 反히데요시的 행위를 하고 있는 점 및 피로인 쇄환에 협력하고 있는 점, 즉 지금까지 대마도가 조선에 주장하여 온 이에야스의 3가지의 행위를 들어, 이를 히데요시와 비교하여 평가하고 있다. 그리고 이에야스가 '舊好'를 회복하려 함이 사실이라면 조선으로서도 강화를 거부하지 않겠다고 밝히고 있다. 또한 '이건' 요구를 처음으로 제시하면서 일본이 이 요구에 응한다면 그 결과를 明과 조선의 종묘・사직에 알린 후 '犯陵賊'을 처단하고, 그 시점에서 일본과 강화를 맺겠다고 끝맺고 있다.

그러면 여기서 조선의 '차인'에 의한 일본 집정에의 서한 전달계획의 원인을 정리하여 보자.

첫째, 대마도의 강화교섭 행위의 출처를 밝힐 필요를 느꼈기 때문이다. 조선은 대마도에 '허화'를 부여한 후 더욱 활발해진 대마도의 통신사 파견요구에 대응하기 위해 대마도의 교섭행위의 출처를 확인하는 것이 필요해졌다. 그리고 만약 그 교섭행위가 대마도의 恣意에 의한 것이라 확인된다면 별도로 통신사 파견을 강구하지 않아도 되기 때문이었다.

둘째, 대마도의 교섭행위가 이에야스의 의지에 의해 전개되고 있는 것이라면 통신사 파견을 요청하는 眞意가 어디에 있는가를 파악하여 놓지 않으면 안 되었기 때문이다. 그것은 통신사 파견과 강화실현과의 상관관계를 조선이 불신하고 있었기 때문이다. 즉 "이전에 시게노부가 신사를 요청하고서도 갑자기 임진란을 일으켰고 고니시 유키나가(小西行長)가 책봉사를 간구하면서도 곧 정유재란을 일으켰다."고 하여 일본 측의 조선・明에 대한 통신사・책봉사의 요청이 강화가 아닌 전란으로 연결되었다고 인식하고 있다.[27] 조선은 당시 조선과 明이 사절파견을 요청하는 히데요시의 진의를 미리 파악하지 못하여 이러한 전란을 맞았다고 보고 있었다. 즉 히데요시가 조선의 '통신사'나 明의 '책봉사'의 파견을 요청한 적이 없이 오직 양국의 '入朝' 사절을 바라고 있었으나, 이것을 시게노부나 유키나가가 왜곡 전달하였기 때문에 전란으로 이어졌다고 보고 있다. 조선은 이러한 경험에서 대마도에 의한 이에야스의 통신사 파견요청에 대해서도 그 진의를 우선 정확히 파악할 필요가 있었다.

셋째, 일본 내정에 대한 정탐이 현안으로 대두하였기 때문이다. 그것은 이에야스가 그 아들 히데타다에게 쇼군職을 물려준다는 풍문이 있는 반면, 히데요리가 성장하길 기다려 그에게 쇼군職을 양위한다는 소문도 들려왔기 때문이었다. 또한 히데요리가 정권을 탈취할지 모른다는 우려도 조선에서 제기되고 있었다.[28] 그러므로 이에야스 정권의 안정성에 대한 정확한 정보를 탐색하기 위해서도 '차인' 파견이 필요해졌다.

2. 조선의 '차관' 준비와 대마도의 대응

1606년 5월 중순, 조선에선 이미 작성한 집정 앞으로 보낼 서한의 내용과 '차인' 파견과 관련하여 중신들이 다시 논의하고 있다.[29] 이때 내어진 의견은 다음과 같다. 집정에게의 서한 전달계획은 대마도의 존재를 무시하는 것이 되므로 필시 대마도의 분노를 살 것이고, 이에야스도 강화를 요청하는 서한을 먼저 조선에 보낼 리가 없다고 하는 부정적

---

27) 『선조실록』 39년 6월 계해, 손문욱의 도시마사에의 발언.
28) 『선조실록』 39년 5월 갑신, 심희수 의견. 히데요리의 집권 가능성에 대한 우려는 같은 갑신조의 이정구 의견 등이다. 이 같은 우려는 사절 파견이 확정된 같은 해 11월 갑술조에까지 나타나고 있다.
29) 『선조실록』 39년 5월 갑신.

인 의견이 있다. 다른 한편으로는, 지금 양국의 교섭에서 조선이 주도적 입장에 서있으므로 일본과의 강화를 거부할 필요는 없다고 하는 적극적인 입장이다. 그리고 서한 전달을 수단으로 한 일본 정탐계획은 대마도의 길안내와 같은 협조 없이는 불가능하므로 아예 이번에 일찌감치 통신사를 파견하는 편이 국가 재정의 虛費를 방지하고, 북방의 여진족에 대해서도 전력으로 방어할 수 있을 것이라는 현실론도 내어졌다.

그러나 이러한 여러 의견 속에서도, 서한내용을 수정하여 그대로 지금까지의 계획을 강행하자고 하는 의견이 지배적이었으므로 결국 서한을 수정하는 것으로 결정되었다. 그러한 결정 배경에는, 일본의 정국변화에 대비하기 위해서는 이에야스에 대해 편중되는 내용이나 강화를 직접 언급하는 내용이 되어서는 곤란하다는 판단이 작용하였다.

이에 수정된 서한 내용은 다음처럼 변경된 것이었다. 우선, 히데요시를 지칭한 형태의 비판이 생략되어 있다. 다음으로, 대마도의 강화교섭이나 피로인 쇄환 행위가 '귀국'의 뜻인가? 라고 묻고 있어 이전처럼 이에야스를 지칭한 질문형태를 취하지 않고 있다. 또한 '범릉적 박송' 요구는 삭제하여 구두로 전달하기로 하면서도 大義에 관계된다는 측면에서 다른 것보다 우선시하여 제의해야한다고 하고 있다.[30]

조선 조정은 수정된 서한에 관하여, 노골적인 표현이 약해졌으므로 그만큼 일본의 정세파악도 가능할 것이라고 평가하고, 이번에 서한을 지참하는 사람을 '差人'에서 '差官'으로 그 등급을 올려 칭하기로 했다.[31] 이처럼 수정된 서한은 이에야스의 집권 역량에 대한 의문에서 그를 일본의 대표로 했던 표현이 삭제되고, 히데요시의 침략행위에 대한 비판도 제외시켜 추후 있을지도 모를 히데요리의 집권 가능성에도 대비하려 했던 것이다.

---

30) 『선조실록』 39년 5월 을유.
31) 『선조실록』 39년 5월 무자.

이상처럼 서한 수정을 행한 조선은 우선 이 '차관' 파견 계획을 대마
도에 이해시키기 위해 손문욱을 부산에 보내기로 했다.[32]

한편 선조는 이 계획을 明 鎭江衙門에 移咨하여 보고할 것인가의
여부를 비변사에 묻고 있다. 이에 비변사는 1604년 도시마사가 조선에
서 돌아간 후 그에 대해 조선은 邊報의 형태로 鎭江衙門에 이자한 적
이 있는데, 그때 그 자문의 말미에 사명당을 일본 정탐을 위해 파견했
다고 간략하게 적은 사례가 있었다. 이번에도 도시마사가 대마도로 돌
아가면 그것을 이자·보고하는 가운데 '차관' 계획을 아울러 언급하면
된다고 답하고 있다.[33] 이것은 사명당의 도일 시점을 경계로 조선의 明
軍門에의 '先報後行'의 형태가 '先行後報'의 형태로 전환되었음을 보
여주는 것이다. 이 전환은 '朝鮮自任咨文'의 영향에 의한 것이라 할
수 있다(제4장 제5절 참고).

조선은 조속히 '차관'을 선정하기로 하여 대마도에 왕래한 적이 있는
전계신과 郡守인 조횐을 선출했으나 그들은 모두 武官이었다. 그리고
6월 초순에는 파견 준비를 시작했다.[34]

이즈음 대마도의 사자 沙汝文이 내항하여, 이에야스의 파견한 사자
가 대마도에 체류하며 조선과의 '화호'를 재촉하고 있다고 전하고 있
다. 이에 대해 접대를 담당하던 박대근은 沙汝文이 이에야스의 사자
이름도 언급하지 않았음을 이유로 그 이야기를 흘리고 있다. 沙汝文이
조선에 체류하는 중임에도 도시마사가 다시 내항해 왔다.[35]

그러면 여기서 1606년 4월부터 6월까지의 사이에 대마도로부터 조
선에 건너온 사자에 대한 관련기사를 다시 『선조실록』에서 발췌해 보

---

32) 『선조실록』 39년 5월 무자.
33) 『선조실록』 39년 5월 무자.
34) 『선조실록』 39년 6월 계묘.
35) 『선조실록』 39년 6월 을묘.

자. 4월 24일(源信安의 내항), 5월 12일(도시마사, 이에야스를 '일본국왕'이라 칭
함), 6월 9일(沙汝文의 내항), 6월 12일조(도시마사의 내항) 등이 기술되어 있
어 빈번하게 대마도의 사자가 내항하고 있음과, 그 시기가 중복되는 경
우조차 있음을 알 수 있다. 한 해에 3~4회에 국한되어 있던 이전의 내
항과는 다른 이러한 동향은, 쇼군직을 히데타다에게 양위하고 1년을 경
과한 이에야스가 쇼군의 권위를 높이기 위해 통신사의 도일을 실현하
려 더욱 강하게 재촉하고 있었음을 보여주는 것이리라.

그런데 전술한 것처럼 조선은 '차관'에 의한 서한 전달 계획을 대마
도의 협력을 전제로 실행하려고 하고 있었다. 특히 '차관'의 에도행은
대마도의 길안내에 의해 비로소 가능하기 때문이다. 그렇다면 대마도가
이 '차관' 파견 계획에 대해 어떻게 대응하여 가고 있는지 그 과정을
검토해 보자.

우선 조선이 처음으로 이 계획을 표명한 대마도 측의 상대는 당시
부산에 와 있던 대마도의 사자 沙汝文이었다. 즉 박대근은, 이에야스가
강화를 소망하고 있다고 하지만 이를 확인할 수 없으므로 '차관'을 파
견하여 직접 물어봐야겠다고 하며 이러한 계획을 내비추자, 沙汝文은
조속히 '차관'을 보낸다면 이에야스도 기뻐할 터이며 양국 간에도 다행
스런 일이 될 것이라고 찬성의 뜻을 표명하고 있다.[36]

그러나 沙汝文의 뒤를 쫓아오듯 내항한 도시마사는 차관파견에 대
해 반대하는 입장을 밝히고 있다. 즉 사명당이 도일했을 때 이미 이에
야스의 강화 의사를 직접 듣고 있고, 이에야스의 강화 의지는 이미 대
마도에 위임되어 조선도 그것을 충분히 알고 있을 것이라고 반박하고
있다. 그리고 조선의 이러한 계획은 '延緩之計'를 행하려는 것에 불과
하다고 비판하고, 신사가 아니라면 어떤 差官을 보내던지 기필코 문제

---

36) 『선조실록』 39년 6월 을묘.

가 생길 것이라고 반대하여 전혀 차관 파견에 협력할 뜻을 보이지 않고 있다. 나아가 차관 계획 속의 '이건' 요구에 대해서도 "이 중에 이에야스 서한건은 가장 어려운 일이다. 하늘이 바다로 변한다 해도 결코 내어지기 어렵다."라고 하여 이에야스의 서한을 받을 것에 난색을 표하고 있다. 그렇지만 대마도에 돌아간 후 일본 측의 사정을 파악하여 '이건'의 이행 여하에 관하여 회답하겠다고 약속하고 있다.[37]

6월말, 대마도는 藤信尙을 파견하여 서한을 보내고 있다. 이것은 도시마사에 맡겨 차관 파견계획을 통지한 조선의 서한에 대한 답서였다. 그런데 답서의 내용에는 차관건에 관해서는 전혀 언급하지 않고 다만 도시마사에게 구두로 전달한 '이건' 요구만이 언급되어 있었다. 그리고 '이건' 요구를 이에야스에게 알리기 위해 도시마사를 파견했다고 하며, 그 요구가 이에야스에게 수용되게 된다면 다시 도시마사를 통해 통지하겠다고 전하며, 8월중이라도 통신사를 보내달라고 요청하고 있다.[38]

그렇다면 왜 대마도가 이처럼 차관 파견에는 맹렬히 반대하면서도 '이건' 요구에 대해서는 이에야스에게 이를 상신하겠다고 약속하고 있는 것일까?

그 이유는 첫째, 차관 파견 계획이 대마도의 강화교섭행위 그 자체에 대한 불신에서 비롯되었기 때문이었다. 대마도는 대조선교섭상 自意를 배제하고 일관되게 이에야스의 강화의지만을 전하여 왔다. 또한 이에야스를 일본의 확고한 최고 권력자라고 주장해 왔다. 그러나 조선의 차관 파견 계획은 그러한 대마도의 강화교섭과 이에야스의 집권능력에 대해 여전히 불신하고 있음을 명백하게 나타내고 있었던 것이다.

둘째, 차관 파견은 대조선 외교독점과 그에 의한 교역관계의 독점을 도모하고 있는 대마도에게 악영향을 줄 것임에 틀림없다고 대마도 측

---

37) 『선조실록』 39년 6월 계해.
38) 『선조실록』 39년 7월 신미·계유.

은 인식했기 때문이다. 대마도주 요시토시는 사명당의 도일을 성공시킨 후 이에야스로부터 대조선 외교상의 독점을 부여받고 있었다(제1절 참고). 이에 의해 대마도는 이에야스로부터 대조선 교역관계의 재개에 있어서도 그 독점적 위치를 인정받게 된 셈이다. 그러나 조선이 차관으로 하여금 집정에 서한을 전달시키는 경우, 조선이 직접 일본중앙정권과 접촉하는 전례가 된다. 만약 이러한 루트가 형성된다면 대마도는 그 독점적 위치를 상실하여 일개 지방의 섬으로 전락하게 될 것이다.

셋째, 무엇보다도 차관 파견에 이에야스가 반발할 가능성이 예상되었기 때문이었다. 이에야스는 다름 아닌 통신사 파견을 희망하고 있었고, 사명당을 접견한 이후는 그 의지를 보다 명확히 대마도에 지시하고 있었다. 그러나 다시 또 자신의 집권능력이나 강화의 진의를 탐색하기 위해, 더구나 대마도를 매개로 하는 자신의 대조선 교섭형태에 대해 도전하는 듯이 조선이 차관을 직접 파견하려는 행위를 환영할 턱이 없었다. 이렇게 예상한 대마도는 차관 파견이 강행된다면 이에야스로부터 책임을 묻게 되는 것은 필연이라고 우려하게 되었다. 대마도는 이러한 입장에서 차관 파견계획에 반대하는 한편, '이건' 요구에는 다행스러운 일로 내심 생각하고 있었던 듯하다.[39]

한편 조선은 도시마사가 차관파견 계획에 반대 입장을 표명한 단계에서는 아직 대마도의 공식 회답을 기다리기로 하면서도, 가게나오(景直 ; 柳川調信의 아들로 도시나가[智永])가 이에야스로부터의 강화 지연에 대한 책임추궁을 회피하려 차관의 에도 동반을 요청할지도 모른다고 예측하고 차관 파견준비를 진행하고 있었다. 그런 한편으로, 만약 대마도가 조선의 통신사 파견 지연에 원한을 품고 함선을 바다에 띄워 조선을 위협한다면 변방에 소란이 일어날 것이라고 하여 그 방비 강화를 명하고 있

---

39) 『선조실록』 39년 7월 임신. 조선은 '이건' 요구를 수락하는 대마도의 태도를 "外示其極難, 而內實自幸, 頗有肯許之意."라고 파악하고 있다.

다.[40) 그러나 그 후 대마도가 사자 藤信尙에게 지참시킨 서한에서, 차관에 관해서는 언급하지 않고 '이건' 이행의 노력만을 약속하여 오자 7월 초순, 급기야 차관 파견 계획을 중지하기에 이른다.[41)

그렇다면 차관 파견계획에 관해 구체적으로 그 준비를 진행시켜 가던 조선이 이에 이르러 중지한 이유는 무엇이었을까?

첫째로 대마도의 반대를 들 수 있다. '허화'를 통해 대마도에 교역관계의 재개를 허가하고 기미권에의 재편입을 대기하고 있는 조선으로서는 대마도의 반대를 무시하면서까지 계획을 강행하는 경우, 대마도가 기미권에의 진입을 거절하고 오히려 적대적인 행위로 나올 것을 우려하고 있었다. 더구나 도시마사의 주장처럼 이에야스로부터 대마도가 그 책임을 추궁 당하기라도 한다면 대마도를 통해 대일 강화교섭을 유리하게 전개시키려 하는 조선의 입장에선 커다란 타격을 받게 되는 것이기도 했다. 더욱이 대마도의 길안내가 없이는 차관의 안전한 일본 왕래는 불가능했다.

둘째로 대마도가 '이건'의 이행을 약속했기 때문이었다. 원래 차관 파견계획의 중심은 '이건' 요구의 제시에 있었다. 그 요구의 달성여하에 의해 차관 파견계획을 통해 얻으려 한 정보, 즉 이에야스의 집권 능력과 강화의 진의, 또한 대마도의 외교교섭의 출처도 명확해지기 때문이었다.

따라서 조선은 '이건'을 대행하려고 하는 대마도를 중지시킬 필요가 없었다. 오히려 대마도의 '이건' 실행여하을 지켜보아 일본 국내상 대마도의 대조선 외교상의 지위도 확인하려고 하였다.

이 시점에서 조선에서는 일본의 '이건' 이행여하를 둘러싸고 "이에야스의 서한과 범릉적은 필시 오지 않을 것이다. 만약 온다 해도 거짓

---

40)『선조실록』39년 6월 계해.
41)『선조실록』39년 7월 임신.

일 뿐이다. 결국은 속임수를 당할 것이다."라고 하는 부정적 견해가 있는가 하면, "실로 진범을 묶어 서한과 같이 먼저 보내온다면 우리에게도 마땅히 신의를 통해야지, 어찌 거절할 수 있겠는가."라는 기대를 보이는 의견도 있고, 이에야스의 명령에 의해 교섭을 행하고 있는 대마도의 진의에 의문을 표하여, "이 賊은 스스로 거짓을 일삼아 왔다. 그 성실함에 속임이 없다고는 원래부터 할 수 없다."라고 하는 의견이 있는반면, "그들의 간절한 소망이 절박함은 새길 만하다."라고 하여 대마도의 절실한 노력을 평가하는 의견도 있었다.[42]

이상으로 조선의 차관 파견계획이 대마도의 반대에 의해 중지되었다는 것, 그 대신에 '이건'이 대마도에 위임되어 가는 경위를 검토했다.

제3절 조선의 강화조건 '二件'의 의미

조선은 1606년 7월, '이건' 요구를 대마도에의 회답 서한에 정식으로 넣기로 하는 한편, 에도행의 차관으로서 선출되어있던 전계신 일행을 그대로 대마도에 보내는 계획을 세웠다. 그리고 그들에게 대마도가 '이건'을 성실하고 정직하게 완수하도록 감독하고, 아울러 '賊情'을 정탐하도록 명하고 있다.[43]

그러면 조선이 일본에 제시한 '이건'의 요구조건이란 어떠한 의미를 가지고 있는 것인가?

---

42) "家康之書, 犯陵之賊, 必不來, 設或來, 僞而已矣, 終必見欺." "然實爲縛眞賊, 先送書, 則在我, 當爲通信, 豈可拒絶." "此賊, 自來詐諼, 其誠實無僞, 固未可知." "渠輩之懸望急切, 蓋可想矣."(『선조실록』 39년 7월 신미)
43) 『선조실록』 39년 7월 임신.

1. '先爲致書'의 의미

우선 '이건'의 하나는 '선위치서'의 요구조건이다. 그것은 즉 이에야스가 먼저 강화를 요청하는 서한을 보내야만 조선도 이에 답하는 회답 서한을 지참한 사절을 파견할 수 있다는 조건이다. 전쟁 상황에서는 어느 쪽인가 먼저 상대국에 국서를 보내는 행위는 항복을 자인하는 것이라고 이해되고 있었다.[44] 따라서 조선의 이에야스에 대한 서한 요구는 일본이 임진란의 침략행위를 사죄하지 않으면 강화에 응할 수 없다고 하는 강한 결의를 나타낸 것이라고 할 수 있다.

조선은 '선위치서'를 행할 경우의 서한의 양식에도 언급하고 있다. 손문욱이 도시마사에게 발언한 다음의 기사가 그것이다.

> 지금 이에야스의 행위가 히데요시와 반대라 해도 우리나라가 감히 어찌 天朝(明)에 거슬리면서까지 함부로 서한에서 국왕이라 칭할 수 있겠는가? 이것이 이에야스의 서한이 없어선 안 될 하나의 이유이다. 이에야스는 진정 우리나라의 怨讐가 아니다. 그렇다고는 하나 通好한다고 말은 하지만 다만 모두 전해진 것에 불과하므로 믿을 바가 못 된다. 반드시 이에야스의 뜻으로서 우리나라에 서한을 보낸 다음에 바야흐로 징표로 삼을 것이다. 이것이 이에야스의 서한이 있어야 할 두 번째 이유이다. 이에야스가 서한을 낸다고 하더라도 반드시 일본국왕을 칭할 것이며 그 후에 아국의 회답서도 또한 일본국왕이라 칭할 수 있다. 이 또한 없어서는 안 될 것이다.[45]

---

44) 荒野泰典, 앞의 논문 2), 136쪽. 『선조실록』 39년 5월 경진조에도 일본 측의 통신사 파견요청에 응하는 것은 '乞和', '乞降'의 입장이 됨을 의미한다고 서술하고 있다("先自送書於我矣, 賊之意, 正欲要我先遣使致書, 謂我爲遣使乞和, 或指稱乞降納款等語, 誇張後世耳.").

45) "今者家康, 雖反秀吉所爲, 我國, 何敢逆天朝, 而擅書國王之號乎, 此家康書, 不可無一也, 家康, 明非我國之讐, 而雖以通好爲言, 皆是江上所傳, 無憑可考, 須以家康本意, 致一書於我國然後, 方據爲驗, 此家康書, 不可無

즉 조선이 먼저 이에야스를 '국왕'으로 칭한 국서를 보낸다는 것은 明朝에 거스르는 것이 되므로 안 된다고 '借重之計'(明朝의 권위·권력을 빌린 계략. 제4장 제3절 참고)를 이용하여 전제하고, 그 대신에 이에야스가 우선 조선에 서한을 보내야 할 것이라고 요구하고 있다. 그리고 이에야스가 그 서한에서 '일본국왕'이라고 자칭할 것을 조건으로 하여, 그에 의해 조선도 '일본국왕'이라고 이에야스에의 답서에서 칭할 수 있다고 말하고 있다.

이러한 손문욱의 요구에 대해 도시마사는, 1590년 통신사의 파견에는 히데요시의 '일본국왕' 자칭이 파견의 전제조건이 되지 않았는데 어찌하여 이번엔 국왕호를 요구하고 있는가, 하고 반문하고 있다. 손문욱은 이에 답하여, 그때에는 일본 측이 우선 '國王殿使'를 파견하여 조선에 서한을 보냈으므로 조선은 다만 회답을 했을 뿐으로, 그로 미루어 보아도 이에야스 서한의 '국왕' 자칭은 중요한 필요조건이 된다고 강조하고 있다.

이 문답을 근거로 하여 다카하시는 "조선 측은 국왕호의 사용을 절대적 조건으로 하지 않고, 일본을 대표하여 조선과의 국교 성립을 요청하는 내용을 가진 이에야스의 국서를 먼저 내는 것을 절대 조건으로 하였다."고 추정하고 있다.[46]

그런데 다카하시가 논하고 있듯이, 조선 측이 국왕호의 사용을 절대 조건으로 하지 않았다면 왜 제1차 회답겸쇄환사가 가져온 '국왕' 서명이 없는 일본 국서에 대해 조선 측이 사절 처벌의 격론을 일으키고 있을까? 또한 제2, 제3차 회답겸쇄환사의 귀국시 일본의 국서를 위조하여 '국왕'이라 바꾸어 조선 측에 넘겨야만 했던 대마도의 행위는 어떻게

二也, 家康, 雖或致書, 必稱日本國王, 而後我國回書, 亦稱日本國王之號矣, 此一節, 亦不可無也."(『선조실록』39년 6월 계해)
46) 高橋公明, 앞의 논문 3), 97쪽.

설명할 수 있을까?[47]

이러한 의문으로 볼 때 조선이 이에야스의 서한에 '일본국왕'이라 써 넣도록 요청한 것은 강화의 절대조건이었다고 여겨진다. 즉 조선으로서 는 우선 이에야스에게 '일본국왕'이라 자칭케 하여 히데요시의 아들인 히데요리에게 쇼군직을 물려줄 예정이라고 하는 소문을 이에야스 스스 로 부정하게 하는 의도가 있었을 것이다. 다음으로 '적례' 양식의 서한 을 바라고 있었기 때문일 것이다. 즉 '국왕'이 '국왕'에게 보내는 서한 은 기본적으로 대등한 양식을 갖지 않으면 안 된다. 따라서 조선의 이 에야스 서한에서의 국왕호 요구는 '적례' 양식의 서한 요구와 같은 의 미를 가진다.

그런데 조선전기 아시카가 쇼군(足利將軍)의 '일본국왕'의 자칭 여하 에 대해서 조선은 이를 문제로 삼은 적이 없었다(제2장 제1절 참고). 더욱 이 도쿠가와 쇼군(德川將軍) 이에미츠(家光) 이후의 '大君'호나 쇼군 이에 노부(家宣)의 '국왕' 復號에 대해서도 같은 입장을 취하고 있었다(제8장 제2절 참고). 그러나 조선이 이 시기에 한해서 일본 측의 '국왕' 자칭에 중대한 관심을 보이고 있었다고 여겨진다. 그렇다면 그 이유는 어디에 있었을까? 그것은 이제부터 양국 외교관계의 재편상 이에야스의 서한 이 관례가 되기 때문일 것이다. 武力 외교노선을 취하고 있던 히데요시 의 조선에 보낸 서한이 조선의 臣服을 협박하는 내용이었던 것은 이미 알려진 사실이다.[48] 이러한 서한에 대해 조선은 그 수정을 요구하는 입 장을 취하고 있었으나, 그 후 얼마 지나지 않아 히데요시의 조선침략이

---

47) 대마도의 일본 측 국서의 개작내용을 '일본국왕' 칭호에 한정하여 보면, 제2차 회답겸쇄환사의 때(1617)는 '日本國源秀忠'을 '日本國王源秀忠'으로, 제3차 회답겸쇄환사의 때(1624)엔 '日本國主源家光'을 '日本國王源家光'으로 고 쳐 쓰고 있다(『外蕃通書』 卷2·3 [『史籍集覽』 第二八册所收] 참고).

48) 김성일, 『海槎錄』(四)의 「答玄蘇書」(『國譯 海行摠載』(一), 民族文化文庫 刊行會, 1974).

시작되었다. 이러한 경위에서 조선은 이에야스의 서한 양식이나 내용을 '敵國'(대등국가)에 대한 것으로 하도록 요구해야만 했다고 여겨진다. '일본국왕' 칭호사용은 그 서한 양식을 대등한 '적례'적인 것으로 한정시킬 수 있기 때문이다. 조선은 이러한 의도에서 '일본국왕' 사용을 절대조건으로 하여, 강화 이후의 '적례'적 관계의 재편에 대비하려 한 것이리라.

2. '犯陵賊 縛送'의 의미

'이건' 요구조건의 다른 하나는 '犯陵賊 縛送'요구였다. 여기서 '범릉'이란 임진란 때 조선왕실의 능묘, 즉 성종과 정현왕후의 선릉, 중종의 정릉이 파혜쳐진 사건을 가리킨다. 조선은 이 범릉행위의 主犯('범릉적')을 일본군으로 간주하고 그 압송을 '이건'의 하나로서 요구하기에 이른 것이다.[49]

이하는 1606년 8월말, 선조와 영의정 유영경과의 '범릉적'에 관한 대화의 일부분이다.[50]

> 영경 : 원래 범릉적은 平調允 父子로, 박대근이 도시마사를 접대할
>   때 처음으로 이것을 언급했습니다.
> 선조 : 범릉적이 平調允 父子라는 설은 일찍이 들은 적이 없다.
> 영경 : 박대근은 憲府吏 박련수의 아들입니다. 臣이 일찍이 서북지
>   방에 있을 때 들은 이야기에 의하면 박연수가 賊(일본군)과 친
>   해져 적이 점령한 城中의 大家가 되어 안거하고 있다가 결
>   국 죽임을 당했다고 합니다. 따라서 당시 그 城中에서 있었
>   던 왜적의 행위는 박대근이 잘 알고 있었다고 합니다.

---

49) 中村榮孝, 앞의 책 2), 265쪽.
50) 『선조실록』 39년 8월 기미.

> 선조 : 범릉적이 平調允 부자라는 설은 박대근에게서 나온 것인가?
> 영경 : 平調允 부자 및 그 일당이 범릉한 것은 이미 박대근이 도시
>   마사에게 말한 바가 있습니다. 그러나 平調允 부자는 이미
>   사망하였고 그 일당이 아직 살아있다고 도시마사가 말했다고
>   합니다.

이 대화는 '범릉적'이 平調允 부자라는 것, 또한 이 사실이 박대근에
의해 처음으로 밝혀지게 된 이유를 보여주고 있다. 나아가 도시마사의
답으로서 平調允 부자가 이미 사망하였고 그 잔당은 아직 생존하고 있
음이 밝혀졌다. 그렇다면 대화에서 거론된 박대근과 도시마사와의 문답
은 언제 행해진 것일까?『선조실록』에는 같은 해 5월 중순경부터 조선
조정에서 이미 이 두 사람의 문답내용이 논의되고 있음이 기록되어 있
음으로,51) 그 이전이 될 것이다. 이러한 사실은 '범릉적'에 관한 구체적
인 압송 요구가 차관 파견계획 단계에서 이미 검토되고 있었음을 보여
주고 있다. 따라서 앞에 게재한 대화에서 '범릉적'의 진상을 묻는 선조
의 발언은 특별한 의미가 없다고 하겠다.

나카무라는 조선의 '범릉적' 압송 요구에 대해, 범인을 알지 못한 채
일본군의 행위라는 확증도 없었는데 강화를 기회로 내정상의 난문제인
이 사건을 해결해 놓을 목적으로 그 범인을 일본군의 소행으로 삼았다
고 단정하고 있다.52)

그러나 나카무라의 추정은 다음과 같은 면에서 긍정하기 어렵다.

첫째로, 조선은 '이건'을 대마도에 제시하는 시점에서부터 '범릉적'
이 平調允 부자 일당이라고 단정하고 있었고, 더구나 조선인 예경의
안내에 의해 범릉을 행했다고 그 방법마저 상술하고 있다는 점이다.53)

---

51)『선조실록』39년 5월 갑신("且見橘賊(橘智正), 答大根之言, 平調允父子已
死, 而豈無餘黨乎云.").
52) 中村榮孝, 앞의 책 2), 265쪽.

그 후 대마도로부터 조선에 넘겨진 '범릉적'이 처형되기까지 조선에서는 여러 차례에 걸쳐 논의의 대상이 되지만(후술) 그것은 넘겨진 사람의 범릉 진위가 불확실했기 때문으로, 결코 범릉 행위의 일본군 여하가 문제가 되었기 때문은 아니었다.

둘째로, 조선의 '범릉적'이 平調允 부자 일당이라는 주장에 대해 대마도가 시종일관해 부정하고 있지 않았다는 점이다.

셋째로, 임진란 중의 왕릉·분묘의 파괴행위가 대체로 일본군에 의해 주도되었다는 점이다. 다음에 사례는 1593년 1월의 『선조실록』 기사이다.

○ 작년 12월 16일, 일본군 50여 명이 조선인 50명을 징발하여 강태릉과 대원군 묘를 파헤치려 했지만 견고하여 중단했다. 이것은 당초 司圃署의 노비인 효인이 능속에 금은이 매장되어 있을 것이라고 꾀었기 때문이라고 한다. 또한 사헌부 서리였던 최업은 일본군의 書員이 되어 범릉을 전담하여 사람들을 징발하고 있다고 한다(정축조, 김천일 馳啓).
○ 箕子의 墓形을 예전처럼 동쪽 가장자리에 새로이 수축했다. 이 묘는 일본군이 2尺 정도 파헤쳐서 훼손되었다고 사람들이 말하고 있다(기유조, 좌의정 윤두수 치계).
○ 園陵이 오래도록 적의 소굴이 되어 불타고 파헤쳐진 변고가 곳곳마다 모두 그러하니 참혹하여 차마 말할 수 없다. 각 능의 참봉을 급속하게 가려 뽑아서 적이 물러나는 대로 보수하여 깨끗하게 하고 齊陵과 厚陵에는 朝陵使를 차출하여 먼저 출발시켜 보내되 참봉을 인솔하여 깨끗하게 하고 향을 피우며 숙배한 뒤에 奉審하여 치계하게 하소서(임오조, 예조계).

이 기사들을 참고한다면 선릉과 정릉을 범한 '범릉' 또한 일본군에 의해 행해진 것이 확실한 듯하다. 그렇다면 왜 '범릉'의 발생 이후 14년

---

53) 『선조실록』 39년 11월 신사.

이 경과한 이후에서야 그 소행이 平調允 부자라고 밝혀졌던 것일까? 나카무라는 특히 이 문제점에 착목하여 조선 측의 '범릉적' 주장을 부정하고 있는 것이다.

그러나 여기에는 첫째로 '범릉적'을 명확히 한 박대근의 개인적 사정이 있었다고 생각된다. 그 사정이란 앞에 든 선조와 유영경과의 대화 속에서 추정된다. 즉 박대근이 장기간에 걸쳐서 '범릉적'에 대해서 침묵했던 이유는, 그것을 밝히는 것에 의해 일본군 점령하의 '城中'에서 일본군에 협력하여 안거하고 있던 아버지와 자신의 부끄러운 과거를 밝히는 결과가 되기 때문이기도 할 것이다. 그러나 전란에서 발생한 내정상의 여러 문제도 그 이후 해결되어 가고 있었고, 박대근 자신도 역관으로서 대일교섭의 중요한 위치에 있게 됨으로서 비로소 그것을 밝힐 수가 있었던 것이 아니었을까?

둘째로, 조선에 있어서 대일강화가 지금까지는 대일 현안문제로서 표면화된 적이 없었으므로 '범릉적'의 이름까지 밝히는 것에 이르지 않았다고 여겨진다.

조선은 '범릉적 박송'을 일본 측에 제시하기에 즈음하여 "또 능을 범한 적은 萬古에 통분한 일인데, 일본과 통호하지 않는다면 그만이지만 통호한다면 이는 바로 제일 먼저 따져야 할 일"이라고 말하여 '선위치서'와 함께 강화의 전제조건으로 설정하고 있다.[54] 그 후 대마도로부터 '범릉적'이 압송되어 온다는 소식에 접하자, "일본에서 능을 범한 자를 묶어 보내는 것은 宗社와 臣民의 막대한 경사이므로 그를 인계받을 때에는 兵威를 엄하게 보여서 사체를 중하게 해야 할 것이니, 서울에 이른 뒤에 거행해야 할 절목은 마땅하게 마련하여 거행해야 할 것."이라 논하여 '범릉적'을 國賊으로서 다룰 자세를 확실히 하고 있다.[55]

---

54) "且犯陵之賊, 萬古至痛, 與日本不爲通信, 則已, 萬一通言, 則此乃開口第一義也."(『선조실록』 39년 5월 경진조, 좌부승지 최렴啓)

조선의 '범릉적'에 대한 이러한 거국적인 대응은 범릉행위를 결코 개인적인 범죄로 간주하고 있지 않음을 보여주고 있다. 조선의 경우 범릉행위는 왕실을 범한 것으로 인식되어 있었다. 그 행위가 일본군에 의해 행해졌다고 한다면 일본군이 조선의 왕실, 나아가서는 조선이라는 국가마저 범한 것으로서 받아들여졌을 것이다.

이렇게 볼 때 조선의 '범릉적 박송' 요구는 임진란의 침략자인 일본 측에 전쟁을 일으킨 일부 戰犯을 압송하라고 요구한 것과 같은 의미를 가진다. 이것은 '선위치서'의 요구와 같이 일본 측이 응할 경우 임진란의 '無故動兵'을 일본이 스스로 사죄하는 의미를 가진다고 할 수 있다.

이상처럼 조선이 강화조건으로 일본에 제시한 '이건'의 의미를 검토하여 보았다. 그 결과 침략전쟁을 '非'로서 일본 측에 인정시키려고 하는 것에 조선 측의 주요 의도가 있었음이 밝혀졌다.

제4절 일본의 '二件' 이행의 진위

여기서는 조선의 일본에 대한 '이건' 요구가 어떠한 과정을 거쳐 이행되었는지, 그리고 이행된 '이건'의 진위문제에 대해 검토한다.

1. 토쿠가와 이에야스의 강화요청 서한

'이건' 요구가 대마도에 제시된 지 2개월이 지난 1606년 8월, 조선에

---

55) "日本縛送犯陵之賊, 此宗社臣民莫大之慶, 其受俘之際, 所當嚴示兵威, 以重事體, 到京後, 應行節目, 則從當磨鍊擧行矣."(『선조실록』39년 10월 신축조 兵曹啓)

서는 강화를 요청하는 이에야스의 서한이 조선에 보내지기 위해 대마
도에 도착했다는 傳聞에 접하여 그 대책이 여러모로 논의되었다. 이때
영의정 유영경은 대마도에 파견한 전계신에게 이미 지시한 내용을 선
조에게 보고하고 있다. 이 유영경의 지시는 전계신이 대마도에 파견된
8월 중순 이전에 이미 대마도로부터 조선에 이에야스의 서한이 도착·
보고되었다는 것을 의미한다.[56]

9월 초순이 되자 대마도에 파견되어 있던 전계신이 '問答別錄及家
康書傳草'를 군관 감경인에 맡겨 조선 조정에 馳啓하고 있다.[57] 그 내
용은 다음과 같다.

전계신 일행은 8월 17일 대마도 북단인 도요자키(豊崎)에 도착했다.
그러나 이 일행의 도착을 알리는 조선 배가 표류한 까닭에 대마도 측은
이들의 도착을 모르고 다음날이 되어 도시마사를 그곳에 파견하여 마
중하였다. 그 다음날 일행은 府中(嚴原)에 도착했다. 거기서 전계신은
이에야스의 강화 의사를 확인하기 위해서라도 에도로 갈 것이라고 말
하여, 마치 이전의 차관 파견계획을 실행에 옮기는 듯이 보이게 했다.
물론 이것은 대마도를 곤혹스럽게 만들어 조선에 보내어질 이에야스의
서한을 사전에 열람하기 위한 트릭이었다.

아니나 다를까 놀란 도시마사는, 이미 대마도가 '일본국왕서'를 이에
야스로부터 건네받았으니 일본 본토에 가려고 하는 것은 일본을 우롱
하는 행위로 이에야스의 노여움을 살 것이 명백하다고 반대하고, 이미
받은 '일본국왕서'를 우선 열람하도록 권유했다. 아울러 그는 이 서한
이 이에야스의 '寵臣'인 혼다 마사즈미(本多正純)의 '贊助'에 의해 얻어
졌다고 그 경위를 설명하고 있다.[58]

---

56) 『선조실록』 39년 8월 기미.
57) 『선조실록』 39년 9월 기묘.
58) "頃日討出內府書時, 內府初不肯從曰, 豈可以先自遣書, 區區乞和乎, 反以

그러나 이에야스의 서한 사본을 열람한 전계신은 그 내용이 불충분함을 이유로 들어 이에야스가 이를 고치지 않는 한 조선의 사절 파견이 있을 리 없다고 단언했다. 그러자 대마도 측은 이번엔 이에야스의 서한 원본을 보이면서 改書 요구의 재고를 요청하기에 이른다. 그러나 여기서도 전계신은 '萬無遣使之理'의 서한이라고 비판하고 그 근거를 세 가지로 지적하고 있다. 즉 '間或不遜'한 言辭가 있고, '범릉적' 압송을 언급하지 않고 있으며, 관례의 서식보다 글자가 크게 쓰여져 있다('大書')고 하고 있다.

이에 겐소(玄蘇)가 '大書'나 '一語不遜'은 특별히 문제가 되지 않는다고 반박했다. 그러나 전계신은 대마도가 조선의 사례와 예절을 알고 있을 터인데 어찌하여 이러한 失策을 초래했는가 하고 힐책하고 있다. 또한 겐소가 '범릉적'을 서한에 언급하지 않은 이유로서, '범릉적'이 대마도 사람이기 때문에 그 압송건도 대마도가 독자적으로 처리할수 있기 때문이라고 변명한 것에 대해서도 전계신은 이를 거부하고있다.

전계신이 '間或不遜'과 '大書'를 개서 요구의 이유로서 지적하고 있는 것은, 그것이 대일관계를 '적례'관계로서 재편하려고 하는 조선에게 부적절한 표현이 되기 때문이었을 것이다. 또한 '범릉적 박송'을 서한에 명시하라고 요구한 이유는, 그 압송을 대마도에 한정시키지 않고어디까지나 일본의 침략행위에 대한 사죄로서 자리매김하기 위한 때문이었다고 여겨진다.

대마도는 조선 측의 강경한 개서 요구에 마침내 굴복하여 8월 23일에는 이에야스에게 개서를 요청하기 위해 사람을 파견했음을 전계신에게 통보하여 왔다. 이 단계에서 전계신은 개서의 이행을 대마도에 머무

兵勢誇張, 誠非細慮, 幸賴寵臣政純之贊助, 得出此書, 其幸可言."

르며 지켜본다고 해도 그 개서가 과연 이에야스에 의해 행해질 것인가 어떤가를 판단할 수 없을 것이므로 귀국하는 것이 좋겠다고 하는 의향을 표현하여, 대마도의 반응을 살펴보게 된다. 도시마사는 이에 대해, 만약 대마도가 이에야스의 서한을 僞作하는 경우엔 뒷날 이를 받은 조선이 회답할 때 문제가 생긴다고 반박하고, 이에야스로부터 개서가 돌아올 때까지 그대로 대마도에서 대기하도록 요청하고 있다. 이리하여 전계신 일행은 대마도에 체류하면서 '이건'의 이행을 지켜보기로 한다.

이상이 조선에 보내어진 전계신의 제1차 馳啓내용이었다. 이로 미루어 파악되듯이 전계신은 대마도에 파견되기 전에 조선으로부터 이에야스의 서한 내용의 여하에 따라서는 그 개서를 요구하라는 지시를 받고 있었다. 그런데 일단 내어진 국서에 대해 그 수정을 요구한다는 것이 얼마나 위험한 일인가를 모를 리가 없는 전계신이었다. 그러므로 그는 대마도 측에 "우리들은 죽으라면 죽을 것이다. 그러나 서한의 잘못됨을 확연히 본 채 돌아갈 수는 없다."라고 하듯이 비장한 각오로서 개서 요구에 임하고 있다.[59]

그런데 대마도에 도착한 이에야스의 서한에는 과연 이에야스의 서명이 '일본국왕'이라고 칭하여져 있었을까 어떨까? 전술했듯이 '일본국왕' 사용은 조선의 '선위치서' 요구의 전제조건이었다. 그러나 이에야스의 서한을 접한 전계신 일행은 그 개서를 요구하는 중에서 이에 대해서는 한 마디도 언급하고 있지 않다. 이것은 이에야스의 서한에 조선의 전제조건이 수용되었음을 시사한다. 더구나 전술한 것처럼 도시마사가 이에야스의 서한을 전계신에게 '일본국왕서'라고 칭하고 있다. 더욱이 전계신의 제1차 치계를 받은 조선이 '일본국왕' 사용여하에 관해 아무런 논의조차 없다. 오히려 이에야스의 서한을 '국왕서계'라고 자연스럽

---

59) "吾等, 死則死矣, 適見此書之違格, 不可嘿嘿而歸."(『선조실록』 39년 9월 기묘)

게 부르고 있다는 사실 등은 이에야스가 서한에서 '일본국왕'을 사용했음을 뒷받침하는 것이라 할 수 있다.[60]

11월 초순, 부산 절영도 해변에서 군사들이 시위하는 가운데 경상감사 유영순과 左兵使·左水使 등이 도시마사의 내항을 맞았다. 이때 도시마사는 이에야스의 서한을 지참하고 '범릉적' 두 사람을 압송하여 왔다. 이에야스의 서한을 받은 조선은 그 속에서 '일본국왕 源家康'이 源氏의 계보를 계승하고 있는 것에 대해, 反히데요시의 입장을 표명한 것으로 평가하고 있다.[61] 이 평가는 히데요시가 平氏의 계보를 계승한 것을 숙지하고 있었기 때문일 것이다.

조선에 건네어진 이에야스의 서한을 보면 대마도에 지금까지 강화교섭을 명하여 온 것은 이에야스 자신이었다고 밝히고 있다. 그리고 조선의 요구에 응하여 서한을 보내는 것이라면서, '범릉적'건은 대마도주 요시토시에게 전송시켰다며 '이건'의 이행에 관하여 언급하고 있다. 또한 임진란의 침략행위에 대해서는 이미 사명당이 일본에 왔을 때 '前代非'로서 표명한 적이 있다고 표현하며, 조속한 통신사 파견을 요청하고 있다.[62]

2. 이에야스 서한의 위작 여하

그런데 조선에서는 이에야스의 서한을 받은 지 1개월이 지난 1606년 12월말, 선조가 이 서한을 僞書라고 단정하게 된다. 그 이유는 다음처럼 다섯 가지이다. 첫째, 이에야스가 스스로 조선에 서한을 보낼 턱이 없다. 둘째, 그 문장이 '倭書之禮'가 아닌 듯이 보인다. 셋째, 明의 연

---

60) 『선조실록』 39년 10월 경자조 비변사계·임인조의 예조계.
61) 『선조실록』 39년 11월 정축.
62) 『선조실록』 39년 11월 정축.

호를 사용하고 있다. 넷째, 이에야스가 '攝政'의 위치에 있으면서 '국왕'이라 자칭하고 있다. 다섯째, 일본의 국서에는 '德有隣'이라는 인장을 찍는 것이 관례인데도 '일본국왕'이라 날인되어 있다.

선조는 그러면서도 이미 일본이 서한을 보낸 이상은 사절을 파견하여 회답할 명분을 얻은 것이라고 평가하고 있다.[63] 그런데 이 선조의 위서 단정 발언은 조선 조정에서 별로 문제시되지 않은 채 종결된다.

지금껏 일본학계의 연구는 조선에 보내어진 이에야스의 서한에 대해 이를 위서였다고 하고, 그것은 강화를 절실하게 바라고 있던 대마도에 의해 날조된 것으로 단정하여 왔다. 그 근거로 삼은 것이 곤도 모리시게(近藤守重)의 『外蕃通書』(1818년 간행)이다.

모리시게는 이 책에서 제1차 회답겸쇄환사가 막부에 제출한 조선의 국서가 紅葉山文庫에 보존되어 있는 것과 대마도에 전해온 것(『朝鮮通交大紀』 수록)이 서로 다른 것임을 밝혀내고 있다. 즉 전자에 있는 '奉書'가 후자에서는 '奉復'으로 되어있고, 전자에는 없는 '革舊而新問札先及', '庸答來意' 등의 문구가 후자에는 있다는 점이다.[64] 이를 근거로 모리시게는 대마도에 전해진 후자가 회답형식을 취하고 있는 것에 대하여 막부에 건네진 전자는 來書의 형식을 취하고 있는 것은, 대마도가 중간에서 조선의 국서를 날조하였기 때문이라고 주장하게 된다. 그리고 대마도의 날조 이유를, 그 前年 도시마사에 의해 조선에 건네진 이에야스 명의의 서한이 대마도의 날조에 의한 것이었기 때문에 회답형식의 조선국서를 막부에 그대로 제출할 수 없었기 때문이었다고 분석하고 있다.

이러한 곤도 모리시게說은 지금껏 정설로서 수용되어 왔다. 그리고 전술한 선조의 이에야스 서한에 대한 僞書 단정은 이를 뒷받침하는 자

---

63) 『선조실록』 39년 12월 무자(무오).
64) 田代和生, 앞의 책 2), 31~41쪽.

료로 동원되어 왔다. 또한 이에 의거하여 나카무라는 대마도의 위작에 조선의 전계신·박대근 등이 협력하고 있었다고 주장하고 있으나 어떠한 근거가 될 사료를 제시하지 않은 채이다. 또한 다나카도 대마도에 의한 이에야스의 서한 위작을 전술한 전계신의 치계에 의해 조선 측이 파악하고 있었다고 논하고 있다. 그러나 그가 제시한 실록의 해당기사에는 그것을 증명할 만한 내용이 보이지 않는다.[65]

여기서 주목되는 점은 이 제4절에서 이미 상세히 다룬 바 있는, 즉 대마도에 도착하여 전계신에게 열람·개서가 요구된 이에야스의 서한 존재에 관해서는 전혀 무시된 채 위의 정설만이 주장되어 왔다는 것이다. 이에 편의상 전계신에 의해 대마도에서 열람·개서 요구에 이른 이에야스의 서한을 '原서한', 개서되어 도시마사에 의해 조선에 전달된 것을 '改書'라고 칭하기로 한다.

그런데 이 정설에 대해 다카하시의 최근 연구로 반론이 제기 되었다.[66] 다카하시는 전술한 곤도 모리시게說을 에도시대 다른 사료들이 취하기는커녕 오히려 이에야스의 서한의 실재를 긍정하고 있다고 논하고, 그 긍정은 제1차 회답겸쇄환사가 막부에 전달한 서한(예조참판 오억령이 執政에게 보낸 것) 내용을 근거로 한다는 것이다. 그 서한의 내용이란, 이에야스가 먼저 서한을 보내왔으므로 조선도 회답사절을 파견한다, 고 명시하고 있음을 가리킨다. 그리고 다카하시는 이에야스의 서한이 실재하고 있음을 입증하는 사실로서 첫째, 대마도 측이 전계신에게 '원서한'을 혼다 마사즈미의 도움으로 취득했다고 발언한 점, 둘째로 전계신이 '원서한'을 직접 열람하고 구체적으로 그에 대해 개서를 요구한 점, 셋째로 에도에서 제1차 회답겸쇄환사가 막부의 각료인 혼다 마사노부

---

65) 中村榮孝, 앞의 책 2), 267쪽. 田中健夫, 앞의 책 2), 240쪽, 田中健夫가 제시한 記事는,『宣祖實錄』39年 九月 己卯·壬子(壬午)條.

66) 高橋公明, 앞의 논문 3).

(本多正信 ; 혼다 마사즈미의 아들)에게, 이에야스가 먼저 국서를 보내 임진란의 침략행위를 '前代之非'로서 인정하였으므로 조선으로서도 회답사를 파견시킬 수 있었다고 말하자, 마사노부가 아무런 이의도 달지 않았다는 점 등을 들고 있다.

이러한 다카하시의 논증은 이에야스의 '원서한'의 실재를 명백히 증명하고 있는 것이라 하겠다. 따라서 곤도 모리시게說을 취했던 지금까지의 정설은 부정되지 않으면 안 된다.

그럼에도 다카하시도 이에야스의 '개서'에 한해서는 이를 대마도의 위작으로 보고 있어, 지금까지의 정설 주장의 일부를 답습하고 있다. 그러나 그 '개서'의 위작 주장도 다음과 같은 시각에서는 이에야스의 서한으로서 충분히 추정할 수 있을 것이다.

우선, 이른바 '개서'라고 하는 것은 '원서한'의 연장선상에 있는 것에 불과하다고 하는 점이다. 즉 '개서'는 어디까지나 '원서한'을 전제로 한 부분 수정이라는 것이다. 따라서 이에야스에겐 항복을 의미하는 '선위치서'의 이행까지가 중대한 결단이었다고 할 수 있다. 그 이후의 수정행위는 이에 비해서는 그리 큰 문제가 아닌 성질일 것이다.

다음으로, 이에야스의 '선위치서'의 행위에 의해 일본 측이 조선으로부터 회답형식의 국서를 받게 되는 것은 당연한 일이 된다. 그럼에도 불구하고 1607년 제1차 회답겸쇄환사의 지참한 조선의 회답서(復書)는 대마도에 의해서 來書로서 개작되고 막부는 이것을 받게 된다. 즉 이에야스의 서한에 회답하는 復書를 지참한 조선사절은 渡日하자마자 히데타다에게 파견되는 사절로 뒤바뀌게 되는데, 이것은 이에야스의 명령에 의한 것이었다.[67] 그런 경우 조선의 이에야스에의 복서를 새 쇼군 히데타다에게의 내서로 바꾸어야 할 필연성은 과연 대마도에 있었던

---

67) 慶暹, 앞의 책 12), 4월 10일·24일, 5월 14일·16일조.

것일까?

다카하시는 그와 관련하여 다음처럼 논하고 있다. 조선 사절로 하여금 그 도일 중 히데타다에게 의례를 행하도록 변경시킨 것은, 조선 사절이야말로 새 쇼군의 권위를 높일 수 있는 존재라고 평가한 이에야스에 의한 것이다. 이로 볼 때 조선의 復書를 來書로 바꾸지 않으면 안되었던 이유는, 대마도가 아닌 이에야스 정권에 있었다. 그렇다면 대마도의 그러한 위작 행위는 이에야스 정권의 암묵적인 허락 하에 가능해졌다고 할 것이다.[68]

다카하시의 이 같은 주장에 찬동한다. 그러나 이에야스의 그러한 변경행위는 대조선 인식을 보이는 것에 한정되지 않는다고 여겨진다. 즉 그것은 이에야스가 자신의 '선위치서' 행위를 일본 국내에 은폐시키려는 의도에서 나온 것이 아닐까? 그러한 의도가 '원서한'을 발급하는 시점에서부터 있었다고 한다면 '개서'를 이에야스 스스로 발급한 것도 부자연스럽지 않다고 하겠다.

이와 관련하여 18세기 초의 유학자 아라이 하쿠세키(新井白石)의 다음과 같은 추정을 살펴보자.

> 丁未(1607)年의 조선사절은 회답사라 일컬었다. 이는 이에야스가 보낸 서한에 답한다는 뜻이었다. 사절이 일본에 이르자 이에야스는 쇼군직을 히데타다에게 물려주었다. 그런 까닭에 일본도 회답하는바 되어 조선에 먼저 서한을 보내는 것이 되지 않게 되었다.[69]

즉 조선이 이에야스의 서한에 의해 회답이라는 명분을 얻어 渡日할

---

68) 高橋公明, 앞의 논문 3), 103쪽.
69) "按丁未之聘, 號曰回答使, 蓋言其報神祖(家康)所遣之書也, 使者到日, 神祖傳位, 德廟(秀忠)報書, 故我今所報, 非彼所遣."(新井白石, 「國書復號紀事」『新井白石全集』卷3 所收)

수 있었던 것처럼, 이에 대해 일본도 이에야스가 아닌 새 쇼군 히데타다가 서한을 내는 방편에 의해 회답의 명분을 가질 수가 있었다고 논하고 있다. 하쿠세키의 논리처럼 히데타다에게는 조선이 먼저 강화를 요청하는 국서와 사절을 파견한 셈이 된다. 그런데 여기서 하쿠세키가 이에야스의 새 쇼군직 양위는 이에야스에게 보낼 조선의 회답을 회피하기 위해 강구된 것이라고 추정하고 있어 특히 주목된다.

이상과 같은 시각에서 보면 '개서'도 이에야스의 뜻이 충분히 반영된 것이 아닌가 여겨진다.

그렇다면 이에야스 서한 위작설을 뒷받침했던 전술한 선조의 '개서'에 대한 위서 단정의 이유를 다음처럼 재검토하여 보자.

첫째, 이에야스가 서한을 먼저 보낼 까닭이 없다고 하는 인식에 관해서이다. 이 인식은 '원서한'의 실재 증명을 통해 이미 입증된 것처럼 어떠한 방법을 취해서라도 통신사를 도일시켜 국내의 안정을 도모하려한 이에야스 정권의 진의가, 조선으로서는 이해되지 않고 있었음을 반영하는 것이리라. 선조의 이러한 일본에 대한 불신은 임진란의 직후이므로 더욱 수긍될 수 있겠다.[70]

둘째, 이에야스의 서한이 '倭書之禮'에 따르지 않고 明 연호를 사용하고 있는 점이 위작의 증거이다, 고 하는 주장에 대해서이다. '원서한'에는 일본 연호가 사용되어 있지 않다고 추정된다. 즉 조속한 강화를 재촉하는 이에야스의 입장에서 본다면 일본 연호보다는 明 연호던가 '龍集'을 선택했을 것이다. '용집'이란 원래는 연호 뒤에 붙여서 다만 歲次를 나타내는 용어이지만, 역대 아시카가 쇼군은 대조선 서한에 연

70) 『宣祖實錄』 39년 2월 신해조에는, 임진왜란 직전 히데요시의 통신사 파견 요청에 대하여 히데요시가 조선의 권위를 필요로 하는 것으로('借重之計') 알고 이에 조선이 응했으나 전란을 일으켜 명나라조차도 '輕侮'하였다. 이런 전례로 보면 일본이 조선의 권위를 필요로 할 턱이 없다, 라는 인식을 보여 이에야스의 통신사 파견 요청을 의아해 하고 있다.

호를 빼고 해당년의 干支를 쓰며 그 앞에 이것을 삽입했다. 또한 히데
타다가 1607년 조선에 보낸 서한에서도 이를 사용한 적이 있다. 이로부
터 유추한다면 이에야스가 일본 연호를 사용하는 경우 조선 측에 강화
를 지연시키는 구실이 된다고 우려하여, 굳이 전례였던 '용집'도 피하
여 明의 연호를 사용하였다고 생각할 수 있다. '개서'가 '倭書之禮'를
따르지 않았다고 하는 것도 이러한 관점에서 이해될 수 있겠다. 한편
조선으로서는 조선전기부터 일본이 국서에서 사용한 연호에 대해서 이
를 문제 삼은 적이 없었다(제2장 제1절 참고).

셋째, 이에야스가 '일본국왕'이라 자칭한 것을 가지고 이것을 위서라
고 간주하는 것에 관해서이다. '원서한'이 '일본국왕'을 사용하고 있었
다는 점은 이미 밝히고 있다. 그런데 선조는 이에야스가 '섭정'의 입장
에 있으면서 '국왕'을 칭하는 것에 의문을 가지고 있다. 여기서 '섭정'
이란 새 쇼군 히데타다에 대한 이에야스의 지위를 가리키는 듯하다. 따
라서 선조는 이에야스가 그러한 위치에서 '국왕'이라 칭한 것을 문제
삼고 있는 것으로, 이에야스의 '국왕' 사용 자체에 관해서는 의문시하
지 않고 있다. 선조의 이러한 인식은 이에야스가 쇼군직을 물려준 이후
에도 내정·외교상의 실권을 쥐고 있던 사실을 모르고 있었던 데 기인
하는 것이리라.

넷째, 서한에 '일본국왕'이라 날인되어 있다는 것을 이유로 위서로
간주하고 있는 것에 관해서이다. 제1차 회답겸쇄환사의 부사 경섬이 도
일중의 대마도에서 겐소에게, 쇼군은 국왕호를 사용하지 않는다고 하는
데 이에야스의 '개서'에 '일본국왕'이라 날인되어 있는 것은 어떤 이유
에서인가, 하고 질문한 적이 있다. 이에 대해 겐소는 '일본국왕'이란 도
장은 明의 책봉사가 전란 때 가지고 온 것이지만(1598년), 히데요시가 明
의 책봉을 거부하자 그대로 두고 갔으므로 이를 사용했다고 답하고 있
다.71) 다시로 카즈오(田代和生)는 이 겐소의 답을 근거로 이에야스 서한

의 대마도 위작설을 입증하는 하나의 예로 들고 있다.[72] 즉 위서를 작성하면서 대마도가 스스로 가지고 있던 '일본국왕'이란 도장으로 날인했다고 주장하고 있다.

물론 그 날인행위는 대마도 측에 의한 것이라고 여겨진다. 그렇지만 그것을 명령한 것은 이에야스가 아니었을까? 즉 대마도는 16세기 이후부터 일본의 대조선 외교를 장악하여 그와 관련한 여러 지식도 축적하고 있었고, 당시 조선과의 강화교섭도 독점적으로 대행하고 있었다. 그러한 대마도가 이에야스의 서한 작성에 즈음하여 제시한 의견은 이에야스 정권에 크게 참작되었음에 틀림없다. 그렇다면 대마도가 스스로 가지고 있던 '일본국왕' 인장을 '개서'에 날인하도록 이에야스에게 요청했고, 이에야스는 이에 동의하지 않았을까?

이처럼 이에야스의 서한에 대한 선조의 위서 단정 이유를 재검토하여 본 결과, '개서'도 이에야스로부터 내어진 것으로 자리매김할 수 있는 것이 판명되었다.

그런데 여기서 또 하나의 의문에 부딪친다. 그것은 '개서'가 이에야스의 서한이라면 왜 제1차 회답겸쇄환사가 받은 히데타다의 서한과 그 형식이 다른 것인가 하는 것이다. 즉 히데타다의 서한에는 '일본국왕'도 명의 연호도 사용하고 있지 않았다. 이는 아마도 두 서한이 내어진 배경의 차이에 그 원인이 있었다고 여겨진다. 이에야스의 '개서'가 조선사절의 도일을 전제로 하지 않으면 안 되었던 것에 비하여, 히데타다의 서한은 사절의 도일이 실현된 상태에서 내어진 것이었다. 즉 강화를 조바심한 단계에서의 이에야스의 '개서'와는 다르게 강화가 실현된 단계에서의 히데타다의 서한은, 당연하지만 대조선 외교상의 의지가 보다 명확히 표현되지 않았을까? 이러한 '개서'가 내어진 배경의 특성을 이

---

71) 慶暹, 앞의 책 12), 3월 15일조.
72) 田代和生, 앞의 책 2), 24~26쪽.

해하지 않고 단지 히데타다의 서한과 동일선상에서 비교할 수는 없을
것이다.

3. 가짜였던 '범릉적'

한편, 대마도에 의해 조선에 건네진 '범릉적'은 과연 진범이었을까?
그리고 '범릉적'은 어떻게 처리되었을까? 여기서는 이에 대해 검토하여
보자.

도시마사로부터 '범릉적' 두 사람을 건네받은 조선은 그들을 곧바로
한성으로 압송했으나 그 중 한 사람은 平調允의 조카라고 조선에 전해
졌다.[73] 그러나 조선에서는 그 이전부터 인수받을 '범릉적'에 대해 의
견이 분분하여 있었다. 그것은 '범릉적'이 조선에 압송된다 해도 그 진
위가 판별될 수 없을 것이라고 예상되어졌기 때문이었다. 따라서 그들
이 압송되어 오면 부산에서 즉시 '嚴辭正罪'하여 명분을 세우고 종묘
에는 고하지 않는 것이 바람직스럽다는 의견, 압송된 자들이 주범이 아
니라 해도 범릉에 참가했다면 처벌하여 마땅하다고 하는 의견, 만약 이
에야스가 '범릉적'이라고 대마도주나 겐소를 압송해 온다고 해도 만족
할 수 없다는 의견 등이 논의되었다. 그러나 여러 의견을 청취한 선조
는 '범릉적'을 인수 받은 뒤 그 진위를 조사하여 공명정대하게 처리하
라고 명하고 있다.[74]

그 후 의금부의 조사 결과 밝혀진 '범릉적'의 진술은 다음과 같다.
그 한 사람 麻古沙九(39세)는 임진란 때 대마도주의 '軍官 奴子'로서
조선에 건너온 일은 있지만 '釜山船所'에만 머물러 있었다. 그럼에도

---

73) 『선조실록』 39년 11월 신사조, 우승지 이선복계.
74) 『선조실록』 39년 10월 병오, 10월 임인.

불구하고 대마도주에 대해 사소한 죄를 범하여 감옥에 갇혀있는 자신을 '범릉적'이라고 묶어온 것은, 도주에게 그 진범을 연행하여 올 역량이 없었기 때문이다, 라고 그 무고함을 변론하고 있다. 다른 한 사람 麻多化之(27세)는 대마도주의 휘하에서 포수를 하고 있었으나 어떤 작은 죄로 감옥에 갇혀 있었다. 그런데 도시마사로부터 조선에 건너가 조용히 있으면 자신의 가족을 평생 돌보아 주겠다고 하는 이야기를 들려주고 묶여왔다고 변론하고 있다. 그리고 자신을 平調允의 조카라고 하는 것은 거짓말로, 자신은 平調允이란 이름도 그 거처도 모른다고 그와의 혈연관계를 부정하고 있다.[75]

이 두 사람은 가혹한 고문에도 불구하고 범릉행위를 계속하여 부정하였다. 그 때문에 조정에서는 결국 이들이 '범릉적'이 아니라고 단정하기에 이르렀고, 따라서 그 처리를 둘러싸고 다시 의견이 분분하게 되었다.[76] 즉 그들을 대마도에 되돌리고 도시마사를 문책해야 할 것이라는 의견, 일본에 파견할 회답사의 귀국을 기다려 그 이후에 처리함이 좋을 것이라는 의견, 도시마사에게 두 사람의 진술내용을 보이고 책망하여 그 대답을 기다려 다시 논의하자는 의견 등이 내어졌다.[77] 그러나 결론이 내려지지 못한 채 조선의 회답사 파견준비는 착착 준비되어 갔다.

1606년 12월말, 조선은 이에야스에의 회답서 작성에 즈음하여 '범릉적' 문제를 어떻게 내용에 반영해야 좋을까를 논의하게 된다. 즉 답서에 넣으려 해도 타당한 표현이 없고, 그렇다고 그 언급을 생략하면 일본 측이 의아해 할 것이라고 우려하고 있다. 결국 대마도에의 답서에서만 이를 언급하기로 하고 있다.[78] 여기서 범릉건을 더 이상 이에야스

---

75) 『선조실록』 39년 11월 임오.
76) 『선조실록』 39년 11월 갑신, 좌부승지 박진원계.
77) 『선조실록』 39년 11월 병술, 동부승지 박동설계.
78) 『선조실록』 39년 12월 병진.

정권과의 외교문제로 삼지 않으려는 조선의 의지를 엿볼 수 있다. 그
후 제1차 회답겸쇄환사가 지참한 조선의 국서나 집정에게 보내는 서한
에 '범릉적'의 진위문제가 언급되지 않고 있음도 그 때문일 것이다.

'범릉적' 두 사람을 둘러싼 대응책은 그 뒤에도 조선에서 논의되고
있지만 그 논의는 대마도에 대한 것이었다.[79] 즉 두 사람을 조선 내지
에 구류하여 대마도를 힐책하는 방법이나, 두 사람을 부산에 머물고 있
는 도시마사 측에 데려가 면담시켜 질책하는 방법 등이 검토되었다. 이
러한 대책이 계속하여 논의되고 있는 이유는, 일본 측의 '범릉적' 압송
이 이에야스로부터 대마도에 위임되어 대마도에 의해 실행되었기 때문
이었다.

그러나 마침내 조선은 두 사람의 '범릉적'을 처형하기에 이른다. 조
선으로서는 두 사람의 범릉행위 진위문제와 관련하여 대마도를 엄중
문책하는 것도, 또는 이에야스 정권에 대해 사절파견을 연기하는 것도
가능했다. 그럼에도 불구하고 이 문제를 더 이상 문제 삼지 않기로 한
조선의 의도는 무엇이었을까?

그 하나는, 대마도에 대한 보호책이라 할 수 있다. 만약 대마도의 주
장처럼, 조선의 사절파견 지연을 이유로 이에야스로부터 대마도가 처벌
이라도 받게 된다면 조선의 기미권에 이윽고 편입될 대마도를 상실할
우려가 있다. 조선의 이에야스 정권으로부터의 대마도 보호는 단순하게
조선·대마도 사이의 관계유지 때문만이 아니라, 조·일관계가 임진란
직후의 긴장상태로 돌아가는 것을 막기 위한 것이었다.

또 하나는, 일본으로부터 '범릉적'을 넘겨받았다는 명분을 세울 수
있었기 때문이다. 당시 조선 조정의 지배적인 의견은, 두 사람의 '범릉
적'이 진범이 아니라고는 하지만 임진란 때 조선을 침략한 '賊'이므로

---

79) 『선조실록』 39년 12월 임자.

처형하여도 좋다는 논리로 변해 있었다.[80] 즉 일본이 '범릉적'으로서 넘겨준 이상, 조선으로서는 그에 따라 명분을 세웠다는 자세로 전환하고 있었던 것이다.

두 사람의 처형 시기에 대하여는 『선조수정실록』 선조 39년(1606년) 11월조의 기사에 두 사람을 '범릉적'으로 종묘에 고한 후 처형했다고 적혀 있다. 그러나 『선조실록』에는 12월말까지 두 사람의 처리와 관련한 기사가 보인다. 이로 보아 두 사람의 처형은 제1차 회답겸쇄환사의 한성 출발일(1607년 1월 12일) 직전에 이루어졌다고 여겨진다.

이상처럼 '이건'이 일본 측에 의해 어떻게 이행되었는가를 검토했다. 그에 의해 '선위치서'는 이에야스에 의해 행해졌다는 것, '범릉적 박송'은 대마도가 대행했지만 거짓 범인을 압송했다는 것이 밝혀졌다.

제5절 강화를 둘러싼 조선의 제반 동향

여기서는 강화 직전의 강화를 둘러싼 조선의 제반 동향, 특히 조선이 강화로 전환하는 시기와 전환 요인 및 양국관계의 재개에 임한 조선 측의 자세 등을 중심으로 검토한다.

1. 강화에 즈음한 조선의 입장

대일강화를 거부하여 온 조선이 강화로 전환하는 시기는 언제였을까? 그리고 그 요인은 무엇일까? 기존 연구는 이에 대해 명확한 답을

---

80) "今此兩倭, 雖不輸情, 是亦賊也, 則實與我國罪人有異, 處斬于街上, 宜當."
　　(『선조실록』 39년 12월 갑인)

하지 않고 있다. 이는 무엇보다도 이에야스의 '원서한' 존재를 도외시
했던 것에 유래한다.[81]

조선이 사절파견을 최초로 결정하는 것은 1606년 8월말이다. 즉 이때
처음으로 '回答', '回諭'의 어느 쪽을 사절의 명칭으로 삼을 것인가 논
의하고 있기 때문이다. 조선의 강화에의 전환은 8월 초순으로 예상된 이
에야스의 '원서한'이 대마도에 도착했다는 소식을 접한 것에 기인한다
(제4절 참고). 그리고 전계신의 제1차 치계를 접하는 9월 14일 이전에 이미
조선에서는 왜관의 설치 장소로서의 절영도와 부산 연안의 적합 여부,
潛商(밀무역)의 폐해와 그 방지책, '倭使'의 한성 상경 금지책 등이 논의
되고 있다.[82] 이로 보아 조정에서 9월 초순까지는 사절파견이 기정사실
화되고, 일본과의 제반 관계 재개도 이 시기부터 외교현안으로서 취급되
기 시작했음을 알 수 있다. 그 뒤 조선의 사절파견 준비가 이에야스 서
한의 개서 여하를 기다리지 않고 진행되고 있음으로 보아, '원서한'이
사절파견에 결정적 요인이 되었음을 알 수 있다. 회답사라고 칭하게 된
사절의[83] 正使에 여우길이 임명된 것은 그 해 10월이었다.[84]

1606년 11월 초순, 이에야스의 '개서'를 불원간 보내겠다는 대마도의
통보를 접한 비변사는, 도일하게 될 사절 일행에게 일본 측으로부터 내
어질 예상 질문 및 답변을 준비하고 있다. 이른바 '問答逐條'라는 것이
그것으로, 그 속에서 몇 개의 조목을 뽑아 당시 조선이 강화를 계기로
대일관계를 어떻게 재편하여 가려고 했는가를 검토해 보기로 하자.[85]

---

81) 三宅英利는 앞의 논문 2)에서, 조선의 對日 講和 결정을 전계신의 제1차 馳
  啓(1606년 9월 14일)에 의한 것으로 논하고 있다. 다른 연구에서는 이와 관련
  한 구체적인 언급이 없다.
82) 『선조실록』 39년 8월 기미조, 9월 기사·계유.
83) 『선조실록』 39년 9월 임자(임오). 이때 사절칭호로 '회답사'가 처음으로 등장
  한다.
84) 『선조실록』 39년 10월 정유.
85) 『선조실록』 39년 11월 갑술. '問答逐條'란 어디까지나 예상문답용이긴 하지

문 1 : 조선전기 교역 항구였던 3개 항구(三浦)를 일본에 재개항
        할 것.

답 1 : 항구는 부산 하나로도 지장이 없다. 다른 2개소는 이전부터
        폐쇄되어 왔으므로 개항할 수 없다.

문 2 : 일본 여러 鎭의 '巨酋'를 전례에 따라 授職할 것.

답 2 : 옛부터 이웃 나라와의 통교는 국왕 상호간의 빙문례로서, 신
        하와의 私的인 교제가 아니었다. 어찌 이웃나라에 수직하는
        것이 이치에 맞겠는가? 이전에 일본에서 전란이 일어나(應仁
        의 난), 그 이후 일본국내의 분열에 의해 '諸酋'가 각각 '殿戶'
        라 칭하여 조선에 사절을 파견해 왔었다. 그러나 지금은 關
        白(쇼군)이 모든 지역을 통합하고 있으므로 명령도 한 곳으로
        부터 나오게 되었다. 따라서 잘못된 전례를 그저 추종해서는
        안 된다. '전호'의 재설정은 조선이 불허할 뿐만 아니라 일본
        또한 당연히 시정해야 할 것이다.

문 3 : 범릉적을 압송한 대마도주에게 옛 관례로서 세사미 200석 외
        에 수백 석을 하사할 것.

답 3 : 대마도는 임진란 때 일본군의 길잡이 역할을 수행했으므로
        범릉적을 압송하여 왔다 해도 작은 속죄를 한 것에 불과하여
        功이라 할 수 없다. 그러나 세사미에 대해서는 새로이 약조
        를 강구하여 급여할 수 있을 것이다.

문 4 : 대마도 수직인의 수를 전례대로 재설정하고, 또한 그들에게
        높은 관직을 내릴 것.

답 4 : 대마도인에 대한 授職은 '向國輸誠'했을 때에 한하여 가능
        했다. 지금은 전란이 겨우 끝나 왕래가 가능해졌을 뿐인데
        무엇에 의거하여 수직을 논할 것인가?

문 5 : 일본은 明에 '進貢'하고 싶다. 일본의 이 뜻을 明에 전달
        해 주고 조선의 길을 열어 일본의 중국 왕래를 가능하게
        해 줄 것.

답 5 : '진공'건은 원래 明側이 거부한 것이 아니라, 일본이 '倭子
        作亂'(1523년 寧波의 난)을 벌여 단절된 것이다. 더구나 임진란
        때 도일한 明 책봉사를 히데요시가 업신여겨 明 황제를 진

만, 조선의 대일인식과 임진왜란의 평가 및 戰後처리의 문제점 등등을 시사하
고 있어 주목된다.

노시킨 일이 있다. 그런 경위 때문에 조선으로서는 요구를
들어줄 수 없다.

문 6 : 일본이 그간 자주 강화를 요청했지만 조선은 항상 明朝를
펑계대어 미루고 허락하지 않았다. 이번 사절파견도 명의 허
락에 의한 것인가? 아니면 조선 스스로 결정한 것인가?

답 6 : 조선은 일본과 관련된 모든 것을 명에 반드시 여쭈어 행한다.
이번 사절파견도 그러했다.

문 7 : 이제 강화가 성립되었으니 앞으로는 양국이 자주 사절파견을
통해 서로 通問함을 항례로 할 것.

답 7 : 양국 간 사절왕래는 조선전기부터 있었지만 결코 많지는 않
았다. 하물며 이젠 양국왕래를 명나라에 반드시 여쭈어 행하
게 되어 있으므로 가능할 수 없다.

이상의 조목에 의거하여 일본 측의 예상 질문과 그에 대응하는 조선
의 자세를 분석해 보자.

첫째는, 교역관계다. [문답 1]에서 조선은 교역 항구였던 삼포 개항
을 일본 측이 요구할 경우, 부산 한 곳의 재개로서 응하기로 하고 있다.
[문답 2]는 조선전기처럼 일본 지방 세력이 조선의 授職을 원할 경우
이다. 조선이 이를 거부하는 답변에서 나타낸 이에야스 정권에 대한 인
식은 주목할 만하다(후술). [문답 3]은 대마도주에게 급여했던 歲賜米
를 전례대로 200석 급여하고, 그 외에 '범릉적 박송'의 공로를 명목으
로 수백 석을 더 하사해 달라고 일본 측이 요구할 경우이다. 이에 대해
조선은 수량은 명시하지 않지만 세사미의 재개에는 응하겠다는 자세를
나타내고 있다. [문답 4]는 대마도 사람에게 임진란 이전처럼 수직제도
를 부활하여 높은 관직을 주라는 요청이 일본 측으로부터 내어질 경우
이다. 이에 조선은, 강화가 체결되어도 대마도 사람이 아직 조선에 至
誠('向國輸誠')을 쌓지 않은 상태이므로 당분간은 가능하지 않을 것이라
고 답하기로 하고 있다. 이상으로 볼 때 조선은 대일교역관계를 조선전

기와는 달리 한정적으로 재편하려 했음을 알 수 있다. 그리고 그 재편은 어디까지나 대마도만을 대상으로 행하려고 하고 있음도 알 수 있다.

둘째는, 사절왕래건이다. 조선은 [문답 7]에서 보듯, 朝·日양국 사절의 상호왕래를 희망하지 않고 있음을 알 수 있다. 후술하듯 조선이 회답사라는 명칭을 굳이 취한 이유도 일본 측의 답례의 사절파견을 봉쇄하기 위함이었을 것이다.

셋째는, [문답 5]에 보이는 進貢件이다. 조선은 일본 측이 明에의 진공을 명목으로 하여 대명관계의 회복을 중재하도록 조선에 요청할 것이라고 예상하고 있다. 조선의 이러한 예상은 적중하여 제1차 회답겸쇄환사가 도일했을 때 나타나고 있다.[86] 그러나 조선에겐 自國의 내지를 통과하여 명에 진공한다는 방법을 취한 일본 측의 요구는 도저히 응할 수 없는 것이었다. 더욱이 일본 측의 요청을 명에 주선하는 것은 '朝鮮通倭' 사건에서 보듯(제4장 제2절) 조선이 일본과 私通하는 것이 아닌가 하는 의혹을 명에 품게 하는 위험스런 것이었다.

넷째로, 조선의 대일교섭에 대한 명의 관여 여하와 관련한 것이다. [문답 6]은 일본 측이 조선의 회답사절 파견에 대해 명의 허락에 의한 것인가 여하를 물을 경우이다. 이에 대해 조선은 명의 허가에 의해 사절파견이 가능했다고 답하려 하고 있다. 그러나 이 대답은 사실에 반한다. 즉 같은 해 8월말 조선은 회답사 파견을 결정하는 시점에서 일본에 사절을 파견하는 한편 明에 이 사실을 보고하자는 방침을 세우고 있어 명에 다만 조선의 결정을 보고하는 선에 머무르고 있다.[87] 따라서 이 답변은 조선이 아직도 일본에 대해 '借重之計'를 견지하고 있음을 보여준다. 그런데 주목되는 것은 [문 6]에서처럼 일본 측이 조선의 '借重·遷就之計'를 여실히 파악하고 힐문할 것이라는 예상이다.

---

86) 慶暹, 앞의 책 12), 6월 21일, 윤6월 1일·7일조.
87) 『선조실록』 39년 8월 기미, "一邊送使于日本, 一以上告于天朝."

2. 이에야스 정권에 대한 조선의 인식

한편 [답 2]는 이에야스 정권에 대한 조선의 인식을 보여주는 것으로서 흥미롭다. 즉 오닌(應仁)의 난 이후 발생한 일본국내의 분열이 원인이 되어 조선은 일본 내의 '諸酋'(지방 여러 세력)에게 授職을 하고 그에 의해 부득이 다원적인 대일관계를 펴게 되었지만, 지금은 일본 전국이 이에야스에 의해 통일되었으므로 조선의 '제추'에 대한 수직 부활은 양국 간에도 득책이 아니라고 주장하고 있다. 이것은 이 시점에 이르러 조선이 이에야스를 중앙집권자로서 인정하고 있음을 보여주는 것이다. 그도 그럴 것이 조선이 이러한 인식을 가지고 있기 때문에 이에야스에 대한 사절파견이 가능했을 것이다.

그러나 이에야스의 집권능력을 의심하는 견해도 동시에 있었다. 그것은 조선 조정이 회답겸쇄환사 일행에 대해 '指授'하는 가운데 나타나 있다. 즉 사절이 일본에 체류하는 동안, "이에야스가 혹 병으로 죽거나, 일본이 혹 전쟁 상황이 되거나, 히데요리가 혹 권력을 장악하거나, 事機가 혹 변화하거나"하는 상황이라도 벌어지면 이를 조정에 급보하는 한편, 사절은 스스로 그 진퇴를 결정하여도 좋다고 지시하고 있는 것이 그것이다.[88]

이에야스의 집권을 동요시키는 일본의 정세변화는 이에야스에게 공식 사절을 파견하는 조선에게 당연히 가장 경계해야 할 일이었을 것이다. 만약 히데요리나 反이에야스 세력이 집권하기라도 한다면 강화교섭은 원점으로 돌아가야 하기 때문이었다.

그런데 조선이 강화로 전환하게 된 배경에는 이에야스에 대한 호감도 작용하였을 것이다. 이미 이에야스가 '세키가하라의 전쟁'을 통해

---

88) 『선조실록』 39년 11월 갑술.

히데요시派를 제압하여 권력을 장악했다는 정보에 접한 조선은 곧, 그러한 이에야스가 집권한다면 적대할 필요는 없다고 관심을 보이기까지 하였다.[89] 또한 대마도의 일관된 이에야스의 이미지 홍보도 조선을 움직였다고 생각된다. 이른바 이에야스는 임진란에 휘하의 병사를 전혀 조선에 보내지 않았고, 계속 反히데요시의 입장을 견지해 왔으며, 피로인 송환에도 적극 협조해 왔다는 대마도의 주장은 '불구대천지원수'라고 하는 히데요시像과는 대조적으로 조선에 적지 않은 영향을 주었을 것이다. 조선 조정에서 이러한 대마도의 주장이 빈번히 인용되고 있는 것이 그것을 입증하고 있다.

그렇다고는 하나 일본에 대한 불신감은 아직도 강하게 남아 있었다. 더구나 이에야스가 재침 위협으로 강화를 강요하기도 했으므로 조선의 이에야스에 대한 평가는 호감만이 아니었다. 예를 들어 회례사의 파견을 앞두고 있던 조선 측에, 무고하게 군사를 일으킨 히데요시처럼 이에야스도 무고하게 '乞和'하고 있지 않은가 하고 불신하는 측면도 있었다. 또는 이에야스가 히데요시처럼 침략자로 변신하지나 않을까 우려하고 있었다.[90]

한편, 대마도의 대조선 관계독점의 경향에 대해 일본국내에서는 이것을 비판하는 반대세력이 존재하고 있었던 듯하다. 예를 들어 明의 福建金軍門에 서한을 보냈던 기요마사를 우선 들 수 있겠다(제4장 제4절 참고). 또는 전계신이 대마도로부터 조정에 보낸 제2차 치계에 있는 가게나오(景直)의 발언에서도 관련 내용을 찾을 수 있다. 즉 일본에는 '嬖巫·寵僧之輩'와 같은 親대마도 그룹과 다수의 '怪歹之人'이라는 反대마도 그룹이 있으며, 일본에서 조속한 통신사의 도일을 희망하는 이

89)『선조실록』34년 2월 경오, "平哥(히데요시)見逐, 原哥(이에야스)爲關白云, 若原哥爲國事, 則與我國無隙, 必不相敵矣."
90)『선조실록』39년 10월 경신, 11월 기사.

유 또한 이러한 反대마도 그룹의 음해나 준동을 예방하여 '交隣之道'
를 일본 전국에 알리기 위한 것이라고 하고 있다.[91] 여기서 親·反대
마도파가 어떠한 무리일까는 구체적으로 파악할 수 없지만, 대마도의
대조선 교섭대행에 반대하여 조선과의 강화에 소극적인 입장을 취하고
있는 것이 反대마도파임에는 틀림없다. 이러한 추정은 도시마사가 조
선 측에 통신사 파견을 재촉하는 가운데에서도 엿볼 수 있다.[92]

즉 여기서 도시마사가 말한 내용은, 통신사의 1606년 年內 파견이
지연되자 이를 이유로 대마도주와 알력관계에 있는 구로다 나가마사(黑
田長政)가 이에야스에게 上申하여, 대마도주가 조선과 표리관계를 이루
고 있어서 이에야스에게는 조선의 통신사가 곧 도일할 것이라고 말하
고 있지만 이는 거짓으로 시간을 벌기 위한 구실에 지나지 않는다, 라
고 대마도주를 함정에 빠뜨리려 하고 있다는 것이다. 그의 이러한 주장
은 조속한 통신사 파견을 실현시키려 과장된 것이라고 조선에 의해 묵
살되었지만, 나가마사가 대마도의 강화교섭 대행에 불만을 가진 反대
마도파임엔 틀림없을 것이다.

3. 회답겸쇄환사의 파견

1606년 겨울로 접어들어 사절의 파견 준비가 착착 진행되어 갔다.
그러나 대일사절 관련 기록이 다수 상실되어 있어 1590년 통신사 일행
으로 도일한 적이 있는 역관 박대근에게 물어 참고하는 등하며 진척되

---

91) "然我之所恃者, 變巫寵僧之輩也, 此輩, 素護陋島, 不至敗事必矣, 但日本,
多有怪歹之人, 恐或乘此機會陰害, 則勢未及周旋, 今上官(전계신), 請速歸
報貴國, 懇乞通信者, 其意無他, 蓋欲令衆倭, 知此交隣之道, 而俾無竊
發之賊耳."(『선조실록』39년 9월 임자[임오])
92)『선조실록』39년 12월 을사.

어 갔다.[93] 마침내 회답겸쇄환사라는 이름으로 사절 명칭이 결정된 것은 그 파견의 8일 전인 1607년 1월 4일이었다. 다음의 기사가 그 관련 내용이다.

> 조선 피로인을 전원 쇄환시킴이 양국의 우호라고 (일본 측에) 말하여 우선 그 의중을 떠봐야 할 것이다. 사절을 피로인 쇄환이라는 명분으로 회답쇄환사라고 칭하는 것도 하나의 꾀가 될 것이다. 설령 일본이 불응하여 쇄환을 못한다 해도 조선으로서는 손해가 없을 것이다. 다만 마땅히 할 바를 할 뿐이다. 또한 교린의 도리는 신의에 불과하다고 말할 수 있다. 그들이 스스로 말하길, '前代之非'를 모두 고쳤다고 운운했는데, 그렇다면 前代에 잡아간 조선인민들도 모두 쇄환하여 그 잘못을 고쳐 새로이 우호를 다져야 할 것이다.[94]

즉 일본이 이에야스의 서한을 통해 임진란의 침략을 '前代之非'로서 개선하겠다고 표명한 이상, '전대지비'로서 일본이 납치한 피로인도 모두 쇄환하지 않으면 안 된다고 주장하고 있다. 그런데 이 기사로 보는 한, 사절에 대한 '刷還'이란 명칭 부여는 일본의 강화 의지를 재확인하려고 하는 구실에서 급조된 것과 같은 인상을 받는다.

미야케 히데토시(三宅英利)는 이 점에 착목하여, 쇄환건이 강화교섭 과정에서는 논쟁의 초점이 된 적이 없이 사절 파견 직전에 문제시되었다고 하고 있다. 아울러 이는 쇄환건이 조선의 대일 국교재개의 제1 조건이 아니었음을 말해 준다고 주장하고, 따라서 이러한 조선의 쇄환 요구는 "민중 지배의 기반에 선 官人왕조의 체질을 나타내는 것이다."라

---

93) 『선조실록』 39년 10월 경신.
94) "令盡刷我國被虜人, 以申兩國之好, 一以探試其意, 使臣, 以刷還被虜, 爲名其號, 則以回答刷還使爲稱, 此一謀也. … 設使渠不聽從, 不爲刷還, 在我無損, 但當爲所當爲而已, 且交隣之道, 不過曰信義而已, 渠自謂, 盡改其前代之非云云, 旣曰改其非, 則盡刷前代所虜之民, 以改其非, 更結新好." (『선조실록』 40년 정월 무진)

고 평가하고 있다.[95]

그러나 그의 이 같은 주장은 다음과 같은 면에서 납득할 수 없다. 첫째로, 조선이 피로인 쇄환을 사절의 도일 기간 중의 중요 목적으로서 설정한 것은 이미 파견의 2개월 이전 비변사의 啓에서 찾을 수 있다는 점이다.[96] 즉 비변사는 사절파견시 예조 서한을 일본 집정에게 보내거나 사명당과 일본에서 교류한 적이 있는 일본의 외교 승려들에게 서한을 보내 쇄환에 협력해 달라고 하자는 방법을 논의하고 있다. 이로 볼 때 피로 쇄환건은 이미 이때부터 검토되었음이 파악된다. 이 두 방법은 그 후 그대로 실행되고 있다.[97] 둘째로, 피로 쇄환건은 강화 교섭과정에서 일관된 양국의 중요 관심사가 되어있었다는 점이다. 즉 일본 측은 강화의지를 표현하는 주요 방법으로서 그 쇄환에 열심이었다. 이에 대해 조선 측은 교섭 초기에는 대마도에 '허화'를 부여하는 조건으로서, 그 뒤에는 이에야스의 강화의도를 파악하는 잣대로서 부단히 주목해온 대일 현안문제였다. 그러던 것이 '이건' 요구 제시에 의해 대일교섭의 표면에서 일시적으로 후퇴했을 뿐이었다. 그리고 강화성립을 계기로 하여 재차 대일교섭의 주요 과제로서 전면에 등장했다고 할 수 있을 것이다.

그런데 조선은 도일한 조선사절에 대해 통신사라 칭하지 않은 것을 일본 측이 힐문할 경우에 대비하여 그 답안을 마련하고 있다. 내용을 보면, 일본이 먼저 국서를 보내왔으므로 이에 회답하기 위한 사절을 도일시키게 된 것이며, 아울러 피로쇄환도 하지 않으면 아니 되었으므로 회답겸쇄환사라고 이름 한 것이다, 라고 한 것이었다.[98] 이처럼 조선은

---

95) 三宅英利, 앞의 논문 2), 114쪽.
96) 『선조실록』 39년 11월 갑술.
97) 慶暹, 앞의 책 12), 正月 12일·20일조 참조.
98) 『선조실록』 40년 정월 기사.

회답이라는 대의명분을 전면에 내걸고, 쇄환이라는 人道上의 戰後처리 현안을 목적으로 하여 사절파견에 임한 것이었다.

드디어 1607년 1월 12일 여우길을 정사로, 경섬을 부사로 한 회답겸쇄환사가 도일을 위해 한성을 출발하게 된다.

맺음말

이에야스의 강화요청에 대한 조선의 본격적인 대응은 사명당의 대마도 파견으로부터 시작되었다. 그 후 조선은 제1차 회답겸쇄환사를 파견함에 의해 실질적인 강화 체결로 이르지만, 여기서 조선의 강화에의 전환 요인을 정리해 보면 다음과 같다.

첫째, '이건' 요구가 일본에 의해 충족되었기 때문이다. 특히 조선에 보내진 이에야스의 서한이 대마도에 도착했다는 대마도 측의 통고에 의해 조선은 사절 파견을 논의하기 시작한다. 이는 이에야스의 '원서한'이 강화에 결정적인 역할을 했음을 보여준다. 이 서한은 전계신의 치계에서 보이듯이 부분적으로 불손한 표현이 있고 큰 글씨로 쓰여 있었으며 '범릉적 박송'에 관해서도 언급하지 않았다지만, 기본적으로는 조선을 만족시키는 것이었으리라. 이 서한은 임진란의 침략행위를 '전대지비'로서 시인·사죄하며 강화를 요청한 내용으로, '일본국왕'이라고 서명한 적례 양식을 취한 것으로 간주되었기 때문이다. 그에 의해 조선은 즉시 '회답'을 대의명분으로 한 사절 파견이 가능하여졌다. 그 후 조선에 건네진 '개서'가 '범릉적 박송'에 관하여도 써넣어짐으로서 조선은 부분적이지만 전범의 인도도 이에야스 정권이 행하였다는 명분을 세울 수가 있었다.

둘째로, 대마도에의 배려에서였다. '허화'의 부여 이후도 조선과의 교역관계의 재개에 응하지 않고 있던 대마도는 조선 측에서 본다면 기미권 편입의 前 단계 존재였으며, 따라서 그 편입을 이제나저제나 기다리지 않으면 안 되었다. 이 상태를 기정사실로 하고 있는 조선에서는 대마도를 이 상태로부터 이탈시키지 않는 것이 긴급과제가 되어 있었다. 그러므로 강화교섭이 대마도의 독단에 의한 것이 아니라는 점이 '허화' 이후 명확해지면 질수록 대마도를 이에야스 정권으로부터 보호하는 입장에 서게 된다. 그것은 대마도가 통신사 파견을 재촉하는 상투수단으로서 이용한 주장, 즉 통신사 파견을 계속 지연시키면 이에야스로부터 대마도주가 처벌된다고 하는 주장에 대응할 수밖에 없게 되었다는 것이다. 막부로 파견할 차관 계획이 중지되는 것도, 가짜로 판명된 '범릉적'을 가지고 사절 파견 지연에 이용하지 않은 것도, 이에야스로부터 조선의 기미권 편입 전 단계에 있는 대마도를 보호할 의도가 작용한 결과였다. 강화로의 전환에는 이러한 조선의 대마도에 대한 전통적인 입장이 부단하게 작용하고 있었다. 대마도 또한 조선의 그러한 입장을 충분히 알고 강화 촉진에 이용했다고 할 수 있다. 덧붙여 말하면 대마도가 조선의 기미권에 재편입 되는 것은 기유약조(1609)에 의하여서이다(제6장 제1절).

셋째로, 이에야스에 대한 호감에서였다. 이에야스는 임진란에서는 휘하의 병사를 차출하지 않았고, '세키가하라의 전쟁' 이후 줄곧 反히데요시의 입장을 견지하였으며, 조선인 피로의 송환에도 적극적으로 협력하고 있다는 대마도의 주장에 대해 조선이 임진란을 히데요시 정권에 의한 것으로 한정적으로 수용할 경우, 히데요시를 증오하면 할수록 이에야스에 대한 호감은 더해갔을 것이다. 히데요시 정권을 타도하는 입장에 이에야스가 서있다는 것도 조선을 강화로 전환시키는 하나의 요인이 되었을 것이다. 오사카(大坂)의 전쟁(1615) 직후 대마도가 조선에 사절을 보내, 막부가 조선을 대신하여 이번에 히데요시의 아들 히데요리 세력마저 일망타진했으니 축하 사절을 파견하여 달라고 요청한 것도 그러한 맥락에서 이해될 수 있을 것이다. 조선 측에서 보면 에도시대를 통해 평화스런 조·일관계가 구축될 수 있었던 것은 도쿠가와(德川) 정권이 기본적으로 히데요시 정권을 무너뜨린 정권이었기 때문일 것이다.

넷째로, 여진족의 위협 증대 때문이다. 당시 조선의 서북방에는 누루하치의 建州部가, 동북방으로는 忽剌溫部가 끊임없이 조선에 위협을 가하고 있었다. 그러므로 조선은 남북으로 적대세력과 대치하고 있는 것에 커다란 불안을 느끼고 있었다.[99] 결국 조선의 대일강화는 국력을 회복하고 북방으로부터의 위협에 전격 대비하기 위한 전략에서 나온 것이다.

그러면 이에야스 정권의 대조선 강화가 지닌 의미를 정리하여 보자. 이에야스가 조선의 '선위치서' 요구에 응하여 조선에 강화를 요청하는 서한을 내었다는 것에서 조선과의 강화가 이에야스 정권에게 매우 중대한 과제였음을 엿볼 수 있다. 히데요시 정권을 무너뜨리고 에도막부를 연 이에야스에게 조선과의 강화는 히데요시가 남긴 대외적 과제를 청산하는 것이 되며, 대내적으로는 反이에야스 세력에 대한 막부의 정통성이 확보되기 때문이었을 것이다.[100] 그렇다면 이에야스의 대조선 교섭은 그 출발점부터 정치적 목적에서 비롯된 것으로, 대외무역의 관심과는 일정한 거리를 두고 있었던 것으로 이해할 수 있다.

이렇게 볼 때 대마도가 일본 측의 대조선 교섭을 대행하지 않으면

---

99) 『선조실록』 39년 10월 무술, "史臣曰, 北虜有竊發之兇, 南賊稔再寇之謀, 而水陸之戰具, 漸至板蕩, 國之不國, 果誰之咎." 이 시기 여진과의 관계는 徐炳國, 『宣祖時代女眞交涉史研究』(敎文社, 1970년), 第2·第3장을 참고.
100) ロナルド·トビ, 앞의 논문 2).

안 되었던 이유가 대마도가 아닌 이에야스에게 있었음이 명확해진다. 이에야스는 조선에의 강화 요청을 대내적 위신 때문에도 스스로 시작할 수 없게 된 것이다. 그런 면에서 대마도에 대행시키는 것이 안성맞춤이었을 것이다. 그리고 조선의 '선위치서' 요구를 이행하면서도 일본 국내상으로는 그 행위를 숨기지 않으면 안 되었을 것이다. 이를 위해서 자신에게 보낸 '회답'을 지참하는 조선의 제1차 회답겸쇄환사를 히데타다에게로 향하게 하여야 했고, 그로 인해 조선의 회답서도 필연적으로 개작되지 않으면 안 되었다. 그럴 경우 대마도라는 존재가 절대적으로 필요하게 된 셈이다. 조선 사절을 안내·접대하는 역할을 맡고 있던 대마도에게는 조선 국서를 개작할 기회가 충분하기 때문이었다.

이상과 같이 강화 성립까지의 과정을 조선과 이에야스 정권의 입장에서 정리하여 보았으나 그 과정에서 제기된 제반 사실, 예를 들면 이에야스에 의해 '선위치서'가 이행되었다는 것, 제1차 회답겸쇄환사가 지참한 국서를 이에야스의 명령에 의해 대마도가 개작했다는 것, 조선은 대마도를 기미권에 편입시킬 대상으로 설정하여 이에야스 정권으로부터 보호하는 입장에 있었다는 것 등은, 이 이후의 조·일 외교 전개를 이해하기 위해서도 커다란 시사를 던져줄 수 있을 것이라고 여겨진다. 이에 관한 검토는 제6장에서 언급하기로 한다.

마지막으로 이 제5장은 조·일 양국 간의 강화를 둘러싼 교섭과정에 중점을 두어 검토했기 때문에 양국 간의 강화에 대한 명이나 여진의 영향 여하에 관해서는 그 상세한 검토를 유보하였다. 이것은 금후의 과제로서 설정하고 싶다.

제6장
17세기 중반의 조선·막부·대마도 관계

머리말

幕藩體制(막부와 200여 개 藩의 중층적 지배체제)의 확립기라고 할 수 있는
쇼군(將軍) 이에미츠(家光 : 1623~1651)시대에 朝·日관계는 어떠한 변화
를 나타내고 있는가? 이를 밝히는 것은 에도시대(1603~1868)의 조·일
관계를 총체적으로 파악하는 데에 커다란 방향을 제시하는 것이 될 것
이다. 따라서 에도시대 양국관계에 대한 선행연구도 이 시기를 중심으
로 하고 있고, 최근엔 기존의 '鎖國'이란 이름으로 파악하여 온 에도
막부의 대외정책을 '海禁'이라는 동아시아의 보편적인 대외정책에서
새로이 분석하려는 관점도 내어져, 그 토대에서 양국관계를 파악하려는
경향도 있다.[1]

---

1) 이러한 관점에서의 양국 관계의 연구는 田中健夫, 「鎖國成立期における朝
鮮との關係」(『中世對外關係史』, 東京大學出版會, 1975)로부터 시작하여,
荒野泰典, 『近世日本と東アジア』(東京大學出版會, 1988)로 계승·발전시

그러나 이러한 최근 연구에 보이는 새로운 관점에 대해 깊이 언급함은 피하려 한다. 그것은 제6장이 처해진 입장에서이다. 즉 제6장은 양국의 講和과정을 취급한 제4~제5장의 연장선상에 있고, 아울러 아라이 하쿠세키(新井白石)의 대조선 외교개혁을 다룬 제7~제8장의 序章이 되기 때문이다. 또한 제1~제2장에서 제시한 조선전기 무로마치(室町) 막부나 대마도에 대한 정책이 조선후기엔 어떻게 전개되어 가고 있는가에 대해서도 일정한 답을 내지 않으면 안 되기 때문이다.

이에 이 제6장에서 설정한 과제는 다음과 같이 3가지이다.

첫째, 조・일 관계가 강화 성립 이후 어떻게 전개되어 가고 있는가에 대해서이다. 특히 1609년 조선이 대마도에 허락한 교역관계의 재개에 대한 규정이 己酉約條인데 제6장에서는 그 성격을 중심으로 조선과 대마도간의 관계를 분석할 예정이다.

둘째, 국서위조사건으로까지 확대된 對馬島主 소(宗)氏와 그 가신 야나가와(柳川)氏 사이의 소송인 '야나가와 잇켄'(柳川一件)에 대한 막부 판결을 검토하고, 그 판결이 가진 문제점을 추출하여 막번체제 확립기 조선과 막부 사이의 외교교섭에 대마도가 수행한 역할을 재평가하는 것이다. 그에 의해 '야나가와 잇켄' 판결이 근세 조・일 관계에 어떠한 의미를 가져왔는가를 밝히는 것이다.

키고 있다.

이외의 연구로서는 다음과 같은 것이 있다.

中村榮孝,「江戶時代の日朝關係」「外交史上の德川政權」(『日朝關係史の研究』(下), 吉川弘文館, 1969)・「大君外交國際認識－華夷秩序の中の日本－」(日本國際政治學會編, 『日本外交の國際認識』, 有斐閣, 1974).

田中健夫,「對馬以酊庵の研究－近世對朝鮮外交機務の一考察－」(『東洋大學大學院紀要』24, 1988).

田代和生, 『書き替えられた國書－德川・朝鮮外交の舞台裏－』(中央公論社, 1983)・「日朝關係の展開」(中田易直編, 『近世對外關係史論』, 有信堂高文社, 1977).

셋째, '야나가와 잇켄'의 판결에 따른 이에미츠 정권의 대조선 정책 개혁, 그 중에서도 쇼군(將軍)의 대조선 칭호로서 새로이 설정된 대군을 중심으로 막부의 개혁에 임하는 자세, 조선의 그에 대한 대응을 검토할 예정이다.

에도시대 조·일간 외교에는 그 매개·중재역을 담당하고 있던 대마도의 독자적 입장이 언제나 반영되어 있었으며, 그것은 이에미츠代의 양국관계에도 예외가 아니었다. 따라서 이 3자간의 상호관계, 특히 지금까지의 연구가 별로 크게 평가하지 않았던 조선·대마도간의 관계와, 그리고 조·일(막부)간의 외교에 미친 대마도의 영향을 제6장에서는 적극적으로 검토할 예정이다.

제1절 기유약조와 조선·대마도 관계

여기서는 조·일간의 강화 체결 이후 조선·대마도간의 己酉約條의 성립까지의 양자 간의 교섭, 그리고 기유약조의 가진 의미, 나아가서는 그 이후 양국관계를 검토하려 한다.

1. 기유약조의 성립

제1차 회답겸쇄환사가 일본을 다녀온 다음해인 1608년 1월, 대마도는 겐소(玄蘇)와 야나가와 도시나가(柳川智永)를 '일본국왕사'란 명의로 조선에 파견하여 약조를 성립시키기 위한 사전교섭을 행하게 했다.[2] 이

---

2) 야나가와 도시나가는 시게노부(調信)의 아들이며, 시게오키(調興)의 아버지이다. 그는 조선에서 景直으로 불리워졌다.

에 대해 조선은 이지완을 '宣慰使로 부산에 파견하여 접대에 임하게 했다. 선위사란 조선전기 대일교섭의 예로 볼 때 막부의 사자(일본국왕사)를 접대하는 임시직이었다.

나카무라 에이코(中村英孝)는 이때의 '일본국왕사' 파견을 대마도의 恣意的인 것으로 보고 있다.[3] 그러나 사명당(惟政)을 접견하고(1605) 그 결과 조선과의 강화를 전망한 도쿠가와 이에야스(德川家康)가, 대마도의 강화교섭 노력에 대한 대가로서 일본 측의 대조선 교역 독점을 대마도에 허락한 경위가 있다(제5장 제1절). 그러한 관점에서 본다면 조선으로부터 교역관계를 독점받기 위한 대마도의 '일본국왕사' 파견은 그 지참한 국서의 위작 행위를 제외하곤 당연한 것이다. 이 대마도에 의한 '일본국왕사' 파견은 히데요시 때에도 행해졌지만 그때에는 대마도가 독자적인 판단으로 파견한 것으로 조선으로부터도 묵인되어 있었다.

1609년 3월이 되자 대마도는 '大將軍'의 사자라 칭하여 겐소·도시나가 등 300여 명을 조선에 파견하기로 한다. 이때 겐소 등은 현존하지 않는 국서와 조선의 길을 빌려 明에 進貢하고 싶다는 對馬島主 소 요시토시(宗義智)의 서한을 지참하고 있었다. 아울러 구두로는 한성에 상경하여 그 한 해 전에 사망한 宣祖의 영전에 진향하고 싶다는 뜻을 표하고 있었다.[4] 그러나 그 접대역이었던 선위사 이지완은 대마도의 上京·進香 요청과 明에의 진공요청을 동시에 거부하는 한편, 겐소의 지참한 국서도 현지 부산에서 수리하고 있다. 그리고 이에 대한 조선의 회답은 같은 해 6월 대마도 사자에게 건네어졌다.[5]

같은 해, 조선 측은 12개조의 이른바 기유약조를 결정하고 부산 체류

---

3) 中村榮孝, 『日鮮關係史の研究』(下)(吉川弘文館, 1969), 282쪽.
4) 『東萊府接倭事目抄』 萬曆37년 기유 3월·5월조.
5) 『續善隣國寶記』(『史籍集覽』 第28冊 所收), 313쪽. 萬曆37년 5월 日付, 일본국왕에게 보낸 조선국왕 李琿(광해군)의 답서.

중인 도시나가 측에 건네어지게 되는데,[6] 약조는 그 내용으로 볼 때 다음과 같은 점이 지적될 수 있겠다.

첫째, 교역관계의 제한이 그 이전과 비교할 때 더욱 엄하게 규정되었다는 점이다.

대마도의 조선과의 교역량은 매년 파견하는 배의 숫자를 기준으로 하고 있었다. 그런데 기유약조는 歲遣船을 20척으로 축소하고, 더욱이 特送船 3척마저도 세견선 속에 편성시켜 버리는 것이 되었다(제3조). 특송선이란 특별한 임무를 띠고 파견하는 배를 가리키며 원래는 그 제한이 없었던 것으로, 세견선 규정에서 독립되어 대마도에 커다란 이익을 가져올 터였다. 이전의 세견선 규정을 보면 계해약조(1443)에서는 50척, 임신약조(1512)와 정미약조(1547)에서는 25척이었다. 그리고 대마도에 급여하는 歲賜米도 기유약조에선 100석으로(제4조) 이 또한 계해약조와 비교하면 半으로 줄어든 것이었다.

이외에 한성 상경이 금지되고 교역장이 부산 한 곳으로 제한된 점이다. 이것은 약조 속에선 별도로 언급되어 있지 않으나, 오히려 그에 대한 언급을 회피하는 형태로 그 제한을 규정한 듯하다.

한성 상경금지 규정은 임진란 때 대마도가 일본군의 길 안내역을 담당하여 한성 상경로를 침략로로서 악용한 것에 대한 조선 측의 징벌의 의미를 가진 규정이기도 하지만, 그 규정에 의해 대마도는 한성 왕래와 조선국왕에의 肅拜 儀式을 통해 얻게 되는 접대상의 제반 이익으로부터 배제 당하게 된다.

부산에 한정시킨 교역장 제한은 이미 정미약조에서 그 규정이 내어져 있었다고는 하나, 그 뒤 대마도의 노력에 의해 그 규정의 해제가 기

---

6) 『朝鮮通交大紀』卷5, 万松院公, 己酉約條件. 약조의 순서는 田代和生, 『書き替えられた國書—德川·朝鮮外交の舞台裏—』(中央公論社, 1983), 28～29쪽에 의거한 것.

대되어 있었다. 이는 임진란 직전의 일이다. 그만큼 기유약조의 이러한 규정 또한 대마도 측의 대조선 교역과, 그를 행하기 위한 대마도인의 조선 居留에 커다란 제한요소가 되었다고 아니할 수 없다.

이상과 같은 규정은 전반적으로 임진란 때에 일본군의 선봉역을 맡은 대마도에 대한 조선의 징벌적 의미를 나타낸 제한책이었다.

둘째로, 조선전기의 교역체제를 기본적으로 답습했다는 점이다.

渡航 허가 제도라고 할 수 있는 文引제도는 15세기 초부터 조선이 대마도에 위임하여 왔던 것으로, 일본의 대조선 교역을 통제하기 위해 대마도주에게 문인의 발행권을 장악케 하고 있었다. 제8조와 제10조에 이것이 명시되어 있는 것은 조선에서의 도주의 특별한 지위를 보여주는 것이다.

다음으로 圖書다. 도서란 수급자의 이름을 새긴 구리도장을 가리키는데 조선에 보내는 외교문서에 이것을 찍어 渡航證으로 삼아온 것이었다. 이것을 조선으로부터 받은 사람을 '受圖書人'이라 하며, 임진란 후 최초 수혜자는 대마도주였다(제9조).

조선의 관직을 받은 受職人에 대한 년 1회 조선 來朝의 규정(제5조)도 그 이전의 규정과 같다. 그러나 왜란 이전의 모든 수직인의 자격을 박탈한 것은 왜란과 관련지운 징벌적 의미를 가진다(제6조). 그리고 제7조의 조선에 파견하는 배의 크기나 탑승인원의 규정, 또한 제11조의 過海料(귀국비용) 규정도 왜란 이전과 비교하여 기본적으로 같다. 예를 들어 신숙주의 『海東諸國紀－朝聘應接記』 해당내용을 보면 그와 거의 일치하고 있다. 특히 제12조에 보이듯, 그 외의 규정은 先例에 의거한다고 되어 있는 것도 이 약조가 그 이전의 약조를 기본적으로 계승하고 있음을 명확히 보여주는 것이다.

셋째, 巨酋使 등 일본의 특정 지방 세력으로부터의 사절파견에 대한 규정이 없어지고,[7) 그 대신 모든 규정이 대마도주에게 귀속된 형태로 되어 있다는 점이다.

이것을 단적으로 보이고 있는 것이 제1조에 있는 '일본국왕사'마저
도 대마도주의 文引 지참이 의무시 되어 있다는 점이다(제8조). 에도 막
부가 조선에 사자를 파견하는 경우에도 도주의 통제 하에 놓이게 되는
이 규정은 15세기 후기 이래의 규정을 답습한 것이다(『해동제국기-조빙응
접기』 참고). 그러나 원래 이 규정은 중앙정권으로서의 통치능력이 없었
던 무로마치 막부가 파견한 '일본국왕사'에 대해 행해진 것이었다. 그
런데 이것을 에도 막부가 파견하는 사자에게도 똑같이 적용한다는 것
이 된다. 이는 조선이 에도 막부를 무로마치 막부와 동일하게 약체정권
으로서 인식했기 때문에서가 아니라, 에도 막부의 있을지도 모를 조선
에 대한 사자 파견을 도주로 하여금 제어 시킨다고 하는 의도가 내재된
규정이라 할 수 있다.

이상과 같은 규정에 의해 조선은 일본에 대한 교역관계 재개를 최대
한 통제할 수가 있었다. 이러한 교역관계 재개상의 통제는 양국의 강화
교섭이 시작된 이래 조선의 대마도에 대한 최대의 과제가 되어 있었던
것이다. 즉 조선은 대마도에 대한 기미정책을 전개하면서 '허화'의 부
여 이후 예상되는 대마도의 교역관계 재개 요구를 최대한 억제하려고
골몰하였다(제4장 제3절). 대마도에의 '허화'부여 이후 막부의 강화 체결
까지의 대일정책 속에서도 이 의도는 일관하고 있었다. 특히 제1차 회
답겸쇄환사의 도일을 앞에 두고 작성된 '問答逐條'에는 조선의 일본과
의 교역재개상의 방침이 명확히 나타나고 있다. 즉 浦所의 1개소 제한,
巨酋의 조선에의 사절파견 금지, 기존 수직인의 자격박탈, 일본사절의
조선 상경 금지 등의 방침이 그것이다(제5장 제5절 참고). 따라서 기유약조

---

7) '巨酋'가 파견하는 사자를 가리킨다. 『海東諸國紀』의 「朝聘接紀」에는 '거
   추'를 "日本畠山・細川・左武衛・京極・山名・大內・小貳等, 爲巨酋."라
   고 설명하고 있다.

의 규정은 단기간에 설정된 것은 아니라, 조선의 대일강화교섭 과정에서 거듭 언급되어 논의를 계속한 결과에 의한 것이라 할 수 있다.

이에 조선으로서는 이 같은 내용의 기유약조로서 지금까지 행해진 대마도에 대한 기미정책을 일단 성공한 것으로 간주하여 일단락 시킨 전기가 되었다 할 수 있다.

한편 대마도로서는 1599년 강화교섭의 시작으로부터 어언 10년의 세월에 걸친 노력의 결과 조선과의 교역관계를 재개할 수가 있게 되었지만, 전술한 것처럼 엄격한 제한이 가해진 것이었다. 따라서 대마도는 그 뒤에도 교역상 이익을 증대시키기 위해 여러 가지로 도항선의 증가를 획책하게 된다.[8]

2. '기미권 교린'의 재편

기유약조의 성립은 조선이 설정한 '羈縻圈'에 대마도가 재편입 된 것을 의미하지만, 이에 의해 조선·대마도간의 관계는 조선전기처럼 '기미권 교린'관계를 재차 지향하게 될 것이다. 예를 들어 1659년 대마도가 화재라는 재난을 맞았을 때 조선은 역관을 파견하여 '賜米' 300石을 내리고 있다. 이에 대하여 대마도는, "이때 조선은 周急의 도리를 베풀어 白米 300석을 내렸다. 이는 재난을 구제하는 교린의 義에 의거한 것이었다."라든가, "재난을 구해줌은 周急으로 이는 교린의 通誼다."라고 기록하고 있다. 즉 대마도에 대한 조선의 구휼행위를 '交隣之義'로서 평가하고 있는 것이다.[9] 이러한 조선의 행위는 제1장 제2절에

---

8) 中村榮孝, 앞의 책 3), 285쪽.

9) 『交隣考略』의 「周急事考」(『古事類苑 – 外交部』, 715~716쪽 수록)에 "此時 朝鮮, 施周急之道, 贈白米三百石, 交隣救災之義也." "周急救災, 交隣之通誼也."라고 있다. 또 1732년의 대마도 화재에 대해서도 조선은 前例가 있다하

서 논한 것처럼 대국의 소국에 대한 '交隣之義'이며, '기미권 교린' 대
상에 대한 구휼정책의 일환이다.

그러면 이러한 '기미권 교린' 관계 하에서 행하여진 조선 후기 조선
과 대마도간의 사절 왕래에 관하여 살펴보자. 우선, 조선의 대마도주에
대한 사절파견은 도주가 에도에서 대마도로 돌아왔을 때, 또는 도주의
지위 승계와 사망 등의 경조사에 대해 譯官(問慰官)을 파견하는 형태를
취하고 있었다. 그때 지참한 조선의 서한은 예조참의 명의였다. 둘째로,
도주의 조선에 대한 사절파견은 우선 조선 왕실의 경조사에 대하여 이
루어진다. 그리고 도주 자신의 家系에 대한 보고를 위해 이루어진다.
즉 '島主承襲告慶差倭'(지위승계시), '圖書請改差倭'(圖書갱신시), '島主
退休告知差倭'('隱居'시), '島主告訃差倭'(사망시), '退休島主告訃差倭'('은
거' 중인 옛 도주 사망시), '舊舊島主告訃差倭'(2代 前의 도주 사망시), '島主
告還差倭'(에도에서 歸島시) 등의 명목으로 파견하고 있다. 즉 대체로 도
주 家系의 경조사에 관한 보고를 위한 파견이 기본이 되어있다.[10]

이처럼 볼 때 조선 후기의 조선과 대마도의 관계는 조선전기 양자
간의 관계를 그대로 답습하였음을 알 수 있다. 다만 후기의 특징은 에
도 막부의 허용 하에 대마도가 일본의 對조선 외교행위도 담당하고 있
다는 것이다.

제2절 '야나가와 잇켄' 판결의 의미

여기서는 國書 개작사건으로 발전한 '야나가와 잇켄'(柳川一件, 이하

여 쌀과 인삼 등을 보내 구휼하고 있다(『영조실록』 8년 7월 계축).
10) 金健瑞編, 『增正交隣志』(1802년 간행) 卷2, 「差倭」.

'잇켄'이라 약칭)에 대한 막부의 심리과정과 그 판결을 검토하여 판결이 지닌 문제점을 이끌어내고, 그에 의해 이러한 문제가 있는 판결이 어떠한 배경에서 내어진 것인가를 밝히고자 한다.

1. 국서 개작의 탄로

1626년 10월, 야나가와 시게오키(柳川調興)는 대마도주 소 요시나리(宗義成)에게 히젠(肥前)지방의 토지 2,000石에 대하여 새로이 쇼군 이에미츠의 허가(朱印狀)를 받고 싶다는 뜻을 밝혔다. 이 2,000석이란 시게오키의 할아버지인 시게노부(調信) 때 이래의 1,000석, 여기에 1605년 막부로부터 도주에게 주어진 2,800석 중에 아버지 도시나가(智永)에게 할당된 1,000석을 합한 것을 가리킨다. 그러나 도주가 이것을 허락하지 않았으므로 시게오키는 막부의 각료 츠치이 도시카츠(土井利勝)에게 소송을 내게 되어 막부에 의한 심의가 개시되었다. 결과는 시게노부 이래의 1,000석에 대하여는 이에미츠의 허가를 받는다는 형태로 낙착되었다. 그러나 이러한 결과는 야나가와씨가 막부와 도주에게 이중으로 臣從해야 한다는 모순된 성격을 더 한층 두드러지게 할 뿐이었다.[11]

1631년 시게오키는 대마도주로부터 받은 1,000석의 토지와 세견선 1척의 권리를 반환하겠다고 도주에게 밝혔다. 이는 그가 막부로부터 직접 받은 1,000석과 자신의 세견선 1척·流芳院船 1척의 권리를 기반으로 막부의 신하가 되겠다는 의지를 더욱 명확히 한 것이다. 이에 대하여 도주는 시게오키를 '不臣'으로, 시게오키는 도주를 '橫暴'로 각기 도시카츠에게 소송을 제출하기에 이른다. 그러나 막부의 대응은 소극적

---

11) 荒野泰典, 앞의 책 1), 200쪽. 제6장 제2절에서 '一件' 전개의 사실관계에 한해서는 荒野泰典의 앞의 책 1)과 田代和生의 앞의 책 6)의 연구에 의거하는 바가 크다.

이어서 거의 2년간 이 소송은 방치되게 된다.

그러다가 1633년 5월 5일에 가서야 대마도주는 로쥬(老中 : 총리)로부터 심문을 받게 된다. 그것은 시게오키가 도주의 대조선외교와 관련한 내용을 폭로하였기 때문이었다. 그 내용은 1624년 제3차 회답겸쇄환사에게 건넨 쇼군의 답서가 개작된 것이라는 것, 1621년의 '일본국왕사'(御所丸送使)가 막부의 허락 없이 파견되었다는 것, 1629년의 겐포(玄方)의 한성 상경과 관련하여 의혹이 있다는 것, 이러한 것들이 모두 도주의 독단으로 이루어졌다고 그 조사를 요청한 것이다.[12]

그런데 이처럼 대마도주 宗氏·야나가와씨 사이의 집안싸움이 시게오키의 국서 개작의 폭로에 의해 조·일 외교문제로까지 발전했음에도 불구하고, 그와 관련한 심리는 다음해인 1634년 10월 20일까지 미루어지게 된다. 그 이유는 이 사이에 이루어진 이에미츠의 교토 上京과 겹쳐졌기 때문으로도 생각될 수 있으나, 문제의 중대성으로 볼 때 1년 5개월간의 심리 중지는 지나치게 길다. 게다가 시게오키의 폭로에 의해 중대한 혐의를 받고 있는 도주가 이 기간 중에 이에미츠를 따라서 상경하는 등, 별도의 구류 등의 조치를 취하지 않고 있다는 점이다. 이러한 막부의 적극적이라고는 도저히 이해할 수 없는 대응은, 후술하는 것처럼 '잇켄' 판결에서의 경미한 처벌로 이어지고 있다고 여겨진다.

시게오키의 대마도주에 대한 폭로는 그 이후 더욱 구체적인 것으로 진행 되어간다. 즉 도주는 국서개작과 '일본국왕사'의 파견을 모두 계획·실행하였고, 1624년 조선 사절이 쇼군에 올린 예물도 멋대로 그 양을 늘렸으며, 관련서류도 그에 맞추어 날조했다고 주장했다. 그리고 국서개작의 증거로서 바꿔친 寫本으로 여겨지는 국서와 그때에 사용된 인감을 제출하고, 그 인감이 대마도에서 위조된 것이라는 것도 폭로하

---

12) 田代和生, 앞의 책 6), 134쪽.

였다. 나아가 1629년 겐포의 한성 상경건에 관해서도 시게오키는, 겐포
가 조선에서 귀국하여 조선 예조의 서한이라고 도주로 하여금 로쥬에
게 보인 것도 도주 측이 대마도에서 제멋대로 위조한 것이다. 또한 그
직전에 겐포가 조선에 도항할 때에도 날조한 국서를 두 통 지참하여 한
통은 正使인 겐포에게, 또 한 통은 副使에게 맡겨 각각 조선국왕에게
제출하였다고 주장하였다.

그런데 시게오키가 폭로한 국서개작 행위는 후술하는 바처럼 대마도
주만이 아니라 시게오키 자신도 이에 가담하고 있었다. 그것을 시게오
키가 군이 폭로하여 소송에 이른 것이다. 그 이유에 대하여 다시로 가
즈오(田代和生)는, 거기에는 절대로 승소할 것이라는 시게오키의 자신감
이 있었기 때문이라며 그 배경을 다음처럼 두 가지를 들고 있다.13)

우선 첫째로, 막부 중심인물의 지지가 기대되었기 때문이다. 즉 1636
년 도일한 조선의 통신사의 기행기록(김동명,『海槎錄』)에는 츠치이 도시
카즈(土井利勝 : 大炊守)·홋다 마사모리(堀田正盛 : 加賀守)·이타쿠라 시
게무네(板倉重宗 : 周防守)가 '시게오키의 心腹', 하야시 라잔(林羅山)은 도
시카츠와 '同心'으로 이들을 합쳐서 '시게오키의 黨'이라 부르고 있다.
당시 이들은 대체로 막부의 주요 인물이었다. 한편 대마도주 측을 응원
한 인물에 대해서도 적고 있으나 시게오키의 당보다는 훨씬 그 지위가
낮은 자들이었다. 시게오키가 소송을 제기한 배경에는 이러한 지지 세
력이 크게 기대되었기 때문이었다.

둘째로, 막부의 대조선 외교관계가 '나가사키形'(長崎形)처럼 변화할
것이라고 시게오키가 예상하고 있었기 때문이었다. 즉 '잇켄'은 이른바
쇄국체제 완성기에 일어난 것으로 막부가 중국·네덜란드와의 무역관
계를 나가사키로 제한하여 직접 막부의 관리 하에 둔 것처럼, 대조선

---

13) 田代和生, 앞의 책 6), 161～174쪽.

관계도 대마도로부터 막부의 직접 통제 하에 처하여질 것이라는 신념을 시게오키는 가지게 되었다. 이에 재빨리 대마도주의 家臣으로서의 입장에서 막부의 가신(直參旗本)이 될 필요가 있다고 생각하여 이 소송에 이르게 된 것이다.

다시로의 이러한 주장에 대하여 기본적으로는 찬성이다. 다만 시게오키의 대마도주에 대한 비판에는 도주의 대조선 외교자세가 조선의 藩臣과 같은 것이었으므로 일본의 수치가 된다고 하는 논리가 근저에 있었다(후술). 이 논리는 도주에게 대행시켜 온 막부의 지금까지의 대조선 외교형태를 변화시키는데 충분할 것이라고 시게오키는 승소를 자신하여 소송을 단행한 것이 아닐까?

2. 문제를 가진 판결

1635년 3월 11일, 에도城에서 쇼군 이에미츠를 비롯하여 에도에 머물고 있는 다이묘 및 막부의 상층부 家臣團이 지켜보는 가운데 '잇켄'은 드디어 최후의 심리를 기다리게 되었다.

그런데 이에 앞서 그 며칠 전 다테 마사무네(伊達正宗)는 대마도주에게, 이번 판결에서 만약 시게오키가 이긴다면 그를 반드시 죽일 것이며, 그러는 것이 '朝鮮의 役'(임진란)에서 자신이 도주의 부친으로부터 받은 은혜에 보답하는 길이라고 말하고 있다. 그리고 그날 아침에도 시게오키를 습격하려고 두 세 사람을 수배해 놓았다고 다테 가문으로부터 도주의 저택에 연락이 취해졌다고 한다. 또한 이에야스의 열째아들 요리노부(賴宣)도 도주에게 말하길, 도주의 유배지가 데와(出羽 : 동북지방의 東海쪽 지역)로 결정된 듯하나 만약 그렇다면 나의 영지(紀州)에 맡겨 달라고 쇼군 측근에 부탁하였으므로 안심하라고 이르고, 더구나 판결 당일에는 도주에게 새로운 토지가 내려질 것이라는 로쥬로부터의 정보가 들어왔다고 전달하여 왔다.[14] 이러한 두 사람의 발언으로 본다면 시게오키의 승소가 예상된 듯하다.

그런데 호소카와 다다토시(細川忠利)는 그 아버지 다다오키(忠興)에게 판결 하루 전에 서한을 보내어 최종 판결을 대마도주의 승소로 예상하고 있다. 즉 분쟁시 兩者처벌(喧嘩兩成敗) 원칙을 준수한다면 조선과 외교관계 단결로 이어지게 되고 조선에 '出兵'해야 하는 부담도 생기므로 그 원칙은 지켜지지 않을 것이라고 이해하고 있다.[15]

이들 세 사람의 동향으로 미루어, 최후의 심리가 있는 당일까지 막부 주변의 인물들에게는 어느 쪽이 승소할 것인가 예측할 수 없는 상황이었던 모양이다. 그것은 국서개작 행위가 대마도주와 야나가와씨가 같이 행한 것이므로 흑백을 가리기 힘든 성질을 가지고 있음을 나타낸다. 특히 주목되는 것은 요리노부의 추측에서도 엿볼 수 있는 것처럼, 국서개작에 관여한 도주나 시게오키의 어느 쪽에도 사형이라는 중형이 내려질 것이라고는 예측하지 않고 있다는 점이다. 이는 바꾸어 말하면 요리노부를 비롯한 그들에게 이 국서개작 행위가 중대한 범죄행위로서 인식되고 있지 않기 때문이 아닐까? 따라서 막부 주변의 사람들에게 승패는 미리 예측할 수 없었다 해도 패소 측의 형량에 대하여서는 어느 정도 일치한 추측, 즉 경미한 처벌이 될 것이라고 여기고 있지 않았을까? 이러한 추측은 후술하는 판결 결과로 보아 적중하고 있다.

'잇켄'의 심리가 시작되어 이에미츠와 대마도주는 모두 7개조에 달하는 질의응답을 주고받고 있다.[16]

---

14) 田代和生, 앞의 책 6), 246~248쪽.

15) 「對馬守柳川公事御穿鑿」; "わろく成行候ハ, 兩人御成敗ハ日本計之儀ニ候得共, 高麗マテ手切ニ罷成候へハ日本より又御人數も參候樣ニ成下候儀も可有御座ニよって, 大事之被仰出, 思召候と聞へ申候事."(「細川家記」忠利八, 東京大學 史料編纂所藏 寫本)

　우선, 이에미츠의 추궁은 다음과 같은 것이었다. 도주가 1621년의 '일본국왕사'를 자의로 조선에 파견했고 그 지참된 국서도 위조했다는 것, 1624년 조선 사절이 가져온 조선국왕의 쇼군에 보내는 예물의 양을 멋대로 증가시켰다는 것, 이때 조선 사절이 받아간 쇼군의 답서를 개작했다는 것 등이었다. 그에 대한 도주의 답은 모른다고 일관하고 있고, 모르는 이유를 시게오키가 막부에 가까운 존재였으므로 그가 대마도에 전달한 것은 모두 막부의 뜻으로 이해하지 않으면 안 되었기 때문이라고 항변하고 있다.

　다음으로, 前 대마도주 요시토시(義智) 때 국서를 바꿔치기했다는 의혹에 관하여 이에미츠의 추궁이 미치게 되자, 도주는 당시는 야나가와씨의 父子(시게노부와 도시나가)가 강화교섭을 담당하고 있었다고 답하고 있다. 여기서 시게오키가 제기하였다고 하는 前 도주 요시토시 때의 국서 바꿔치기란, 1607년 제1차 회답겸쇄환사의 지참한 국서를 가리킨다. 이에 대한 도주의 답은 주목될 만하다. 즉 직답은 피하고 있지만 당시 야나가와씨가 조선과의 강화교섭을 전담한 것은 다름없는 '公儀'(이에야스 정권)의 허락에 의한 것이었다고 답하고 있는 것이다. 이는 당시의 국서개작이야말로 '公儀'와 관계된 것이라는 답도 될 수 있다. 따라서 도주의 답이 보여주는 의미는, 1607년의 조선 국서개작은 이에야스의 명령에 의해 이루어진 것이라고 파악한 제5장 제4절의 입장과 연관 지어서 생각할 수 있을 것이다.

　마지막으로 이에미츠는, 대조선 외교와 관련된 이러한 여러 비리행위를 시게오키가 행하였다고는 하지만 그는 대마도에 소속된 자라는 점에서 그 책임은 대마도주에게 있다고 추궁하였다. 이에 대해 도주는 대답하여, 비록 그가 자신의 家臣이라고는 하나 막부의 휘하 인물처럼

---

16) 『柳川調興公事記錄』 그 현대문 번역은 田代和生, 앞의 책 6)의 149~152쪽에 所收.

행세했기 때문에 도저히 적절한 대응을 취할 수 없었다고 토로하고 있다. 여기서 도주는 그 책임이 자신이 아니라 시게오키를 거느리고 있던 막부에게 있다고 우회적으로 지적하고 있는 것이다.

이러한 문답 내용으로부터 다음의 점들이 지적될 수 있겠다.

첫째, 대마도주의 답변에는 사실과 어긋난 데가 있다는 것이다.

우선, 쇼군의 답서를 로쥬가 조선 사자에게 직접 건넸기 때문에 개작되는 것을 몰랐다고 말한 점이다. 그러나 1624년 당시 조선사절의 부사 강홍중의 기행기록인 『동사록』 12월 22일조에는, 쇼군의 답서를 執政(로쥬) 도시카츠와 사카이 타다요(酒井忠世)가 조선사절의 숙소에 가져왔을 때 대마도주가 자릴 같이하고 있었음이 기록되어 있다. 그 반면 시게오키의 동석 여부는 확인할 수 없다. 더욱이 같은 날의 일기엔, 로쥬가 돌아간 후 쇼군의 답서를 열람한 조선사자가 그 서한 속에 쇼군의 서명이 '일본국왕'이라 쓰여 있지 않음을 가지고 겐포에게 그 개정을 요구했다고 기록되어 있다. 이에 의하면 도주의 외교고문 입장에 있는 겐포가 개정을 요구한 답서를 시게오키에게 가지고 가는 일은 거의 생각할 수 없다. 그리고 개작된 쇼군의 답서가 조선 사자에게 건네지는 것은 2일 후로, 그것은 시게오키에 의한 것이었다. 이로 보아 국서 개작에는 도주·시게오키가 똑같이 관여하고 있음을 짐작할 수 있다. 더욱이 시게오키가 당시의 개작된 국서와 인감을 도주에 의한 것이라고 막부에 제출한 것과 관련짓는다면, 시게오키보다는 오히려 도주가 국서개작에 깊게 관여한 듯하다. 그러나 도주는 이를 부정하고 있다.

다음으로 쇼군 앞으로의 조선국왕의 예물을 대마도주가 멋대로 늘렸다, 고 하는 추궁에 대하여 이를 부정하고 있는 점이다. 그러나 대마도로부터 에도까지 조선사절을 안내하는 책임자 입장의 도주에게 이러한 답변은 성립될 수 없다. 이 같은 예물의 증가행위는 1607년의 당시 도주 요시토시 때에도 있었다. 그렇다면 조선국왕의 예물을 증가시킬 필

요는 야나가와씨보다는 조선사절의 渡日을 주선하는 총책임자였던 도
주에게 있었을 것이다.

둘째로, 국서개작에 대한 이에미츠의 추궁이 한정적이었다는 점이다.
우선 1617년의 국서개작에 대하여는 대마도주의 나이를 이유로 언
급하지 않고 있다. 분명히 그해 도주는 14살, 시게오키는 15살이긴 하
였다. 그러나 대조선 외교교섭에 있어서 두 사람은 책임을 추궁당할 수
있는 입장에 있었던 것도 사실이다.[17]

다음으로 이에미츠의 추궁이 조선에 보낸 일본국서의 개작 여하에
한정하고 있고, 쇼군에게 보내어진 조선국서의 개작 여하에 대하여서는
웬일인지 추궁 대상으로 삼지 않고 있다.

나아가, 전술한 바처럼 대마도주의 대답이 의혹을 완전히 해명한 것
이 아님에도 불구하고 이에미츠의 추궁은 거기에서 멈추고 있고, 게다
가 시게오키에 대해서는 도주의 답에 대한 반론의 기회도 주지 않은 채
심리를 종결시키고 있다. 특히 전술한 1629년의 겐포의 한성 상경을 둘
러싼 의혹은 시게오키의 폭로에 의하여 씌워진 것인데도 전혀 언급하
지 않고 있다.

이처럼 대마도주에게도 국서개작에 있어서 '非'가 있었다는 것, 이에
미츠의 추궁이 한정적이었다는 것을 지적할 수 있으며, 이것은 판결에
적지 않은 영향을 주었음에 틀림없다.

이에미츠의 심리가 있던 다음 날, 도시카츠의 저택에 불려간 대마도
주는 쇼군으로부터의 판결을 듣게 된다. 그 내용은 도주의 대마도 영지
와 조선과의 관계를 인정하고, 올해나 내년 안에 '조선통신사'의 내빙

---

17) 예를 들어 1617년 조선의 제2차 회답겸쇄환사의 귀국에 즈음하여 本多正純
은 조선 예조참판 앞으로 서한을 건네고 있으나, 그 말미에는 "從此連續刷還
之意, 有言於馬島柳川調興."(李景稷, 『扶桑錄』『國譯 海行摠載』(三), 민
족문화추진회, 1975)라고 있어, 조선인 쇄환과 관련하여 시게오키가 책임 있는
중요한 위치에 있었음을 보여주고 있다.

을 실현하도록 하라는 것이었다. 도주의 승소였다.

그런데 대마도주의 승소로 패소자의 입장이 된 시게오키 측의 처벌을 보면, 우선 시게오키는 츠가루(津輕)에의 流刑, 국서 개작에 직접 참여한 세 사람 중 두 사람이 사형이고 한 사람은 유형에 처해졌다. 대체로 경미한 처벌에 그치고 있다.

그리고 더더욱 이해할 수 없는 것은, 도주의 외교고문인 겐포가 모리오카(盛岡)에의 유형에 처해졌다는 것이다. 죄목은 대마도에서 외교문서의 기초를 담당하는 입장에서 국서 개작의 사실을 알면서도 막부에 아무런 보고도 하지 않았다는 것이었다. 이 소식에 도주는 이 판결이 완전한 승리가 아니라 절반의 승리라고 측근에 말했다고 전해진다. 이러한 점에 의거하여 다시로는, 이 판결에 막부의 분쟁시 兩者 처벌(喧嘩兩成敗) 원칙이 관철되어 있다고 평가하고 있다.[18]

3월 14일, 에도성에서 이에미츠가 친림한 가운데 판결이 문서로서 대마도주에게 건네어졌다. 그 내용은 도주에게는 죄가 없으며 국서 개작은 모두 도시나가와 시게오키 父子의 짓이라고 규정한 것이다. 그리고 이틀 전의 구두 판결에 더하여 몇 사람의 처벌이 추가되었다. 이에 의해 국서개작사건으로 발전했던 '잇켄' 판결은 막을 내렸다.

이러한 판결내용에 대하여 다음 3가지 점이 문제점으로 지적될 수 있을 것이다. 첫째는, 시게오키를 '非'라고 규정하면서도 그 처벌이 가벼운 것이었다는 점이다. 둘째는, 도주를 승소라 하여 그 손을 들어주었음에도 불구하고 완전한 승리 형태를 취하지 않았다는 점이다. 셋째는, '잇켄' 판결이 시게오키만이 아니라 전반적으로 경미한 처벌에 그쳤다는 점이다.

---

18) 田代和生, 앞의 책 6), 154쪽.

3. 판결의 배경

그러면 이상과 같은 문제점을 가진 판결이 된 배경에 대하여 검토하여 보기로 하자.

1) 시게오키(調興)에 대하여 가벼운 처벌에 그친 배경

대마도에 의한 강화교섭에 시게노부와 그 아들 도시나가가 前 도주인 요시토시와 그의 외교고문인 겐소에 견주는 중요한 역할을 했다는 것, 그들이 강화 교섭 과정을 이에야스에게 수시로 보고하고, 이에야스로부터 지시를 받아서는 요시토시에게 전하는 역할을 담당해 왔다는 것은 이미 제4~제5장에서 상술하고 있다. 특히 1605년 사명당을 접견할 수 있게 된 이에야스는, 그 공로로서 도주에 대한 가증분 2,800석 중 1,000석을 도시나가에게 떼어 주었다. 이러한 이에야스의 야나가와씨에 대한 각별한 대우는, 그를 이용해 도주를 용이하게 통제할 뿐만 아니라 조선과의 외교상 자기의 의지를 보다 직접적으로 반영시키려한 의도에서였다. 이러한 경향은 시게오키의 代에 와서 더욱 강해졌다. 즉 1613년 당시 도주 요시토시는 시게오키를 데리고 이에야스를 알현하는데 이때 이에야스는, "대마도는 변방으로 멀기 때문에 시게오키를 幕下에 있게 하여 공적인 임무를 전달하게 할 것이다."라고 명하여 자신의 슬하에 두게 되기에 이르렀고, 이에야스 사후엔 히데타다의 슬하에 머무르게 된다.[19]

이에 의해 야나가와씨는 도주의 家臣이면서도 조선과의 외교교섭에서는 도쿠가와 정권의 의향을 대변하는 존재로서의 성격을 지니게 된다. 뒤에 겐포는 양자의 관계를, 도주는 대마도에 있고 야나가와씨는 에

---

19) 荒野泰典, 앞의 책 1), 194쪽.

도에 머물면서 대마도에 때때로 돌아와 모든 일을 처리하므로 스스로 막부 관료처럼 되어갔다고 술회하고 있다.[20] 이야말로 야나가와씨가 도쿠가와정권의 비호 하에 대마도의 제반 업무를 전단하여 온 것을 이야기하고 있다.

따라서 야나가와씨를 이처럼 막부·도주에게 양속시킴으로서 야기된 대조선 외교교섭상의 제반 문제에 관해서는, 전술한 이에미츠 親臨 판결시 도주의 응답에서 간접적으로 엿볼 수 있듯이 막부에게도 책임의 일단이 있는 것이다. 시게오키에 대한 경미한 판결의 한 요인은 여기에 있을 것이다. 그러나 보다 근본적인 요인은 후술하는 것처럼 막부의 대조선 외교상의 인식이 기본적으로 결여하고 있다는 점에 있다고 할 수 있다.

2) '분쟁시 兩者 처벌'판결의 배경

막부는 대마도주를 승자로 하면서도 도주 측의 외교승 겐포나 重臣 소 도모시게(宗智順)에게 유형을 선고하여, 분쟁시 양자 처벌(喧嘩兩成敗) 원칙을 적용했다. 그 배경에 관해 논하여 보자.

'잇켄' 판결에서 다루어진 국서개작행위는 전술한 것처럼, 시게오키의 폭로나 도주의 반박에도 불구하고 실제상으로는 양자가 같이 관여하고 있었다. 그러나 막부는 도주의 손을 들어 주게 된다.

이에 관하여 아라노는, 막부는 다이묘 가문의 집안싸움에 重臣側을 처벌하는 것으로 주종관계를 관철시키려 했고, 또한 조선 외교의 지휘 계통을 쇼군-로쥬-대마도주로 일원화하여 도주의 다이묘 권력을 강화시켜 직접 조선과의 외교를 관장시키려고 한 것이라 하고 있다.[21]

---

20) 『通航一覽』 卷26, 342쪽.
21) 荒野泰典, 앞의 책 1), 207~208쪽.

그러나 다시로는 대마도주의 승소에 대해, 도주가 시게오키보다 강력한 결정적인 이점을 가지고 있었기 때문이라고 하고, 그것을 도주가 전통적으로 조선국왕에게 행하여 온 肅拜 등의 儀式에서 설명하고 있다. 즉 도주가 그때까지 행해온 조선국왕에 대한 일종의 조공의식을 중지한다면 조 · 일간의 외교는 성립될 수 없다. 스스로 하타모토(旗本 : 막부의 上級 家臣團)라고 주장하는 시게오키를 도주의 代役으로 삼는다면 막부의 신하가 조선에 조공하는 셈이 된다. 또한 부산의 왜관에서 양국간의 제반 업무도 행하지 않으면 안 되는데, 이것도 막부의 해외도항금지라고 하는 대외정책상 문제가 생긴다. 따라서 도주를 그대로 대조선 외교에 종사시키는 편이, 양국의 이른바 서로 상대국을 낮춰보려는 華夷의식으로부터의 마찰도 없앨 수 있었을 것이라고 논하고 있다. 합당한 논리다.

그런데 판결에 관하여 다시로는 "막부가 에도성에서 일본 전체의 이목을 집중시켜 판결을 내린 것은 대마도주를 택함에 있어 없앨 수 없는 '연출'이었다."고 말해 판결 시점에서 이미 도주의 완전승리가 보장되었다고 논하고 있다.[22]

그러나 판결 단계에서 대마도주 승소가 이미 결정되었다고 하는 다시로의 주장에는, 이하에 열거하는 판결 다음 해에 도일한 통신사 측의 관련기록(김동명, 『해사록』)으로 볼 때 긍정하기 곤란하다.

> ① 대마도주가 三使(정사 · 부사 · 종사관)를 몰래 찾아와서는 신사를 후대하려한다는 이에미츠의 뜻을 전하는 한편, (以酊庵輪番僧의) 고린(光璘) 등 두 사람이 신사를 호행하는 에도 왕복 과정에서 자신을 감찰하고 있으므로, 이를 피하기 위해 역관을 개입시켜 자신과 삼사간의 비밀 연락체계를 취해야 할 것이라고 요청하고 있다(11월 4일조).

---

22) 田代和生, 앞의 책 6), 174~180쪽.

② (대마도주가 삼사에게 말하여) 신사가 부산에서 출항을 한 달씩이나 지연한 것은 도주의 탓이라고 라잔이 비난하고 있는데, 이는 신사 도착에 대한 도주의 막부에의 보고를 시게오키 일당이 도중에서 차단하고 퍼뜨린 헛소문이다. (역관이 삼사에게) 도주가 신사를 초청·도일시켰다고는 하지만 종당에는 무사할 리가 없을 것이다, 라고 하는 풍문을 전하고 있다(11월 9일조).

③ 라잔이 신사의 관품에 대하여 불평하여, 이전보다 이번 삼사의 관품이 높지 않다고 대마도주를 힐책하니 도주가 몇 차례나 코피를 쏟았다고 역관 홍희남이 삼사에게 말해주었다. 그런데 전번 사행 때엔 오다와라(小田原)에 도착한 신사에게 執政(로쥬)이 위로하고 에도에 입성한 직후엔 술 등으로 환대했었는데, 이번에 그것이 제외된 것은 로쥬 등의 불평 때문일 것이다. 다만 平掃部(不明)와 讚岐守(酒井忠勝)만이 야밤을 타 몰래 들를 뿐이었다(12월 9일조).

④ 도시카츠와 라잔이 신사의 닛코(日光)山 유람을 제기한 것은 대마도주의 그 주선 능력을 시험해 보려고 하기 때문일 것이다(12월 11일조).

⑤ 이에미츠가 신사의 전달한 조선 국서를 보고 기뻐하여 시게오키에게 죄를 더하려고 하자, 도시카츠나 라잔은 자신들이 시게오키를 구제하기 위해 힘쓴 것이 죄가 될 것을 두려워하여 더 한층 대마도주를 함정에 빠뜨리려 하고 있다, 고 전해왔다(12월 15일조).

⑥ (대마도 측의 藤智繩이 역관 홍희남에게 말하길) 도시카츠와 라잔은, 대마도주가 비록 신사를 초빙해왔다고는 하지만 반드시 낭패하는 일이 있을 터라고 하고, 막부의 닛코산 유람 요청을 신사가 받아들이는 걸 두려워하고 있다고 한다. 그와는 반대로 이에미츠는 신사가 그 요청을 수용하지 않을 것을 두려워하고 있다고 한다. 만약 신사가 이 유람 요청에 응하지 않았다면 도주가 막부로부터 벌을 받게 될 뻔하였다(12월 22일조).

⑦ (대마도주가 삼사에게 말하길) 執政(로쥬)이 쇼군의 답서를 예정 시각이 지나서도 신사 측에 가지고 오지 않는 것은 그들이 국서 개작의 풍문을 일으켜서 나를 계략에 빠뜨리려는 것일지도 모른다. 로쥬 등이 와서 삼사에게 시게오키건을 제기하거든, 그 일은 에도에 와서 대략 들었다고만 답해주었음 좋겠다. 또 겐포의 일

에 대해 묻거든, 그가 한성에 상경한 것은 사실이지만 위조한 국
서 따위는 가지고 있지 않았다고 말해주고, 그 외의 질문이 제시
되면 신중하게 답하여 조금이라도 의혹을 사는 일이 없도록 해
달라. 그처럼 해주어야 내가 화를 면할 수 있을 것이다(도주는 이런
말을 하면서 얼굴이 새파랗게 되어 떨고 있었다)(12월 28일조).

⑧ 歸路의 오사카에 체류하고 있을 때 삼사가 임금에게 장계를 올
리려고 하자 역관 홍희남은, 일본의 현황을 보고하는 장계를 보
낸다는 것은 그 장계가 시게오키 일당이 지배하는 나가토(長門 :
長州)·비젠(備前)州 지역을 통과해야 하므로 위험하니, 대마도에
도착한 후에 장계를 보내야 할 것이라고 반대하였다. 이에 삼사
는 장계 계획을 중지했다(정월 22일조).

⑨ 귀로의 대마도에 도착한 삼사에게 겐쇼(玄召)가 말하길, 이번 신
사의 에도 왕래에 라잔과 도시카츠가 도주를 여러 가지로 함정
에 빠뜨리려고 획책했지만 다행스럽게도 大君(쇼군)의 현명한 판
단으로 무사하게 끝났다. 이제부턴 조선과 대마도간의 왕래하는
모든 외교문서를 에도에 보내게 되므로, 조선의 대마도에 보내는
서한 내용은 신중해야 할 것이다. 특히 일의 가부를 묻는 건에
관하여는 문서가 아니라 인편을 통해 결정해야 할 것으로, 시게
오키 일당으로 하여금 문제를 야기시킬 여지를 만들지 말도록
하자, 고 요청하고 있다. 한편 대마도주는 말하길, 내가 '朝廷'(조
선)에 있어선 실로 藩臣과 같으므로 일본에서 대마도를 귀국의
藩처럼 여기는 것은 근거가 있는 일로 대마도로서는 시종 성의
를 다할 뿐이라고 하였다(2월 19일조).

이 ①~⑨의 기록에서 대마도주가 '시게오키 일당'의 反島主的 의
도를 과장하여 이를 가지고 막부의 신사에 대한 요구, 예를 들어 닛코
山 유람 등의 요구에 신사를 순응시키려는 수단으로 삼았다, 라는 이해
도 가능할 것이다. 그러나 그러한 이해는 다음과 같은 점에서 성립될
수 없겠다. 즉 신사 측이 연로에서 직접 도주 비난의 풍문을 접했다는
것(②), 反島主 세력이라 여겨지는 로쥬의 신사에 대한 이전과는 다른
소홀한 접대 자세나, 親島主 세력이라 여겨지는 사카이 타다카츠(酒井

忠勝) 등의 야음을 틈탄 은밀한 신사 방문(③), 신사의 조선국왕에의 장
계 우송계획을 '시게오키 일당'의 지배 지역을 통과해야한다는 이유로
중지한 일(⑧) 등으로 볼 때 앞의 기록에서 보이는 도주나 도주 측에 의
해 신사에 전달된 '시게오키 일당'의 反島主的인 제반 행위는 사실이
었을 것으로 여겨진다.

　여기서 위의 기록에 기초하여 '시게오키 일당'의 인물이나 그들의 의
도에 관하여 검토하여 보자.

　우선 적극적으로 反대마도주의 입장에 서있는 것은 라잔과 도시카
츠, 이외에도 나가토와 비젠의 다이묘(⑧), 그리고 로쥬(⑦) 등이 포함되
어 있었던 듯하다. 그리고 그들이 의도하고 있던 것은 닛코산 유람 제
기 의도에서도 보이듯이(④, ⑥), 신사와 막부와의 사이에 마찰을 불러일
으키거나, 또는 신사의 도일을 막부에 부정적 내지는 소극적으로 평가
시키게 하는 분위기를 만들려했던 듯하다. 또한 그들이 삼사의 관품이
이전보다 높지 않다고 문제 삼은 것이나(③), 쇼군의 신사 접견시 신사
에게 庭下拜(뜰아래에서 전각 안 옥좌에 앉은 사람을 향해 행하는 배례)를 행하도
록 하라는 것이나, 조선에 막부 측의 회례사절을 보내려고 했다는 것
등으로부터도(제3절 참고) 그들의 그 같은 의도를 살펴볼 수 있다. '시게
오키 일당'의 이런 의도는, 신사의 일본 왕래와 관련하여 도주의 실수
를 기대하고(②), 이를 빌미로 삼아 최종적으론 도주의 주선에 의해 행
해져온 조선과의 관계를 막부에게 否定시키기 위한 것으로, 결국에는
시게오키를 도주의 대행으로 복귀시키려 한 데에 있었다 할 것이다.[23]

---

23) 田代和生도 앞의 책 6), 172～174쪽에서, 대마도주가 '調興一黨'으로부터의
　　방해에 의해 악전고투를 강요당하고 있음을 들고 있지만, 이것은 시게오키 세
　　력에 비해 도주의 지위가 불안정한 것을 밝힌 것으로 막부가 시게오키를 경미
　　한 처벌에 처한 하나의 원인이 되었다는 관점에서 파악하고 있다. 그런데 황호
　　의 『동사록』 10월 25일조엔 被虜人 조일남의 傳聞으로서, '잇켄' 때 다이묘
　　들이 '平戶(히라도)太守'를 도주 宗氏에 대신하라고 추천하려 했으나 도주 요

이런 관점에서 볼 때, 대마도주의 '잇켄' 판결에서의 승리를 완전한 것이라 한 다시로의 전술한 주장은 긍정하기 어렵다. 오히려 판결은 조건부였을 것이다. 조건부란, 신사를 도일케 하고 일본 측의 온갖 요구에도 외교상 쟁단이 일어나지 않은 채 신사를 귀국시키는 것이다. 그것이 실현되었을 때에야 도주의 승리는 완결되는 것이었다. 신사의 일본 왕래는 도주에게 대마도의 운명을 건 시험장이 되어 있었던 것이다.

그러면 '시게오키 일당'이 기대한 대마도주의 실수란 구체적으로 무엇을 의미할까? 이를 확실히 파악하기 위해 신사 측의 기록이 되는 김동명의 『해사록-聞見雜錄』을 보자.

여기엔 겐포가 1629년 조선 한성에 상경할 때 부산에 있던 시게오키의 창고를 헐어 대마도주의 객사로 개축한 사실이 기록되어 있다. 그리고 이에 대해 불쾌하게 여기고 있던 시게오키가 이에야스에게 참소하여, 도주는 조선의 치욕적인 요구에도 쾌히 응하곤 하여 마치 조선의 藩臣과도 같다. 또한 일본 측의 사신(대마도 사자)이 조선에 도항하면 조선은 반드시 그 사신에게 정하배를 행케 한다는데, 겐포가 상경했을 때도 조선국왕에게 뜰에서 정하배란 숙배를 행했는데 그 굴욕이 심했다 한다, 고 말했음을 적고 있다.

이것은 시게오키가 막부에 호소했던 대마도주 비난의 중심에 무엇을 두고 있었는가를 명확히 한 주목되는 기록이다. 즉 시게오키가 승리하기 위해 이용한 논리는, 도주가 조선의 藩臣으로서 양국관계를 전개해 왔다라고 하는 점에 초점을 두었다고 여겨진다. 시게오키의 국서개작사건을 둘러싼 폭로는 마침내는 자신마저도 그 과정에 참여했다는 것을

___

시나리가 다량의 뇌물을 줘 이를 사양하게 했다는 기록이 있다. 김세렴의 『해사록』 10월 24일조에도, 조흥의 심복인 '平戶太守'가 도주 요시나리를 축출하려 몹시 힘썼지만 요시나리가 萬金의 뇌물을 주어 중지케 했다고 한다. '平戶太守'도 애초엔 反島主 세력이었던 듯하다.

밝히는 것이 되어버린다. 그러나 그럼에도 불구하고 구태여 폭로하기에
이른 것은 그러한 논리가 막부에 충분히 호소력을 발휘할 것이라는 계
산에서였을 것이다.

시게오키의 이런 논리에 대해 막부가 대마도주에게 나타낸 반응은,
'잇켄' 이후 쇼군 이에미츠가 도주로 하여금 막부에 내게 한 서약문 내
용에서 명확히 살펴볼 수 있을 것이다. 그 내용은, 양국 외교에서 일본
의 입장을 우선시키고 존중할 것, 결코 조선 편을 들어 일본에 나쁜 결
과가 되지 않게 할 것, 어떤 사안이라도 은밀히 획책하지 않을 것, 등을
서약케 한 것이었다.[24] 전게한 ⑨에는 도주가 조선의 藩臣이 아닐까하
고 막부로부터 의심을 받아, 그 결과로 조선과 대마도간의 왕래문서를
막부가 일일이 점검하게 되었다고 말하고 있다. 이러한 도주의 대조선
외교에 대한 막부의 불신이 도주의 서약서 내용을 규정한 배경이 되었
다고 생각된다. ⑨에서 겐쇼(玄召)가 대마도에 보내는 문서 작성에 신중
을 기해달라고 조선 측에 부탁하고 있는 것도, 그 문서 속에 도주를 조
선의 번신처럼 취급하는 표현이 있을 경우, '시게오키 일당'으로 하여
금 도주 제거의 구실로 삼을 우려가 있으므로 이를 경계한 발언이었을
것이다. 그런데 막부로부터 대마도에 파견된 교토의 5대 사찰인 五山
의 승려 고린(光璘)과 겐쇼가 ①에서는 대마도 감찰역으로서 도주를 감
시하고 있으나, ⑨에서는 대마도의 입장을 이해하고 있는 듯한 발언
을 하고 있는 것은 흥미로운 일이다.

막부는 '잇켄' 판결을 내리자마자 대마도주에게 '조선통신사'의 내빙
을 명령하게 된다. 이는 도주의 당시까지 행했던 대조선 외교행위가 조

---

24) "一. 日本朝鮮通用之儀ニ付. 日本之御事を大切に奉存知. 御爲ニ惡樣ニ
ハ毛頭仕間敷候. 何事ニよらす. 朝鮮に心ひかれ. 日本之御事を存知かへ
申候て. 御うしろくらき儀いたすまじき事. 付日本又朝鮮ぇ何も御隱密
之儀若承候共. 親類緣者たりといふとも. 一言も其沙汰仕ましき事."(『寬
永十三丙子年朝鮮信使記錄』)

선의 藩臣으로서의 입장에 서서 조선을 위한 것이었다고 하는 시게오키나 '시게오키 일당'의 주장이 맞는가 틀리는가를 확인하기 위해서였을 것이다. 그 후 도일한 통신사가 에도성에서 이에미츠에게 '傳命禮'를 무사히 마치자 그 다음날 히코네(彦根) 다이묘 이이 나오다카(井伊直孝)는 도주에게, 조선이 국서를 통해 쇼군을 '大君'이라 칭하고 '日本之御治德'을 언급한 것 등을 생각한다면 시게오키의 '잇켄'에서의 주장이 '虛僞讒言'이었다, 고 평하고 있다.[25] 이로 보아 시게오키의 주장이, 이대로 도주에게 대조선 외교를 위임한다면 도주가 언제나 조선의 藩臣과 같은 입장에 서게 되므로 막부의 권위를 높일 수 없을 것이다, 라는 것이었음을 짐작할 수 있을 것이다.

'잇켄' 판결에 '분쟁시 兩者 처벌' 원칙이 적용된 것은, 시게오키의 대마도주에 대한 이러한 주장이 막부에 의해 부분적이지만 수용되었음을 보여주는 것이라 할 수 있다. 따라서 도주 측 사람인 겐포·소 도모시게(宗智順)에 대한 막부의 유배형 판결은 도주의 친조선적 외교자세를 경고하기 위한 제스처였을 것이다.

3) 전반적으로 가벼운 처벌을 하게 된 배경

전술한 것처럼 '잇켄' 판결은 전반적으로 경미한 처벌에 그치고 있다. 이러한 판결이 되었던 배경을 이해하기 위해서는 우선 대마도 측에 의한 국서개작이 어떠한 배경에서 이루어져 왔는가를 검토할 필요가 있다.

조·일 강화 과정상의 국서개작 여하는 이미 제5장에서 언급하고 있다. 즉 1606년 강화를 요청하는 조선국왕에게의 이에야스의 서한은 기본적으로 이에야스가 작성한 것이며, 그 다음해 조선의 제1차 회답겸쇄

---

25) 『柳川一件記』荒野泰典, 앞의 책 1), 215쪽으로부터 재인용.

환사의 지참한 국서의 개작은 이에야스의 명령에 의해 대마도 측이 행한 것이었다.

그 후 이에야스가 다시 신사 파견을 대마도에 명한 것은 1614년이었다. 이에 의해 당시 도주 요시토시는 다치바나 도시마사(橘智正)를 사자로 하여 조선에 파견하여 그 뜻을 전했으나 조선에 의해 묵살되었다. 다음해 9월, 대마도는 다시 '오사카의 전쟁'(大坂の陣)의 승리를 이유로 조선에 신사 파견을 요청했으나 재차 거부되었다.[26] 오사카를 완전 평정한 1616년 3월 대마도는 세 번째로 사자를 파견하여, 이에야스가 조선을 침략한 히데요시의 아들 히데요리(秀賴)세력을 멸망시킨 오사카 평정은 조선을 위한 보복과 같으므로 이에 대해 조선은 이에야스에게 사절을 파견하여 경하의 뜻을 보여줘야 할 것이라고 신사파견을 간곡히 요청하고 있다.

이에 대해 조선은 다음처럼 답하고 있다. 조선은 명나라에 크고 작은 모든 일을 여쭈어보고 행하므로 이번의 대마도 측의 사절파견 요청도 명에 알렸다. 그 결과 대마도의 그러한 요청은 일본 측의 흉계이므로 거부하라는 명 측의 회답을 얻었다. 그러나 대마도가 간절하게 신사 파견을 요청하고 있고, 조선 또한 조·일 양국의 관계를 고려하지 않으면 안 된다. 전에 이에야스가 서한을 보내어 조선사절의 파견을 요청한 적이 있었는데, 조선이 이에 의거하여 조선사절의 渡日을 명으로부터 허락받아 일본에 회답사를 파견한 경위가 있었다. 이번에도 그 전례처럼 일본이 우선 국서를 보내어 신사파견을 요청한다면 明의 허락하에 회답사를 파견할 용의가 있다.[27]

이러한 조선의 응답은, '借重之計'(조선이 일본 측의 강화요청에 대하여 明의 권위를 빌려 대응한 계책. 제4장 제3절 참고)를 이용하여 사절파견에는 명의

---

26) 『古事類苑－外交部』, 550쪽.
27) 『朝鮮通交大紀』 卷6, 光雲院公.

허가가 전제가 된다고 사실과 다른 답을 한 것으로, 회답의 명분이 세워지지 않는 한 요청에 응할 수 없다는 자세가 나타나 있다.

1616년 4월 이에야스가 사거했다. 대마도주는 네 번째로 신사파견을 조선에 요청하고, 신사의 도일을 기회로 조선 피로인의 쇄환도 이룰 수 있도록 권유했지만 이 또한 거부되었다. 그 다음해 1월, 도주는 도시마사를 '일본국왕사'라 칭하여 조선에 파견했다. 이때 도주는 대마도의 僞作이라 여겨지는 '日本國王源秀忠'이라 서명된 국서를 지참하게 했다.28) 이에 의해 조선은 마침내 오윤겸을 正使로 하는 제2차 회답겸 쇄환사를 파견하기에 이르렀는데, 이는 조선이 '회답'의 명분을 얻었기 때문이었다.

이처럼 조선사절의 도일은 대마도의 5회에 걸친 사절파견 요청의 결과라고 할 수 없다. 오히려 쇼군의 서한, 즉 국서의 형태로 사절파견을 요청한 결과라고 할 수 있다. 그렇다면 국서 위조의 필요성은 대마도에 있지 않고 신사파견을 갈망하면서도 국서를 먼저 보내려고 하지 않은 막부에 있었다고 할 수 있다. 막부가 신사파견을 갈망하지 않았다면 대마도도 국서 위작을 행할 필요가 없었을 것이다.

쇼군의 서한을 받아 파견된 조선사절의 지참한 국서는 당연히 회답의 형식을 취하고 있었다. 이에 대마도는 어쩔 수 없이 1607년 때와 같이 答書를 來書처럼 내용을 위작했다. 이러한 조선의 국서에 대한 히데타다의 답서는, 대마도 측이 '日本國王'이라고 서명하기를 요청했음에도 불구하고 '日本國源秀忠'이라 서명된 것으로 내어졌다.29) 이에 대조선관계의 파탄을 염려한 대마도는 쇼군의 답서에 '王'자를 '日本國' 다음에 삽입하여 조선사절에게 건네게 된다.

이러한 대마도의 국서 위작행위는 1624년의 조선사절 도일에도 거

---

28)『광해군일기』정사년 5월 계사조.
29)『通航一覽』卷93.

의 같은 형태로 반복된다. 우선 대마도는 '日本國王源家光'이란 날조
된 국서를 '일본국왕사'에 지참케 하여 보내고, 이에 의해 조선의 제3차
회답겸쇄환사가 회답양식의 국서를 가지고 온다. 여기서 대마도는 이
국서를 來書 양식으로 개작하여 막부에 제출한다. 그에 대해 쇼군의 답
신이 재차 '日本國主源家光'으로 되어 '國王'이라 서명되지 않은 것
이었음으로, 대마도는 다시 '主'를 '王'이라 개작하여 조선사절에게 건
네고 있다.[30]

　이처럼 대마도의 국서 개작행위는 조선의 대일 외교자세, 즉 회답의
명분을 세울 수 있는 경우에만 일본의 사절파견 요청에 응하려고 했으
며, '일본국왕'이라 서명된 일본 측 국서를 수리하려고 한 것을 도외시
하면서 신사의 파견을 요청하여온 막부의 대조선 자세로부터 생겨난
것이었다.[31]

　그런데 1621년 대마도는 '일본국왕사'에 국서를 지참시켜 조선에 파
견한 일이 있다. 그러나 이 행위를 막부가 벌하기에는 몇 가지 문제가
있다. 제1절에서 언급한 것처럼 일본의 대조선 교역관계의 독점을 허용
한 것은 이에야스였다. 조선 또한 기유약조에서 명시하듯이, 대마도 이
외 일체의 세력이 조선에 도항하는 것과 교역하는 것을 금하고, '일본
국왕사'의 파견도 사실상 대마도에의 일종의 교역 특혜 형태로 부여하
고 있었다. 이렇게 볼 때 대마도에 의한 '일본국왕사'의 파견은 그 사절
의 지참한 국서 위작행위를 제외하고는 양국에 의해서 묵인된 것과 같
은 것이었다.

　여기서 다시 '잇켄'에 대한 이에미츠 親裁 때의 대마도주의 답을 검

---

30)『方長老朝鮮物語付柳川始末』
31) 荒野泰典는 앞의 책 1), 203쪽에서 시게오키의 제기한 대마도주의 1626년의
　　'왕'을 삽입한 국서 개작에 관하여, 문제는 국제적으로 통용하지 않는 일본 국
　　내용 칭호를 사용하면서도, 그 문제점에 자각이 없었던 도쿠가와 정권의 외교
　　자세 그 자체에 있었다고 할 수 있다고 평가하고 있다.

토해 보자. 거기엔 시게오키의 아랫사람이 도주에게 와서 "전례에 의해
사절 返禮의 사자를 보내라는 (위로부터의) 명령을 전해왔습니다. …
(이에 저는) '御公儀'에 여쭈었다는 말이 거짓임을 모르고"라고 하고
있다.[32] 즉 이 답에서, 1621년 이전까지의 '일본국왕사'가 막부의 명령
에 의해 파견되어 왔음을 알 수 있다. 따라서 그 이전까지는 '일본국왕
사'를 파견할 때에 지참하는 국서 위조는 허용되지 않았지만 '일본국왕
사'의 파견은 막부의 명에 의거해 행해져 왔던 것이다.

　이처럼 '일본국왕사'로서의 조선 파견은 허용하면서도 그 지참하는
국서는 건네지 않은 막부의 대조선 외교교섭상의 상호 모순되는 자세
는 1629년의 겐포에 대한 조선의 한성 상경 명령으로부터도 엿볼 수
있다.

　당시 조선은 후금의 침략을 받은 직후였다(1627년 정묘호란). 이와 관련
해 깊은 관심을 가지고 있던 막부는 대마도 측에 조선의 한성에 올라가
관련 정보를 탐색하도록 명령했다. 이 명령을 받은 대마도주는 겐포를
그 사자로서 추천했다. 이에 겐포는 에도에 가서 막부의 외교 승려인
스덴(崇傳) 등에게 한성 상경 계획을 알리고 막부로부터 정식 명령서가
되는 '奉書'를 받음으로서 正使의 자격을 얻어 조선에 건너갔다. 그러
나 '봉서'라고 해야 어디까지나 그것은 일본국내에서만 통하는 것이었
다. 조선에 파견하는 사자에게, 더욱이 임진란 이후 조선에 의해 일본인
에게 금지되어 있는 한성 상경을 명령하면서도 막부는 국서를 지참시
키려고 하는 발상조차 가지고 있지 않았던 모양이다. 국서를 지참하지
않은 겐포가 임무 수행을 위해 조선에서 악전고투를 강요당한 것은 말
할 나위도 없다. 그러나 마침내 한성에 상경하여 사절로서 접대 받고
일본으로 돌아간다.[33] 여기서 겐포의 상경 요구에 대해 조선이 양보한

---

32) 田代和生, 앞의 책 6), 150쪽의 '答四'를 인용.
33) 田代和生, 앞의 책 6), 61～122쪽.

것은 겐포를 막부의 사자로서 인정했다고 하기보다는 도주의 사자이면서 동시에 그의 외교 고문이라는 사실이 중시된 결과였을 것이다.

대마도에 의한 국서 위조는 막부의 이러한 대조선 외교자세로부터 발생한 것이다. 따라서 그 기본적인 책임은 대조선 외교를 행하는데 구체적이며 일정한 대응을 모색하지 않고 오직 조선과의 관계를 유지하려고 한 막부에 있었다고 하겠다. 쇼군 이에미츠가 '잇켄'의 심리에서 국서개작사건을 한정적으로 취급하여 끝내고, 판결로서도 경미한 처벌로 종결한 이유는 여기에 있었다 하겠다.

그러한 관점에서 유형에 처해진 시게오키가 유배지인 쓰가루(津輕)에서 빈객과 같은 대우를 받으면서 지낸 것은 당연한 일이다.[34] 즉 국내 상으론 막부의 위신을 지키기 위해 시게오키를 유형에 처했지만, 그는 대마도주 못지않게 막부의 대조선 외교를 유지한 공로자였다. 따라서 유형이라는 죄목은 보이기 위한 것으로, 실은 사람들의 눈으로부터 격리시켜 대우하기 위해 궁리해낸 방법일 것이다.

이상처럼 제2절에서는 '잇켄' 판결이 어떠한 배경에서 행해진 것인가를 검토하였다. 그 결과, '잇켄'이 막부에게 커다란 부담이 되었으므로 그 심리나 판결도 한정적인 것이 되었음을 명확히 하였다.

제3절 大君 칭호 설정의 의미

여기서는 '잇켄'의 판결에 의해 행해진 막부의 대조선 외교개혁의 내용과 그 의미에 대하여 검토해 보자.

'잇켄'의 처리에 의해 행해진 대조선 외교 개혁 중에서 우선 주목할

---

34) 田代和生, 앞의 책 6), 192~193쪽.

만한 사실은, 대조선 외교상의 쇼군 칭호를 '日本國大君'으로 한 것이
었다. 그러나 이 칭호는 일본 측의 대조선 국서에서는 사용하지 않고,
조선 측의 대일본 국서에만 사용하도록 하는데 한정하고 있었다.

이러한 막부의 '大君' 설정에 관한 기존 연구를 소개하면 다음과
같다.

나카무라는 '대군' 칭호 설정의 배경에 대하여, '일본국왕'이 明의
책봉을 전제로 한 칭호였기 때문에 일본국내의 저항과 對明 외교의 단
념에 의해 '일본국대군'이 설정되었다고 보고 있다. 그 결과, "武家 외
교의 명분론적, 적어도 중국의 책봉을 전제로 한다는 비난을 회피할 수
있었다."라고 하여,[35] 어디까지나 그 설정을 대외적 관점에서 설명하고
있다.

아라노도, 일본이 조선의 '일본국왕'이라는 국서를 그때까지 방치하
여 온 것은, "日・朝관계가 明을 중심으로 한 국제질서를 전제로 하고
있음을 암묵 중에 승인하여 왔기 때문"으로, 이 문제의 해결책으로서
내어진 것이 대군호이며, "도쿠가와 정권이 이에야스 이래 외교정책의
과제였던 日・明 국교회복을 단념하고, 선명하게 자기를 중심으로 한
국제질서의 설정으로 향하기 시작한 것을 의미하고 있다."고 하고 있
다. 나아가, "도쿠가와 정권은 '대군'호를 설정함에 의해 조선을 한 단
계 아래로 놓는 기존의 의식구조를 체제화함과 동시에, 명 중심의 국제
질서를 전제로 한 日・朝관계로부터도 탈피하려고 하였으며, 동시에
그것을 조선 측에 명시하려 하였다."고 '대군' 설정의 의미를 말하고 있
다.[36]

이처럼 아라노도 나카무라처럼 대외적 관점에 의거하여 평가를 내리
고 있다. 이와 같은 기존연구의 시점은, 우선 '일본국왕'은 명과의 관계

---

35) 中村榮孝, 앞의 책 2), 481~499쪽.
36) 荒野泰典, 앞의 책 1), 213·216쪽.

회복을 전제로 한 칭호다. 다음으로, 그러나 그 관계회복을 단념함에 의해 새로이 설정한 것이 '대군'이다. 그리고 '대군' 설정과 사용에는 이전부터의 조선 멸시관이 작용하고 있다, 고 하는 세 가지로 정리할 수 있다. 그러나 이 같은 시점에 대해여 다음 같은 비판이 가능할 것이다.

1. 대군 설정의 배경

대군호가 기존 연구에서 말하는 것처럼 과연 明과의 관계회복의 단념에서 설정된 것이었을까? 쇼군 이에노부(家宣) 때 일본의 대조선 국서에 '일본국왕'이란 칭호를 써야한다고 주장한 아라이 하쿠세키(新井白石)와 이 주장에 반대하는 명분론자 사이에 '일본국왕'호를 둘러싸고 논쟁이 벌여졌지만, 그 논쟁 속에서는 찬·반론자가 똑같이 大君은 천황을 의미하는 국왕을 회피하기 위해 설정된 것이라고 인식하고 있다. 즉 쇼군의 국왕 사용은 천황을 참칭하는 것이 되므로 그에 대신하는 칭호로서 대군이 만들어졌다고 인식하고 있다. 물론 이 논쟁에 나타난 대군에 대한 인식은, 대군 설정으로부터 70여 년 뒤의 것이므로 그 인식을 그대로 대군 설정 시기의 인식과 동일시하여서는 안 될 것이다. 그러나 일본 중·근세사를 통틀어 대외관계를 둘러싸고 이 시기처럼 활발한 논쟁이 일어난 적이 없었고, 이때처럼 풍부한 대외관계에 관한 인식이 표출된 적도 없었다. 따라서 이에노부 시대의 국왕=천황이란 인식이 그 이전에도 실재하고 있었다는 가정이 가능할 수 있다.

이러한 想定에 기초하여 대군을 설정하였다고 하는 라잔이,[37] 그 설정과 관련하여 설명한 다음 사료를 검토해 보자.

---

37) 中村榮孝,「大君外交の國際認識－華夷秩序の中の日本－」(日本國際政治學會編, 『日本外交の國際認識』, 有斐閣, 1974), 14쪽 참고.

(쇼군은) 그 上位인 王을 칭할 수는 없다. 將軍이란 또한 漢·唐에
서는 中下의 官에 불과하다. 요컨대 다만 원하는 것은 王이라 칭하여
올리지도 않으면서 御位 또한 떨어뜨리지 않는 것이다.[38]

즉 '將軍'이란 중국에서는 '中下之官'에 불과하므로 쇼군의 대외적
칭호로서는 부적당하다. 그렇다고 하여 '왕'이라고 칭할 수는 없다. 이
에 쇼군의 지위도 떨어뜨리지 않고 '왕'도 회피하는 칭호로서 '大君'을
안출하게 되었다고 라잔은 대군의 설정배경을 설명하고 있다. 이 설명
으론 '왕'이 명의 책봉을 받은 칭호이기 때문에 회피하게 되었다고는
전혀 생각되어지지 않는다. 그것은 본문의 문맥으로 볼 때, '왕'은 존엄
한 칭호이기 때문에 칭할 수 없었고, 따라서 그 이하의 칭호로 쇼군의
위엄을 내려뜨리지 않는 것으로서 만들어졌다고 해석할 수 있기 때문
이다. 즉 여기서의 '왕'이란 천황을 가리키고 있는 것으로 보아 무방하
다. 이렇게 보면, 라잔의 대군 설정은 '왕'이 천황을 범하는 칭호였으므
로 그것을 피하기 위해 설정된 것이라 할 수 있다. 이러한 그의 인식은
18세기 儒者들의 그것과 일치하고 있다.

이러한 왕=천황이란 관점에서 1636년의 대군 설정을 분석할 때 그
것은 명과의 관계 회복의 단념이라는 대외적 배경에서가 아니라, 내정
적 요인으로부터 설명할 수 있을 것이다.

그러면 무로마치 막부의 외교문서집으로 즈이케이 슈호(瑞溪周鳳)의
『善隣國寶記』에 국왕=천황이라는 관념이 반영되어 있는가 없는가를
검토해 보자. 제6장의 입장에서 볼 때 이 책의 첫째 특징은, '일본국왕'
이라고 칭해진 조선·일본 양국 간의 국서가 전혀 수록되어 있지 않다
는 것이다. 조선조 前期에 아시카가 쇼군에 대한 조선 측의 기본적인

---

38) "其不可稱上之王也, 將軍者, 又於漢唐爲中下之官矣, 所要只欲, 不奉稱王
者, 而御位亦不降也."『寬永十三丙子年朝鮮信使記錄』, 荒野泰典, 앞의 책
1), 213쪽에서 재인용.

칭호는 명 황제의 책봉 여하에 관계없이 일본국왕이었다(제2장 제1절 참고). 따라서 다수의 '일본국왕'이라 칭한 아시카가 쇼군 앞으로의 조선국왕의 서한이 무로마치 막부에 건네졌을 것이다. 그러나 이 책에선 그러한 서한을 전혀 찾아볼 수가 없다. 오히려 '日本國殿下'라고 칭해진 것만 수록되어 있다. 한편 아시카가 쇼군의 조선국왕 앞으로의 서한도 '日本國源某'라고 자칭한 것만이 게재되어 있으나,『조선왕조실록』으로만 보아도 쇼군 요시마사(義政)의 2번의 '일본국왕'이라 자칭한 서한이 조선에 건네지고 있다.39) 이처럼 조·일 양국 간의 '일본국왕'이라 자칭·타칭한 서한이 동시에 이 책에서 누락되어 있다는 것은, 단지 그러한 서한의 분실에 의한 결과일 것이라는 추정을 성립시킬 수 없게 한다. '일본국왕'이라 칭한 양국 간의 서한을 편집과정에서 고의로 제외시켰다고 밖에 볼 수 없다.

이 책의 제2의 특징은, 쇼군의 서한 내용이 일본의 외교권 행사자로서 부적절함에도 불구하고 아무런 비판 없이 수록되어 있다고 하는 것이다. 예를 들어 아시카가 쇼군의 조선국왕 앞으로의 몇 통의 서한에는 조선을 '上國'이라 칭하기도 하고, 또는 寺院 건립자금의 원조를 요청한다든가 대장경의 급여 요청을 '賜'하여 달라는 표현을 쓰고 있다. 그러나 이에 관하여 아무런 비판 없이 게재하고 있다. 이 자세는 아시카가 요시미츠(足利義滿)의 明 황제에의 表文에서 '일본국왕'이라 자칭한 것에 대한 그의 同書에서의 비판 자세에 비추어 대조적이라 하겠다.

이에 이 책의 편집상의 자세를 다음처럼 추정할 수 있을 것이다. 아시카가 쇼군은 어디까지나 천황의 신하이다. 그러므로 천황의 참칭인 '국왕'을 쇼군에게 칭한 서한은 조선국왕에게의 쇼군의 것은 물론이고, 그것이 비록 조선국왕으로부터의 것이었다 해도 수록할 수는 없다. 그

---

39)『세종실록』30년 6월 을해,『성종실록』13년 4월 정미.

러나 쇼군이 서한을 통해 조선에 취한 저자세 표현은, 쇼군이 일본의 대표가 아닌 한 일본의 치욕이 되지 않으므로 수록해도 관계없다. 오히려 그러한 서한을 그대로 실음으로서 막부의 외교자세가 두고두고 비판되어져 마땅하다.

다음으로 이러한 관점에서 즈이케이가 요시미츠의 명에 보낸 上表文에 관하여 행한 비판을 검토하여 보자. 즈이케이는 요시미츠가 명 황제에게 제출한 표문 끝머리에 '日本國王臣源道義'라고 서명한 것이나 명의 연호를 사용한 것에 대하여 격렬하게 비난하며, 이 서명에 있는 '王'과 '臣'을 삭제하고, 그 대신 '日本國' 아래에 일본의 官位를 써넣고, 명의 연호 대신에 일본 연호나 干支를 기입할 것, 그에 의해 쇼군이 명 황제의 신하가 아니라 천황의 신하임이 명시될 것이라고 제안하고 있다. 즈이케이의 이러한 제안에는, 요시미츠는 어디까지나 천황의 신하라고 하는 전제가 있다. 즈이케이는 또한 요시미츠가 명에 대하여 '왕'이라 자칭한 것에 관하여 비판하는 중에 "그 나라는 우리나라의 將相을 가지고 왕이라 한다. 아마도 推尊의 뜻이므로 꼭 이를 꺼릴 것은 없다. (그러나) 지금 表文에서 스스로 왕이라 칭한다면 이는 그 나라의 책봉을 받는 것이 되므로 해서는 아니 될 것이다."라고 말하고 있다.[40] 요시미츠의 '왕' 자칭에 대한 즈이케이의 이러한 비판에는, 명 황제의 책봉을 받는 것이 되므로 그것을 회피해야 마땅하다고 하여 '국왕'=천황의 관점은 보이지 않는다. 그러나 여기서의 '왕'은 일본의 '將相'을 명은 책봉하여 '왕'이라 칭한다, 이처럼 명에서 의미하는 '왕'을 쇼군이 명에 대해 칭하는 경우, 라고 하는 전제가 있으므로 일본 역사상의 '왕'과는 다른 것이다. 그런데 즈이케이가 요시미츠의 '왕' 자칭을 비판하

---

40) "彼國, 以吾國將相爲王, 蓋推尊之義, 不必厭之, 今表中自稱王, 則此用彼國之封也, 無乃不可乎."(『善隣國寶記』 [『改定史籍集覽』 第21冊 所收] 卷中, 35쪽)

면서도 日 · 明간의 '국왕'이라 자칭 · 타칭한 서한을 수록하고 있는 것
은, 양자 간의 관계에 '국왕' 칭호의 사용이 기본적인 전제인 것을 인정
한 때문이었을 것이다.

신숙주의 『해동제국기』 「日本國紀－國王代序」에도, 조선이 부르는
일본의 이른바 '국왕'(쇼군)은 내정과 외교를 장악하고 그 발급하는 문서
까지도 '敎書'라고 부르면서도 국내에서는 '왕' 호칭을 피하여 '御所'
라고 한다고 밝히고 있다.[41] 여기서도 '국왕'이 천황 때문에 기피되고
있었음을 알 수 있다.

이러한 관점에서 다음의 사료를 재검토하여 보자.

> 왕이란 글자는 예로부터 고려(조선)에 보내는 서한을 쓰지 않았다. 고
> 려는 일본에게는 오랑캐라 할 수 있다. 일본 왕과 고려왕과는 서한을
> 주고받은 일이 없다.[42]

이것은 1617년, 쇼군의 조선에의 국서에 '일본국왕'이라 칭하도록
대마도가 막부에 요청한 것에 대한 막부의 외교 승려 스덴의 거부 이유
이다. 선행 연구에서는 이 사료를 가지고, 쇼군이 對조선 국서에 '왕'이
라 자칭하지 않은 이유는 조선을 멸시하였기 때문이었다고만 해석하고
있었다. 물론 그러한 해석에는 인용문의 '왕'이 쇼군이라고 하는 전제
가 있었다. 그런데 이처럼 해석할 경우, 쇼군과 조선국왕과의 국서교환
이 당시까지 없었다는 것이 되기 때문에 조선 전기의 활발한 사절을 통
한 국서 교환의 사실과 부합되지 않는다. 그러므로 전술한 것처럼 '국
왕' · '왕'＝천황이라고 하는 일본의 전통적 관념을 염두에 두고 인용문

---

41) "所謂國王也, 於其國中, 不敢稱王, 只稱御所, 所令文書, 稱明敎書, … 國
政及聘問隣國, 天皇不與焉."
42) "王ノ字ハ. 自古高麗ヘノ書ニ不書也. 高麗者日本ヨリ戎國ニアテ申候. 日
本ノ王与高麗ノ王ト. 書ノトリヤリハ無之候."(『異國日記』)

의 '왕'을 천황으로 설정하여 해석하면 타당한 해석이 된다. 즉 '왕'은 천황을 의미하기 때문에 쇼군의 대조선 국서에 사용한 적이 없다, 조선은 일본에서 오랑캐의 나라에 해당되므로 천황은 조선국왕과 서한을 교환한 적이 없다, 라는 해석이다. 이 같은 해석이야말로 역사적 사실에 더욱 부합된다고 하겠다.

2. 도쿠가와 이에야스 정권의 對중국 자세

막부가 조선으로부터의 국서에 있는 '일본국왕'을 방치해 온 까닭은 明과의 관계재개를 위한 것이었다고 기존 연구에서는 평가하고 있다. 기존연구가 이러한 관점을 취하고 있는 것은 에도 막부 초기 對明관계의 회복 의지가 적극적이었다고 하는 시각에서이며, 또한 '국왕'이 명과의 책봉관계를 전제로 하여서만 설정된다고 하는 책봉체제론의 연역적 논리로부터 내어진 것이다. 여기서 후자에 관해서는 이미 전술하여 이를 부정하였다. 즉 '국왕'은 천황을 참칭하는 칭호로서 일본 국내에서 인식되고 있었던 것이다.

그러면 에도 막부 초기에 과연 대명 관계의 회복의지가 적극적이었을까의 여부를 검토하여 보자.

아라노는 이에야스의 日·明 국교회복책이 전개되는 것은, 조·일 강화가 전망되던 1604년 이후라고 하고 있다. 그리고 그 방법으로는 조선과 琉球를 중재로 하는 간접적인 것과, 나가사키 부교(長崎 奉行)나 도일한 중국 선박 등을 통해 직접 明에 그 의도를 요청하는 것이 있었다고 구분하여 구체적으로 다음처럼 설명하고 있다.[43]

---

43) 荒野泰典, 앞의 책 1), 177~181쪽.

첫째, 조선을 중재로 한 것은 1609년에서 1620년까지 대마도로 하여금 막부가 조선에 대해 '假道入明' 요구를 셀 수 없을 정도로 반복하고 있다.

둘째, 琉球를 통한 것은 시마즈(島津)氏에게 유구 정복을 허가했지만 (1606), 정복(1609) 이후에도 中山왕조를 온존시켜 중세 이래의 明·琉球 사이의 통교형태를 잔존시키는 것에 의해 막부의 대명외교 루트를 확보하려 하였다. 그리하여 시마즈씨·유구 루트로 日·明 講和를 획책했지만 명으로부터 회답이 없자 1615년에는 이 루트로의 교섭을 단념하고 있다.

셋째, 明에 직접 요청하는 방법으로 1610년 명나라 상인 周性如에게 福建총독 앞으로 혼다 마사즈미(本多正純)의 서한을 위탁했으나 회답이 없었으므로 중지했다. 이때 마사즈미의 서한은,[44] 이에야스의 일본 통일과 조선·유구를 비롯한 여러 나라의 일본에의 귀순을 고하고 ("朝鮮入貢, 琉球稱臣 …"), 日·明 화평을 희망하면서 명 황제의 勘合符를 받아서 무역을 재개하고 싶다고 요청한 것이었다. 이 서한은 도쿠가와 정권의 조선 등의 나라와의 외교가 일·명 강화의 전제가 되어 있었음을 보여주는 것이며, 도쿠가와 정권의 감합부에 의한 대명 무역의 재개 희망은 절실한 것이었으나, 그것은 명 황제의 '책봉'을 전제로 한 것이 아니었음을 보여주는 것이었다.

아라노의 이러한 주장에 대하여는 에도 막부, 특히 이에야스 정권의 대외인식이 그처럼 무지하였을 것인가 하는 물음을 던지고 싶어진다.

첫째로, 이에야스의 조선에의 '假道入明' 요구인데, 이것은 히데요시의 조선침략 직전의 요구와 완전 똑같으므로 조선을 재침하겠다는 위협으로서만 조선에 수용될 터로, 결코 명과의 관계재개를 위한 중재 의뢰의 요청이라고는 여겨지지 않을 것이다. 주선해 달라는 요청은, 더구나 절박한 것이라면 상대방에 오해를 부르는 방법은 회피하는 것이 일반적이기 때문이다.

둘째로, 琉球 침략건이다. 유구는 조선과 함께 명으로부터 勘合符가

---

44) 中村孝也, 『家康文書の研究』 下卷の一, 642쪽.

필요 없는 나라로서 책봉되었고, 그 때문에 명과 유구간에는 慶弔事를 기본으로 하는 사절이 왕래하는, 禮的 君臣관계가 형성되어 있었다(제2장 맺음말 참고). 이에야스가 그러한 유구를, 中山왕조체제는 형식상 온존시켰다고는 하나, 침략과 복속이란 형태로서 대명 강화의 중재역으로 삼으려고 했다는 것은 상식적으로도 이해할 수 없다. 히데요시의 조선 침략이 그 책봉국인 명의 반감을 사는 결과가 된 것을 이에야스는 누구보다 잘 알고 있었을 것이다. 일본의 유구침략이 명에 초래할 영향을 이에야스가 전혀 의식하지 않았을 리가 없다. 이에야스가 실제로 명과의 관계회복을 도모하려 했다고 한다면 유구침략이란 형태를 취했을 턱이 없을 것이다.

셋째로, 마사즈미의 서한도 대명관계 회복을 꾀하려 한 것이라고 하지만 그 의향과는 모순되는 내용이 실려 있다. 즉 조선이나 유구조차도 일본에 조공하고 신라 칭하는 나라라고 밝히고 있는 점, 그리고 그 외 여러 나라도 일본에 복종하고 있다는 내용이다. 명의 추구하는 세계질서, 즉 책봉과 조공을 매개로 한 중국 중심의 세계질서를 일본이 대신하고 있다는 논리로도 읽혀질 이 서한이 명에 수용될 리가 없을 것이다. 또한 명에 감합부를 요청하고 있으나 명의 대일관계가 책봉을 전제로 하여, 책봉에 의해서만 감합부를 통한 조공무역이 가능해진다는 것을 이미 일본 측은 멀리는 무로마치시대에 경험하였고 가깝게는 히데요시 때에 재확인하였을 터이다. 따라서 이러한 앞뒤가 모순되는 내용의 서한을 발급한 것은 적어도 이에야스 정권의 대명관계회복의 의도가 구체화 되어있지 않았음을 보여주며, 동시에 그 의욕도 절실한 것이 아니었다는 것을 입증하고 있다고 할 것이다.

이른바 아라노의 논리는, 마치 상대방을 분노케 하는 방법만을 이용하여 상대와의 관계회복을 열망했다고 하는 것이 된다. 그러나 이러한 방법을 이용하는 것으로는 그것을 행하는 쪽의 상대에 대한 無知 이외에 평가할 만한 것이 없게 된다. 상대에 대해 무지했다면 상대에 대한 적극 의지 또한 작용시킬 수 없을 것이다. 그 의지는 그저 막연한 상태에 머물러 있었을 것에 불과할 것이다.

그러나 이에야스 정권의 對明인식이 그처럼 무지했다고는 여겨지지 않는다. 이에야스는 조선사절의 도일을 성취하여 국내의 무릇 다이묘들에게 대해 이를 조선의 來朝라고 선전하고, 동시에 막부의 정통성 확립에 적극적으로 이용하려 하는 등, 뛰어난 외교적 감각을 가지고 있었다. 더구나 조선사절의 도일을 성공시키기 위해 조선에 강화를 요청하는 서한을 내는 행위마저 서슴지 않았음을 보아도, 이에야스의 대외인식은 역대 어떤 武士정권에도 뒤지지 않을 것이다(제5장 제4절 참고).

따라서 이에야스 정권이 對明 관계회복을 위해 이용했다고 하는 직접·간접의 방법은 관철할 수 없음을 염두에 놓고 행해진 것으로 이해된다. 그러한 경우, 이에야스 정권의 대명 관계회복의 희망은 실제의 의도와는 반드시 일치하지는 않을 것이다. 예를 들어 1609년 4월 부산에 머물고 있던 '일본국왕사' 겐소·도시나가 일행의 '假道入明' 요구를 보면,[45] 그 요구를 한성 상경의 요구와 함께 제시하고 있는 점, 더구나 도항하여 1개월이 지난 후에야 내고 있다는 점에서 그 요구의 의도가 다른 곳에 있었음을 추측케 한다.[46] 즉 도항하여 1개월 후에 고의로 상경 요구와 함께 '가도입명' 요구를 내어서, 당시 교섭 중에 있는 조선·대마도간의 교역관계 재개를 유리하게 전개하려고 한 대마도의 전략이었을 것이다. 설령 막부의 요구로서 '가도입명'을 제시했다 해도, 조선에 위협을 주어 조선과의 외교현안을 유리하게 전개하려고 하는 수단

---

45) 『광해군일기』 己酉年(元年) 3월 기유, 4월 계축조.
46) 田中健夫, 「鎖國成立期における朝鮮との關係」,(『中世對外關係史』日本, 東京大學出版會, 1975), 265쪽에서 이때의 대마도의 2개의 요구 속에 '假道入明'의 요구에 한해서는 이에야스의 의향이라고 추정하고 있다.

으로 이용했다고 이해해야 할 것이다.

　이러한 시각에서 마사즈미의 서한의 의도를 분석한다면, 명에 대해서는 勘合무역을 희망한다고 하여 琉球 복속으로 생긴 명의 對日 경계심을 완화시키는 한편, 일본국내에 대해서는 막부의 自尊的 대외의식을 과시한다고 하는 양면적 의도로부터 내어진 것이 아니었을까? 참고로 유구침략은 1609년에 종료되었으며, 마사즈미의 서한은 그 다음 해에 내어졌다.

　그런데 막부의 시마즈씨에 대한 유구침략의 허용은 1606년이었고, 조선의 제1차 회답겸쇄환사의 도일은 그 다음 해였다. 그러므로 만약 이에야스 정권이 명과의 관계재개의 의지가 있었다 해도 대명관계의 회복에 파탄을 초래할 유구침략 허용을 내릴 단계에서 그 재개의 의지를 단념했다고 봐야 할 것이다. 그리고 조선과의 관계재개 만을 희망하는 정책으로 전환했다고 해야 할 것이다. 이에야스의 1606년에 나타낸 대조선 강화를 위한 적극적인 자세(‘二件’의 이행 : 제5장 제4절 참고)는 그것을 입증하는 것이라 생각된다. 이렇게 볼 경우 아라노의 주장, 즉 이에야스의 대조선 강화는 대명관계 회복을 전제로 한 것에 지나지 않는다, 란 관점은 재검토해야 할 것이다.

　이처럼 막부가 대명관계 회복에 한정적이었다는 점에서 조선으로부터의 ‘일본국왕’ 칭호의 국서 방치도 명과의 관계와 관련지어 설명할 수 없을 것이다. 그러한 국서의 방치는 조선과의 관계단절을 피하기 위한 소극적 의지에 의한 것에 지나지 않는다. 그것은 또한 중세 이후의 관행, 즉 아시카가 쇼군이 ‘일본국왕’이라 칭한 조선 국서를 방치한 관행을 그대로 답습한 것에 불과하다. 그것이 ‘잇켄’ 발발을 계기로 천황=‘국왕’이라는 관념에 의해 ‘대군’으로 바뀌어진 것이다.

3. 대군호 설정의 의미

여기서는 막부의 대군호 설정과 그 사용에는 예로부터의 조선 멸시 관이 작용하고 있다고 하는 기존 연구의 지적을 검토하여 보자.

아라노는 '日本國大君'을 쇼군 스스로 사용하지는 않고 조선의 대 일국서에만 사용하게 한 것에 관하여, 이는 무로마치 막부의 대조선 외 교를 답습한 것으로, 조선멸시관의 표현이라고 말하고 있다.[47) 아라노 가 말하는 무로마치 막부의 대조선 외교자세라고 하는 것은 다음처럼 다나카의 시각을 그대로 받아들인 것이다.

다나카는, 아시카가 쇼군이 조선국왕 앞으로의 서한에서 '일본국왕' 을 사용하지 않고 '日本國源某'라 칭한 것에 대해 일본연호를 국서에 사용한 것과 같은 의미로 해석하여, 명에 책봉된 대등한 '국왕' 사이를 거부하고 조선을 하위에 놓으려는 의식에서였다고 평하고 있다.[48)

그러나 거듭 논한 것처럼, 아시카가 쇼군이 조선에 대해 '일본국왕' 이라 자칭하지 않은 것은 천황='국왕'이라고 하는 일본의 국내적 사정 에서였다. 따라서 아시카가 쇼군의 조선국왕 앞 서한의 '일본국왕' 사 용의 회피를 그대로 조선 멸시에 연관시켜 평가한 다나카의 주장에는 찬성할 수 없다.

그리고 에도시대 쇼군이 스스로 대조선 국서에서 '대군'을 사용하지 않고 '日本國源某'를 답습한 것도, 아라노가 말하듯 조선멸시관에서 유래한 것이 아니라 '대군'이 가지고 있는 천황적 의미에서였을 것이 다. 즉『太平記』에는 "풀도 나무도 우리 '大君'(오오키미)의 나라라면 언 젠가 귀신의 소굴이 될 것이다."[49)라고 하여 천황을 '大君'으로서 기록

---

47) 荒野泰典, 앞의 책 1), 213쪽.
48) 田中健夫, 앞의 책 46), 107～108쪽.
49) "草も木も我大君の國なれば. いづくか鬼の栖(すみか)なるべし."

하고 있는 것이 그 한 예이다.[50] 전통적으로 일본에선 '국왕', '왕'이
보다 명확하게 천황을 의미하는 것이라면, '대군'도 그에 비해 엷다고
는 하지만 천황을 의미하는 용어였다고 여겨진다. 그 결과 쇼군의 대조
선 국서에서 '대군' 자칭을 삼가게 된 것이리라.

그러나 쇼군 스스로는 '대군' 사용을 회피했다고 하지만, 조선 예조
참판 앞으로 보내는 로쥬의 서한에서는 '대군'을 사용하고 있다. 처음
으로 그 예가 보이는 것은 1636년 12월 27일부의 마츠다이라 노부츠나
(松平信綱) 등 로쥬가 조선 예조참판 앞으로 보낸 서한으로 거기엔 '我
源大君'이라고 되어있다. 이후 예조참판 앞으로의 로쥬의 답서에는
'我大君'이라고 쇼군을 칭하는 것이 관례가 되고 있다.[51]

4. 하야시 라잔(林羅山)의 적례적 외교개혁 요구

여기서는 하야시 라잔(林羅山) 등의 '시게오키一黨'에 의해 제기된 대
조선 외교의례 개혁의 동향에 관하여 검토하기로 하자. 다음의 기사는
당시 일본에 간 신사의 기행기록이다.

　　① [三使가 대마도주에게 말한다]
　　지금까지는 신사의 귀국에 즈음하여 關白(쇼군)으로부터의 回禮가
없었으니, 이는 '交隣相敬之道'에 거스르는 것이다. 이번에 朝廷에서
특별하게 우리들을 파견한 것은 관례의 통신과 다르다는 것을 보여주
는 것으로 이를 꼭 관백에게 전했으면 좋겠다. 그리고 회례물의 준비에
도 성심을 다해야 할 것이다. 또한 사행이 임금의 명을 쇼군에게 전한
후 막부가 '回謝'를 명목으로 '深處倭官'을 파견하려 한다면 조선으로
서도 그 접대 전례가 있으므로 거절할 수는 없다. 그러나 막부의 사자

---

50) 『太平記』卷16, 「日本朝敵事」(有明堂, 1922), 553쪽.
51) 中村榮孝, 앞의 책 3), 482~483쪽.

가 조선을 왕래하기 위해선 그때마다 매번 대마도에 들릴 것이고, 그렇게 되면 대마도에 많은 폐해를 끼치는 결과가 될 것이다. 따라서 막부의 회례사 파견 움직임은 무엇보다도 대마도 측이 중지시켜야 할 것이다(황호, 『동사록』 11월 12일조).

[대마도주가 삼사에게 답하여 말한다]

관백의 조선에의 回禮는 전례가 없다. 그런데 '謝使'를 조선에 파견한다는 이야기는 시게오키 일당이 제기한 것일 것이다. 아직도 자신의 생사가 확연하지 않으므로 그 파견 중지를 획책할 입장은 아니다. 다만 관백이 에도로 오는 신사에게 환대한 것처럼 에도에 들어와서도 그 마음이 바뀌지 않는다면 반드시 신사의 요청은 이뤄질 것이다(황호, 『동사록』 11월 12일조).

② [쇼군의 삼사 접견시의 의례에 대한 논의 속에서 도시카츠·라잔이 말하다]

쇼군의 명에 의해 우리들이 신사를 맞을 때 조선식의 읍례를 행한다. 그렇다면 신사도 쇼군을 알현할 때 일본식 의례를 행해야 할 것이다. 듣는 바에 의하면 '我國使臣'(대마도의 사신)이 조선에 가면 뜰에서 행례한다고 한다. 그런데도 조선 사절이 일본에 와서는 어찌 그런 예를 행하지 않는 것인가? 이번에 1590년의 故事(히데요시에게 신사가 행한 의례)를 본받아 쇼군은 의자에 앉은 채 신사의 예를 받아야 할 것이다(김동명, 『해사록』 12월 12일조).

③ [대마도의 후지 도시나와(藤智繩)가 역관 홍희남에게 말하다]

요즘 '謝使'로서 치쿠젠(筑前)守와 히고(肥後)守를 각각 정사와 부사로 임명하여 신사의 귀국을 뒤따라 내년 정월에는 파견한다는 풍문이 있다. 이는 대마도가 양국 사이에 있어 이전부터 違法을 많이 행해왔다는 시게오키의 폭로가 막부에 영향을 미쳤기 때문일 것이다. 다만 쇼군이 신사의 닛코산 유람으로 크게 기뻐하고 있다고 하니 대마도로서는 '謝使' 파견의 중지를 주선할 수 있는 희망이 생겼다. 일을 하나 마무리하면 또 다른 일이 터지니 신사에게 미안할 따름이다(김동명, 『해사록』 12월 23일조).

④ [대마도주가 삼사에게 말하다]
　회례물 보내는 것과 '謝使' 파견의 중지를 쇼군에게 상신하자, 쇼군이 조선사절의 귀국길에 건네주어 일본의 誠信을 나타내야 할 것이라고 執政(로쥬)에게 분부했다. 도시카츠 등이 전례가 없다는 이유로 재삼이의를 제기했지만 쇼군은 이를 물리치고 회례물의 준비를 명했다. 이처럼 회례의 방법이 결정되었으므로 '사사'건은 이제 제안되더라도 중지시킬 방법이 생겼다. 지금 쇼군이 크게 기뻐하고 있으므로 그 중지에 꼭 노력할 수 있을 것이다(김동명, 『해사록』 12월 25일조).

⑤ [라잔이 副使 김동명에게 말하다]
　지금 우리들은 관제와 복식을 바꾸려고 하고 있다. 그러므로 조선과 중국의 관제를 들려주었음 좋겠다(김동명, 『해사록』, 12월 13일조).

　이들 기사를 통해 다음과 같은 지적이 가능할 수 있을 것이다.
　첫째, 로쥬인 도시카츠와 라잔 등의 '시게오키 일당'이 '적례'적 입장에 기초한 대조선 외교를 희망했다는 점이다.
　①에서 삼사는 막부가 '回謝'를 명목으로 막부의 각료('深處倭官')를 조선에 파견할 것이라고 예상하고 있다. 당시 신사는 往路의 오사카에 도착하여 있었는데, 이 시점에서 막부의 회례사 파견을 예상하고 있다는 것이 막부의 실제 동향을 파악했기 때문인지 아닌지는 불확실하다. 다만 禮的 측면에서 볼 경우 삼사의 예상은 당연한 것이다. 즉 양국 간의 강화 이후 지금까지의 조선사절은 언제나 '회답사'라는 명목을 가지고 도일하였다. 그것은 대마도에 의해 국서를 휴대한 '일본국왕사'의 파견에 대한 回禮였다. 그런데 이번 사절은 통신사라 이름 하여 회답사가 아니었다. 이 경우 막부는 조선에 대한 '回謝'라는 사절파견이 가능하게 된다. 삼사의 이러한 예상에 대하여 대마도주는 그러한 막부의 동향은 '시게오키 일당'이 획책한 것이라고 답하고 있다(①).
　그러나 삼사의 예상은 적중하고 있다. ③에 보이는 것처럼 '시게오키 일당'은 신사 귀국의 뒤를 쫓듯이 다음해 정월 치쿠젠과 히고의 다이묘를 각각 회례사의 정사와 부사로 임명해 조선에 파견하려고 했음이 밝혀졌다. 그리고 '시게오키 일당'은 회례물도 어디까지나 막부의 회례사로 하여금 가지고 가게 해야 한다는 주장을 굽히지 않고 있다. 회례물만을 신사에게 건네자고 하는 이에미츠의 의향에 대하여는 그러한 전례가 없다고 반대하고 있다(④). 이를 보면 에도 막부의 성립 이래 조선 사절의 도일 때에 조선국왕에의 회례물이 보내지지 않았음을 알 수 있다. 이것은 ①에서의 삼사의 발언으로부터도 명확해졌다.

쇼군에의 신사의 의례(傳命禮)를 문제 삼아 도시카츠는, 자신이 쇼군의 명을 삼사에게 전할 때 조선의 읍례를 행한 것처럼 신사가 쇼군을 뵐 때엔 일본의 의례를 행해야 할 것이라고 주장하고 있다(②). 한편 라잔은 일본사신(대마도 사자)이 조선에 도항하여 정하배를 행한 것처럼 신사도 쇼군에게 예를 행할 때에는 정하배로 행해야 할 것이다. 그렇지 않으면 1590년에 히데요시가 신사에게 행하게 한 것처럼 이번 행례에서도 쇼군은 의자에 앉아서 신사의 예를 받아야 할 것이라고 주장하고 있다(②).

이들 '시게오키 일당', 특히 라잔과 도시카츠의 동향에서 그들이 조선과 '적례'관계를 맺으려고 한 것이 파악될 수 있었다. 즉 회답 사자의 조선파견을 주장하고 있다는 점이다. 이러한 주장은 무로마치시대에도 없었던 것이다(제2장 제2절 참고). 그리고 회례에 관하여 그 파견 인물이나 시기까지 설정하여 강행하려고 하고 있다. 또한 쇼군을 알현하는 삼사에게 庭下拜를 행하게 하려고 하지만, 그것은 대마도 사자를 일본사자라고 간주하고 그 사자가 부산에서 조선국왕을 상징하는 '殿牌'에 정하배를 행케 하고 있음을 傳聞한 것에 의한 것이다. 이 정하배도 무로마치 막부가 삼사에게 행하게 한 적이 없었던 것이었다(제2장 제3절 참고). 이러한 획기적이라고도 할 수 있는 '시게오키 일당'의 의도는 '적례'를

통해 쇼군을 조선국왕과 진정한 동격인 존재로 높이려고 한 것이라 생
각된다.

둘째로, '시게오키 일당'의 '적례'적 개혁 요구에 반대하는 삼사의 입
장과 도주의 입장이 일치하고 있다는 것이다.

①에서 삼사는 막부에 의한 회례사의 조선 파견을 예적 측면에서는
당연하며 조선으로서도 거부할만한 것이 아니지만, 회례사의 조선 왕
래에는 대마도가 그 경유지가 될 것이므로 대마도 측에 커다란 폐해를
가져올 것에 틀림없다고 변명하여 막부의 회례사 파견에 대한 반대의
뜻을 시사하고 있다. 막부가 회례사를 파견한다면 그것은 신사 파견에
대한 회례가 되는 것이므로 '적례' 논리로서의 파견이 된다. 그 경우
일본이 신사의 에도 왕래를 허용하는 것처럼 조선도 일본 회례사의 한
성 왕래를 허용하지 않으면 안 되게 되나, 임진란을 경험한 조선으로서
는 도저히 동의할 수 없는 것이었다. 대마도로서도 회례사의 대마도 경
유에 의해 대조선 관계의 독점으로부터 얻게 된 제반 이익이나 외교
대행권한을 막부에게 간섭 당할 우려가 있었다(①). 더구나 무엇보다도
조선이 그 파견에 반대하고 있으므로 대마도는 그 중지를 위해 노력하
게 된다. 그 이후의 추이를 보면, 신사는 막부의 회례사 파견과 '傳命
禮'에서의 정하배 중지를 도주의 주선에 의존하고 있고, 도주는 또 '통
신사'의 도일에 만족하고 있는 이에미츠에게 이를 중지하도록 요청하
고 있다(③, ④).

그러나 대마도주의 입장은 아직도 불안정한 듯하다. 즉 도주는 ①에
서 '시게오키 일당'의 회례사 파견 의도를 중지시키기 위해서는 아직
생사가 확실해지지 않은 상황에 있는 자신으로서는 한계가 있다고 말
하고 있다. 이 발언은 도주에 대한 막부의 '잇켄' 결착이 아직 내려지지
않았음을 보여주며, 경우에 따라서는 시게오키의 복귀도 가능할 상황임
을 시사하고 있다. ③에서도 막부가 조선에 대해 회답사를 파견하려고

하는 동향은 시게오키의 주장, 즉 대마도가 조·일 양국 사이에 위치하여 여러 가지로 막부의 금령을 범하여 왔으니, 그런 대마도의 조선과의 恣意的 외교행위를 방지하기 위해서는 막부가 적극 조선과의 외교에 나서지 않으면 안 된다는 주장에 영향을 받은 결과일 것이라고 대마도의 신사 접대역을 담당하고 있는 후지 도시나와(藤智繩)는 말하고 있다. 이것도 도주의 대조선 외교상의 독점적인 입장이 유동적인 것이었음을 말하여 주는 것이리라.

셋째로, '시게오키 일당'의 개혁에 이에미츠가 반대하고 있다는 것이다.

이에미츠는 이번 조선의 '통신사' 파견에 몹시 만족해하고 있는 듯, 신사의 에도 往路에서 후한 접대조치를 취하고 있다(①). 그러나 애당초 이에미츠는 '잇켄' 처리를 통해 지금까지 조선의 사절 파견이 어디까지나 '회답'이라는 명분을 세워 행해진 것을 알게 되어 커다란 불만을 가지고 있었을 것이다. 그래서 '통신'이라는 이름으로 조선이 사절을 보내오도록 대마도에 명하게 되었는데, 신사가 도일했을 뿐만 아니라 막부의 요청에 응하여 '日本國大君殿下'라고 쇼군을 지칭한 국서를 지참해왔다. 이러한 결과에 이에미츠는 기쁨을 금할 수 없었던 모양이다. 그러므로 이에미츠는 '시게오키 일당'에 의한 회례사의 파견 건의를 묵살하고, 지금껏 행해온 中堂에서의 삼사의 쇼군에 대한 행례를 上堂에 올라 행하도록 하고 있다. 상당이 쇼군의 座位라는 점에서 이전보다 더 후한 조치라 하겠다.[52] 이러한 이에미츠의 자세는 대마도의 외교대행 행위가 막부의 권위를 높이는데 도움이 되고 있다고 평가한 결과일 것이다.

그런데 전술하듯 '적례'적 의례로 개혁하려고 한 라잔이, ⑤에서는

---

52) 金東溟, 『海槎錄』(『國譯 海行摠載』(四), 민족문화추진회, 1975), 12월 23일조.

조선이나 중국의 官制에 관하여 부사 김동명에게 물으면서, 그 이유를
일본의 관제나 服色을 개혁하려고 하기 때문이라고 하고 있다. 이로 보
아 그가 조선과 중국처럼 일본의 통치체제를 개혁하려고 의도했을까
어떨까 궁금해진다. 특히 그는 '대군' 설정만이 아니라 당시 대조선 외
교개혁의 주역이었기 때문이다.

그러나 아무래도 라잔의 통치체제에 대한 개편 의욕은 천황과 쇼군
의 상하관계까지를 극복하려고 한 것은 아닌 듯하다. 그것은 다음과 같
은 점에서 살필 수 있다. 즉 라잔은 1626년 쇼군이 교토의 천황궁을 참
예한 것을 기록하는 가운데 천황을 보좌하는 朝臣으로서 쇼군을 자리
매기고 있다.[53] 또한『神道傳授』에서도 일본 '제왕'이 다름 아닌 天照
大神 이래의 황통을 받은 천황이라고 논하고 있다.[54] 그렇다면 라잔은
천황으로부터 관위를 받은 자로서의 쇼군이라는 정치상의 한계를 극복
하지 못한 듯하다. 그런 면에서도 전술한 라잔의 '대군' 설정의 의도,
이른바 '국왕'을 천황에의 참칭이 된다는 이유에서 회피하기 위해서였
다는 것을 이해할 수 있을 것이다.

아라노는 '일본국대군' 설정에 관하여 "이 새로운 호칭에는 도쿠가
와 쇼군이 자기를 중심으로 설정한 국제질서 안에서 스스로를 일본국
의 통치권과 외교권의 장악자로서 자리매김하려고 하는 의미가 포함되
어 있다."고 적극적인 평가를 내리고 있다. 그러나 제6장의 여기까지의
검토로 본다면 그 설정은 천황 권위에의 쇼군 권력의 한계를 전제로 설
정된 것으로 이해된다.

---

53) 「將軍家秀忠公家光公御上洛二條行幸之記」의 서두에 "天か下扶佐し給ふ
　　おほん政をうけつかせ給ひ. … 右大臣家光公御內參りおはすへしとて. 始
　　て都へのほらせ給ふ."라고 있다(『德川禮典錄』卷上, 623쪽).
54) "帝王ノ御系図ヲウケ玉ウ. 当今迄スヂ目タガヒタマハズ."(『近世神道論·
　　前期國學』[『日本思想大系』39, 岩波書店, 1972], 21쪽)

5. 대마도의 朝·日외교상의 지위

1635년 12월, 조선에 전달된 것은 '대군' 호칭 이외에 연호와 대마도주의 호칭건이 포함되어 있었다. 이와 관련한 사료로『仁祖實錄』12년 12월 계사조와『東萊府接倭事目抄』을해년 12월조를 통해 이에 대하여 검토해 보자.

우선 일본의 연호를 사용하게 되었다는 것에 대해서이다. 일본은 조선에 보내는 국서에 이때부터 일본 연호를 사용하기로 하고, 그 이유를 일본이 明의 신하가 아니기 때문이라고 하고 있다. 그러나 일본 연호의 사용은 명으로부터 일본의 독립적인 위치를 명확히 하려한 측면도 있을 것이나, 그에 더해 천황에의 참칭인 '국왕'을 피해 '대군'이라 개칭한 것과 같은 측면에서의 이해 또한 가능하다. 즉 일본연호를 사용하여 일본의 대표자적인 존재가 천황임을 보여주려 한 것으로 여겨진다.

다음으로 대마도주 호칭을 변화하려고 한 것에 대해서이다. 일본 측은 조선·일본이 대등한 나라('等夷之國')인 것처럼 도주와 조선 예조는 '적례'적 관계에 있다고 하여, 도주의 예조로 보내는 서한에서 예조를 이전의 '閤下'가 아닌 '足下'로 칭하겠다고 조선 측에 요구하게 된다. 그러나 조선은 관례인 '합하'를 견지하여 그 요구를 거부하고 있다. 그 대신에 조선의 도주에 대한 호칭은 관례인 '족하'에서 '합하'로 칭하게 된다.

여기서 주목되는 것은, 대마도주를 조선예조와 '적례'관계에 놓으려고 하는 막부의 태도이다. 막부는 대마도가 대조선 교역관계상 조선의 藩臣과 같은 입장에 서있다는 것에 불만이었을 것이다. 그렇다고는 하나, 대조선 외교를 막부의 직접 통제 하에 놓는 것에도 주저하는 바가 있었을 것이다. 이에 고안해 낸 것이 도주와 예조를 '적례'관계로 설정한 것인 듯하다.

막부의 이러한 의도에 결과된 것일까 '잇켄' 판결의 다음 해인 1636
년 3월, 부산에 건너간 대마도의 '差倭'는 대마도의 사자가 이제껏 부
산에서 행해 온 조선국왕에 대한 정하배인 숙배에 이의를 제기하여 堂
上에서 행하여 달라고 요청하고 있다. 다음의 자료가 그것이다.

> 광해군 元年 己酉(1609)年, 差倭인 玄蘇와 平景直이 와서 말하길,
> 上京을 허락하지 않는다면 (조선국왕이란) 殿牌에 대고 肅拜하는 것으
> 로 궁궐에서 직접 행하는 의례에 대신하고 싶다고 요청하였다. 이를 朝
> 廷이 허락하여 부산의 客舍에서 궐내에서의 의례처럼 하게 하여, 부산
> 성 밖에 이르면 말에서 내려 걸어 들어가 뜰에 자리 잡아 행례한지 수십
> 년이 되도록 감히 어기지 않아왔다. 그런데 島主 義成과 시게오키와의
> 사이가 벌어지자 景直의 실책을 밝히려고 하였다. 인조 15년 정축(1637)
> 년에 이르자 差倭로 平成連을 보내어 말하길, 조선통신사는 에도에 와
> 서 堂上에서 행례하는데 우리들만이 뜰아래에서 절을 함은 서로 대등
> 한 도리가 아니니 대청 마루위에서 행례케 해달라고 요청했다. 이에 임
> 금이 敎旨로 그 숙배를 모두 불허하니, 倭使가 계책이 궁하여 뜰에 판
> 때기를 깔고 절하기를 청하였고 이에 조정이 이를 허락했다.[55]

이른바 1609년의 기유약조 이후 대마도는 한성 상경에 수반되는 조
선국왕에의 숙배 요청이 조선에 의해 거부되자 그 대신 부산 객사에 조
선국왕을 상징하는 '殿牌'를 마련하여 그것에 숙배하는 것을 요청하여
허용 받았다. 그러나 1637년 대마도는 差倭를 파견하여 통신사가 에도

55) "光海元年己酉, 差倭玄蘇·平景直來言, 既不得朝京, 請得肅拜於殿牌, 以
替闕內引接之儀, 朝廷許之, 令行於釜山客舍, 一用闕內之儀, 到釜山城外,
下馬·步入, 庭中席地, 行禮數十年來, 不敢違越, 義成與調興構釁, 欲彰
景直之失, 至仁祖十五年丁丑, 送差倭平成連, 來言曰, 朝鮮通信使, 行禮
於江戶堂上, 而吾人, 則拜於庭, 殊彼此均敵之道, 請行禮於廳上, 因敎旨
并不許其肅拜, 倭使計窺, 乃請鋪板於庭中, 朝廷許之."[金健瑞編, 앞의 책
9) 卷3, 「倭使肅拜式」]

에서 쇼군에게 행례할 때에는 堂上에서 하면서도, 일본 측 사자만이 부산에서 정하배를 행하는 것은 '적례'('均敵之禮')가 아니므로 이제부터는 '廳上'(堂上)에서 행례하고 싶다고 요청해 왔다. 이에 조선은, 그렇다면 숙배하는 것조차 용서할 수 없다는 강경방침으로 대응했다. 그러자 '왜사'가 정하배를 행할 때 판자를 깔아 그 위에서 하고 싶다고 입장을 후퇴하였으므로 조선은 이를 허용하였다고 한다.

이처럼 조선에 파견하는 대마도의 사자와 막부에 파견하는 조선의 신사와를 동격으로 변화시키려는 대마도의 자세는, 막부의 대조선 외교개혁과 시기를 같이하고 있기 때문에 막부의 지시에 의한 것이라고 여겨진다. 또한 대마도의 이러한 자세는 라잔의 전술한 자세와 같은 것이다.

그런데, '통신사'라 부른 조선의 사절이 '일본국대군전하'라고 쇼군을 칭한 국서를 가지고 도일한 것은 1636년의 일이다. 그리고 막부의 요청에 응하여 이에야스를 제사하는 닛코산을 '遊覽'하고 일본 연호와 '日本國源家光'이라고 하는 서명이 들어간 쇼군의 답서를 받아서 귀국한다. 이에 이르러 막부는 '잇켄' 이후 재차 도주를 일본의 대조선외교 대행자로서 정식 인정하고 제반 대조선 외교업무를 전담시키기에 이른다. 또한 막부는 일본의 국서 지참을 전제로 하지 않으면 안 되는 대마도에 의한 '일본국왕사'의 조선 파견을 중지시키는 대신에, 쇼군의 경조사 때마다 도주의 예조참판 앞으로의 서한을 지참시켜 파견하는 '參判使'의 조선 도항을 허용하게 된다.

그러나 대마도가 쇼군의 경조사를 전달할 때 예조판서(정2품)가 아닌 예조참판(종2품) 앞으로 서한을 보내야했던 점, 부산에서 대마도의 사자가 이전처럼 정하배를 행해야 했던 점 등은 막부가 의도한 대마도=예조라고 하는 '적례'관계가, 조선에게 거부되어 완전하게는 관철되지 않았음을 보여준다. 아마도 거기엔 조선이 인식하는 '기미권' 대상으로서의 대마도, 즉 조선국왕과 도주와의 일정한 君臣관계가 기저에 있었기 때문일 것이다.

'잇켄' 이후, 막부는 대마도의 '親조선적 외교행위'를 감시하는 제도로서 이테이안(以酊庵) 輪番制를 설정했다. 이것은 교토 五山의 승려를 대마도의 이테이안에 윤번으로 체류케 하여 조선과의 외교업무를 감독하고 또한 조선에의 외교문서를 작성케 한 제도이다. 이 제도의 설치는 '잇켄' 판결의 결과, 대마도의 외교문서를 담당해 온 겐포가 유배되었기 때문에 도주가 그 대신의 인물을 막부에 탄원한 것에 기인한다. 도주의 탄원에 대해 막부는 교토 도후쿠(東福)寺의 고린(光璘)을 지명하여 1635년 10월 고린은 대마도에 도착한다. 이것이 이테이안 윤번제의 시작이다. 이 제도에 의해 막부는 도주의 대조선 외교를 五山의 승려를 통해 감찰하는 형태를 취할 수가 있게 된다.

한편 '잇켄'에 대한 조선 측의 대응은 어떤 것이었을까?

조선은 대마도주의 존망이 걸린 '잇켄'의 추이에 대해 커다란 관심을 쏟고 있었다. 그 까닭은 '잇켄'의 결과에 따라서는 기유약조 이래 이제 껏 쌓아온 '기미권'의 대상으로서의 대마도뿐만 아니라, 이를 통한 대일정책의 근간이 뒤흔들리게 될지도 모르기 때문이었다. 이에 조선이 도주를 구원하기 위해 적극적인 대응을 취한 것은 다음의 사례로 보아도 명확히 알 수 있다. 우선 도주의 馬上才(말타기 묘기를 부리는 사람) 파견 요청에 즉각 응한 일이다. 이 요청은 '잇켄'의 심리 중, 이에미츠의 특명에 의한 것으로 마상재가 대마도로 건너간 것은 1635년 1월이다. 다음은 '통신사'의 파견 요청에 별반 반대 없이 응한 것이다. 즉 지금까지 조선은 '일본국왕사'가 국서를 가지고 와 '회답'이란 명분을 세워줬을 때에 한해 사절을 파견하였다. 이에 비한다면 이번의 '통신사'라는 이름의 사절파견은 조선의 대일관계상 커다란 전환이라 아니할 수 없다. 이 전환에는 말할 것도 없이 일본 내정상 도주의 입장을 지원하려는 의도가 크게 반영되어 있다. 그러한 조선의 입장을 단적으로 보여주고 있는 것이 다음의 사실이다.

　김동명의『해사록』9월 8일조에는, 부산에 내려간 신사에게 거기서 대기하고 있던 대마도의 사자 도시나와가 조선 국서의 등본을 열람하고 그 개정을 요청하였다고 기록되어 있다.56) 도시나와는 또한 국서 別幅에 적힌 쇼군에의 예물의 양이 적다고 지적하고 '시게오키 일당'이 호시탐탐 재기의 기회를 노리고 있는 이때에 적은 예물 양은 그들에게 대마도주가 꼬투리 잡히는 빌미가 될 수 있다고 우려를 표명하였다. 그러면서 그는, 이전처럼 대마도가 예물을 함부로 늘리고 그에 따라 조선의 국서 별폭에 적힌 수량 또한 위조할 수도 있겠으나, 막부의 명을 받아 대마도에서 도주를 감찰하고 있는 고린·겐쇼 때문에 불가능하다고 말해, 예물의 증가와 별폭의 그에 따른 수정을 요청했다고 기록하고 있다. 같은 책의 10월 3일조에는 조선 측이 대마도의 요청에 응하여 국서의 내용을 고치고, 예물을 더하며 별폭의 수량도 맞추어 개서해 왔다고 기록하고 있다.

　이 기록은 대마도주의 안위를 우려하는 조선의 입장이 어떠한 것인가를 단적으로 말하여 주고 있다. 조선은 이미 내어진 국서의 내용과 예물의 양을 대마도의 요청으로 고치고 있기 때문이다. 조선시대 대일관계에서 일단 내어진 국서가 개서된 일은 쇼군 이에노부(家宣) 때 아라이 하쿠세키(新井白石)의 강요에 의한 때 이외에는 없었던 일이었다(제8장 제3절 참고).

　이로 보아 '통신사' 파견요청을 비롯해 이에미츠 정권의 대조선 외교

---

56) 도시나와는 개서를 요청하는 이유로서, 쇼군을 지칭한 '賢君'의 '賢'은 일본에서는 '가시코이'라고 훈독되므로 그런 경우 적절한 의미라고는 할 수 없으며, '丕承先緒'나 '弊邦~不勝慶喜之至'의 16字도 '시게오키 일당'이 꼬투리를 잡을 수 있다며 그 개정을 요청하고 있었다.

개혁의 대부분이 순조롭게 받아들여진 배경을 이해할 수 있을 것이다. 그것은 이른바 존망의 위기에 직면한 도주를 지원할 수밖에 없었던 조선 초기 이래의 대마도에 대한 '기미권' 유지 정책에서 찾을 수 있을 것이다. 당시 이에미츠 정권 또한 조선과 대마도와의 전통적 관계를 깊이 이해하고 있었을 터였다.57)

맺음말 – '通商之國'과 '海禁'

이상으로 제6장의 검토를 통해 밝혀진 것을 정리하여 보면 다음과 같다.

첫째로, 조선과 대마도와의 관계가 기유약조의 성립에 의해 정식으로 재개되었지만 조선에서 볼 때 그것은 조선이 설정한 '기미권'에 대마도가 재편입 되었다고 자리매김할 수 있다는 점이다. 기유약조는 조선조 前期에 조선과 대마도 사이에 맺어져 있던 여러 약조와 기본적으로 같은 성질을 가지고 있기 때문이다. 이 약조의 성립 이후 조선·대마도 사이에는 대마도주의 '進上'('잇켄' 이후엔 '封進'이라 변경)에 대한 조선국왕의 '回賜'라고 하는 조공무역의 기본형태가 재개되었다. 그리고 양자간에 儀禮에 바탕을 둔 사절 접대체제가 정비되고, 동시에 상호간에 경조사에 대한 사절의 왕래가 정례화 되어간다. 여기에 보이는 조선의 대마도와의 관계는 '기미권 교린' 관계의 재편이라고 자리매김할 수 있다.

---

57) 언급할 능력의 한계 때문이려니와, 조선이 1636년 막부의 외교개혁 요청에 응하며 통신사를 파견하는 배경에 작용했을 '병자호란의 前夜'라는 淸나라와의 긴장관계를 결코 소홀히 할 수는 없을 것이다.

　　그러나 조선 후기의 양자관계가 전기와 다른 커다란 차이는, 일본 측 사자의 한성 상경이 금지 되었으므로 그 결과 조선국왕에 대한 직접적인 숙배도 불가능해졌다는 것이다. 역대 중국왕조가 가끔 오랑캐로 설정한 특정 주변민족의 '來朝'를 국경상에서 가로막은 적이 있듯이 조선 후기의 대마도에 대한 이러한 제한은 제1장에서 언급했듯이 조선 전기의 '교린' 정책과 견주어 볼 때 완전 동등한 '기미권 교린'의 재편이었다고는 할 수 없다.

　　둘째로, '잇켄' 판결에 대한 막부의 자세이다. 국서개작 사건으로서 발전한 '잇켄'에 대해 막부는, 사건의 중대성에도 불구하고 그 판결에서도 파악할 수 있듯이 한정적이고 수동적인 대응 밖에 보여주지 못하고 있다. 그 이유는 국서 개작의 책임이 기본적으로 막부에게 있다는 것, 대조선 외교관계의 유지를 전제로 하고 있었다는 것 등을 들 수 있다.

　　특히 막부는, 대마도주의 대조선 외교행위를 조선의 藩臣으로서의 입장에서 행한 것으로 의심하게 되어, 도주의 일본을 위한 외교능력을 시험하기 위해 '통신사'의 도일을 주선하도록 명하고 있다. 요컨대 막부는 이때까지 조선이 '회답'이라고 하는 명분을 차려서만이 사절을 파견하여 온 것에 불만을 품게 되어, 이번만큼은 '통신' 사절을 보내도록 명한 것이었다. 여기서 도주를 지원하는 입장에 서지 않으면 안 되었던 조선은, '통신사' 파견 요청이나 '대군' 칭호 등 막부의 대조선 외교개혁의 요청을 거의 받아들였다. 이에 의해 시게오키의 복귀 기회는 완전 상실되고 도주는 완전 승소의 입장을 쟁취했다. 이러한 도주의 승리 배경에는 도주의 존재를 제외시켜서는 일본의 대조선 외교가 불가능하다는 인식을 확고히 하게 된 쇼군 이에미츠의 응원이 작용하고 있었다.

　　셋째로, '잇켄' 판결에 수반하는 막부의 대조선 외교개혁의 의의이다. 다음 3가지로 나누어 그것을 정리하여 보자. ① 천황·쇼군이라고 하는 내정상의 상하관계를 대조선 외교에도 명확히 표현했다는 점이다. 우선 천황의 참칭이 되는 '국왕'을 조선으로부터 쇼군의 칭호로서 사용되는 것을 거부하고, 그 대신에 '대군'을 새로이 설정하게 되었다는 것이다. 그러나 이 또한 천황을 의미한다는 측면에서 쇼군 스스로는 사용하는 것을 회피하기로 한다. 다음으로, 일본연호를 조선에 보내는 서한에 사용하게 되었다는 것이다. 그 이전엔 일본연호 대신에 '龍集'이 사용되고 있었다. ② 대마도주를 조선 예조와 '적례'관계에 놓으려 했다는 것이다. 이것은 도주의 예조 앞으로의 서한에 예조를 '족하'라고 칭하도록 요청한 것에 나타난다. ③ 이테이안 윤번제를 실시하여, 도주의 조선과의 외교문서를 관장시켜 도주의 대조선 외교를 감찰하게 했다는 것이다.

그런데 막부가 대조선 외교개혁을 통하여 쇼군이 천황의 신하임을 나타내고 있다고 해도 '일본국대군전하'라고 하는 조선국왕의 서한을 받고, 또한 '조선국왕전하'라고 칭한 답서를 내는 쇼군의 행위는 일본의 국가원수로서의 지위를 보여주는 것에 다름 아니다. 아울러 쇼군의 취임 때마다 조선의 통신사나 琉球의 '慶賀使'를 맞이한 것도 동일하게 평가된다. 이러한 상호 모순되는 쇼군의 외교행위상의 지위 설정은, 18세기 초 아라이 하쿠세키에 의한 대조선 외교개혁 안에서 그 해소를 시도하게 된다. 이에 대해서는 제7 · 제8장을 참고할 수 있다.

마지막으로 앞으로의 전망으로서 다음의 관점을 제시하고자 한다.

우선 첫째로, 조선조 후기의 대일정책에 조선조 전기에 보이는 것 같은 적극적이고 솔선적인 이른바 '적례적 교린' 의지가 있었을까 어떠했을까 하는 것이다(제2장 제3절 참고). 조선이 막부의 회례사 파견에 반대한 것이나 대마도 사자의 한성 상경을 금지한 것 등을 보면, 이 시대의 대일외교는 전기와 비교하여 소극적이고 수동적이었던 듯하다. 그리고 그 배경에는 임진란이 뿌리 깊게 조선 측에 각인되어 있었기 때문일 것이다.

둘째, 막부가 '通信之國'의 하나로서 유구를 자리매김하고 있는 점이다. '通信'이란 이른바 '신의를 통한다'라고 하는 '교린'의 관점에서 이해할 수 있다(제1장 제1・제2절 참고). 즉 조선의 '교린' 용례(大의 小에 대한 '교린')에서 볼 때 막부의 유구에 대한 '통신지국'으로서의 설정은, 조선의 대마도에 대한 '기미권 교린' 설정과 유사한 측면이 있음을 보여주는 것이 아닐까?

셋째로, 에도 막부의 '通商之國'(중국・네덜란드) 상인에 대한 대응과 조선・중국의 외국상인에 대한 대응의 다른 점에 대해서이다.

아라노에 의하면 나가사키의 데지마(出島)나 도진야시키(唐人屋敷)는 그 운영이 前者는 유력상인으로 후자는 市(町)에 의해 이뤄지는데, 네덜란드인이나 중국인은 방값을 내어 거주하며 체류 중의 모든 비용 또한 자기부담이었다고 한다. 그리고 이러한 점은 조선・중국의 경우와 달랐다고 한다. 즉 부산의 왜관이나 중국의 琉球館이 國營이며, 대마도 사절이나 유구의 사절의 체류 중의 모든 비용이 각각 조선이나 중국의 국가 비용으로 조달되었던 것 등으로 보아, 대마도 사절이나 유구 사절이 조선이나 중국으로부터 朝貢使로 간주되었던 것과 사뭇 다르다고 지적하고 있다. 또한 네덜란드 商館長에게 의무시 된 매년의 에도 參府에 대해서도 그 비용이 자기부담이었다고 하고, 그것은 일본국내의 특권 상인이나 匠人들의 관례인 에도 參府와 동등하게 자리매김 되어 있었다고 하여 막부의 '통상지국' 상인에 대한 관리와 통제의 실태를 명확히 하고 있다.[58]

이처럼 아라노는 막부의 '통상지국' 상인에 대한 대응과 조선・明의 대마도・유구 상인에 대한 대응의 다른 점을 지적하면서, 한편으로는

58) 荒野泰典, 앞의 책 1), 42, 223~224쪽.

"종래의 '鎖國'이라 불려왔던 근세 일본의 체제는 '海禁'과 '華夷秩序'라고 하는 두 개의 개념으로 바꿔놓는 것이 타당하다."라는 시점을 설정하고 그것을 입증하는 작업으로서 조선·중국의 대외관계체제로부터의 유형을 풍부하게 제시하고 있다.[59]

그러나 아라노의 막부·조선·명의 대외관계 체제의 유사성을 기본으로 하여 파악한 '해금', '화이질서' 개념으로서의 쇄국체제 설명은 다소 의문스러운 점이 있다. 즉 아라노 스스로도 앞에서 지적하고 있는 것처럼, 朝鮮朝나 明朝의 대외관계체제에는 적어도 막부의 '통상지국' 상인에 대한 것과 같은 조치가 보이지 않기 때문이다.[60] 에도 막부의 대외관계가 형태에서는 조선·명과 유사하지만 그 본질에서는 기본적으로 같지 않다. 즉 외부에 대한 '해금' 정책이 '화이질서'를 성립시키는 일환이라면, 그 질서를 지탱하는 화이인식은 '主'側의 '客'側에 대한 조공형태의 요구가 전제되지 않으면 안 된다. 조공형태란 기본적으로 '객'측으로부터 하나를 받아 둘 이상을 내려주는 행위이며, '객'측의 조공을 위한 왕래에 소요된 일체의 비용은 '주'측이 책임지는 것이 의무로 되어 있다. 화이인식의 구현은 이러한 조공적 체제를 실현할 때에야 성립되는 것이다. 그러한 의미에서 막부의 '통상지국' 설정을 아라노처럼 동아시아 국제관계에서 전개된 '화이질서'의 표현으로서, 또는 '해금' 체제의 일환으로서 이해하는 것은 수긍하기 힘들다. '통상지국'의 설정은 역시 일본적 대외체제의 표현이라 아니할 수 없다.

---

59) 荒野泰典, 앞의 책 1), 「序」, 그 외에 第一·第二章을 참고할 것.

60) 荒野泰典, 앞의 책 1), 42쪽에서, 나가사키(長埼)에서의 무역형태에 관하여 "淸代 廣東의 유럽 여러 나라와의 무역 시스템=광동 시스템과 흡사하다."라고 하여, 막부의 '通商之國' 설정이나 중국·네덜란드 상인에의 조치를 동아시아의 대외체제에서 찾고 있다. 그러나 서양 여러 나라와의 무역이 거의 행해지지 않았던 明朝나 조선조의 경우, 또는 그 이전에 일본의 그것과 같은 형태가 찾아질 수 있을지 어떨지는 의문이다.

제3부

아라이 하쿠세키(新井白石)와
朝·日관계

제7장
아라이 하쿠세키의 '일본국왕'
復號論의 의도

머리말

1711년 조선의 通信使는 수신인을 '日本國王殿下'라고 칭한 국서를 가지고 渡日했고, 쇼군의 '日本國王源家宣'이라 서명한 답서를 가지고 귀국했다. 양국 국서에 '일본국왕'이 최초로 사용되게 된 것이다. 이 칭호의 사용은 이에노부(家宣)의 쇼군 취임을 축하하기 위한 통신사의 도일을 계기로 아라이 하쿠세키(新井白石 : 1657~1725)에 의해 행해진 對조선 儀禮개혁의 일환이었다.

에도시대 조선 사절을 매개로 양국이 사용한 국서상의 쇼군 칭호를 보면 1607년의 경우엔 조선이 '일본국왕', 일본이 '日本國源秀忠'이었다. 1617년과 24년에는 조선 측에선 변화가 없었지만, 일본으로부터는 '日本國王源○○'라고 되어 있었다.[1] 이것은 대마도에 의한 국서 改

---

1) 에도시대 쇼군은 대외적으로 도쿠가와(德川)라 하지 않고 가마쿠라(鎌倉) 막부의 쇼군 가문인 源氏의 후예라 자칭했다. ○○엔 쇼군의 이름이 쓰여진다.

作의 결과였다. 그러나 대마도의 행위가 발각되어 1636년 이후는 쇼군
의 칭호로서 '大君'이 사용되기에 이르렀다. 다만 그 경우에도 '대군'
은 조선의 對日 국서에만 한정되었고, 일본 측은 무로마치시대 이래의
전통에 따라서 '日本國源○○'를 답습하는데 그치고 있었다(제6장 제3절
참고). 그런데 1711년에 이르러 양국이 똑같이 '일본국왕'이라 칭하기에
이른 것이다.

이러한 하쿠세키의 국왕호 사용과 관련한 일본 측의 선행연구는 이
해하기 힘들게도 對外關係史 연구자들로부터는 거의 보이지 않고, 오
히려 인물사나 정치사적 측면에서 하쿠세키를 연구하는 자들에 의해
연구·축적되어 왔다. 더욱 흥미로운 사실은 대외관계사 전공이 아닌
이들 연구자들이 하쿠세키의 국왕호 개혁 의도를, 內政上의 요청보다
오히려 대외적인 요청에 응한 것으로 평가하고 있다는 점이다.[2]

---

2) 대외관계사 연구자로서 이 문제를 다룬 연구로는 다음이 있는데, 三宅의 연구
가 구체적이며 中村의 그것은 개략적이다.
　　三宅英利, 「新井白石の制度改変と通信使」(『近世日韓關係史の硏究』, 文獻
　　出版, 1986).
　　中村榮孝, 「江戸時代の日鮮關係」(『日鮮關係史の硏究』(下) 日本. 吉川弘文
　　館, 1969).
　　대외적 관점에서 하쿠세키의 의도를 평가하고 있는 연구로서는 다음과 같은
　　것이 있다.
　　三浦周行, 「新井白石と復号問題」(『日本史の硏究』 2, 岩波書店, 1930).
　　栗田元次, 『新井白石の文治政治』(石崎書店, 1952).
　　宮崎道生, 「日本國王号の復行」 「朝鮮使節の応對」(『新井白石の硏究』, 吉川
　　弘文館, 1958).
　　宮崎道生, 「國書復号記事批判」(『新井白石序論』(増訂版), 吉川弘文館, 1976).
　　武田勝藏, 「宗家史料による復号一件」(『史學』 5-1, 1927).
　　다음은 대내적 관점에서 하쿠세키의 의도를 평가하고 있는 연구이다.
　　伊東多三郎, 「將軍. 日本國王と称すーその史的意義」(『日本歴史』 60, 1953)·
　　「殊号問題と將軍の權威」(日本. 『日本歴史』 67, 1953).
　　德島一郎, 「新井白石と德川幕府の對外文書に於ける將軍の称号に就いて」

국왕호의 사용을 주장한 하쿠세키의 논리 근간은 그의 저서 「復號
紀事」로부터 알 수 있듯이 '復號'의 논리이다. 이른바 국왕호가 이전
의 대조선 국서에 쇼군의 자칭으로서 사용된 적이 있다는 역사적 사실
을 근거로 하여 그 칭호를 복구하라는 것이 '복호'의 논리이다. 하쿠세
키에 의하면 그 역사적 사실이란, 1606년 도쿠가와 이에야스(德川家康)
가 조선에 낸 서한, 즉 국서 속에서 스스로를 국왕이라 칭하고 있었고,
그 이후는 대마도가 국서 改作을 통해 이를 계승했다고 하는 것이다.

그러나 선행연구에서는 이러한 하쿠세키의 '복호'논리에 대하여, 그
의 제기한 역사적 근거가 사실에 어긋나는 억측이라고 경시하여 왔다.[3]
그리고 후술하듯 대부분의 관련 연구자는 하쿠세키가 국왕호를 사용하
기 위해 동원한 복호론이 대외적 요청에서, 즉 조선과의 원만한 외교를
위해 내어진 것이라고 간주하고 있다.[4]

(『歷史と地理』 23-1·3·4, 1929).
이외에 다음과 같은 기존 연구가 있다.
黑木淸三, 「白石と朝鮮聘使」(『國史界』 2-9·10, 1918).
武田勝藏, 「正德信使改礼の敎諭原本に就て」(『史林』 10-4, 1925).
友納養德, 「新井白石の鮮使待遇改正に就て」(『歷史敎育』 2-5, 1953).
今村鞆, 「新井白石と朝鮮特使」(『朝鮮』 147, 1927).
德島一郎, 「新井白石の外交政策」(上·下)(『歷史と地理』 22-3·4, 1928).
3) 伊東多三郎는 「殊号問題と將軍の權威」(『日本歷史』 67, 1953) 4쪽에서 하
   쿠세키가 '복호'라고 주장한 것은 대마도주가 僞作한 국서를 정당시하는 暴論
   이라고 논하고 있다. 宮崎道生는 「國書復号記事批判」(『新井白石序論』(增訂
   版), 吉川弘文館, 1976), 73~81쪽에서 '복호'논리에 대해, 하쿠세키가 에도시
   대 초기 조선과의 국교 회복에 이르는 경위에 대해 충분한 인식을 갖지 못하
   고, 이에야스의 서한이 애초 있었다는 잘못된 선입관을 가졌으므로, 자신의 견
   해 자체로도 분열과 당착을 일으켜 견강부회한 논리가 되고 말았다고 비판하
   고 있다. 그 외의 연구에서는 대부분 '복호'논리에 대해 언급하고 있지 않다.
4) 본 논문에서 말하는 복호론이란, 하쿠세키가 '국왕' 사용을 위해 사용한 논리
   를 총체적으로 칭한 것이다. 그 안에는 이에야스의 서한이나 대마도에 의해
   개작된 국서에 근거한 '복호'논리도 일부로서 포함되게 된다.

그러나 필자의 주요한 문제관심은 오히려, 왜 하쿠세키가 국왕호를
'복호'로서 자리매김하면서까지 그 사용을 주장하게 되었는가 하는 점
이다. 익히 아는 바처럼 에도시대 체제의 창시자였던 이에야스의 행위
는 최고의 권위였다. 그러므로 이에야스가 국왕호를 사용하고 있었다는
하쿠세키의 주장은, 국왕호 사용에 정통성을 부여하고 그것에 의해 국
왕호의 부활을 필연적인 것으로 하려고 한 때문이 아니었을까 추정케
한다. 또한 당시 朝·日 양국관계에는 국왕호를 사용하지 않으면 안
되는 최소한의 정세변화도 없었다. 그럼에도 불구하고 하쿠세키는 아메
노모리 호슈(雨森芳洲 : 1668~1755)와 같은 명분론자의 격렬한 반대를 억
누르면서까지 그 사용을 강행하고 있다.5) 이러한 두 가지 사실만을 보
더라도 복호론을 단순하게 대외적인 요청 때문에 내어진 것이라는 기
존 연구의 시각은 수긍할 수 없다.

　이 논문은 이러한 의문들을 근거로 삼아 하쿠세키의 국왕호 제기의
진정한 배경과 동기를 밝히려 한다. 이를 위해 이하에서는 다음과 같은
순서로 검토를 진행해 나가려 한다.

　① 하쿠세키의 복호론의 내용과, 이에 대한 명분론자의 반론을 정
리·검토하여 그에 의한 복호론의 논리적 모순을 파악한다.

　② 이러한 검토결과를 가지고 선행연구의 복호론 평가를 재검토한다.

　③ 하쿠세키의 복호론의 형성과정을 그 의도에 따라서 재구성한다.

　④ 18세기 하쿠세키의 의도에 가까운 유학자들('帝王論者')의 인식과
하쿠세키의 의도에 반대하는 유학자들(名分論者)의 비판을 검토하여 18

---

5) 호슈는 22살의 젊은 나이로 대마도의 전임외교관에 천거되어 일생을 조선과의
　외교에 종사하게 된다. 부산 倭館에도 오랫동안 체류하며 조선과의 일선 외교
　업무를 담당했고 조선어에도 숙달하여 조선어학습서인『交隣須知』를 펴내기
　도 했다. 또한 조선의 문화·관습에 대한 소개서인『交隣提醒』을 지을 정도
　로 조선에 대한 깊은 이해를 가진 일본 역사상 흔치않은 '朝鮮通'이요 '親韓
　派'로 불리워지는 인물이다.

세기 천황의 朝廷과 막부관계에 대한 두 그룹의 인식 차이를 분석한다.

여기서 미리 언급하여 둘 것은 ①, ②의 검토 순서에 관해서이다. ① 에 앞서 ②인 硏究史의 검토를 선행하는 것이 일반적 전개방법이겠지 만, 이 제7장에서는 ①의 작업을 우선한 후에 ②인 연구사의 검토에 임 하려 한다. 그것은 하쿠세키 복호론의 내용파악이나 그 논리의 분석이 우선 되어야만 연구사에 대한 구체적인 검토와 평가가 용이해질 것이 라고 여겨지기 때문이다.

제1절 '일본국왕' 복호론의 검토

'復號'件은 하쿠세키 자신도 "복호의 일이야말로 첫째가는 어려운 일이 되어졌다."라고 술회하고 있는 것처럼,[6] 그의 대조선 외교개혁 속 에서 가장 중점을 놓고 추진한 것이었다. 하쿠세키가 '복호'에 관하여 주로 논하고 있는 저서는 「朝鮮國信書の式の事」, 「國書復號紀事」, 「殊號事略」이지만, 이하에서는 그것을 「信書」, 「紀事」, 「殊號」라고 각각 약칭한다. 집필 연대는 「信書」가 1710년, 「紀事」가 1712년, 「殊 號」가 1713년에서 1716년의 사이이다.[7]

그런데 하쿠세키의 복호론은 명분론자로부터 극심한 비판을 받았다. 그중에서도 하쿠세키와 같은 기노시타 쥰안(木下順庵)의 문하생이며 후 배에 해당하는 호슈는 對馬島主의 儒官으로서 대조선 외교의 실무경

---

6) "復號の御事こそ. 第一の難事なりつれ."(新井白石, 「折たく柴の記」『新 井白石全集』 卷3, 81쪽)

7) 이들 책들은 『新井白石全集』 卷3·4에 수록되어 있다. 그 집필연대는 宮崎道 生, 「日本國王号の復行」(『新井白石の研究』, 吉川弘文館, 1958), 85쪽에 의 한 것이다.

험을 가진 자였다. 호슈의 반론은 「橘牕文集」 卷2에 수록되어 있는, 하쿠세키를 수신인으로 한 서한에 집약되어 있다.[8] 또한 18세기 말에는 나카이 치쿠잔(中井竹山 : 1730~1804)이 국왕호의 사용에 구체적인 비판을 더하고 있다.[9]

여기서는 전게한 하쿠세키의 집필 연대가 각각 다른 세 가지의 책을 중심으로 검토하여 복호론의 기본구성을 정리하고 동시에 그 논리의 시기적 변화에 관하여도 언급한다. 그리고 복호론에 대한 호슈와 치쿠잔의 반론도 제시하여 하쿠세키 이론의 모순을 지적하고, 나아가서는 양자의 논리를 비교하여 볼 예정이다. 그런데 복호론 논쟁기인 18세기 前半이 아닌 18세기 후반에 기록된 치쿠잔의 반론을 여기서 언급하기로 한 이유는, 당대 명분론자의 반론이 구체적인 기록으로서는 별로 남아있지 않기 때문이다.

1. '大君' '國王'의 참칭성 논쟁

1) '大君'의 참칭성 논쟁

하쿠세키에 의한 복호론 주장의 전제에는 쇼군에 대한 대군호가 적당하지 않다고 하는 판단이 작용하고 있다. 「信書」에서 보면 그 판단 근거의 하나는, 대군호가 유교 경전, 즉 『주역』, 『尙書』 등에서는 天子를 의미하고 있으므로 천황에 대한 참칭이 된다는 것이다. 또 하나로, '대군'은 조선에서 국왕의 嫡子를 부르는 호칭이다. 그러므로 대군호를 쇼군의 칭호로서 사용하는 것은, 일본에서는 천황의 尊號를 범하는 것

---

8) 『芳洲文集』 雨森芳洲全集2(關西大學東西學術研究所史料集, 1980), 39~44쪽.
9) 中井竹山, 『竹山國字牘』(1911년 간행) 卷下의 「答太室」 第一書·第三書 「答藤江貞藏書」

이 되고, 조선에서는 그 왕자라는 거짓 호칭을 받는 것이 되므로 그 잘
못이 적지 않다고 비판하고 있다.[10]

이「信書」에서의 대군호 폐지 논리는「殊號」가 되면 더욱 강화된
다. 즉 前者에서는 대군호가 조선에서는 '臣子'의 칭호가 되므로 조선
이 중국 天子에게 문서를 올릴 때에도, "(일본이) 번번이 臣子의 禮로
서 하겠다고 요청하여 우리가 일본에게 허용하여 대군 호칭을 하게 했
다, 고 칭하는 일"이,[11] 없다고는 할 수 없을 것이라고 하고 있다. 그러
던 것이「殊號-御號を止められし事」에서는, 일본 측이 대군호를
요청한 당시 조선에서는 대군호는 천자의 칭호이므로 수락할 수 없다
고 논의한 적이 있다, 라는 근거가 더해져 있다. 요컨대 조선에서도 대
군호가 천자를 뜻하는 의미로 인식되어 있었다고 하쿠세키는 강조하기
에 이른 것이나, 이는 사실과 부합되지 않는다(제6장 제3절 참고).

대군호를 처음으로 설정한 하야시 라잔(林羅山)에 대해 하쿠세키는
公卿인 고노에 이에히로(近衛家熙)에게 보낸 서한에서, '국왕'이 '我天
子'(천황)를 가리키는 혐의가 있어 그 代用으로 대군호가 만들어졌다고
설명하면서, 이는 寬永 연간(1624~1643)의 '腐儒輩'가 국체도 모르고
妄說로 제시한 결과라 하고 있다.[12] 여기서 국체도 모르고 망설을 만
든 부패한 儒者 패거리라는 하쿠세키의 라잔에 대한 신랄한 비난이 주

---

10) "此國にては我朝家万乘の尊号を犯し給ひ. 彼國にては其王臣子の僞号を
　　受給ひし御事なれば.　彼といひ是といひ其御あやまち少しき也とは申す
　　べからず."(「信書」) 하쿠세키는「信書」의 단계에서는 조선의 '대군'을 국왕
　　의 庶孫에게 사용하는 칭호라고 잘못 설명하고 있으나,「紀事」이후부터는
　　국왕의 嫡子를 부르는 호칭이라고 수정하고 있다.

11) "事ふるに臣子の礼をゝ以てせん事を望請ふ. 我彼にゆるすに大君の号を
　　以てす. など称する事."

12) 三浦周行의 2)의 논문 1049쪽에 실린 서한의 해당부분은, "寬永ノ比. 腐儒
　　輩國体ヲ不知候て妄說ヲ呈し. 國王と申す事ハ. 我天子に疑ひあり. 大君
　　の号にしくへからすと申事にて."이다.

목된다.

이에 대한 호슈의 반론은 다음과 같다. 대군호가『周易』에서는 천자를 가리키고 있다고는 하지만 후세가 되면 변화되어 제후를 칭하는 경우에도 사용하고, 남의 부친을 '尊大君'이라 칭할 정도이다. 그러므로 일본에서의 대군 칭호는 '諸侯의 長' 정도의 의미일 것이다. 라잔이 대군호를 설정한 것도 천황의 僭稱이 되는 국왕호를 피하기 위해서였다. 한편 조선에서 대군이란 임금의 적자 칭호이지만, 쇼군을 대군으로 칭한다 해서 그대로 조선의 신하의 격이 되어 일본에게 막대한 치욕이 된다는 하쿠세키의 논리도 이해할 수 없다. 조선의 쇼군 앞으로의 서한에는 "朝鮮國王李某, 奉書日本國大君殿下"라고 하여 '殿下'에의 '奉書'라 하고, 그 위에 조선국왕의 이름까지 쓰여 있다. 이는 명확하게 '敵禮'를 나타낸 것으로 결코 신하에게 보내는 서한 형식이 아니다, 라고 반론하고 있다.

치쿠잔은, 천하의 '邦君'같은 사람의 위에 선 인물을 '대군'이라 지칭한다며, '대군'이야말로 쇼군의 최적의 칭호에 해당한다고 하고 있다. 그리고 조선에서 쇼군을 조선국왕의 적자처럼 자리매김하고 있다면 그 칭호 사용을 중지시키면 되는 것이고, 만약 그 요구를 받아들이지 않는다면 통신사의 來聘을 거부해도 좋을 것이라고 말하고 있다.

2) 하쿠세키의 '國王'=천황 否定論

전술한 것처럼 쇼군의 대군호 사용을 비판한 하쿠세키는 그것에 대신하여 국왕호의 사용을 제안하고, 다음과 같은 논리에서 국왕호의 천황에의 참칭성을 부정하고 있다.

첫째로, 대외관계에서 볼 때 외국은 일본의 '왕', '국왕'을 '천황'과는 구별하여 칭해 왔다. 예를 들어 무로마치시대 초기 명나라 측이 '持明

天皇'과 '國王良懷'(懷良)와를 별도로 불렀다는 것(「紀事」),[13] 조선이 1607년의 이에야스 앞으로의 서한에서 '일본국왕'이라고 칭한 일 등이 있다. 이것들은 가마쿠라시대·무로마치시대의 대대로 외국 사람이 일본 天子에 대해서는 '일본천황'이라고 말하고, 쇼군에 대해서는 '일본 국왕'이라 말한 관례에 의한 것이다.[14]

둘째로, 동아시아 국제사회에서 '왕', '국왕'은 君長·霸者·盟主의 일반칭에 불과했다. 즉 '왕'은 중국의 周代까지는 천자를 가리키고 있었지만, 漢代 이후는 변화하여 四夷의 君長이 중국의 책봉을 통해, 또는 책봉 없이 王號를 사용하여 왔다(「紀事」). 17세기 前期 동남아시아 여러 나라로부터의 서한이 대부분 '日本國王殿下'라고 쇼군을 칭하고 있었던 것도 그러한 관행에 의한 것이었다(「殊號」).[15]

셋째로, 쇼군의 칭호를 '일본국왕'이라고 국호에 붙여 사용해도 '일본천황'을 犯하지 않는다. 이미 중국 周代에 '周王', '周公'이라고 임금과 신하가 '周'란 국호를 같이 사용한 적이 있지 않는가. 도요토미 히데요시(豊臣秀吉) 때에도 명나라 황제가 천황의 존재와 그 연호사용을 알면서도 히데요시에게 '일본국왕'이라 책봉하지 않았던가(「殊號」).

넷째로, 글자의 뜻으로 볼 때도 '皇'은 '天'과 연관되므로 '천황'이라 칭하고, '王'은 '國'과 관련되므로 '국왕'이라 칭하는 것이다. 따라서

---

13) 懷良은 남북조시대 南朝의 征西將軍으로. 明으로부터 '일본국왕'이라 칭해 졌다. '良懷'는 '懷良'의 착오이다.

14) 新井白石, 「折たく柴の記」『新井白石全集』卷3, 81쪽("鎌倉·京の代々より, 外國の人は. 我國天子の御事をば. 日本天皇と申し. 武家の御事をば. 日本國王と申せし例.").

15) 그러나 실례를 보면, 베트남의 쇼군에게 보낸 서한에는 매번 이를 변화시켜 '日本國兄大相國家康公', '日本國'內大宰執原王殿下', '日本國本主一位源家康殿下', '日本國王殿下', '日本國淳和獎學兩院別當氏長者征夷大將軍源家光', '日本國大國王殿下'라고 칭하고 있다. 한편 呂宋으로부터는 '日本名高國王殿下'라고 칭했다[栗田元次, 2)의 논문, 462쪽].

上下로서의 양자의 명분은 분리되어 있어 마치 하늘과 땅의 지위가 변화할 수 없는 것과 비교될 수 있다. 또한 중국 고전으로 보아도 '皇'은 '大君', '왕'은 '君'이라고 풀이되고 있다. 일본의 字訓에서도 '皇'은 '스베라기'라고 읽어 '大統一'을, '왕'은 '고기미'라고 읽어 '小君'을 의미하고 있다(「殊號」).

3) 명분론자의 '國王'=천황론

이러한 하쿠세키의 논리에 대해 명분론자의 반론은 다음과 같다.

우선 하쿠세키의 첫째 논리에 대해 치쿠잔은, 외국이 '일본국왕'이라 칭한 서한을 보낸 것은 일본의 '主'를 상대로 한 것으로 천황과 쇼군과의 상하관계에는 관심이 없었던 결과이다. 또한 명나라가 懷良을 '일본국왕'이라고 본 것도 명 측의 서한에 대해 懷良이 '국왕'이라 자칭한 답서를 낸 것에 기인한다. 명나라는 또 그 후 아시카가 쇼군이나 히데요시에게도 책봉을 행하려 했지만, 그때 명은 천황의 존재를 충분히 인식하면서도 '威權'이 있는 곳을 '主'라 하여, 땅에 '二王'이 되는 것도 무시하고 억지로 책봉하려고 한 것이다. 그 이유는 명이 당시 일본을 명분이 문란해진 僭竊이 횡행하던 옛 중국의 혼란기와 같다고 간주했기 때문이다. 따라서 이러한 책봉은 받는 쪽도 주는 쪽도 치욕이며, 히데요시가 그 책봉을 거부한 것은 정당했다.

그리고 하쿠세키의 제2논리에 대하여 치쿠잔은, 천황을 吳나라 흡으로는 '天王'이라 읽으며, '王樣'(오사마)라 칭하는 경우에서도 보듯이 '皇'과 '王'은 종종 같은 뜻으로 쓰여 왔다. '국왕'도 책봉된 제후에게보다는 천자의 의미로 사용되었던 殷·周 시대의 왕과 동격이 되기 쉽다. 흉노족의 '單于'나 거란족의 '可汗', 또는 일본의 '修明樂美御德'(스메라미코토)도 그 뜻을 바로하면 '국왕'의 의미가 되며, 또한 '皇', '帝'

도 '국왕'이라 번역된다.

또한 하쿠세키의 세 번째 논리에 대해서 호슈는, '일본국왕'이라 칭해서는 일본 제후의 우두머리를 결코 의미하지 않는다. 그것은 '조선국왕'이 조선 제후의 우두머리를 의미하지 않는 것과 같다. 더구나 '왕'의 위에 국호를 얹으면 어디까지나 일본 국내 無上의 존칭이 된다고 반론하고 있다.

한편 치쿠잔은 하쿠세키의 국호를 같이 사용한 예로서 내건 '周王' '周公'에 대해, '주공'의 '周'는 岐周라는 지역으로서의 '周'를 가리키고, '주왕'의 '周'는 周나라의 지배영역 전체를 가리키므로 서로 다르다. 이런 예는 일본에도 있으니 일본의 다른 이름도 되는 '大和'와 畿內의 일부 지역이 되는 '大和'가 구분되는 것이 그것이다. 따라서 천황을 '大和天皇'(야마토 덴노), 쇼군을 '大和守'(야마토노 가미)라고 구분 짓는다면 君臣이 국호를 같이 해도 문제가 없을 것이라고 논하고 있다.

나아가 하쿠세키의 네 번째의 논리에 대해 치쿠잔은,

> 국왕이 나라의 天子임은 아주 명백하다. 대군이란 글자마저 하쿠세키는 논하여 '일본천황'이라고 칭해지는 것과 같다고 했을진대, 더구나 국왕은 천자와 완전히 같은 것임에도, (하쿠세키는) 천황과 국왕이 상하 구분된다고 五事略에 그럴싸하게 늘어놓았으니 그 사나운 말투와 경직된 논리로 흑백이 어지럽다고 할만하다.16)

라고 비판하고 있다. 즉 하쿠세키는 대군 호칭마저 천황의 참칭이 된다고 논하면서, 천황과 천자의 뜻이 되는 '국왕'을 서로 그럴 듯하게 상하

---

16) 國王ノソノ國ノ天子タル事. 甚明白也. 大君ノ字サヘ. 白石ハ議シテ. 日本天皇ト称セラルルト同ジナド云タレバ. マシテ國王ハ天子ト全ク同ジ事ナルヲ. 天皇國王ニテ上下ノ分ルルナド. 五事略ニ尤ラシク云並ベタルハ. 鷲弁勁論白黑ヲ変亂スト云ベシ.

로 구분하고 있다, 라고 신랄하게 비판하고 있다. 그리고 漢·唐朝에 황제 이외에 왕이 있어 중국천하를 다스린 적이 없는 것처럼 일본에도 천황 이외에 일본을 다스린 '왕'은 없었다, 라고 지적하고 있다.

4) 참칭성 여하 논리의 빈약성

이상과 같이 하쿠세키와 명분론자의 '대군', '국왕'의 참칭여하에 대한 논쟁으로부터 다음과 같은 점을 지적할 수 있다.

우선, 하쿠세키의 국왕호에 대한 참칭성 부정의 논리가 치쿠잔의 반론처럼 빈약하다는 것이다. 즉 하쿠세키는 동아시아 국제사회나 주변국가의 외교관계의 실례로부터 '일본국왕'의 非참칭성을 주장하고 있으나, 일본처럼 천황·쇼군이라는 二元的 지배질서를 가지고 있지 않는 주변국가에겐 일본의 외교권 행사자였던 역대 武家정권의 쇼군 이외에 '일본천황'이라는 상위적 존재가 정확히 認知·구분되어 있지 않았을 터이다. 그럼에도 동아시아 국제사회의 일반적 외교관례로부터 국왕호를 도입하려는 하쿠세키에 대해 치쿠잔은, 천황을 무시하고 권력자에게 '국왕'이라 칭한 서한을 보낸 외국 측에 그 책임이 있다고 오히려 그 책임을 외국에 떠맡기고 있다.

다음으로 하쿠세키의 글자의 뜻으로 본 '천황', '국왕' 구분논리도 다음처럼 빈약하다고 하겠다. '천황'은 '天'과, '국왕'은 '國'과 관련되므로 상하의 지위가 명확하게 분리되어 있다, 고 한 하쿠세키의 논리에 대해 도쿠토미 소호(德富蘇峰)는, 그렇다면 도쿠가와 쇼군은 일본 전국을 지배하고 천황은 그 하늘을 지배하는 것이 되지만 천황의 지배영역은 일본 국토이지 일본의 허공이 아니다, 라고 비판하고 있다.[17)

나아가, 하쿠세키의 대군호 폐지 주장의 근거가 일부 무너졌다는 것

---

17) 德富蘇峰, 『元祿·享保中間時代』(『近世日本國民史』, 民友社, 1936), 152쪽.

이다. 즉 대군호는 유교경전에서는 천자를 의미하고 있으므로 폐지해야할 것이며, 그 대신 왕호는 漢代 이후엔 천자를 가리키는 칭호가 되지 않았으므로 사용해도 지장이 없다고 하는 하쿠세키의 논리는, 왕호도 유교경전에서는 천자를 의미하고 있으며, 대군호도 漢代 이후는 천자에게 칭한 적이 없었다, 라고 한 명분론자의 반론에 그 입지가 붕괴되었다고 할 수 있다. 그렇게 되면 하쿠세키의 대군호 폐지의 근거는 하나만 남게 되고 만다. 이른바 대군호가 조선의 왕자 칭호에 해당하기 때문에 일본의 치욕이 된다고 하는 주장이다. 그러나 그에 대해서도 호슈가, 조선은 '적례' 양식의 국서를 보내어 대군호를 조선 국내에서의 의미와는 구분하고 있다, 고 사실을 제시하여 반론하고 있다.

한편 명분론자의 대응논리에도 모순되는 바가 있다. 즉 호슈는 라잔이 설정한 '대군'을 원래부터 '不穩'한 것이었다고 비난하면서도 결과적으로 천황에의 '恭順'한 말이 되었다고 비호하고 있다. 그런 한편으로 '대군'의 천자로서의 의미를 긍정하여, 그러므로 조선에 대해 상위의 입장이 된다고 하는 서로 모순되는 논리를 내보이고 있다. 특히 치쿠잔은 명분론의 입장에서 막부의 대조선 외교현상을 강하게 비판한 사람이다.[18] 그런 그가 '대군'에 대해서는, 통신사가 일본에 와서 조선 국내에서의 의미를 입에 담지만 않으면 끝나는 일이라고 하여 소극적인 자세에 머물고 있다.

2. 외교상의 쇼군 칭호

하쿠세키는 외교상 쇼군의 국왕 칭호가 요청되고 있다고 다음처럼 논하고 있다.

---

18) 中井竹山, 『草茅危事－朝鮮の事』(『日本經濟大典』 23)을 참고.

역대 아시카가 쇼군이 조선으로부터 '일본국왕'이라 칭해진 국서를 흔쾌히 받으면서도 그 답서에서는 왕을 자칭하지 않은 것은 모순이다 (「殊號」). 임진왜란 직후의 朝·日 강화교섭 과정에서 대마도가 조선에 사용한 이에야스의 칭호는, 일본에서의 그 官位의 변화에 따라서 '內府', '右府', '大將軍'으로 바뀌었다. 그러나 이 칭호는 일본의 대조선 강화교섭에 장애가 되어있었다. 특히 '將軍'이란 조선에서는 軍사령관의 칭호에 다름 아니기 때문이다. 조선이 바라고 있던 일본 측의 외교상 대는 '大將軍'이 아니라 '국왕'이었던 것이다(「紀事」). 무로마치시대에도 쇼군 아시카가 요시미츠(足利義滿)가 明 황제에게 보낸 서한에서 '日本國准三后'라고 자칭한 적이 있었지만, '三后'란 일본에선 몹시 고귀한 칭호라고 할 수 있겠으나 중국 측엔 이것이 통용되지 않아, 명의 답서에서의 요시미츠에 대한 칭호는 '일본국왕'이 적용되었다(「信書」).[19]

이들 사례를 통해 하쿠세키는, 쇼군의 내정상의 칭호나 일본국내의 존귀한 칭호가 외교상으로는 통용되지 않으므로 상대국에서도 인정될 수 있는 국왕호로 대체하자고 주장하고 있다. 그리고 "반드시 그들로 하여금 우리의 존귀한 것을 알게 하기 위해서는, 그들에게 보임에 그 존귀한 바를 가지고 하는 것보다 나은 것은 없다."고 하여,[20] 객관성 있는 존귀한 칭호 사용의 필요성을 역설하고 있다.

나아가, 명분론자의 비난을 회피하기 위함인지 하쿠세키는 조선의

---

19) 요시미츠는 明의 册封을 받아 대외적으로 '日本國王'이라 칭하여 텐노의 신하라는 위치에서 탈피하려 했고, 죽음에 이르러서는 '太上天皇'의 칭호를 천황으로부터 받아내어 쇼군의 천황 권위로부터의 독립을 시도하기도 했던 인물로 알려지고 있다. 또한 准三后란 太皇太后(天皇의 祖母)·皇太后(天皇의 母)·皇后(天皇의 婦)에 준하는 대우를 받는 자에 대한 칭호로서 天皇을 제외한 最高의 칭호이다.

20) "必彼をして我を貴む事を知らしめんには. 彼に示すにその貴ぶ所を以てするにはしくべからず."(「信書」)

『海東諸國紀』의 "일본국왕은 그 나라 안에서는 감히 왕이라 칭하지 못하고 다만 御所라 자칭한다."[21]고 기록된 부분을 인용하여, 역대 아시카가 쇼군이 국왕호는 국외용으로서('外辭'), '御所'는 국내용으로서 ('內辭')로서 사용해 왔다고 주장하고 있다. 그러므로 국왕호는 '외사'로서 외교에만 한정 사용해야 할 것이라고 하고 있다(「信書」).

하쿠세키의 이러한 논리에 대해 호슈는 외국이 아시카가 쇼군을 왕이라 칭한 것은, 장사꾼을 사대부라 칭하고 여자를 남자라 칭한 것과 같은 것이므로, 이처럼 왕을 칭한 서한은 보내는 측도 받는 측도 무지한 소치라고 비판하고 있다. 그리고 武家정권의 역대 쇼군이 조선에 보낸 서한에서 문서의 취지는 일본국왕격으로 하면서도, 천황의 大臣 입장에서 서명은 '日本國源某'라고 삼가했으니 이것은 '宇宙特起之書法'이다. 그러면서도 조선으로부터의 '國王殿下'라 칭한 서한은 흔쾌히 받아 한 번도 사양하지 않았으니, 이는 쇼군 스스로 왕이라 한 것과 같지만 이야말로 일본의 '歷代特起之定例'라고 논하고 있다.

치쿠잔도 대군호가 조선에서는 卑稱이고 일본에서는 尊稱이더라도 만족해야 한다. '親方'(오야가타)도 일본에선 평민의 家長 칭호에 불과하나 琉球(현 오키나와)에선 관직에 많이 보이는 귀한 칭호이다. '僕射尙書'도 秦에서는 賤役이었지만 唐代에 와서는 재상이었다, 고 예를 들어 하쿠세키의 주장한 칭호상 존비관념의 객관성을 일축하고 있다. 또한 쇼군의 조선에 보낸 서한에서의 서명이었던 '일본국원모'에 대해서도, '無官平人'의 常稱으로서 전혀 존칭 없이 사태를 크게 만족시키는 것이라고 평하고, 쇼군에게 시호를 붙여 '某大君'이라고 사용해야 할 것이라고 제안하고 있다.[22]

이상처럼 외교상 '일본국왕' 사용여하를 둘러싼 하쿠세키와 명분론

---

21) "日本國王, 於其國中, 不敢稱王, 只稱御所."
22) 中井竹山, 『逸史』(1842년 간행).

자의 논쟁에 관하여 검토했다. 그 결과 다음과 같은 점을 지적할 수 있
겠다. 하쿠세키는 쇼군이 외국으로부터도 '국왕'이라 칭해졌고, 스스로
도 외교권을 행사하여 온 이상 '국왕'을 사용함은 당연하다고 하는 외
교실제로부터의 논리를 전개하고 있다. 그러나 명분론자는 쇼군이 외교
상 국왕격이라 해도 스스로는 내정상의 천황・쇼군의 상하 명분을 지
켜왔으니, 이것은 일본의 독특한 전통이라고 반론하고 있고, 존비관념
도 해당국가에서의 의미를 존중해야 할 것이라고 그 주관성을 강조하
고 있다. 한 마디로 말한다면 하쿠세키는 대외관계에 의존한 논리를, 명
분론자는 내정상으로 한정된 논리를 전개하고 있다고 할 수 있다.

3. '복호'의 논리

국왕호는 이미 이에야스가 사용한 칭호이며, 그리고 대마도가 그 뒤
에 이를 계승하여 사용하였기 때문에 이 칭호의 사용은 '복호'라고 하
쿠세키는 주장하고 있다. 다음은 관련기사이다.

> (하쿠세키가 말하길) 만약 舊章을 사용한다면 國初之例가 祖宗之
> 式으로 가히 舊章이라 말할 수 있다. … 논하는 사람이 다만 말하길,
> 국초지례로 한다면 그 나라(조선)가 서한으로 우리 쪽에 왕이라 칭하여
> 왔지만 우리는 답하여 감히 왕을 칭하지 않았었다. 지금의 논의는 彼
> 此(조선・일본)가 서로 왕이라 칭했다하니 어찌 이를 조종지식이라 할 수
> 있을까? 하쿠세키가 말하길, 祖宗之世에 양국의 서한이 모두 왕이라
> 칭했다. 다만 우리의 답서가 위작된 것이었지만 그 體式이 바른 것으
> 로 옳은 것이었다(「紀事」).[23]

---

23) "若用舊章, 國初之例, 祖宗之式, 可謂舊章, … 議者唯曰, 國初之例, 彼國
信書, 稱我謂王, 而我所答, 不敢稱王, 當今之議, 若欲彼此相稱曰王, 則豈
是祖宗之式哉, 美(하쿠세키)曰, 祖宗之世, 二國之書, 一皆稱王, 只我回書,
雖係詐, 爲然於其體式, 實得之矣."

이것은 하쿠세키가 쇼군에게 '國書王號の件'을 헌상한 1710년 4월 이후의 것으로 국왕호 의결단계에서의 논의내용이라 여겨진다. 그 내용을 보면, 에도시대 초기에 행한 사실('國初之例')은 典例('祖宗之式')가 되므로 '舊章'이라며 왕호 사용을 강조하고 있다. 그러나 '논하는 사람'(議者)은,[24] 1607년 양국이 국서를 교환할 때 조선 측만이 쇼군을 왕이라 칭하고, 일본 측은 왕을 자칭하지 않았음을 들어 '祖宗之式'이 될 수 없다고 반박하고 있다. 그러나 하쿠세키는 '祖宗之世'에 양국의 서한은 서로 왕을 칭하고 있었다고 하여 이에야스의 조선에 보낸 서한건을 제기하고, 다만 그 후의 일본 측의 국서는 대마도에 의해 개작되었다고는 하나 그것이 오히려 '體式'이 정리된 것이라고 주장하고 있다.

여기서 이에야스의 서한이란 임진란 직후인 1606년 조선의 요구에 응하여 이에야스가 조선에 낸 강화요청의 서한을 가리킨다(제5장 제4절 참고). 하쿠세키는 이 이에야스의 서한이 사이쇼 쇼타이(西笑承兌)가 작성한 것으로 그 초본을 圓光·金地院에 소장하고 있으리라 여겨 조사했지만 발견하지 못했다고 적고 있다(「紀事」). 그러나 이에야스의 그 서한이 '일본국왕'을 사용하였으며, 그 후 1617년·1624년에 대마도가 국서개작을 통해 국왕호를 계승시켰다고 주장하고 있다.[25]

또한 하쿠세키는 「殊號 – 外國往來書式の事」속에서 대마도의 국서 개작행위가 사형에 처하여 마땅한 것이었음에도 유배라는 가벼운 처벌로 끝났다고 지적하고 있다. 그리고 그 이유에 대하여, 조선은 일본

---

24) 栗田元次는 2)의 논문 468쪽에서 이 논의에서 하쿠세키의 상대는 하야시 노부아츠(林信篤＝林鳳岡)일 것이라 추정하고 있다.

25) 하쿠세키는 「殊號 – 復號の御事」에서, "此時信使等. 國王殿下復号の御事ありなど申せし事は. 元和三年·寛永元年等の國書には. 調興·僧玄方と相謀りて王の字を書加へて朝鮮に遣はしければ. 此度始て日本國王と志るされし事にあらざるを以てなり."라고, 대마도가 개작한 국서를 '복호' 논리의 근거로서 수용하고 있다.

으로부터 '將軍'이 아니라 '국왕'이라 서명한 국서를 받으려고 했었으나 막부가 이를 허용하지 않았으므로 "오직 나라를 위해 생각하여 고안한 것이라면 그 죄를 용서한 것으로 보인다."고, 국가를 위해 어쩔 수 없었던 행위로서 막부에게 인지된 결과였다, 라고 대마도의 개작행위를 긍정하고 있다. 그것은 외교의례에 무지했던 막부 측에 그 책임이 있었다는 것을 간접적으로 시사한 것이라고도 할 수 있다.

국왕호 논의는 결국 "이에 마침내 논의를 끝내고 對州(대마도)에 분부하여 말하길, 양국의 국서는 하나같이 國初의 故事로서 永世의 법이 되었다."고 하듯이 하쿠세키의 승리로 끝났다. 이에 국왕호의 사용은 '國初之事'였다는 공인을 얻게 되고 '永世之法'으로 결정되기에 이르렀다. 이른바 '복호'논리는 이 시점에서 관철되었다고 할 수 있다.

그러나 주목되는 것은 이 '복호'논리가 「信書」 작성 단계에서는 아직 나타나지 않고 있다는 사실이다. 이것은 국왕호 사용 주장이 「紀事」 작성 단계에 이르러 '복호'론이 가미되어 강화되어졌다는 것을 보여주고 있다.

그런데 하쿠세키는 「殊號-復號の御事」에서, 아시카가 쇼군이 조선에 대해 왕을 자칭한 적은 없었지만 그것은 그 즈음엔 그 나라로부터 오는 서한에도 '일본국왕'이라고 하지 않고, '日本國殿下'라고만 했기 때문이라고 말하고 있다. 즉 조선 측의 대일국서가 '일본국왕'이라고 칭하지 않았기 때문이라고 하고 있다. 그러나 이것은 그때까지의 자기 주장을 변경한 것을 의미한다. 즉 그 이전에 「紀事」에서는

> 前世의 主(무로마치시대 쇼군)는 異邦에 칭하여 王이라 했음은 또한 알 만 하다. 만약 그러지 않았다면 조선의 君臣이 어찌 답서인 우리 서한에 왕을 칭하지 않았음을 가지고 그 양식이 어그러졌다고 하겠는가? 승려 瑞溪가 기록한 바엔 前世에 조선에 보낸 서한에 왕이란 글자를 모두 지웠으니 아마도 避嫌하는 바가 있어 그랬을 뿐이겠으나 이것은 그

원래 서식이 아니다.26)

라고 말하고 있기 때문이다. 즉 아시카가 쇼군이 조선에 보낸 국서에 왕을 자칭하였었기 때문에 1607년 히데타다(秀忠)의 조선국왕 앞으로의 답서에서 왕을 자칭하지 않은 것에 조선 측은 이의를 제기했던 것이라고 하고, 그러나 『善隣國寶記』의 編者인 즈이케이 슈호(瑞溪周鳳)가 이 아시카가 쇼군의 조선국왕 앞으로의 서한에서의 '王'자를 고의로 삭제하여 이 책에 수록했을 것이라고 추정하고 있다.27) 물론 이 추정에는 조선 측의 아시카가 쇼군 앞으로의 국서가 '일본국왕'이라 칭한 것은 말할 것도 없다, 라는 의미도 포함되어 있다.

그러면 하쿠세키의 이러한 「殊號」에서의 자기주장의 변경은 어떠한 이유로부터였을까? 그것은 에도시대가 되어 비로소 '일본국왕'이 조선에 대한 자칭으로서 사용되게 되었다는 것을 강조하기 위한 것이 아니었을까? 더구나 그것을 에도막부의 창시자인 이에야스가 처음으로 단행했다는 것이 되면 '복호'는 당연한 것으로서 자리매김 되어져, 그 결과 국왕호는 정통성을 가진 것으로서 사용할 수가 있다고 하는 의도에서였을 것이다.

한편 이러한 하쿠세키의 '복호'논리에 대해 명분론자는 구체적인 반론을 하지 않고 있으나, 다만 이에야스의 서한이 실제 있었다는 것은 인정하고 있다. 즉 호슈는 이에야스의 서한에 관하여, "조선에 (이에야

---

26) "前世之主, 稱異邦曰王, 亦可知也, 若其不然, 則朝鮮君臣, 豈復以我書不稱王, 爲乖其體式哉, 僧瑞溪所錄, 前世遺朝鮮書, 皆删王字, 蓋有所避嫌耳, 是非其原式也."

27) 사료상으로는 아시카가 요시마사(足利義政)가 조선에 보낸 서한에서 두 번 '일본국왕'을 자칭한 적이 있다(『세종실록』 30년 6월 을해조, 성종실록 13년 4월 정미조). 그러나 『선린국보기』에는 두 개 다 수록되고 있지 않다. 게다가 그 책엔 조선으로부터의 일반칭이었던 '일본국왕전하'라 한 아시카가 쇼군에게 보낸 서한도 누락되어 있다.

스가 서한을) 보내 和交를 소망한다는 뜻을 펴자, 조선은 이 서한을 얻어 통교하기로 결정했다."고 긍정하고 있다.[28] 치쿠잔도 "에도시대에 前代의 과실을 미봉시키려고 修好를 닦고 포로를 되돌려, '韓國'의 山河 殘破"를 뒤로하여 베개를 높이하고 누울 수 있는 날이 있을 수 있음은 深仁厚澤으로 그도 또한 마음에 새겨야 할 것이다."라고 적어 그것을 시인하고 있다.[29] 즉 이에야스가 임진란의 침략행위를 미봉하려 강화를 요청한 서한을 보내고 被虜人을 송환했다고 하고 있다.

이상처럼 하쿠세키의 복호론을 검토하여 보았다. 그 결과 복호론의 구성이 대군호 사용의 부당성, 국왕호는 즉 천황에 해당한다고 하는 기존관념의 부정, 외교상 국왕호의 필요성, 이에야스의 서한과 대마도의 개작된 국서에 근거한 '복호'의 논리 등을 그 기본적 요건으로 하고 있는 것이 명확해졌다. 그리고 「信書」, 「紀事」, 「殊號」로 저작 연대순으로 이행함에 따라서 그 논리가 보다 정리·강화되었음이 밝혀졌다. 특히 「紀事」에서 등장하게 된 국왕호의 '복호'로서의 자리매김은, 이에야스의 권위를 빌려서 견고한 것으로 강화되어 있다. 또한 하쿠세키의 책이름으로부터도 알 수 있는 것처럼 각기 「復號紀事」, 「殊號事略」이라 이름 지어져 있다. 즉 전자가 국왕호를 '복호'로서 자리 매기려고 명명된 것이라면, 후자는 국왕호 이외의 외교사상 사용해 온 쇼군 칭호는 모두 특별한 호칭이라는 '殊號'로서 배제하려고 하는 의도로부터 이름

---

28) 『續雨森芳洲外交關係史料集』(『雨森芳洲全集』所收, 關西大學東西學術研究所史料集, 1980)의 「和交事考」 212쪽, "朝鮮ニ贈リ和交ヲ欲スルノ意ヲ述フ. 朝鮮. 東照宮(家康)ノ書ヲ得テ通交ノ事ヲ決ス."

29) 中井竹山, 18)의 책 424쪽, "当御代に前代の過擧を彌縫せさせ給ひ. 好を修め俘を返し. 韓國の山河殘破の後をして枕を高くして臥の日あらしめ給ふは. 深仁厚澤彼も又心に銘ず可." 여기서 이에야스의 강화를 위한 노력을, 조선 인민이 베개를 높여 누울 수 있게 해준 명심할 만한 '深仁厚澤'이라 강조하고 있음이 주목된다.

지어졌을 것이다.

　그런데 복호론에 입각한 하쿠세키의 의도 분석은 후술하도록 하겠으나, 다만 다음의 점에 대하여는 여기서 평가해 놓고자 한다. 즉 하쿠세키가 동아시아 국제사회의 외교 관행으로부터 국왕호를 통치자의 일반 칭으로서 도입하고, 대외적 관점에서 일본외교의 현상을 비판한 일이다. 특히 쇼군의 외교상의 칭호가 내정상의 관직을 그대로 轉稱한 것이기 때문에 동아시아 국제사회의 외교관행과 不整合을 초래했다는 지적은, 중근세 武家정권의 외교현상을 정확히 간파한 관찰일 것이다. 동시에 대조선 외교상의 인식과 실제와의 사이에 괴리가 있다는 비판도, 조선을 멸시하는 한편으로 쇼군 교체 때마다 통신사파견을 요청하고 그 사절의 일본 왕래에는 "勅使(천황의 막부에의 사절)를 접대할지라도 그 예가 없다."고 하는 것처럼 후대하는 현상으로 보아 타당한 지적일 것이다.30) 그리고 '국왕', '대군'을 존비관념의 상대성·객관성에서 평가하고 있는 것도 漢字문화권인 동아시아 국제사회의 외교관행으로 볼 때 타당할 것이다.

　이에 대해 명분론자는 오직 내정적 관점에서 하쿠세키의 복호론에 반발하고 있다. 특히 역대 쇼군이 국왕의 격이면서 천황을 꺼려 외교에 국왕 자칭까지 삼간 것은 '宇宙特起之書法'이며, '국왕'도 아니면서 조선으로부터의 국왕격의 서한을 흔쾌히 받은 것도 '歷代特起之定例'라고 논하고는, 외교행사인 쇼군에게 '국왕'이라 칭한 서한을 보낸 외국 측에 대해서는 천황을 무시한 행위라고 비판하고 있다. 이는 동아시아 국제사회에서는 통용될 수 없는 독선적인 논리로 神國論에 통하는 것이라 할 수 있다.

---

30) 新井白石, 14)의 책 82쪽.

제2절 研究史의 여러 동향

연구사상 하쿠세키의 복호론의 의도는 어떻게 평가되어 있을까? 제2 절에서는 이를 검토하여 문제점을 밝혀보고자 한다.

1. 대외적 시각에서의 복호론 이해

연구사에서 보이는 첫째 특징은 하쿠세키의 복호론 의도를 대외적인 관점에서 이해하고 있다는 것이다.[31]

예를 들어 미야자키 미치오(宮崎道生)는 하쿠세키의 국왕호 제기의 동기와 목적이 모두 외교적인 것이었다고 논하고 있다. 그리고 복호론을 주장하는 단계의 하쿠세키는 내정보다는 오히려 외교에 힘을 쏟은 시기였으며, 실제로도 쇼군의 侍講의 위치에 머물러 있었으므로 정치적 고문의 지위는 아니었던 때였던 만큼, 이 시기 하쿠세키의 의도를 곧장 「讀史餘論」 단계에서의 하쿠세키의 인식과 연관시키는 것은 논리의 비약이라고 평하고 있다. 또한 하쿠세키의 국왕호 주장의 근거를 '內府'나 '征夷大將軍' 등의 쇼군 칭호가 대조선 외교상으로 가지고 있던 문제점으로부터 이해하고 있다. 즉 쇼군을 명실 공히 '국왕'의 지위로 끌어올리려는 저의를 가지고 일으킨 것이 아니라, 어디까지나 대외적인 입장에서 이를 행하여 그것에 의해 국위의 發揚을 꾀하려고 한 것이라는 단정하고 있다. 나아가, 하쿠세키가 호슈의 반론으로 "논리가 흐트러진 것도 사안이 외교문제에 속해, 무엇보다도 먼저 국가의 체면을 염두에 둔 결과 그것이 국내적으로 어떠한 의미를 가지고 정치적으로 어

---

31) 앞의 주 2)에 소개한 논문을 참고할 것.

떠한 영향을 초래할까 하는 점에 충분한 생각이 미치지 않은 결과였다."고 설명하고 있다.[32]

다음으로 미우라 히로유키(三浦周行)는, 천황을 위해 쇼군이 '某王'이라 세워지기라도 한다면 그에 대해 조선의 君臣이 '小王'과 수호를 맺을 수가 없다고 이의를 제기할 것이라고 하쿠세키는 염려하고 있었다며, 하쿠세키가 국왕호를 제기한 진의는 이처럼 '某王'이 조선과의 외교에 적합하지 않았기 때문이었다고 추정하고 있다.[33]

구리다 모토츠기(栗田元次)는 '복호' 논쟁의 근본 원인에 관하여, '將軍'을 漢字로 나타내는데 적절한 것이 없었기 때문이었다고 하고, 이 논쟁이 유학자의 正名論으로부터 제기된 것으로 한자의 글 뜻과 용법의 싸움에 지나지 않는다고 평하고 있다. 그리고 일본의 관직명 속에서 쇼군의 정치적 지위에 걸 맞는 외교상의 칭호로서도 장애가 적은 것을 구한다면 '關白'(간빠쿠)일 것이라고 쇼군칭에 대한 대안마저 제시하고 있다.[34]

이렇게 대외적인 시각에서 복호론의 의도를 평가한 연구는 다음과 같은 문제점을 가지고 있다. 그것을 정리하면 이하 4가지이다.

첫째, 국왕호의 제기에 객관적인 필연성이 과연 당시의 양국 외교에 존재하고 있었는가 하는 점에 대해서이다.

하쿠세키가 구성한 대조선 외교상의 국왕호 도입 논리는 그 근거로 하는 시대를 무로마치시대에서 에도시대 초기에 걸친 것으로서 당시가 아니었다. 에도시대 초기의 양국관계에는 하쿠세키의 주장하는 바처럼 국왕호의 사용이 설득력을 가진 듯한 상황에 처해 있었다. 그러나 1711년 통신사의 도일을 전후한 양국관계에는 대군호가 문제시 되지 않으

---

32) 宮崎道生, 7)의 논문, 91·98쪽.
33) 三浦周行, 2)의 논문, 1063쪽.
34) 栗田元次, 「新井白石と政治思想」(『歴史と地理』 15-5, 1925), 66~68쪽.

면 안 될 상황이 아니었다. 이것은 일본으로부터 국왕호의 사용을 일방
적으로 통고받은 조선 측의 반응을 보아도 확실하다. 즉 조선 측은 국
왕호의 통고에 대해, 그 통고방법이나 시기만을 문제로 삼은 것에 불과
하다.[35] 따라서 국왕호는 조선 측이 아니라 오직 일본 측의 필요에서
제기된 것이 된다. 그런 경우, 대군호의 조선에서의 의미, 즉 '大君=국
왕의 嫡子'란 의미에서였다고도 생각할 수 있다. 그러나 그에 대한 대
안이라면 조선 측만 '일본국왕'이라 칭하도록 하면 해결되는 것이다.
구태여 일본 측까지 '국왕'이라 자칭할 필요는 없다. 이전처럼 '日本國
源某'라고 칭하는 것으로 충분하다. 이렇게 국왕호로의 변경은 조선 측
에서도, 또한 일본 측의 대군호에 대한 대안에서도 제안될 필연성이 인
정되지 못한다. 그렇다면 전게한 연구자들의 복호론에 대한 대외적 측
면에서의 평가는 재고되어져야 마땅하다.

　둘째, 국왕호의 제기가 상당히 고의적으로 이루어졌다는 것이다.

　명분론자들은, 조선 측이 쇼군에 대해 '국왕'이라 칭하는 것보다도
주로 쇼군이 '국왕'을 자칭하는 것에 초점을 맞춰 어디까지나 내정상의
면에서 비판하고 있다. 이러한 호슈 등의 반발을 하쿠세키가 충분히 예
상하고 있었음은 이미 「信書」의 작성단계에서 '국왕'=천황이란 관점
을 부정하고 있는 논리를 전개하고 있는 것에서도 알 수 있다. 따라서
미야자키가 전술한 것처럼, 하쿠세키는 외교면 만을 염두에 두고 있었
으며 국왕호의 사용이 내정상으로 어떠한 의미를 가지고 또한 어떤 영
향을 가져올까에 대해 고려하지 않았다, 고 하는 평가는 적절하다 할
수 없다.

　셋째, 국왕호를 '복호'로서 자리매김할 필연성이 과연 있었느냐 하는
것이다.

---

35) 三宅英利, 2)의 책, 399~408쪽 참고.

국왕호 사용이 오직 외교상의 문제에 불과하였다면 복호론의 내용 검토로 밝혀진 것처럼(제1절 참고) 왜 그러한 논리를 심화시키고 또한 견고한 것으로 할 필요가 생겼을까? 다시 말하면 「信書」에서 「紀事」 「殊號」로 시간이 흐를수록 국왕호 사용은 '복호'가 되고, 다른 칭호는 '殊號'로 자리매김 되었다는 점이다. 전술한 것처럼 '복호'론은 우선 이에야스가 조선에 보낸 서한에서 스스로를 '국왕'이라 칭했다는 것을 전제로 하는 논리이다. 그러나 에도막부에 있어서 그 창시자인 이에야스란 존재는 東照權現으로서 神格化되고, 그의 행위는 절대적인 규범이 되어있었다. 이러한 인식은 하쿠세키는 물론 명분론자들에게도 공통되는 것이었다. 그 같은 이에야스가 조선에 대해 국왕호를 사용한 서한을 먼저 내었다라고 하는 것은 한편으로는 이에야스가 평화외교를 지향했다는 것도 되지만, 다른 한편으로는 서한을 먼저 보내면서까지 강화를 희망했다는 것도 부각되는 것이 되므로 일본의 치욕을 공연화하는 셈이 된다.

또한 '복호'론은 막부의 뜻에 反한 대마도의 개작한 국서를, 실상은 '體式'을 구비한 것으로서 오히려 그것이야말로 답습해야할 것이라는 논리를 수반하고 있었다. 이 논리도 에도시대 초기 막부의 외교정책을 '非'로 자리매김하여 성립한 것이다. '복호'의 논리는 이처럼 일본에 있어선 치욕의 증명도 되며, 나아가서는 초기 막부의 외교 비판으로 연결되는 논리를 내포하고 있었다. 그러나 그럼에도 불구하고 왜 하쿠세키는 굳이 국왕호를 '복호'로 제창하고, 이를 강경하게 주장한 것일까? 선행연구에서 말하는 쇼군 권위의 고양과 조선과의 진정한 대등한 외교관계를 구축하기 위해서였다는 평가로서는 이 '복호'논리의 의도가 충분하게 설명되어질 수 없다.

넷째, 王號를 대내적으로도 사용하고 있었다는 점이다.

하쿠세키는 그 주장 속에서 국왕호는 어디까지나 '外辭'로서 조선과의 외교문서에만 한정사용해야 할 것이라고 말하고 있었다(제1절). 그러나 실제로는 대내적으로도 사용하고 있었으니 그가 대마도주에게 보내는 서한에서는 쇼군 이에노부를 '我王殿下'(「紀事」), 뒤에 집필한 「武家官位裝束考」에서는 '先王'이라 부르고 있다. 그리고 막부를 '朝廷'이라 하고(「紀事」), 일본 고대 천황의 사자를 칭한 '領客使'를 막부의 통신사를 접대하는 사자에게 붙여 부르고 있다.

이상의 네 개의 문제점에서 볼 때 하쿠세키의 복호론은 대외적 측면에서가 아니라 내정적 측면에서 제기된 것이라 아니할 수 없다.

2. 패왕론자로서의 하쿠세키 이해

기존연구가 覇王論의 입장에서 하쿠세키의 의도를 평가하고 있는 것에 대하여 검토해 보고자 한다.

예를 들어 미우라는, 하쿠세키가 「信書」에서는 "패왕론에서 출발하여 패왕인 쇼군을 국왕이라 칭하는 것은 지당하다는 견지에 기초"하고 있었지만, 「紀事」에 이르면 "그 열심히 주장하는 쇼군의 일본국왕을 假王이라 폄하하고 있다. 이에 그의 쇼군이 패왕에 상당한다고 하는 논거도 이상해지고, 일본국왕 칭호를 고집할 이유도 흐려졌다."고 논하고 있다.[36]

이에 대해 미야자키는, 그것은 미우라가 하쿠세키의 입장을 내외 양쪽에 통용하는 것일 거라고 받아들인 때문의 오해로부터 생긴 것이라며, "엄밀히 명분론의 입장에서 국내적으로 본다면 하쿠세키는 처음부터 假王이라는 관념을 가지고 있었으므로 이것과는 별도로 패왕관을 품어왔다고 인정해야 할 것이다."라고 말하고 있다.[37]

---

36) 三浦周行, 2)의 논문, 1055쪽.

그런데 하쿠세키가 말하는 '패왕'이란 역대 武家정권의 쇼군을 가리키고 있고, 이로부터 '패왕'에 가까운 의미로 파악할 수 있다. 유교에서 '覇者'란 '治者'와 엄밀히 구분되어 있다. 패권을 획득한 것에 불과한 것이 '패자'라면, '덕'을 구비한 것이 '치자'이며, '치자'가 왕이라면 帝王이라 할 수 있다. 제왕이란 절대적인 권력을 가지고 동시에 그 권력의 행사를 天命에 근거한 것으로서 나타내는, 이른바 유교 경전에 의해 평가된 天子와 같은 존재라고 할 수 있다. 그런데 에도막부의 쇼군은 이미 패왕적 존재로서 사실상 군림하고 있다는 것은 틀림없다. 이것을 하쿠세키가 고쳐서 '패왕' 내지는 '가왕'이라 칭하고 있는 것은 '국왕'을 천황의 하위에 위치시키려는 논리 전개상 어쩔 수 없는 일일 것이다. 이 또한 명분론자의 반론을 의식한 때문으로 국왕호가 본래 가진 제왕으로서의 의미를 감추지 않으면 안 되었기 때문이었을 것이다.

호슈는 이러한 하쿠세키의 의도를 간파하고 있었기 때문에 하쿠세키에게 보낸 서한에서 하쿠세키의 국왕호의 결정을 '王室衰替之第三變', 즉 왕실이 쇠퇴한 제3의 變이라고까지 규정하며 경고했던 것이리라. 여기서 호슈가 논한 왕실이 쇠퇴한 제1변이란 가마쿠라(鎌倉)막부를 연 미나모토노 요리토모(源賴朝)가 각 지방에 지토(地頭)職(토지관리와 조세 징수 수행)을 설치한 것, 제2변은 무로마치 막부의 아시카가 쇼군이 국왕호를 사용하지는 않았지만 서한의 내용을 '일본국왕'격으로 하고 이를 '浮屠之徒'가 결정한 것을 가리키고 있다.[38]

---

37) 宮崎道生, 7)의 논문, 88쪽.
38) 栗田元次, 2)의 책, 473쪽.

3. 사대주의자로서의 하쿠세키 이해

미우라는 하쿠세키가 「奉命敎諭朝鮮使客」에서 明 황제가 요시미츠에게 보낸 시호인 '恭獻王'을 쇼군 이에노부가 통신사에게 '敎諭'하는 글 속에 당당하게 적어 넣은 것을 지적하여, "漢學者로서 면할 수 없는 사대사상은 하쿠세키처럼 大家의 뇌리에서도 아직 충분히 불식되지 않고 있었다."라고 논하여 사대주의자로서 하쿠세키를 이해하고 있다.[39]

도쿠시마 이치로(德島一郎)도 하쿠세키에 대해 "한학자로서 패왕사상을 가지고 더구나 그들 특유의 사대사상에 의한 支那문화에 편중"되어 국민감정을 고려하지 않았던 결과였다고 평하고 있다.[40]

아마 하쿠세키도 당시 일반적으로 일본 유학자가 공유하고 있던 중국관으로부터 자유스럽지 않았을 것이다. 이른바 중국 역대의 漢族왕조를 유교 이념에 의한 통치 질서를 구현하려고 한 先行왕조로서 평가하고, 무엇보다 여진족의 청나라에 비해 한민족인 명나라를 높이 평가하고 있었는데 이는 에도시대 유학자가 가진 일반적 특징이었다. 막부를 비롯한 일본 지배층이 明淸교체기 중국의 현상을 충격으로 받아들인 것도 그 때문이다.[41]

그러나 하쿠세키의 경우는 이러한 유학자들에 공통하는 관점과는 좀 다르고 있다. 즉 국왕호 사용이라고 하는 커다란 목표가 있고, 그 입장에서 대외적 관점을 중시하고 국왕호 사용의 先例가 된 아시카가 요시미츠의 명나라로부터의 책봉을 높이 평가한 것이다. 다만 요시미츠에

---

39) 三浦周行, 2)의 논문, 1064쪽.

40) 德島一郎, 「新井白石と德川幕府の對外文書に於ける將軍の稱号に就いて」(『歷史と地理』 23-3, 1929), 403쪽.

41) 佐々木潤之介, 「東アジア世界と幕藩制」(歷史學硏究會·日本史硏究會編, 『講座日本歷史』 5[近世 1], 1985), 29쪽.

대한 평가도 어디까지나 내정상 武家정권의 지위향상이라고 하는 측면에서의 것이다.[42] 따라서 기존연구가 사대주의자로서 하쿠세키를 평가한 것은 그를 다른 일반의 유학자와 같은 부류로만 파악하고 있음에서 생겨난 것이다.

4. 칙재에 의한 국왕호 사용

하쿠세키가 국왕호 사용에 즈음하여 칙재를 필요하다고 여기고 있었다는 주장에 대해서이다.

미우라는 하쿠세키가 「信書」에서는 고대 한반도 나라들의 왕이 일본으로부터 왕이란 작위를 받았던 적이 있다고 주장하면서도 「殊號」에서는 스스로 그것을 부정했다고 논하고 있다. 그 근거가 된 기사는 다음과 같은 것이다.[43]

[X] 옛날 神功皇后의 때, 三韓의 나라들이 本朝에 순종하여 복속된지 지금까지 거의 천황 24대 햇수로는 460여 년간은, 신라·백제·고려·任那·秦韓·慕韓 등 여섯 나라는 물론이고 卓淳加羅 등과 같은 많은 작은 나라의 왕이라 해도 모두 본조의 封爵을 받지 않은 일은 없었다. 그렇다면 본조로 하여금 異姓에게 왕을 封한 사례가 없었다

---

42) 『新井白石全集』 卷6의 「武家官位裝束考」 참고.
43) 三浦周行, 2)의 논문, 1062쪽. 근거 기사는, [X] "昔神功皇后の御時. 三韓の國々本朝にしたがひ參らせしより此方. 凡天皇二十四代. 曆數四百六十余年が間は. 新羅·百濟·高麗·任那·秦韓·慕韓等の六國はいふに及ばず. 卓淳加羅等のごとき多くの小國の王といえども. 皆々本朝の封爵を受參らせずといふ事なし. さらば本朝にして異姓封王の例ましまさずとは申すべからず."(「信書」), [Y] "古にありて三韓の國々本朝に臣屬せし時に. 其小國の君長といへども皆々王を以て稱しき. 任那·加羅·安羅等の王あげてかぞふべからず. 然れども是等の國王. 必本朝の封爵をうけて後に. 其國に王と稱せしとも見えず."(「殊號」)

고는 할 수 없다(「信書」).

　[Y] 옛날 삼한의 나라들이 본조에 臣屬했을 때 그 작은 나라의 君
長이라 해도 모두 왕을 칭했으니, 임나·加羅·安羅 등의 왕으로 그
예를 다 들 수조차 없다. 그렇지만 이들 국왕이 반드시 본조의 封爵을
받은 이후에 그 나라에서 왕이라 칭했다고도 볼 수 없다(「殊號」).

미우라의 주장에 대해 미야자키는 다음처럼 반론하고 있다. 하쿠세키
는 [X]에서는 고대에 三韓의 나라들이 작건 크건 간에 일본의 封爵을
받았던 것을 주장하고 있으나, 왕을 칭한 시간적 관계에는 전혀 언급하
고 있지 않다. 이에 대해 [Y]에서는 그 나라의 君長이 스스로 왕이라
칭한 경우에는 그것이 일본에 신속하여 봉작을 받은 이후라고는 한정할
수 없다고 말하고 있다. 따라서 [Y]에서는 일본이 봉작을 받았는가 아
니냐의 문제가 아니라 왕이라 지칭한 시점이 문제가 되어 있다.[44]

즉 미야자키와 미우라는, 고대 한반도의 나라들이 일본에 봉작되었
는가 어떤가와 관련하여 하쿠세키가 자기주장을 변경했는가의 여하를
논하고 있다. 그러나 위의 기사는 하쿠세키가 국왕호 사용을 천황에 의
한 勅裁방식으로 행할 것인가 아닐까에 관하여 논하는 중에서 내어진
역사적 先例라는 것을 우선 고려해야 할 것이다. 만약 하쿠세키가 국왕
호의 칙재방식을 일관하여 주장하고 있었다면 그 선례로서 든 [X]에서
의 주장은 미야자키가 말하듯 [Y]에서도 기본적으로 유지되었다고 할
수 있다.

여기서 하쿠세키의 왕호 칙재에 관한 인식을 살펴보기 위해 우선
「信書」 안에서 해당기사를 다음처럼 정리하여 그 논리전개를 검토하여
보자.

　① 왕호건 嘉號건 칙재가 필요. ② 요시미츠의 '일본국왕' 칭호는
칙재에 의한 것이 아니었다. ③ 고대 한반도의 크고 작은 나라의 왕들

---

44) 宮崎道生, 7)의 논문, 87쪽.

이 일본의 작위를 받았지만 그것은 異姓에의 封王의 예가 된다([X]의 개략). 그러나 이것은 해외의 일로 국내의 왕호 賜與의 예는 될 수 없다. ④ 그러나 해외에의 일이지만 例가 될 수는 있다. 때문에 새로운 예를 만들면 된다.

여기서 보듯이 하쿠세키의 칙재논리는 三轉四轉하고 있다. 당초엔 필요하다고 하고 있으나(①), 그 후 선례가 없다고 하고(②), 해외에의 예는 있으나 그것이 선례가 될 수는 없다고 하고(③), 마지막으로는 해외에 예가 있는 것을 근거로 새로운 예를 만들면 될 것이라고 하고 있다 (④). 이를 통해 하쿠세키의 칙재에 대한 애매한 태도가 여실히 파악될 수 있다.

다음으로, 「紀事」에서의 칙재 관련기사는 국왕호 의결 때의 것이다. 즉 반대파(불명)가 일본의 제도에서는 皇子·皇女가 親王이라 칭할 때에도 천황의 '拜命'이 필요하다. 그러므로 칙재에 의하지 않는 쇼군의 왕호 사용은 후세에 반드시 비난을 받게 될 것이라고 경고하고 있다. 이에 대해 하쿠세키는 일본의 '將相'이 외교에 관여하게 된 경위나, 외국으로부터는 일본 천황과 국왕호가 구분되어 왔다는 것, 일본에 異姓에의 封王의 선례가 없었던 것들을 들어 간접적으로 칙재방법을 거부하고 있다.

나아가 「殊號—復號の御事」에서는, 일본에 봉왕의 선례가 없으므로 왕이라 자칭함은 문제가 된다고 하는 논리에 대해 하쿠세키는 다음처럼 반론을 싣고 있다.

① 고대 한반도의 나라들이 일본에 臣屬할 때 모두 왕을 칭했지만 반드시 일본의 봉작을 받아 왕이라 칭한 것으로는 보이지 않는다([Y의 개략]).

② 일본 내에 친왕 宣下 이외에 봉왕의 典禮는 없다.

③ 요시미츠 만이 異朝(明)로부터 봉왕되었음에도 그 이후엔 책봉되

지 않았으면서도 역대 아시카가 쇼군 모두가 '국왕'이라 칭했다.

④ 보통 외국 군장은 모두 왕을 칭했다. 이것은 『史記』, 『漢書』 이후의 역사서에 보인다. 군장이 반드시 책봉에 의해 왕을 칭했다고는 할 수 없다. 『史記』, 『漢書』에 있는 '西南諸國王', '南越王', '朝鮮王' 등은 그 나라의 군장이었기 때문에 왕을 자칭한 것으로, 책봉되었으므로 칭한 것은 아니었다.

⑤ 왕을 자칭해도 親王으로 의심받지 않는다. 친왕은 三公의 하위 격이기 때문이다.

⑥ 외국은 모두 '일본국왕'이라 칭하여 쇼군에게 국서를 보냈다. 쇼군이 이에 답해 왕을 칭하는 것은 천황의 참칭이 되지 않는다.

이러한 기사로부터 우선 하쿠세키가 칙재 방법을 부정하고 있는 것이 밝혀졌다. 이것은 언뜻 보기엔 칙재 없는 국왕호가 이미 결정되었다고 하는 사실의 승인처럼 보이지만, 전술한 것처럼 「紀事」에서의 자세가 관철한 것이라 여겨진다.

다음으로 앞의 [Y]의 의미가 명확해졌다. 즉 고대 중국 주변국들의 군장이 중국의 책봉도 없이 왕이라 칭했던 일(④), 책봉을 받지 않은 아시카가 쇼군이 요시미즈 시대 이후도 중국에 '국왕'이라 칭했던 일(③), 등을 강조하고 있는 가운데서의 ①, 즉 [Y]는 미야자키가 말하듯 왕이라 칭한 시점이 문제시되었다고 하는 것보다는, 고대 한반도의 나라들도 일본에 封爵되는 것을 전제로 하지 않고 스스로 왕이라 칭하고 있었다, 라고 하는 의미가 강하게 나타나고 있다. 결국 ①, ③, ④의 예로서의 왕호는 천황의 칙재를 전제로 하지 않는다는 논리를 전개하는 중에 역사적 선례로서 제안된 것이다. 따라서 [Y]는 한반도의 여러 나라가 일본천황과 관계를 맺기 이전에 이미 왕을 자칭하고 있다는 것만이 강조되어, 그에 의해 당연히 異姓에의 封王 선례는 없었다는 것이 된다. 미우라의 논하는 것처럼 [Y]는 [X]의 전면적 부정이었다고 할 수 있다.

그런데 구리다 모토츠기는 하쿠세키의 칙재에 대한 대응을 다음처럼 평가하고 있다. 친왕에 대해서는 宣下가 행해진 예가 있으나, 천황으로부터 왕을 봉작한 예는 황족이나 神祇伯은 물론, 조선 고대의 여러 나라 왕들에 대해서도 그 예가 없다. 그러므로 쇼군도 칙재를 얻지 않고 '왕'을 사용해도 지장이 없다, 라고 「殊號」에서 하쿠세키는 생각을 바꾸고 있다. 즉 논리상은 칙재를 필요로 하지만 역사상으론 선례가 없었으므로 반드시 칙재를 요청하지 않아도 좋다고 하고 있다. 그리고 하쿠세키가 그 대신에 당시 섭정이었던 太政大臣 고노에 이에히로에게 상신서를 보내 그 동의를 얻었다고 상상할 수는 있겠다. 비공식으로라도 섭정의 동의를 얻는다면 칙재에 가까운 것이라 할 수 있을 것이다.[45]

이처럼 구리다는 하쿠세키가 칙재를 시종일관 고려하고 있었다고 하는 관점에서 이해하고 있다. 그러나 전술한 것처럼 하쿠세키는 칙재에 의한 왕호 사용에 대해 국내·국외에도 선례가 없으며, 오히려 아시카가 쇼군의 경우를 보면 요시미츠 이후는 명의 책봉도 없이 국왕호를 사용하고 있다는 논리로 일관하고 있다. 즉 칙재 없는 국왕호의 사용에 전혀 문제가 없다는 논리이다. 이로 보아 하쿠세키는 원래부터 칙재 방법을 전혀 고려하지 않았음이 확실해졌다. 따라서 새로운 예를 만들면 된다고 하는 칙재를 긍정하는 일시적인 주장을 한 것이나, 섭정에 상신서를 제출하는 등의 행위도 명분론자에 대한 표면적인 제스처에 불과했다고 생각된다. 하쿠세키가 명분론자의 비난처럼, 쇼군을 명실 공히 제왕으로 격상시키려 의도했다면 칙재에 의하지 않은 왕호의 결정이 전제되지 않으면 안 되었을 것이다. 오히려 왕호의 결정에 칙재를 필요로 한다 함은, 쇼군이 천황의 신하라는 것을 새로이 확인하는 것과 연

---

45) 栗田元次, 2)의 책, 493~494쪽.

관되므로 왕호를 제기하는 의미도 없어지고 만다. 하쿠세키에게 칙재를
받는 것은 어떻게 해서라도 회피하고 싶었을 것임에 틀림없다.[46)

만약에 구리다가 평한 것처럼 국왕호의 채택이 칙재에 가까운 방법
을 취한 결과에 의한 것이라고 한다면, 어찌하여 1719년 통신사의 도일
에 즈음하여 대군호로 복귀할 때 칙재 문제가 재차 논의되지 않았을까?
또한 왜 호슈가 칙재 여하를 확인하려고도 않고 참칭을 획책했다고 하
쿠세키를 비난하고 있을까? 당시 하쿠세키의 측근이었던 儒官 무로 큐
소(室鳩巢)조차도 칙재의 유무에 관해서는 모른다고 하고 있는 것은(제4
절 참고), 칙재가 전혀 고려되지 않았음을 보여주는 것이리라.

이상과 같이 복호론을 대외적인 관점에서 이해하고 그에 의해 하쿠
세키를 패왕론자·사대주의자라고 평가하고, 왕호의 칙재 방법에 관하
여도 고려하고 있었다는 기존 연구에 비판을 가해 보았다.

5. 대내적 시각에서의 복호론 이해

그런데 하쿠세키의 복호론을 외교적 측면에서가 아닌 내정적 측면에
서 평가한 연구도 있다. 이번엔 그런 시각에 대해 검토해 보자.

도쿠시마 이치로는 하쿠세키를 禮樂 정치주의자·막부 至上주의자
였다고 하고, 그의 개혁은 천황의 '榮譽大權'마저도 빼앗으려 한 것이
라고 파악하고 있다. 그리고 다음 쇼군인 요시무네(吉宗) 때 막부에 보수
적 무단파가 대두하여 하쿠세키가 실각하게 된 것은 尊王의 입장에 있

---

46) K. W. Nakai는 「白石史學の政治的性格－『古事通』の場合を中心にして－」
(宮崎道生編, 『新井白石の現代的考察』, 吉川弘文館, 1985)에서, 하쿠세키가
국왕호를 천황으로부터 쇼군에게 직접 '禪讓'의 형식으로 내려주도록 당초 생
각하고 있었다는 흥미로운 시각을 제시하고 있다. 그러나 해당 기사의 면밀한
검토를 거치지 않은 것이라는 점에서 그 평가를 유보한다.

는 儒者가 아직도 미미한 세력 밖에 가지지 못했던 당시에는 '기적적인 하늘의 도움'이었다고 평가하고 있다. 또한, 하쿠세키와 명분론자에게도 공통점이 있었다고 하며, 그것은 양자가 같이 천황을 쇼군의 상위에 자리매김하여 국가 최고의 지위에 있는 존재로 한 것, 刑・政・兵의 실권을 쇼군이 장악한 것을 긍정하고 있는 것이라 하고 있다. 한편 다른 점은 하쿠세키는 쇼군을 명실 공히 국가의 실권자로 승격시키려고 한 점이며, 이에 대해 명분론자는 "천황을 국가의 首長으로 하는 국체"를 유지하려고 한 점이나, 후자의 입장은 당시 '국민적 감정'과 일치한다고 논하고 있다.[47]

여기서 도쿠시마가 하쿠세키의 의도를 천황의 '영예대권'조차 탈취하고, 이에 대신하여 쇼군을 명실 공히 실권자・주권자로 상승시키려고 했던 '막부 至上주의자'였다고 하면서도, 다른 한편으로는 명분론자처럼 천황을 쇼군의 上位에 올려 국가 최고의 지위를 유지시키려 했다고 평가하고 있는 것은 논리상으로 이해하기 어렵다. 후카야 카츠미(深谷克己)에 의하면, 에도시대의 천황은 "막부의 머리 장식인 金冠처럼, 마치 권위와 儀禮라는 자리에 놓인 존재"였다고 자리매김하고 있다.[48] 하쿠세키가 이런 막부권력의 금관으로서의 천황의 권위를 존중하고, 그 하위에 쇼군을 자리매김하려고 했다면 명분론자로부터 참칭한 자라는 비난을 뒤집어 쓸 까닭이 없었을 것이다. 도쿠시마가 "하쿠세키를 尊王家가 아니었다고 할 수는 없다. 다만 국가 정권의 중심, 즉 政體로 볼 경우 그는 황실 중심주의는 아니었다고 미루어 판단할 뿐이다."라는 애매한 결론을 내리고 있는 것은 이러한 논리적 모순이 있기 때문일 것

---

47) 德島一郎, 40) 논문의 23-1, 78쪽・23-3, 398쪽.
48) "公儀の頭上の裝飾である金冠部分. つまり權威と儀祀の個所に定置される." 존재이다(深谷克己,『大系日本の歷史9・士農工商の世』, 小學館, 1988, 120쪽).

이다. 이것은 처음부터 하쿠세키를 존황론자라고 규정한 것에 의해 생겨난 모순이었다.

그런데 이토 다사부로(伊藤多三郎)의 연구는 지금까지 기술한 기존 연구와는 다른 시각을 보이고 있다.

이토는 겐로쿠(元祿)期(1688~1703) 전후의 사회적·경제적 변화에 의해 쇼군의 권위가 패자적인 성격에서 군주적인 성격으로 전개되었다고 평가하고 있다. 또한 이러한 시대적 배경을 기반으로 하쿠세키는 쇼군의 권위를 명실 공히 제도적으로 높이려 했다고 간주하고 '복호' 제기도 일관된 것이라고 지적하고 있다. 나아가 하쿠세키가 국왕호를 외교만이 아니라 대내적으로도 사용하려고 한 것은, 그 스스로가 말하듯 '일본국왕'이 "國體와 事體 둘 다 얻을 수 있다."는 확신에서였으며, 이것은 유교의 국가사상에 입각하여 종래의 국체관념의 전통을 감연히 타파하려고 한 때문이라고 논하고 있다. 또한 "하쿠세키는 쇼군의 지배자적 성격을 覇權에서 왕권으로 추진하는 것에 의해 명실 공히 전국에 군림하는 왕자답게 하려한 것이다."라고 그 획기적 의의를 평가하고 있다.[49] 이토의 이 같은 하쿠세키의 복호론에 대한 획기적인 의미 부여는 제7장의 입장과 일치하는 것으로(후술) 그런 의미에서 수긍할 수 있다.

제3절 하쿠세키의 복호론 의도

이상의 검토를 통해 하쿠세키의 복호론 주장이 대외적 요청보다는 오히려 내정상의 동기를 가진 것이라는 사실을 밝힐 수 있었다. 제3절

---

49) 伊東多三郎, 3)의 논문.

에서는 이것을 근거로 삼아 복호론을 전개하는 하쿠세키의 의도를 재구성하여 보기로 한다.

1. '국왕'의 의미

하쿠세키가 쇼군의 지위를 향상시키려고 한 것은 이미 이에노부의 쇼군 취임 직후부터였다고 할 수 있다. 主君 이에노부를 따라 고후(甲府)藩 다이묘의 侍講에서 쇼군의 시강이 된 하쿠세키는 즉시 호에이(寶永)의 '武家諸法度'의 기안 작성에 착수하지만, 이는 쇼군의 지배력 강화와 다이묘 세력의 통제 및 文治정치의 실현을 겨냥한 것이었다. 이전의 그것보다 잘 정비된 것으로 일컬어지는 이『寶永令』에는,[50] 쇼군과 관련하여 '上裁'라는 용어가 사용되고 있음이 주목된다. 이 용어 사용은 하야시 노부아츠(林信篤)에 의해 '天子'만이 사용할 수 있는 것이라 하여 반대되었던 것이었다.[51] 천황만이 사용해야 할 '상재'를 굳이 쓰고 있는 것에서 하쿠세키의『寶永令』을 기안한 의도가 엿보인다. 즉前 쇼군 츠나요시(綱吉)시대의 문치정치 경향을 다만 답습한 것이 아님을 보여주는 것이다. 또한 요시무네가 次期 쇼군이 된 후에『寶永令』이 이전 것인『天和令』으로 복구된 이유는 이와 무관계하다고 할 수 없을 것이다.

하쿠세키는 쇼군이 바뀔 때마다 일본에 초빙 받아 오는 통신사와 관련한 제반 의례개혁을 통해 이제껏 쇼군이 가지고 있던 권력에 더하여 천황의 고대적 권위를 부여하려 하였다. 즉 쇼군의 제왕화를 꾀함에 통신사의 도일을 절호의 기회로 삼아 활용하려고 한 것이다. 그리고 제왕

---

50) 宮崎道生, 「新井白石と宝永武家諸法度」(『日本歴史』107), 16쪽.
51) "上裁の字こそ. 心得られね. 上とは. 天子の御事を申す也."[新井白石, 6) 의 책 68쪽]

을 의미하면서도 쇼군을 천황의 관위 체계로부터 독립시킬 수 있는 '국왕'이란 칭호에 착안한 것이었다.[52]

그런 때 '왕'=천황이라는 일본의 전통적 관념을 엷게 하기 위해 하쿠세키가 일관되게 비중을 둔 것은 '국왕'과 '천황'의 관념을 분리하는 것이었다. 거기서 제안된 것은 여러 외국들이 쇼군에 대해 사용한 국왕의 칭호였고, 요시미츠의 明으로부터의 책봉 선례였다. '국왕'은 일본 내정상으로는 천황 이외에는 누구에게도 사용한 적이 없었다. 따라서 외국 측에 의한 쇼군에 대한 국왕의 칭호가 귀중한 선례로서 강조된 것이었다. 그 결과 복호론은 동아시아 국제사회의 외교관례를 중시하는 것이 되기도 했으나, 그것은 즉 외교의 상대성, 이른바 대외적 측면을 강조한 것이 되었다고 할 수 있다. 그러나 그 과정에서 하나의 모순을 나타내기에 이르렀다. 즉 '국왕'의 천황에의 참칭성을 회피하기 위해, 천황을 중국의 황제에 견주어 이를 상위에 앉히고 그 하위에 쇼군을 '국왕'으로 자리매김하려고 한 것이다. 이러한 얼핏 보면 천황 존중처럼 보이는 논리는 한결같이 명분론자에 의해 집중공격의 표적이 되었으니, '국왕'은 곧 천황에 다름 아니다, 라는 반론이 그것이다.

미야자키는 하쿠세키에 의한 쇼군과 조선국왕과의 대등 聘禮, 이른바 敵禮化를 위한 개혁 의도는,

일본 천황－도쿠가와 쇼군(일본국왕)
‖　　　　‖
淸朝 황제－조선 국왕

라고 자리매김하기 위한 것이었다고 기술하고 있다.[53] 그러나 이 평가

---

52) 하쿠세키가 국왕호를 최초로 막부에 건의한 것은 1710년 4월 20일이다(宮崎道生, 『定本折たく柴の記釋義』(增訂版)「新井白石年譜」).
53) 宮崎道生, 7)의 논문, 92쪽.

는 하쿠세키의 논리 표면을 파악한 것에 불과하다.

하쿠세키가 자신의 논리처럼 천황의 하위에 '국왕'을 자리매김하려고 했다면 그 사용에 즈음하여 천황의 칙재에 의한 방법을 택하고, 또한 그것을 명분론자들에게 대대적으로 알리는 것으로 끝나는 것이었다. 그러나 그러지 않은 것은 하쿠세키가 어디까지나 천황·'국왕'을 상하가 아닌 별개로 존재시키려고 했기 때문이었다. 하쿠세키의 중국 황제와 조선 국왕의 관계를 예로 한 천황·'일본국왕'의 상하 구분론은, 명분론자들에게 그럴싸하게 보이려는 논리에 불과한 것이었다. 따라서 제1절에서 서술한 것처럼 하쿠세키의 대군호 비판에서의 자기모순은, 국왕호 사용을 전제로 한 것이기 때문에 표면화된 것이다.

2. '국왕'의 복호로서의 자리매김

하쿠세키는 국왕호 사용에 정당성과 필연성을 부여하기 위해 최후의 수단으로서 에도막부의 창시자인 이에야스의 권위를 빌리기로 했다. 그것은 1607년 조선에서 쇼군에게 보낸 국서에, 이 국서가 이에야스의 서한에 대한 회답이란 것이 명기된 것을 발견했기 때문이었다. 이에 여러 寺院들을 뒤지고 또한 서한과 관련하여 대마도 측에 질의하기도 했다. 그것은 천황의 전통적 권위를 가지고 국왕호 사용에 반대한 명분론자들에게 대항할 수 있는 유일한 존재였던 이에야스, 그에 의한 국왕호 자칭의 대조선 서한의 초고를 발견하기 위해서였다. 그것이라도 발견된다면 국왕호는 '祖宗之法'으로서 공인되고, 나아가 후대에까지 계속 사용될 것이라고 하쿠세키는 흥분하고 있었음에 틀림없다. 그러한 의미에서 1712년 곤치인 스덴(金地院崇傳)의 『異國日記』(에도시대 초기 외교문서집)가 하쿠세키에 의해 처음으로 발견된 것은 결코 우연이 아니었을

것이다.[54] 발견 시기는 통신사가 귀국한 이후였다. 이는 하쿠세키가 국
왕호 사용을 '永世之法'으로 자리매김하기 위해 이에야스의 서한의 초
고를 통신사의 귀국 후에도 계속하여 탐색하고 있었다는 것을 보여주
고 있다.

그러나 이에야스의 서한 초고는 발견되지 않았다. 하쿠세키는 그것
을, 무지한 후세 사람이 분실한 탓일 거라고 탄식하고 있다(「殊號－今代
外國來聘の事」). 그럼에도 불구하고 하쿠세키는 이에야스의 그 서한을
'국왕'이라 자칭한 것으로 그 사용을 '祖宗之法'으로 자리매김하였다.
또한 대마도에 의해 개작된 국서도 이에야스의 그러한 서한을 계승한
것으로 간주하여 '복호'논리를 구성하게 된다. 그렇지만 이 논리는 명
분론자로부터 무시되어 결국은 次期 쇼군 요시무네 때엔 대군호로 환
원되었다. '복호'논리의 좌절이었다. 하쿠세키는 물론 명분론자조차도
이에야스의 조선에 보낸 서한이 있었다고 인정하고는 있었으나, 실물이
존재하지 않는 한 그 서한에서의의 국왕 자칭 여하에 관한 논쟁은 애초
부터 무리였을 것이다.

3. 儀禮정비의 의도

하쿠세키는 통신사 도일의 2년 전이 되는 1709년부터 이미 儀禮 조
사를 위해 분주하게 움직이고 있었다. 그 결과 朝廷의 儀式을 기본으
로, 유교의 고전이나 唐·明나라의 의례, 宋·遼 사이의 '적국' 의례,
조선 前期의 '일본국왕사'에의 접대기록 등을 참고로 외교의례를 정비
하게 되었다(제8장 제1절 참고).

---

54) 村上直次郎 譯註,『異國往復書翰集·增訂異國日記抄』(東京駿南社藏版,
1929)의 「異國日記序說」

말할 나위도 없이 의례질서의 頂點에는 제왕이란 존재가 있다. 무엇보다도 유교를 통치이념으로 하는 동아시아의 전통적인 여러 왕조는 예외 없이 예악에 의한 의례질서를 지향하고 있었다. 하쿠세키가 '적례'라고 하는 기준으로 제창한 대조선 외교의례개혁의 대부분은 조선국왕에 대한 일본'국왕'(쇼군)으로서의 것이었다.

그때까지 논쟁한 적이 없는 쇼군의 이름을 국가의 諱(國諱)로서 자리매김하여 조선과 정면으로 대결하는 것도 진정한 '적례' 외교를 구체적으로 실현하려고 하는 의도의 표현이었다. 동시에 대조선 외교를 가지고 쇼군을 일본의 참다운 제왕의 위치로 승격시켜 그것을 일본국내에 선전하는 것, 곧 외교를 통해 내정에 파급시키려는 것이 하쿠세키의 의도였다. 이러한 의도가 숨겨져 있었기 때문에 명분론자는 통신사와의 '적례'논쟁에 소극적으로, 오히려 반대의 입장으로 돌아서게 된 것이다 (제8장 제3절 참고).

하쿠세키의 '적례'적인 외교 의례개혁은 명분론자들에게도 국가의 위상을 높이는 것으로서 평가되었다. 그랬으면서도 결국 一過性的인 것이 되어 끝난 것은 국왕호의 의미와 마찬가지로 의례가 가지고 있는 천황에의 僭越的 요소에서였다. 즉 막부의 의례가 정비되어 실시되면 될수록 쇼군의 제왕화는 확고한 것이 되고, 그 대신 쇼군의 상위적 존재인 천황은 소외되게 된다. 그러므로 유아사 죠잔(湯淺常山 : 湯淺元禎)이 『文會雜記』에서 "하쿠세키는 어쨌든 에도를 禁裡(천황의 居所인 교토)처럼 하려는 듯이 보인다."고 하여, 하쿠세키의 예악 정비의 의도를 비판하고 있는 것도 그 때문이다.[55]

치쿠잔의 다음과 같은 하쿠세키 비판도, 하쿠세키의 외교의례 개혁이 어떠한 의도를 숨긴 채 추진되었는가를 명확히 하고 있다.

---

55) "白石ハトカク江戸ヲ禁裡ノ如クスルツモリノヤウニ見ユ."(湯淺元禎, 『文藝雜記』『日本隨筆大成』14, 吉川弘文館, 1930, 295쪽)

치쿠잔은 『竹山國字牘』의 「折たく柴の記(오리타쿠시바노키)」(中)에
서 하쿠세키의 「折たく柴の記」의 기술, 구체적으로는 통신사의 도일
하기 1년 전(1710년) 연말부터 그 해 초기에 걸쳐 하쿠세키가 교토에 올
라간 전후의 동향을 소개하여 다음처럼 추리하고 있다.

하쿠세키는 「折たく柴の記」에서 政事와 관련되는 것, 특히 쇼군의
使命을 수행한 것과 관련해서는 상세하게 기술하고 있는데 이때의 교
토 上京에 관해서는 웬일인지 거의 기록하고 있지 않다. 즉 상경하기
전날 쇼군으로부터 분부한 일이 있다고 기록해 놓고 있으면서도 그 내
용은 생략되어 있다. 또한 통신사의 訪日을 앞에 두고 그 접대의 총책
임자인 하쿠세키가 朝廷에서의 元服 의식 등을 관찰하면서 장기간 교
토에 머무르고 있다. 또한 1월 21일에는 교토를 출발하여 에도로 향했
다고 하지만, 그 사이에 使命의 수행 여하에 관하여도 전혀 언급하고
있지 않다. 이상의 의문으로 보아 하쿠세키가 천황의 袞衣(곤룡포)를 빼
앗으려 상경한 것에 틀림없다. 하쿠세키의 교토에서의 장기 체류는 곤
의를 빼앗기지 않으려는 公家側의 저항 때문이었을 것이다.

곤의란 천황이 그 즉위식에만 착용하는 의복으로, 이것을 하쿠세키
가 강제적으로 빼앗아 통신사의 進見 의식에 쇼군에게 입히려고 한 것
일 거라고 치쿠난은 비난하고 있다. 나아가 이것과 관련해서는 증거도
있으므로 별도로 써 남기겠다고 글을 맺고 있다.[56] 치쿠잔은 같은 책에
수록된 「復尾藤志尹」, 「答大室第一書-追啓」에서도 하쿠세키의 곤
의건에 관하여 똑같이 주장을 하고 있으나, 前者에서는 자신의 부친이
미야케 간란(三宅觀瀾)으로부터 직접 들은 이야기라고 기록하고 있다.

미야자키는 이런 치쿠잔의 추정에 대해, 하쿠세키는 당시 교토에서
이에히로와 밀접한 연락을 취하면서 행동하고 있었으며, 하쿠세키는 천

---

56) 中井竹山, 9)의 책, 卷下.

황과 쇼군의 상하관계를 엄밀히 구별하고 있었다는 등의 이유를 들어, 치쿠잔이 무고한 거짓말을 하고 있다고 단정하고 있다.[57] 그러나 이미 보아온 하쿠세키의 동향으로부터 생각하면, 치쿠잔에 의한 곤의건에 관한 추정은 충분히 있을 수 있는 일이라고 여겨진다. 더구나 치쿠잔의 하쿠세키 비판은 전술한 것처럼 더없이 합리적이었다. 또한 그는 『草茅危言－朝鮮の事』에서는 하쿠세키의 대조선 외교개혁에 관하여 경제적·국위선양이란 측면에서는 일정한 평가를 내리고 있었다. 이로 보아도 그가 하쿠세키의 모든 것을 부정적으로 치부하고 있지는 않았음을 알 수 있다.

하쿠세키의 통신사에 대한 제반 의례개혁은 또한 통신사에게만 적용되는 것은 아니었다. 오히려 일본 국내의 의례정비가 전제가 되어야만 성립하는 것이었다. 바꾸어 말한다면 주인 측의 의례가 정비되었을 때 비로소 손님을 맞는 聘禮도 이에 따라 성립한다. 하쿠세키가 服制·調度(武器)·殿舍·舞樂 등에 걸쳐 고대 천황의 조정의 풍으로 혁신하고 있는 것은 그 때문이었다.[58]

하쿠세키의 일본국내상의 의례개혁은 겐로쿠(元祿)期를 전후로 하는 막부의 文治주의와 쇼군의 專制化 경향을 배경으로 한 것이었다. 그는 「武家官位裝束考」에서 武家의 '萬代의 禮式'을 정해야 함은 진실로에도 막부가 개창한지 100년이 지난 지금이야말로 그때라고 말하고 다.[59] 이처럼 하쿠세키는 이 시기를 의례정비의 適期로서 설정하여 개혁에 임했던 것이다.

---

57) 宮崎道生, 『定本折たく柴の記釋義』(增訂版), 1985, 293쪽.

58) 栗田元次, 2)의 책, 242쪽.

59) "当家ニオキテ武家ノ旧儀ニヨリテ万代ノ礼式ヲ議定アルベキハ. マコトニ百年ノ今日ヲ以て. 其期也トハ申ベシ." 「武家官位裝束考」는 『新井白石全集』 卷6에 수록.

4. 勳階制의 제창

禮樂 정비는 관료체제의 정비를 전제로 한 것이므로 官位의 상하관계가 명료하지 않으면 성립할 수 없다. 여기에 하쿠세키의 勳階制 제창의 필연성이 이해되는 것이다. 하쿠세키는 「武家官位裝束考」에서

> 고대 우리 朝家(朝廷)에서 勳階를 설치한 예에 의해 武家에는 公·武가 각기 서로 다른 바 있어, 무가의 직장이나 품계도 동일하게 귀중한 것이었다. 하물며 當家(에도막부)에 이르러서는 무가의 관위는 堂上(公家)과는 별도로 설정되어 오직 옛 훈계제와 같았다. 그렇다면 老中으로부터 御家人, 勳1등·2등에서 훈12등에 이르게 하고, 公家는 관위를 가지고 그 귀천을 논하고 무가는 그 훈계와 職掌을 가지고 그 고하를 논하면 그것(관위)과 이것(훈계)이 서로 상충될 일이 없을 것이고 무가의 직장도 자연히 존귀하게 여겨져 異朝의 사람이 보기에도 더욱 國體를 구비한 것처럼 보일 것이다. 그렇지만 이 의논은 가마쿠라 시대와 무로마치 시대에도 아직 그 예를 듣지 못한 바이므로 쉬운 일은 아닐 것이다. 그러나 神祖(이에야스)가 무가의 관위를 堂上과 별도로 정한 것은 神慮에 다름 아니다.[60]

라고 있다. 여기서 보이듯이 하쿠세키는 무사 계급을 로쥬로부터 고케

---

[60] 古我朝家ニシテ勳階ヲオカレシ例ニ依リテ. 武家ニハ公武各相分ルル所アリテ. 武家ノ職掌品階モ. 同ジク共ニ貴カラザルコトヲ得ベカラズ. マシテヤ当家ニ至リテハ. 武家ノ官位ハ堂上(公家)ノ外ニ定メオカレシハ. 只自ラ古勳階ノ事ニ相同ジ. サラバ老中ヨリ以下ノ御家人. 勳一等二等ヨリ次第ニ勳十二等ニ至リテ. 公家ニハ官位ヲ以テ其貴賤ヲ論ジ玉ヒ. 武家ニハソノ勳階ト職掌トヲ以テ. 其高下ヲ論ゼンニハ. 彼是相妨ル所モナクテ. 武家ノ職掌モ自カラ貴キ所ヲ得テ. 異朝ノ人ノキカン所モ. 尤國體ヲ得ル所ニモアルベキナリ. サレド此議鎌倉·京ノ代ニ. イマダ其例ヲキカザル所ナレバ. タヤスクハ申ガタキカ. サレド又我神祖ノ武家ノ官位ヲ. 堂上ノ外ニ定メオカレシ神慮ニハタガフベカラズ.

닌(御家人 : 막부 소속의 하급무사)까지 제1등에서 제12등으로 나누고, 公家층에겐 官位로 그 귀천을 구분하듯이 무사층에겐 勳階와 職掌(담당직무)을 가지고 상하를 구분하자고 주장하고 있다. 공가의 관위와는 별도로 武家의 훈계를 가지고 이것을 일본 전국에 철저화시켜 질서화를 도모하고자 한 것이다. 그리고 이러한 훈계에 의한 관료질서가 구축된다면 '異朝'로부터도 그 질서가 용이하게 이해되어 '國體'를 얻을 것이라고 주장하고 있다. 여기서 이러한 훈계제의 정점에 있으면서 그 훈계제를 운용하는 자는 다름 아닌 쇼군이 된다.

훈계제의 실제 운용에 관하여 하쿠세키는 「武家官位裝束考」에서 다음처럼 설명하고 있다. 우선, 公家의 大臣格에 해당하는 武家의 로쥬는 官으로서는 從5位下 상당의 侍從이며, 位로서는 從4位下이다. 그러나 이것으로는 공가 측으로부터도 업신여겨지고, 또한 조선·중국·琉球로부터도 경시될 수 있다. 고대에는 勳一等이 관위로서는 正三位에 상당했으므로 공가에서는 大納言에 상당한다. 그러므로 로쥬에게 이것을 부여한다면 관위가 낮아도 勳位는 높으므로 외국으로부터도 그 나름대로 경의를 표할 것이므로 결과적으로 '국체'를 얻게 되는 것이 된다.

이 설명에서는 훈1등이 곧 정3위라고 하여, 훈계제를 관위제와 병용하는 것에 지나지 않는 것처럼 되어 있다. 그러나 훈계제의 시행에 의한 새로운 관료체제를 실제로 구상하고 있던 하쿠세키에게 이 같은 설명은 명분론자를 의식한 것으로 밖에 생각할 수 없다.

하쿠세키의 훈계제 제창의 진정한 의도는 다음과 같은 그의 요시미츠에 대한 평가에서 찾아낼 수 있다.

만약 義滿이 不學無術하지 않았다면 이미 당시에 漢家(중국)와 本朝 古今의 제도를 講究하여 그 名號를 세워, 天子에 다음가는 존재로서 天朝(朝廷)의 公卿·大夫·士 외에는 六十餘州의 인민을 모두 그 신하로 하는 제도를 만들 수 있었을 것이다. 그랬다면 지금에 와서 이를 준거로 삼아 응용할 수 있었을 것이다.[61]

요시미츠가 '不學無術'한 인물이 아니었다면 당시(15세기 초기) 이미 중국과 일본의 古今의 제도를 연구하여, '征夷大將軍'에 대신하는 쇼군의 독자적인 칭호를 세웠어야 했다. 그에 의거하여 천황의 한 단계 하위에 위치시키긴 하지만, 公家를 제외한 일체의 세력에 대해 명실 공히 군림할 수 있는 체제를 세울 수가 있었을 것이었다, 고 하쿠세키는 평가하고 있다.

이러한 하쿠세키의 표현에는, 요시미츠가 실현하지 못한 것을 지금 새로이 이에노부를 세워 실현하려는 강력한 의지가 담겨져 있다.[62] 천황·公家를 완전히 정치로부터 배제하고, 쇼군을 일본의 진정한 帝王으로 세우기 위해서는 武家정권을 천황의 관위제로부터 완전히 독립시키지 않으면 안 된다.[63] 그러한 의미에서 하쿠세키의 훈계제 제창은 쇼군을 '국왕'으로 하는 새로운 武家的 관료체제의 편성을 궁극적 목적으로 한 것이다.

---

61) "モシ此人(義滿)ヲシテ不學無術ナラザラシメバ. 此時漢家(中國)本朝古今事制ヲ講究シテ. 其名号ヲタテ. 天子ニ下ル事一等ニシテ. 天朝ノ公卿大夫ノ外ハ. 六十余州ノ人民悉其臣下タルベキノ制アラバ. 今代ニ至ル共. 其遵用ニ便アルベシ."(「讀史餘論」)
62) 伊東多三郎, 3)의 논문, 10쪽.
63) 深谷克己는 48)의 책, 98~99쪽에서 다음처럼 논하고 있다. 일본 전국의 다이묘를 상하로 구분한 근세의 武家관위제는 쇼군이 그것을 자유자재로 관리할 수 있는 측면도 있는 반면, 천황으로부터 敍任되는 형태를 취하고 있기 때문에 쇼군의 專制化를 제어하는 장치도 되는 모순을 안고 있었다. 즉 쇼군도 位과 官을 천황으로부터 서임되기 때문에 무릇 다이묘와 같이 '朝臣'의 입장에 서 있었다. 참고로 쇼군의 位는 從1위에서 종3위 사이, 官은 쇼군직 외에 大臣직도 겸임한다.

또한 명분론자의 한 사람이었던 히시가와 다이칸(菱川大觀)도 『正名
緖言』의 「付祿」에서 하쿠세키의 국왕호 사용 의도에 대해, 교토 근처
에 한 개의 州를 설정하여 公家들의 食邑을 모두 그 안에 한정시키고
는, 무릇 다이묘는 하쿠세키가 말하는 '王朝'(幕府)에 소속시켜 그 官爵
의 임명도 쇼군 스스로 행하게 하고 새로운 官號와 服飾을 정하여 '一
代之法'을 세우려고 한 것이었다고 평하고 있다.[64] 그의 이러한 평가
에는 하쿠세키의 숨긴 의도가 잘 간파되고 있다.

하쿠세키의 저서로 알려진 지금은 남아 있지 않는 『經邦典例』(1721
년 집필)는, 일본과 중국의 古今 의례 제도를 연구한 것으로 그 안에는
田制考・貨幣考・車輿考・冠服考・樂舞考・職官考 등이 수록되
어 있었다고 한다. 그런데 이 법전에는 쇼군을 제왕으로 하는 통치체제
전반에의 하쿠세키의 구상이 어떠한 형태로든 그려져 있을 것으로 여
겨진다.[65]

잘 알려져 있듯이 하쿠세키의 정치사상이 명확하게 나타나 있는 것
은 「讀史餘論」이다. 하쿠세키는 이 책에서 시대구분을 '九變'과 '五
變'과를 조합하여 구성하고 있다. 즉 하쿠세키는 '구변'의 과정을 통해
公家의 권력은 쇠퇴하여 완전하고 영구적으로 武家의 손으로 돌아가
고, 武家도 또한 '오변'의 과정에 의해 천황에서 역대 막부정권을 거쳐
에도 막부에 이르렀다고 하고 있다. 그리곤 마침내 도쿠가와 쇼군은 최
종적으로 천하의 대세, 즉 '天'에 의해 太古의 聖王들과 같은 지위로까
지 높아졌다고 설명하고 있다.[66]

---

64) 菱川大觀, 『正名緖言』의 「付祿」(『日本經濟大典』 卷23 所收).
65) 『日本經濟大典』 卷4에는 「經邦典例序」가 있어 「田制考序」를 비롯해 각각
   의 서문만이 실려 있으나, 거기엔 유교경전・역대 중국왕조의 법제를 본보기
   로 들은 후, 일본 조정의 예악・법전의 쇠락한 현상을 논하며 그 정비를 주장
   하고 있다.
66) Ulrich Kemper・坂井榮八朗譯, 「'讀史余論'における時代區分の分析」(宮

하쿠세키의 역사인식을 보여주는 그의 여러 저서에서 일관되게 추구
되어지고 있는 것은 하나의 정치목적, 그것은 도쿠가와 쇼군으로 하여
금 중국의 유교 전통에 準하는 군주로 변화시켜, 文과 武·聖과 俗의
모든 권력을 한 손에 장악한 진정한 '국왕'으로 만드는 것이었다고 논
하고 있는 나카이는, 하쿠세키의 '복호' 의도도 그 일부분이었다고 간
주하고 있다. 나아가 그는 『古事記』나 『日本書紀』와 같은 記紀類에
수록된 神들의 神格을 부정하기 위해 논증한 하쿠세키의 『古事通』도
위와 같은 의도에서, 고대 이래의 천황을 일본의 유일불변의 군주처럼
만든 '天孫降臨'說을 해체하여 천황의 인간화를 꾀한 것이라고 단정하
고 있다.[67] 나카이의 이러한 평가는 제7장의 입장과 궤로를 같이하고
있다.

제4절 18세기 쇼군의 '국왕'화 조류

하쿠세키의 쇼군 '국왕'화에 동조하는 일단의 무리가 있었다. 유학을
업으로 삼은 儒者들이었다. 또한 그 같은 조류에 비난을 끼얹은 것도
유자들이었다. 지금까지 후자를 명분론자라고 칭하여 왔으나, 이에 대
해 前者는 帝王論者라고 칭하기로 하자. 여기서는 18세기를 중심으로
제왕론자의 인식과 그에 대한 명분론자의 비판을 검토하여 당시대 두
그룹의, 朝廷과 막부에 대한 인식의 차를 밝혀보고자 한다.

崎道生編, 『新井白石の現代的考察』, 吉川弘文館, 1985), 191~193쪽.
67) K. W. Nakai, 46)의 논문, 242~244쪽.

1. 무로 큐소(室鳩巢)와 유사 보쿠사이(遊佐木齋)의 '王'

하쿠세키가 쇼군의 제왕화를 착착 전개하고 있을 시기, 하쿠세키의
측근으로서 이에 협력한 사람이 무로 큐소(室鳩巢 : 1658~1734)였다. 하쿠
세키에 의해 추천되어 쇼군의 侍講이 된 큐소는 기노시타 준안(木下順
庵)의 門下生이었으므로 하쿠세키의 후배가 된다.

그는 『赤穗義人錄』(1703년 刊)에서 幕府를 '朝廷'이라 표현했을 뿐
만 아니라, 勅使의 에도왕림에 대해서도 '來聘東都'라 칭하여, 천황과
쇼군을 동렬에 놓으려는 의도를 나타내고 있다. 즉 '敵禮'관계에 쓰이
는 '聘'을 사용하고[제8장 주 12) 참고], 首都 교토(京都)의 對稱으로서 에
도를 '東都'라 부르고 있기 때문이다. 또한 그는 자신의 저서 『兼山秘
策』의 「國喪正義」에서, 야마자키 안사이(山崎闇齋)의 문하생 유사 보쿠
사이(遊佐木齋)와의 논쟁을 기술하고 있는데, 여기에는 그의 왕호에 대한
인식이 명확히 나타나 있다.68) 「國喪正義」란 이에노부의 사망에 즈음
하여 그 어린 아들 이에츠구(家繼)도 服喪해야 할 것이라는 하쿠세키의
의견에 찬성한 큐소가 그 의견의 정당함을 입증하기 위해 작성한 책으
로 이것이 보쿠사이에게 건네지는 것은 1713년 8월이다. 그런데 보쿠
사이가 주목한 것은 그 책의 내용보다 머리말 부분에 기록된 "先主文
昭王昇遐. 諸大臣奉幼主嗣位云々"라는 구절이었다. 즉 거기에 쇼군
이에노부가 '文昭王'이라고 '왕'으로서 칭해져 있기 때문이었다. 이하
에서는 그것에 대한 보쿠사이의 서간과 큐소의 답서의 주요부분을 언
급하여 검토하고자 한다.69)

---

68) 室鳩巢, 「國喪正義」(『兼山秘策』第二冊, 『日本經濟大典』卷6 所收),
   343~346쪽.
69) 荒木見悟, 「室鳩巢の思想」『貝原益軒・室鳩巢』(『日本思想大系』卷34 所
   收, 1970), 521쪽.

보쿠사이의 서간을 요약하면 다음과 같다.

① 일본은 중국과 달라 帝王 외에는 '王'이 없다. 따라서 당신이 책에서 사용한 王號는 쇼군을 제왕으로 간주한 것이 된다.

② 이 왕의 칭호는 勅賜에 의한 것인가? 그것이 아니라 쇼군은 실로 천하를 지배한다는 점에서 천황을 '虛位'로 보고 쇼군이야말로 '實位'라고 판단하여 이에 王號를 사용하고 있는 것인가? 하쿠세키의 의견도 같은가?

③ 쇼군에는 官位가 있지만 왕호에는 그것이 없는데 어찌하여 당신은 이를 사용하고 있는가?

④ 당신의 책을 보고 너무 놀라 차마 손으로 잡기조차 두렵다. 지금이 말세라고는 하지만 이와 같은 서술을 보고 탄식해마지않을 뿐이다.

⑤ 막부가 조선과의 외교에 '왕'을 사용하는 것은 이미 알고 있으며, 조선과의 일로 막부가 이를 사용하는 것이므로 이의가 없다. 그런데 내정상으로 저술을 통해 '왕'을 사용함은 어떤 연유에서인가?

이에 대한 큐소의 답서는 다음과 같다.

a) 왕호에 대한 칙허의 유무 및 그 배경 등은 알 수 없다.

b) 무로마치시대 이래 외국과의 서한 증답에 '王'을 칭한 先例도 있으므로, 나는 저술에서도 '王'을 거리낌 없이 쓰고 있다.

c) 중국에 황제 아래에 신하로서 '왕'이 있듯이 일본에도 천황의 아래에 親王·某王이라 있다.

d) 일본엔 천황 외에 정치와 형벌을 主管하는 '人主'(쇼군)가 있으니 이는 외국에는 없는 '神國의 風俗'이다, 라고 한 당신의 주장에는 異議가 없다. 그러나 천황 밑에서 정치와 형벌을 주관하는 사람이 있을진대 이를 '王'이라 하지 않고 뭐라 부르겠는가? 당신의 말처럼, '王'에는 쇼군과 같은 官位가 없다하지만, '將軍', '大臣'으로서 諸侯를 來朝케

하고 정치와 형벌을 주관하는 경우도 있는가?

e) 나의 저서를 필사해 놓았다면 태워버려라. 이런 왕호의 논의는 후대에 결정을 위임해야 할 것이다.

이 두 사람의 문답 서간에서 다음과 같은 사실을 알 수 있다.

첫째로 큐소의 왕호에 대한 확신에 찬 자세이다. 보쿠사이의, 제왕을 의미하는 왕호를 사용하는 것은 막부를 '實位'라고 간주하고 있기 때문인가, 라는 질문(①, ②)에 대하여, 규소는 직답은 피하면서도, 외교에서의 전례나 중국의 황제·王을 일본과 비교하여 답하고 있다(b·c). 이것은 하쿠세키의 논리와 마찬가지이다. 그런데 보쿠사이가 '將軍', '大臣'이 정치와 형벌을 관장하고 있는 일본의 현실에 대해 이를 '神國의 풍속'이라고 규정하여 비호하며 官位가 없는 王號의 사용을 힐문하자, 무릇 다이묘를 복종시키고 정치와 형벌을 주관하는 자야말로 왕호가 적절하다고 규소는 반박하고 있다(③·d). 이는 관위를 갖지 않는 '王', 즉 쇼군의 帝王化에 대한 뚜렷한 긍정이다. 보쿠사이가 쇼군의 정권장악의 현실을 '神國의 풍속', 즉 일본적인 것으로 특이화한 데 대하여, 큐소는 동아시아의 傳統王朝의 하나로 자리매김하는 것으로 통치자를 제왕이라 정의하려고 하고 있다.

큐소는 이처럼 보쿠사이에 대한 답신을 기록하고 난 다음 자신의 감상을 뒤이어 적어 놓고 있다. 그곳에 천황과 쇼군의 자리매김을 명확히 하고 있는 부분이 있으니 이를 소개해 보자.

현재 중국과 일본은 황제를 天子의 호칭으로 정하고 있다. 조선은 중국의 正朔을 받들고 있으므로 淸나라 황제를 고려하여 稱帝하지 않고 다만 조선국왕이라 칭하고 있으며, 조선의 刑政은 淸이 관여하고 있지 않다. 일본의 쇼군도 京都皇帝를 고려하여 일본국왕이라 칭하고 있지만, 천황의 正朔만을 받들 뿐 刑政은 모두 에도로부터 나오고 있으니 조선의 格과 같다고 하겠다. 만약 조선국왕에게 淸의 황제가 없

었다면 帝를 칭하는 데 주저하지 않았을 것이다. 일본의 쇼군 또한 위
로 천자가 없었다면 刑政을 주관하는 사람을 天子라 불러도 상관없었
을 만큼, 帝의 칭호는 사양하되 王을 칭하는 것은 당연하다 하겠다. 일
본은 神孫의 天子가 百代에도 바뀌지는 않았지만 政事에는 관여하지
않고 그 밑의 쇼군이 대신하여 刑政을 주관하고 있다. 이는 외국에는
없는 일이니 국가정무에 관여하지 않는 主를 帝라하고 정무를 맡은 主
를 王이라 칭하여 帝・王 2단계로 하지 않으면 아니 된다.[70]

즉 조선국왕은 內政上 淸 황제의 간섭 없이 정치와 형벌을 행사하
면서도 淸의 연호를 사용하는 것 때문에 '帝'는 사양하여 국왕이라 칭
하고 있다. 마찬가지로 쇼군도 스스로 정치와 형벌을 행사하고는 있지
만 '京都皇帝'의 연호를 쓰고 있기 때문에 稱帝는 사양하되 王을 칭하
는 것은 당연하다. 천황이 '神孫의 天子'로서 계속 이어져왔지만 정치
와 형벌에는 관여하지 않으므로 이를 주관하는 자를 王이라 칭하여 문
제가 되지 않는다, 고 주장하고 있다.

여기서 주목되는 것은 큐소가 중국황제='日本天皇'('帝')을 위에 두
고, 조선국왕=일본국왕('王')을 밑에 두는 논리를 펴고 있다는 점이다.
그야말로 '帝'와 '王'은 글자 뜻으로는 상하관계이다. 그렇지만 조선국
왕과 淸 황제는 조선과 중국이라고 하는 영역을 각각 실제로 통치하고

---

70) "只今唐日本共に皇帝を天子の号に相定申候. 朝鮮は唐の正朔を奉候故. 淸
の皇帝に遠慮候て. 朝鮮國王と称し申候. 左候へばとて朝鮮の刑政は自
國の所主にて淸より構不申候. 日本の武家も. 京都皇帝の遠慮にて. 日本
國王と称し申候. 是又只正朔を奉じ申迄にて. 刑政は悉く江戸より出申
候. 朝鮮の格と同事に御座候. 若上に淸朝無之候はば. 朝鮮も帝と称し候
て何事可有之候哉. 日本も上に天子無之候はば. 兎角刑政を主る人. 天子
と申者に候へども. 右の譯に候故帝号は遠慮被遊. 王と被称候事当然の
儀に奉存候. 日本は神孫の天子百代不易にて. 是は政事に御預無之. 其下
に武家有之候て刑政を御主り被成候事. 外國に無之事に候へば. 國家政
務に預らね主を帝と称し. 政務に預る主を王と称し. 帝王二段に不仕て
は不罷成候."

있다. 이에 비하여 쇼군('王')의 통치영역을 일본으로 할 때 천황('帝')에 게는 그것이 없게 된다. 조선의 內政에 대하여 淸의 황제는 중국대륙을 지배하고 있기 때문에 年號 등의 한정적인 영향력을 행사할 수가 있었다. 그러나 연호 제정 외에 실제의 지배영역을 가지고 있지 않는 천황이라면 이는 조선국왕처럼 실제의 통치영역을 가지고 있는 쇼군에 게 어떠한 존재였을까. 여기서 큐소가 천황을 어떠한 지위에 놓고 있었 는가가 명확해진다. 그것은 어떠한 직접·간접의 정치성도 배제된 존 재, 즉 연호만을 제정하는 '百代不易의 神孫의 天子'인 것이다.

둘째로 왕호에 대한 칙재 유무를 둘러싼 두 사람의 자세이다. 보쿠사 이는 칙재 여하를 확인하려고는 하면서도 그 태도는 소극적이며, 그것 을 주요 관심사로 하지 않고 있다(②). 큐소는 이에 대해 잘 모르겠다고 만 답하고 있다(a). 이것은 왕호의 사용이 칙재로서 해결되어야 할 사안 이 아님을 쌍방이 시인하고 있음을 보여주는 것이다.

셋째, 보쿠사이의 왕호에 대한 반응이다(④). 그에게 '왕'은 다름 아닌 천황이라는 인식이 변할 수 없는 고정관념으로 되어 있다. 그러나 조선 에 대해 왕호를 사용하는 것은 막부가 알아서 할 일이라고 하여 외교에 대해서는 관여하지 않을 자세를 나타내고 있다(⑤).

큐소는 보쿠사이에게 보내는 자신의 답서를 수록한 다음에, 야마자 키 안사이의 門下 사람들은 참으로 꽉 막힌 사람들이라서 구원할 방법 이 없다는 비난을 적어 넣고 있다.[71]

---

71) "此等の見にて山崎神道の筋より固滯候て. 不可救樣に罷成申候." 한편 조 선 후기의 유학자 이익은 그 저서 『星湖僿類選』의 「日本忠義」에서 야마자 키 안사이와 그 門下가 몰래 천황을 옹립하여 왕정복고를 꾀하고 있다고 지적 하고 있다. 이것은 일본을 다녀온 통신사로부터 들은 이야기에 근거한 것이나 흥미로운 지적이라 아니할 수 없다.

2. 다자이 슌다이(太宰春台)의 '山城天皇'과 예악론

다자이 슌다이(太宰春台 : 1680~1747)는 오규 소라이(荻生徂徠)에게 배운 古文辭學派의 한 사람이다. 그는 『經濟錄』의 「凡例」에서 '일본국왕'에 대하여, "현재의 大將軍은 海內(일본)을 지배하고 있으므로 일본국왕이다. 室町家(무로마치 막부) 때에 明나라 영락제가 鹿苑院殿(요시미츠)에게 일본국왕이라 칭한 서한을 보낸 것도 그 때문이었다."라고 하여 쇼군의 '日本國王' 호칭을 당연시하고, 요시미츠에 대한 永樂帝의 冊封도 그가 일본의 실제 통치자였기 때문이었다고 하여 대내적 측면을 강조하는 입장에서 이해하고 있다.[72] 그리고,

> 當代(에도시대)에 東照宮(이에야스)이 山城의 천황을 삼가여 겸손한 나머지 왕호를 칭하지 않았으니, 참으로 훌륭한 덕행이지만 국가의 尊號를 바르게 하지 않으면 문자로 나타내고 서적에 실을 때 뭐라고 칭할 호칭이 없다. 大君이라 칭하는 사람도 있지만 참칭이다. 대군은 천자이기 때문으로 쇼군의 尊爵이 아니다. 大樹라고도 하나 이는 쇼군의 別號이다. 무로마치 때부터 公方(막부)이란 호칭이 있었지만 또한 의리 없는 문자이다. 일본과 중국의 체제를 살펴보아 왕이라 칭하는 것 이외에 적당한 존호는 없다.[73]

라고 설명을 더하고 있다. 즉 이에야스가 '야마시로(山城)天皇'을 위해 왕호를 사양한 것은 오히려 '국가의 존호'를 업신여기는 결과를 가져왔

---

72) 『荻生徂徠·太宰春台集』(『大日本思想全集刊行會』, 1932), 218~219쪽.
73) "当代ニハ東照宮ヨリ山城ノ天皇ヲ憚ラセ玉ヒ. 謙退ニ過テ王号ヲ称シ玉ハス. 誠ニ盛德ノコトナレトモ. 國家ノ尊号正シカラサレハ. 文字ニ顯シ. 書籍ニ載ルニ及テ. 何モ称シ奉ヘキ称ナシ. 大君ト称シ奉ル者アレトモ僣称也. 大君ハ天子也. 將軍ノ尊爵ニ非ス. 大樹云モ將軍ノ別号也. 室町ノ時ヨリ公方ノ号アレトモ. 義理ナキ文字也. 和漢ノ体制先蹤ヲ考ルニ. 王ト称シ奉ルヨリ外ニ. 然ルヘキ尊号ナシ."

다고 하고 있다. 이는 간접적인 이에야스 비판도 되므로 주목된다. 특히 '국가'를 막부정권에, '山城'을 천황에 관련시켜 대조적으로 표현한 것은 슌다이의 천황관을 남김없이 나타낸 것으로 보인다. 여기서 '야마시로'(山城)란 교토의 일부 지역 이름이다. 이것은 후술하는 것처럼 명분론자로부터 강하게 비판 받는 바가 된다. 또한 '大君', '大樹', '公方'에 관해서도 각각 참칭과 쇼군의 별호 및 '의리 없는 문자'에 해당한다는 이유로 쇼군의 칭호로서 부적당하다고 말하고 있다. 나아가, 하쿠세키의 왕호 사용에 관하여는 결단 있는 행위로 義에도 합당하다고 높이 평가하고 있다.[74]

슌다이는 역대 武家정권이 국호를 세우지 않은 것에 대해서도 다음처럼 비판을 가하고 있다.

즉 '中華'에서는 왕조가 바뀔 때마다 국호를 세우는데, 그것은 천하를 새로이 한다는 뜻에서였다. 그런데 일본에서는 公家의 시대에는 일본이라는 本號를 칭했을 뿐으로 별도로 국호를 세우지 않았다. 武家의 代가 되자 '鎌倉の代', '室町の代' 등이 국호에 대신하여 일반적으로 사용되었다. '中華' 사람은 當代를 말할 때 그 국호를 말한다. 그리고 그 朝廷을 國都·本朝라고 칭한다. 그러나 국호가 없는 일본의 현 시대를 칭하는데 보통 '御當代', '當御代'라고 하는데, 자신은 '御'를 빼고 '當代'라고 쓰고 있다. 그것은 '御'가 천황에게만 사용하는 용어이기 때문이다.[75]

여기서 슌다이가 역대 武家정권을 중국의 역대왕조에 비유하여 국호를 세워야 한다고 하는 것은, 무가정권의 교체를 유교의 역성혁명에 결과된 것으로 평가된 것으로 이해할 수 있다. 그런데 천황을 참칭할

---

74) "文廟(家宣)ノ朝鮮王ニ復書シ玉ヒシニ日本王ト称セラレシハ決斷ニテ. 義ニ当レルコト也. 僭称ト云ヘカラス."
75) 72)의 책, 「凡例」, 221쪽.

수 있어 '御'를 빼서 '當代'라고 현세를 부른다는 그의 주장은, 전술한 그의 주장, 즉 쇼군의 제왕화 긍정 주장과는 모순되고 있다. 아마도 '御' 사용의 범람 현상에 대한 대응에서 표현이 과장된 것인지, 또는 명분론자에 대한 제스처였는지도 모르겠다.

나아가, 순다이는 유학자로서 예외 없이 禮樂에 관해서도 논하고 있다.[76] 즉 禮는 만사의 규범이며 儀式이라고 규정하던가, 예악이 없으면 천하를 다스릴 수 없다는 등 예악의 본질에 대해 언급하면서, 일본에서는 武家의 세상이 되고나서부터 예악이 쇠퇴하고 무로마치시대 이후엔 일부 특정가문에서 형식화된 일상적인 행동거지를 禮로 하고, 사루가쿠(猿樂)란 것을 樂으로 하여 이를 '朝廷'(막부)의 의식에 사용했다, 며 예악의 쇠퇴를 탄식하고 있다. 그러나 이미 쇠퇴한 公家에서는 아직 古來로부터의 예악만을 이용하고 있어, 서민조차도 공가의 예악에 접하면 숭엄한 마음이 되는 것은 그것이야말로 예악의 기능이기 때문이라고 평하고 있다. 이러한 비유로 막부의 예악 정비의 필요성을 주장하고 있던 순다이는 나아가 '五禮'를 상세하게 설명하여,[77] 그 적용을 논하고 있다. 예악의 정비야말로 쇼군의 제왕화에 크게 기여할 수 있다고 순다이는 믿고 있었음에 틀림없다. 이러한 신념은 하쿠세키가 가진 그 것과 마찬가지다.

순다이의 저서라고 일컬어지는『三王外紀』는 세 쇼군인 츠나요시(綱吉)·이에노부(家宣)·이에츠구(家継)의 事蹟을 기록한 책이다. 여기서 그는 세 쇼군을 각각 '憲王', '文王', '章王'이라 기록하고, 쇼군의 취임을 '卽位', '大統의 承', 쇼군의 嫡子를 '太子'라 부르고 있으며, 천황의 朝廷에서 막부에 파견하는 使者인 勅使를 대등한 의미가 들어 있는 '聘'을 써서 '聘使'라고 표현하고 있다. 이는 그가 에도막부를 하

---

76) 72)의 책,「禮樂條」
77) '五禮'에 대해서는 제2장의 주 37)를 참고할 것.

나의 王朝로서 정착시키려 하고 있었음을 보여주는 것이다.

3. 오규 소라이(荻生徂徠)의 勳階制

오규 소라이(荻生徂徠 : 1666~1728)는 하쿠세키와 같은 시대의 유학자
이다. 쇼군 츠나요시의 총애를 받던 각료 야나기자와 요시야스(柳澤吉保)
의 추천으로 막부에 임용된 그는 講學 등에 힘썼으나, 츠나요시의 사망
과 새 쇼군 이에노부의 등장으로 요시야스와 함께 정계에서 은퇴하게
된다. 그런 만큼 그는 이에노부의 정치고문인 하쿠세키에게 좋은 감정
을 가지고 있었을 리가 없을 것임에도, 쇼군 요시무네에게 올린 정치적
의견서 『政談』에서는 하쿠세키와 똑같이 勳階制의 시행을 주장하고
있어 주목된다.[78]

소라이는 현재의 관위제가 公·武 각각 별도로 세워져 있긴 하지만
그것이 위세만으로 무리하게 만들어져 있다고 비판하고, 이에 대신하여
훈계제를 실시해야 한다고 제안하고 있다. 특히 "천하의 모든 다이묘들
이 모두 (쇼군의) 부하이지만 관위는 천황으로부터 綸旨·位記로 받기
때문에, 내심으로는 천황을 진짜 임금이라 여기는 무리들도 있을 것이
다. '당분간 (막부의) 위세가 두려우니 부하로서 참고 있자', 는 마음가
짐을 없애지 않으면 훗날 안심하지 못하는 근거가 될 것이다."라고 우
려하고 있다.[79] 즉 관위제가 가진 본질적인 약점으로서 武家정권이 형
식적으로 조정의 관위제에 포함되어 있다는 점을 우려하여 훈계제의

78) 荻生徂徠著·辻達也校注, 『政談』(岩波文庫, 1987), 163~170쪽.
79) "天下の諸大名皆々御家來なれども. 官位は上方より綸旨·位記を下さ
る事なる故に. 下心には禁裡を誠の君と存ずる輩もあるべし. 当分ただ御
威勢に恐れて御家來分になりたるというまでの事. などと心得たる心根失
せざれば. 世の末になりたらん時に安心なりがたき筋もあるなり."

필요성을 지적하고 있으니, 이는 뒤에 오는 메이지유신의 전개를 생각할 때 예언적인 일면을 가지고 있다고 할 수 있다. 소라이가 훈계제의 사용으로 관위제를 극복하려고 한 점에서 하쿠세키와 극히 유사한 인식을 소유하고 있었음을 알 수 있다.

소라이는 또 훈계제 시행의 필요성을 통신사에 대한 접대 格位와도 관련지어 다음과 같이 논하고 있다.

三使의 접대역으로 고산케(御三家 : 이에야스의 세 아들 집안)를 설정한 것은 에도시대 초기, 고잔(五山)의 長老나 하야시 라잔(林羅山)과 같은 '文盲'들이 三使와 고산케가 똑같이 三品·三位의 관품을 갖고 있다는 것을 이유로 한 것이다. 그러나 三使와 고산케를 同格으로 한 이 관례는 조선국왕과 천황을 동등시한 것이 되므로, 쇼군은 그보다 한 단계 아래에 처해지게 되어 國體를 손상하는 심히 합당하지 못한 일이 된다. 조선과의 외교를 관장하는 것은 천황이 아니라 쇼군이므로 쇼군과 조선국왕이 동격이어야 하고, 고산케는 古代 천황정권의 宗室이나 一位의 親王으로 간주해야 한다. 하쿠세키가 고산케를 三使의 접대역에서 배제한 것도 그러한 이유에서였다. 이 고산케의 배제에 三使가 의문을 제기한 것은 고산케가 지닌 三位란 官位를 중시했기 때문이었다. 이러한 모순을 해결하기 위해서도 武家에 勳階制를 실시하여 勳三等의 해당자를 三使 접대역으로 임명하면 조선 측도 이를 이해할 것이다.

여기서 소라이는 고산케의 三使 접대의 관행을 평가하여, 이는 천황=조선국왕이 되므로 결과적으로 쇼군은 한 단계 밑이 되어 國體를 손상시키는 것으로 논하고 있다. 바꿔 말하면 조선국왕과 쇼군과의 동격화를 國體의 유지로 보고 있는 것이다. 그리고 "만약 조선이 천황에게 使者를 보낸다면 三位의 官位를 가진 자로 하여금 접대케 할 수 있지만, 일본의 옛 법으로 비추어 조선국왕과 천황을 동격에 놓을 수는 없다. 천황은 皇帝이고 조선왕은 王位이기 때문이다."라고 말하고 있다.

이로 보면 마치 천황을 上位에 두고 그 밑에 쇼군과 조선국왕을 동격
으로 위치시키려 하고 있는 것처럼 보인다. 그러나 "조선인의 來聘件
은 결코 천황의 朝廷과는 상관없는 일로, 오직 武家만의 관장하는 일"
이라며, 조선국왕과 쇼군과의 외교관계를 사실상 천황과는 연관시키지
않고 있다. 즉 兩者간의 관계 속에 천황의 개입이 전혀 고려되고 있지
않음을 알 수 있다.

다이묘들이 내심으로라도 쇼군을 진짜 君主로 인식시키기 위해서
勳階制의 실시를 제언하고 있는 소라이에겐, 천황이라는 존재는 '帝'
라고 하는 추상적 상위관념 그것으로, 그 이상도 그 이하도 아니었다
고 볼 수 있다. 따라서 三使의 접대역으로 勳階 三等에 해당하는 사
람을 담당케 한다면 "明朝 · 淸朝의 경우도 훈계 일등을 官位 一位
와 동격으로 보므로" 조선도 이를 승낙할 것이라고 소라이는 논하고
있다. 이는 중국(帝位)의 관위 一位＝일본의 훈계 일등＝조선(王位)의
官品 一品이라는 논리로, 그가 帝位와 王位를 구분하지 않고 있음을
알 수 있다. 그러므로 前述한 소라이의 '國體를 손상하는 일'이란, 천
황이 조선국왕과 동격이 되었기 때문에서가 아니라 일본의 진정한 君
主인 쇼군이 조선국왕과 동격에 처해지고 있지 않는 현행의 관례를
가리키고 있다. 소라이에게 국체의 유지란 어디까지나 쇼군을 그 중심
에 놓은 것이다. 이러한 그의 국체관념은 하쿠세키의 그것과 같다고
할 수 있다.

또한 미나미가와 이센(南川維遷)은 『閑散余錄』(1770년 刊)에서, "文廟
(이에노부 : 家宣)의 世에 행했던 여러 가지 法度가 이전의 쇼군 때와 달
랐던 것은, 이 모두가 하쿠세키의 뜻에서 나왔기 때문이다. … 진정으
로 위압적인 干戈의 氣를 버리고 융성한 文國이 되려던 차에, 文廟의
薨去로 인하여 하루아침에 이를 폐지했음은 참으로 유감스러운 일이
다."라고, 하쿠세키의 제반개혁이 그 이전의 武斷정치 체제를 탈피하여

'文國'을 지향한 것이었다고 높이 평가하고, 이에노부의 사망으로 이러한 개혁이 좌절되었음을 크게 애석해 하고 있다.

4. 히시가와 다이칸(菱川大觀)의 '關儒' 비판

히시가와 다이칸(菱川大觀)은 『正名緒言』에서, 쇼군에 대한 적절한 칭호가 없지만 '關儒'(에도의 儒者)의 주장하는 王號보다는 '大君'이 적당하다고 하고, 그 이유를 '대군'은 왕호보다 천황에 대해 우회적인 표현이 되기 때문이라고 논하고 있다. 그러나 '洛儒'(교토의 儒者)가 막부를 '覇府'라 칭하고 있는 것에 대해서는 쇼군이 사실상 일본을 통치하고 있다는 이유를 들어 이에 반대하고 있다. 이는 쇼군을 覇者 이상의 존재로 인식하고 있음을 보여주는 것이다. 여기서 주목되는 것은, 帝王論者를 '關儒', 명분론자를 '洛儒'라고 각기 에도와 교토의 儒者로 양분하고 있는 것이다. 막부와 직접·간접의 관련을 가진 에도의 儒者그룹을 '關儒'라 칭하고 있는 것으로 보아 결코 제왕론자가 소수가 아니었음을 알 수 있다.

그러나 막부를 '覇府'라고 칭하는 데는 반대한 大觀이었지만 '關儒'가 에도를 '東都', '江都'라 하고 교토를 '西都', '西京'이라 칭하는 것에 대하여는, 이는 마치 일본이 東과 西로 양분되어 있는 것처럼 구분하고 있는 것이라고 비판하고 있다. 덧붙여 일본은 옛날부터 천황의 居所만을 '都'라 하고 역대 쇼군정권의 居所는 낮춰 '府'라고만 칭해 왔다고 설명하고 있다. 그는 또 슌다이가 천황을 '야마시로(山城)天皇'이라하고 큐소가 칙사를 '聘使'라고 기술하고 있는 것에 대해, 그들의 이러한 행위는 용서할 수 없는 '悖逆'의 죄인이라고 평가하고 있다.

교토 출신의 아사미 케이사이(淺見絅齋 : 1652~1711)도 주자학적 명분론에 의거하여 尊王思想을 강조한 야마자키 안사이의 제자이다. 그는 "儒者의 서간 등에 東武(에도)를 東都라고 쓰는 자야말로 名分 제일의 過誤"라 하여, 교토만이 진정한 정통의 首都라며 에도를 '東都'로 부르는 제왕론자를 통렬히 비난하고, 이는 천황을 존경하는 도리를 어긴 죄인이므로 때에 이르면 의병을 일으켜 이를 응징하여 천황의 은혜에 보답해야 한다고 말하고 있다. 그는 자신의 문하생인 미야케 간란이 미토(水戶)藩에 초빙되어 『大日本史』의 편찬에 종사한다고 할 때, 미토藩도 다름 아닌 막부의 종친藩이므로 그곳에서 봉사하는 것은 허락할 수 없다고 하여 간란을 파문에 처한 인물이다.[80]

5. 나카이 치쿠잔(中井竹山)과 유아사 죠잔(湯淺常山)의 명분론

나카이 치쿠잔도 大觀처럼, "東儒의 칭하는 朝廷·宮闕·御溝·園陵·馳道 등의 문자는 특별히 그 假借·혼용을 삼가 해야 한다."고 하여, 황실에 한정시켜 쓰이는 용어들을 '東儒'가 막부에 대해서 사용하고 있다고 비판하고 있다. 여기서 '東儒'란 앞서 말한 '關儒'와 동일한 그룹을 말한 것이다. 이어서 '東儒'가 쇼군·막부와 관련하여 칭한 제반 용어를 구체적으로 열거하여, 그것이 텐노를 참칭한 용어였음을 비난하고 있다. 그가 例로서 열거하여 비난한 것은, '○宗', '○廟', '上', '大行', '陵' 등이었다.

유아사 죠잔(湯淺常山)도 『文會雜記』에서 슌다이가 천황을 '야마시로(山城)天皇'이라 표현하고 있는 것에 대해, "슌다이는 現 막부를 혁명의 결과로 보고 朝廷은 '山城'의 勝國으로 간주하고 있다."고 하여, 슌

---

80) 上垣外憲一, 『雨森芳洲』(東京 中央公論社, 1989), 23쪽.

다이가 천황의 조정을 이미 멸망한 왕조('勝國')로 평가한 것을 비난하고,[81] 이어서 다음과 같은 논리를 전개하고 있다.

> 百王이 一姓인 일본은 일본 이외의 나라를 오랑캐로 설정하고 있다. 이는 春秋之義를 따른 것이다. 학자 중에 이런 인식을 갖지 않는 자가 있는 것은 참으로 애석한 일이다. 일본은 또한 百王 一姓으로 인심을 복종시키고 있으므로 찬탈이 일어난 적이 없었다. 이야말로 외국이 일본을 칭찬하는 근본이라 할 수 있다.[82]

여기서, "학자 중에 이런 인식을 갖지 않는 자"란, 아마도 帝王論者를 가리키고 있는 것일 게다. 그리고 이른바 일본의 '萬世一系의 텐노家系'('百王 一姓')가 대내적으로는 인민을 복종케 하여 찬탈을 불가능하게 하고, 대외적으로는 일본을 '華'로 하는 대전제로 설정되어 있다고 하는 죠잔의 논리가 특히 주목된다. 이렇듯 '華'의 기준이 이른바 일본역사 이래 순수혈통을 유지했다고 보는 천황의 家系로 귀착되고 있음은 명분론자들에게 공통된 논리였다.

이상과 같이 조정과 막부의 관계를 둘러싼 제왕론자의 인식과 이에 대한 명분론자의 비판을 검토해 보았다. 여기서 양자가 등장하는 배경으로서 에도시대 유교의 전국적 보급과 주자학의 통치이념으로서의 적극적인 수용이 있었던 점, 이런 경향이 18세기에 들어 절정에 달하고 있었다는 점 등을 들을 수 있겠다. 그 와중에서 쇼군의 지위에 대해서도 유교적인 측면에서 되묻기에 이르렀던 것이리라.

하쿠세키 등의 제왕론자의 경우, 조화의 순환에 의해 천지간의 모든

---

81) 湯淺元禎, 55)의 책, 297쪽.
82) "日本ニテハ百王一姓. トカク日本ノ外ノ國ヲバ夷狄ト立ベキコトナリ. コレ春秋ノ意モチナリ. 學者ノコレニ氣ノ付ヌハ大ニ無念ナルコト也. 又百王一姓ニ人心服シテヲルユヘ. 簒奪ヲ行フコトナラヌナリ. コレ外國ヨリ日本ノ人實氣ナル處ナリ."[湯淺元禎, 55)의 책, 281쪽]

것이 변화한다는 유교적 합리주의에 기초하여 쇼군의 현재적 위치를
유교의 정치사상의 하나인 易姓革命의 결과로서 파악하려 하고 있
다.[83] 즉 천황은 이미 멸망한 왕조의 '京都天皇', '야마시로(山城)天皇'
이며, 그 대신 '朝廷'(막부)의 '國王'(쇼군)이 일본의 명실 공히 지배자가
되었다고 보고 있다. 그러므로 새로운 훈계제를 실시하여 관료체제를
재편하고 예악을 정비하는 것은 쇼군의 제왕으로서의 덕치질서의 구현
때문에서라도 필수불가결한 것이라고 인식하고 있었다.

이에 대해 호슈 등의 명분론자는, 주자학의 명분론에 의거하여 천황
의 황실을 超역사적인 것으로 규정하고 텐노의 고대적 권위를 그대로
현재화하고 있다. 그리고 유교적 합리주의인 순환론을 거부하여 동아시
아 역대왕조에 보이는 역성혁명론에 의한 왕조교체를 부정하고 있다.
"하늘에 두 개의 태양이 없듯이 나라에도 두 사람의 至尊이 없다."는
일관된 인식을 명분론자들은 가지고 있었던 것이다.[84]

명분론자는 또 치쿠잔의 『逸史』에 보이듯이, 천황·大君(쇼군)의 상
하 명분의 구체화 작업을 통해 현실에서의 양자의 공존을 시도하였다.
그래서 그들은 쇼군을 중국 春秋시대의 諸侯로 설정하기에 이르렀다.
다만 호슈의 논리에서 보듯이 쇼군을 '제후의 長'이라 하여 지방 세력
인 다이묘들과 구분하고, 覇者의 의미를 긍정적으로 해석하여 쇼군정
권의 존립을 허용하고 있다. 大觀은 쇼군을 패자로 격하시키는 데에 대
해 이를 주저하여 그 以上의 존재로 보려하고 있다.

그러나 유교경전에 있어서 '제후의 長'은 天子를 가리킨다. 천자에
게 있어 제후의 大小는 있을지언정 자신 외에 별도로 제후의 長은 존

---

83) 荒木見悟, 69)의 논문, 519쪽.
84) '天無二日, 國無二尊.' 한편 제왕론자도 궁극적으로는 천황을 배제하고 쇼군
만을 일본 유일의 제왕으로 자리매김하려고 하였다는 점에서는 명분론에 준거
한 것이다.

재할 수 없다. 더욱이 유교에서 覇者는 궁극적으로 타도되어야 할 존재로 되어있다. 또한 大觀처럼 쇼군을 패자 이상의 위치에 놓는다면 이는 帝王이나 다름없게 되고, 호슈처럼 패자의 의미를 재설정하여 쇼군을 위치시켜도 이는 임시적인 통치자에 불과하게 된다. 결국 유학자인 명분론자들은 유교경전에 의거한 천황·쇼군간의 관계를 재설정하는데 실패할 수밖에 없게 된다. 이에 이 兩者관계를 일본적인 것으로 受容할 수밖에 없다는 결론에 이른다. 전술한 보쿠사이의 표현을 빌리면 '神國의 風俗'이 그것이다.

"일본역사 이래 찬탈 한번 없이 존속된 천황의 王室을 가진 일본이야말로 '華'의 중심"이라는 일본적 華夷관념이 명분론자들에게 점차 보편적인 관념으로 되어가는 것을 앞서 소개한 죠잔의 주장에서 볼 수 있다. 이러한 일본적 華夷관념은 18세기 후반에 융성하는 '고쿠가쿠' (國學)에서 더욱 강조된다. '고쿠가쿠'의 대표적인 학자 모토오리 노리나가 (本居宣長 : 1730~1801)는 『玉くしげ』에서 "일본은 아마테라스 오오미가미(天照大神)의 본국이며 皇統이 지배하는 나라이므로 모든 나라의 元本 大宗이 되는 나라다. 모든 나라가 다 같이 이 일본을 받들고 臣服하여 四海內는 모두 진정한 道에 따라 순종치 않으면 아니 된다."고 하여, 일본을 모든 나라가 臣服해야 할 '華'의 중심국가로 설정하고 있다.

맺음말

하쿠세키가 조선과의 외교에 사용하기로 한 국왕 칭호는, 천황을 참칭하는 것이 아니며 외교상의 요청에 근거한 것으로 외교용에 불과하다고 역설한 것이었다. 그럼에도 불구하고 一過性的인 개혁으로 막을 내려 다음 쇼군 요시무네 때엔 폐지된다. 국왕 칭호는 에도막부의 창시자 이에야스가 조선에 보내는 서한에서 이미 자칭한 전례가 있다고 하여 그 사용을 '祖宗之法'이라 '복호'로서 자리매김하여 그 사용의 정통성과 필연성이 강조된 것이었다. 그럼에도 불구하고 차기 통신사의 도일에는 관례였던 '대군'으로 되돌아가고 만다.

왜 그랬을까? '복호'론이 이에야스의 명예를 더럽혔기 때문이었을까? 에도시대 초기 대마도의 대조선 외교문서 개작행위를 긍정하였기 때문이었을까? 아마도 그 이유는 오직 하나일 것이다. '국왕'=천황이었기 때문일 것이다. 더욱이 하쿠세키 스스로 '국왕'=천황을 부정하면서도 실제로는 조정으로부터 막부의 완전독립을 도모했기 때문이다. 에도막부가 천황의 전통적 권위를 인정하고, 그것을 막부의 권위 유지에 이용하기 위해 존속시켰다고 하는 측면에서, 하쿠세키의 복호론의 의도는 그 제기하는 애초부터 실패가 예정되어 있었다고 할 수 있겠다.

이후 1780년대부터 천황의 朝廷儀式, 즉 전통적 의식이며 천황만이 행해 왔던 古代의 의식이 그대로 복구되어 간다. 이는 천황의 권위 강화에 그대로 직결되는 것이었다. 쇼군 요시무네의 이후, 막부가 쇼군을 중심으로 한 제왕으로서의 의식을 정비해 나가지 못하고 패자로서 안주하게 된 것과는 반대로, 천황의 朝廷은 그 권위강화에 직결되는 의식의 복원에 나서고 있었다. 이러한 사실은 천황이 쇼군의 上位的 존재로서 점차 정치에 등장하고 있음을 알려주는 것이라고도 볼 수 있다. 이리하여 천황이 언제라도 정치 前面에 부상할 가능성은 점차 커지게 되었다.

1853년 페리제독의 開國 요구에 대해 천황이 정치적 발언권을 갖게 되는 것은 결코 막부의 요청에 의한 결과만은 아닐 것이다. 이미 막부와 쇼군이 '朝廷', '國王'이기를 포기하고 패자로서 정권을 일시 위임받았다는 '征夷大將軍'에 머문 결과일 것이다. 쇼군은 스스로의 역량으로 해결치 못하는 국가적 위기상황이 도래하면 그 上位的 존재인 천황에게 언제라도 정권을 되돌려야 하는 입장에 서 있었던 것이다. '征

夷大將軍'정권으로 남아있는 한 메이지유신과도 같은 王政復古는 필연적인 귀결이었을지도 모른다. 아마도 18세기의 제왕론자들은 이를 예견하고 예방하려 했었던 것이리라.

하쿠세키의 복호론은 그 논리가 동아시아 국제사회에 보이는 보편적인 국제관계를 중시한 것으로, 명분론자의 '二元的 元首制'의 모순을 답습한 논리에 비한다면 그 나름대로 높게 평가할 수 있다. 그러나 국왕호의 천황에 대한 참칭 측면을 숨기기 위해 고안된 '국왕', '천황'간의 분리 논리는 뒤에 메이지 정부가 대조선 외교에 이 논리를 이용하는 기반이 되었다고 여겨진다. 물론 천황의 존재를 가지고 조선국왕을 하위에 놓는 인식이 전통적으로 일본에 존재하고 있었을 것이나, 그 인식을 논리화한 것은 하쿠세키일 것이다. 노리나가도 '국왕'은 외국이 천황에 대해 사용하는 칭호라고 하고 있다(「馭戎慨言」 1978년 간행). 이것이 계기가 되어 천황은 즉 황제격이라 하여 조선국왕 앞으로 천황이 '勅書'格의 서한을 내는 것은 메이지 정부 성립 직후였다.

쇼군의 '국왕'화를 둘러싼 18세기의 찬반논쟁은 유학자 계층의 저변 확대와, 그에 따르는 천황·쇼군이라는 이원적 통치체제에 대한 유학자 계층의 懷疑가 있어 가능했을 것이다. 제왕적 존재를 실제권력자였던 쇼군에게서 찾아 이를 정점으로 하는 禮的 질서를 구현하려고 한 국왕호 찬성자인 제왕론자의 의도는 그런 점에서 동아시아의 전통적인 왕조에의 접근이었다고 자리매김할 수 있다. 그 반면, 명분론자는 주자학적 명분론으로부터 일본은 神國이라는 神國論을 재확인하는 것에 그쳤다고 할 수 있다.

이러한 18세기의 '이원적 원수제'에 대한 유학자 계층의 동요는, 18세기말부터의 고쿠가쿠(國學)의 융성과 인과관계를 가지고 있다고 여겨진다. 그리고 메이지유신에의 이행에도 하나의 먼 원인이 되었다고 추정된다. 이 점에 관하여는 앞으로의 전망으로서 제시하여 놓고자 한다.

제8장
아라이 하쿠세키의 조선과의
聘禮 개혁의 의도

머리말

1711년 아라이 하쿠세키(新井白石)는 조선의 通信使 來聘을 맞이하기에 이르러 여러 가지의 聘禮 개혁을 행했다. 그런데 그것들은 모두가 禮的 관점에 기준하여 행해진 것이었다. 武士정권이 시작된 12세기 말의 가마쿠라(鎌倉) 막부 이래 막부에 의한 이러한 의례 정비는 처음이자 마지막이 된다. 주목되는 것은 그 빙례의 頂点에 천황이 아닌 쇼군이 있다는 점이다. 그 이전까지의 儀禮에는 궁극적으로 朝廷이 주관하는 것으로 되어져 있고, 그 의례의 정점에는 천황이 설정되어 있어 천황을 권위화하는 주요 수단이 되어있었다.

하쿠세키의 對조선 빙례개혁 중에서 國王號의 '復號'건에 대해서는 이미 제7장에서 다루었으므로 여기서는 이 외의 점에 대해 검토하기로 한다. 이와 관련한 기존 연구로서는 미야자키 미치오(宮崎道生)의 종합적 연구나, 미야케 히데토시(三宅英利)의 통신사(이하 信使라 약칭)를 통해 본

朝·日 외교사의 선구적인 연구 등이 있다.[1]

　그런데 미야자키의 경우, 하쿠세키의 대조선 개혁을 평가하여, 和平·簡素·對等이 그 기본 방침이었다며 미야케와 동일한 시각을 나타내고 있다.[2] 이는 전체적으로야 타당한 분석이라 할 수는 있지만, 빙례의 내용 분석이나 그 의미 등에 관하여도 명확히 했다고는 말할 수 없다. 예를 들어 하쿠세키는, 고대 천황의 외국 사신에 대한 引見 빙례

1) 이와 관련한 기존연구는 다음과 같다.
　宮崎道生,「正德の朝鮮來聘」「新井白石と朝鮮聘使問題」「新井白石と趙泰億」(『新井白石序論』(增訂版), 吉川弘文館,. 1976).
　宮崎道生,「朝鮮使節の応對」「日本國王号の復行」(『新井白石の研究』, 吉川弘文館, 1958).
　三宅英利,「新井白石の制度改変と通信使」(『近世日本關係史の研究』, 文獻出版, 1986).
　三宅英利,「朝鮮官人の白石像」(官崎道生編,『新井白石の現代的考察』, 吉川弘文館, 1985).
　李元植,「新井白石と朝鮮通信使－筆談と唱和を中心に－」(官崎道生編,『新井白石の現代的考察』, 吉川弘文館, 1985).
　栗田元次,『新井白石の文治政治』(石崎書店, 1952).
　武田勝藏,「宗家史料による復号一件」(『史學』 5-1, 1927).
　武田勝藏,「正德信使改礼の敎諭原本に就て」(『史林』 10-4, 1918).
　黑木淸三,「白石と朝鮮聘使」(『國史界』 2-9·10, 1918).
　今村鞆,「新井白石と朝鮮特使」(『朝鮮』 147, 1926).
　友納養德,「新井白石の鮮使待遇改正に就て」(『歷史敎育』 2-5, 1953).
　山田義直,「新井白石と朝鮮使者の待遇」(『歷史敎育』 4-5, 1955).
　松田甲,「日鮮史話」(朝鮮總督府, 1929) 卷1의「新井白石の詩と朝鮮信使」, 卷3의「朝鮮に名を博せる木下順庵」, 卷4의「日本に名を留めたる李東郭」
　松田甲,「續日鮮史話」(朝鮮總督府, 1930)의「正德朝鮮信使と加賀の學者」
　多田正知,「正德辛卯朝鮮通信使と日本の漢文學」(『斯文』 18-2, 1936).
2) 宮崎道生,「朝鮮使節の応對」(『新井白石の研究』第二章, 吉川弘文館, 1958), 49～52쪽.
　三宅英利,「新井白石の制度改変と通信使」(『近世日韓關係史の研究』, 文獻出版, 1986), 391·425쪽.

를 참고로 하여 쇼군에게 이를 행하게끔 하고 있으나, 이러한 사실들마저 단순히 조선과의 '敵禮'(대등한 禮) 관계를 지향하기 위한 것이라고 간주할 수 있을까 의문이다. 또한 하쿠세키가 대등·화평을 기본방침이라 했다면 어찌하여 곳곳에서 信使 측과 대립을 일으키고, 國諱 논쟁을 일으키면서까지 당시까지 막부가 사용한 적이 없던 국휘를 적용하려고 했을까? 게다가 하쿠세키가 제안한 易地聘禮는 신사의 빙례 장소를 관례보다 후퇴시켜 에도에서 대마도로 옮기자고 하는 것이었는데, 하쿠세키가 왜 이러한 제안을 내놓게 되었는가에 대해서도 만족할만한 설명이 되어지고 있지 않다. 이것은 기존연구의 분석시각이 하쿠세키의 개혁 의도를 단순히 대외적인 차원에서 논했기 때문에 생긴 한계라 할 수 있을 것이다.

제8장의 기본적인 분석방법은, 우선 하쿠세키에 의한 제반 개혁의 내용이나 국휘 논쟁의 전모를 검토하고, 다음으로 역지빙례의 제기 등에 보여지는 하쿠세키의 의도가 쇼군의 '국왕'화 작업으로서 일관하고 있는 것인가 어떤가를 밝히고자 하는 것이다. 그 결과 규명될 하쿠세키의 의도는 제7장에서 분석한 하쿠세키의 '복호' 의도와 본질적으로 같을 것이라고 여겨진다. 이러한 하쿠세키의 의도는 나아가 조선 前期의 무로마치 막부에 대한 '敵禮的 교린' 정책과 유사하다는 것을 지적하고 싶다. 하쿠세키가 三使(正使·副使·從事官)와 다툰 것은 禮的 가치를 기저에 놓았기 때문으로, 그런 하쿠세키의 자세는 조선 전기의 對日 외교에 이미 표현되어 있었던 것들이다. 그러한 측면에서 하쿠세키와 前期조선을 비교 검토하여 볼 필요가 있다고 생각된다. 그럴 경우 아무래도 후기조선의 대일 외교는 前期조선과 비교하여 수동적인 대응을 보이고 있는 듯하다. 이상의 관점에서 제8장은 제2장과 밀접한 관련을 가지고 있음을 지적할 수 있을 것이다.

그런데 제8장의 전개에 즈음하여 미리 언급하고 싶은 것은, 하쿠세

키의 저술 중에서 자주 인용할 예정인「奉命教諭朝鮮使客」,「朝鮮國
信書の式の事」,「國書復號紀事」,「朝鮮聘使後議」를 각각「教諭」,
「信書」,「紀事」,「後議」라고 약칭하여 표현한다는 것이다. 이들은
『新井白石全集』제3~4권에 수록되어 있다.

제1절 아라이 하쿠세키의 對조선 빙례개혁

하쿠세키가 조선에 대한 제반 빙례를 개혁함에 즈음하여 그 이유로
서 지적한 것은 다음과 같은 것이었다.

첫째로, 에도막부의 빙례에 대한 인식이 소략했다고 하는 점이다.

하쿠세키는 센고쿠(戰國)시대(1467~1568)의 혼란을 수습한 에도막부가
그 초기에 임시로 채용한 소략한 빙례를 여태껏 사용하여 왔다고 평하
고(「教諭」), 이러한 임기응변적인 빙례는 일본 고대의 빙례나 조선의 아
시카가 쇼군의 사자(日本國王使)에 대한 접대의례를 참고하지 않은 것이
었기 때문에 '국체'를 손상하는 것이 되었다고 비판하고 있다(「折たく柴
の記」卷中).

둘째로, 조선 측의 非禮를 방치하여 왔다고 하는 점이다.

하쿠세키는 正德期(1711~1715)의 빙례개혁에 관해 스스로 평가한
「後議」(1715년 2월 완성)에서, 에도시대 초기는 조선 신사의 도일에 즈음
하여 그 접대 빙례를 설정하지 않아 조선 사절이 文事를 가지고 일본
에 우월함을 뽐내는 불손한 일을 나무라지 못하고 끝내 신사의 무례함
을 그대로 방치하고 말았다고 하고, 막부의 각료 중엔 신사를 '勅使'라
칭하고, 조선에 보낸 국서에서 명나라를 '天朝'라고까지 써넣은 사람도
있었다고 들고는, 막부의 빙례에 대한 無知가 조선 측의 무례를 방치하

는 결과를 초래했던 만큼 그 개정이 긴급 과제라고 제기하고 있다.

셋째로, 지금이야말로 예악을 정비할 때라는 것이다.

하쿠세키는 「教諭」에서, 에도막부가 시작된 지 100년이 경과된 지금이야말로 의례체제를 정비할 수 있는 好機라고 하는 인식을 나타내고 있다. 유학의 장려와 유학자의 우대가 실현된 前 쇼군 츠나요시(綱吉)의 시대를 거쳐 現 쇼군 이에노부(家宣)의 대에 이르러 文治정치는 절정에 달해 있었으므로, 이러한 시대적 배경에서 대조선 빙례개혁이 제창되어야한다고 그 필연성을 강조하고 있다.

넷째로, 신사 접대의 비용이 과다하다고 하는 것이다.

하쿠세키가 당시 公卿 고노에 이에히로(近衛家熙)에게 보낸 서한에는, "그 사신을 접대하는 의례는 각별히 과중하여 (일본 전국의) 60여州의 재력을 쏟아 부어 맞이하므로 막부가 天使(천황의 사자)를 접대하는 것의 100배에 달한다."라고 하여, 신사 접대의 현상을 비판하고 있다.[3]

그러나 이 신사 접대비용의 절약 제창이 단순하게 경제적 이유에서만 내어진 것으로는 여겨지지 않는다. 유교의 禮的 가치관에서는 오히려 과한 접대를 꺼리고 있기 때문이다.[4] 후술하지만 신사 측의 하쿠세키의 빙례 개혁에 대한 평가는 오히려 '우대'였으며, 그러한 점에서 접대비용의 절약 측면만이 아니라 예적 측면과도 관련지어 제창되었을 것이라 보여진다.

---

3) "其使ヲ接待ノ礼. 事の外に過キ候て. 六十余州ノ力ヲ用ひ盡して送迎せられ. 我天使ヲ待せられ候ニ百倍し …."[陽明文庫 所藏, 官崎道生, 앞의 논문 2), 50쪽 참고]
4) 『禮記』의 「聘禮」에는 빙례에 圭(玉)를 사용하는 이유를 "此輕財而重禮之義也, 諸侯相勵以輕財重禮, 則民作讓矣."라고 하여, 예의를 중히 하고 재물을 가벼이 하게 하기 때문이라고 있다.

1. 개혁 빙례의 내용

그러면 이하에, 이러한 예적 측면을 중시하여 내어진 개혁 빙례를 가지고 검토하여 보자. 다만 국왕호의 '복호'에 관하여는 제7장에서 상세히 언급했으므로 여기서는 생략하기로 한다. 다음의 ①~⑥은 「敎諭」에서 인용한 것이다.

　　① '進見·賜饗·辭見儀'(쇼군의 3회 引見 의례)
　　옛 사례로서 唐·宋 이래 중국이 외국사신의 朝聘에 답하여 행한 의례는 세 가지였다. 즉 書·幣를 중국황제에게 올리는 '入見' 의례, 사자를 향응하는 '錫宴' 의례, 귀국에 즈음하여 답례의 서·폐를 내리는 '朝辭' 의례가 그것이다. '本朝'(朝廷)의 옛 의례에도 중국의 그것과 같은 3개의 의례, 즉 '進見', '賜饗', '辭見' 의례가 있었는데 무로마치 시대 이후는 행해지지 않고 있었다. 조선의 경우에도 같아서 '일본국왕사'에 대해 '進上肅拜', '闕內宴', '下直肅拜'라고 하는 3개의 의례가 행해졌었다. 그런데 지금 막부의 의례를 보면, 외국 사자에의 접대 의례는 '進見'하는 날에 '賜饗'을 겸하여 1회 행하는데 그치고 있다. 이것은 바다를 건너 멀리서 오는 사자에 대한 '朝廷'(막부)의 의례라고 할 수 없다. 따라서 '사향'과 '사견' 의례를 각각 별도로 다른 날을 정하여 행하여야 하며 특히 '사향' 때엔 內殿에서 雅樂을 사용하여 연회를 베풀기로 한다.[5]

---

5) 하쿠세키가 가장 역점을 둔 것은 이 쇼군의 3회의 引見 의례에 해당하는 進見과 賜饗 및 辭見 儀註였다. 이것은 진견 7節, 사향 4절, 사견 4절로 나누어 참가자의 행동을 자세히 기록한 것으로 50점 정도의 그림도 첨가되어 있다. 막부는 이것을 각각 관리에게 나눠주어 품속에 넣어 완전 습득하게 했다고 한다. 이에 대해 桂川元廉은 『踐好錄』에서 "國家百年以來, 未嘗有儀注者, 嗚呼禮文之盛, 至是不可復加矣."라고 찬미하고 있다[栗田元次, 앞의 책 1), 521쪽].

② '受書儀'(조선국서의 전달역)

중국 옛 빙례에서는 어느 나라의 사자가 다른 나라를 빙문할 경우 홀(圭)을 손에 들어 올리는 것은 正使이다. 宋과 遼·金 사이의 외교관계에는 '적례'가 취해졌지만,[6] 그 상호 빙례 할 때에도 正使가 서한을 올렸다. 明代 '蕃使'도 東宮(황태자)에게 서한을 올리는 때만이 아니라, 명나라 관청인 중서성·도독부·어사대를 방문할 때 정사가 선도하여 행했다. 本朝의 옛 의례도 같았다. 그런데 지금 막부의 의례를 보면, '進見' 의례에 즈음하여 신사의 上上官(首譯堂上, 정3품 이상의 역관)이 국서가 든 상자인 서갑을 두 손으로 받쳐 올리고 삼사에 앞장서 가 이를 殿外에서 일본 측 受書人에게 건넨다. 이에 수서인이 쇼군에게 이 서갑을 올린 후에 삼사는 절을 올리고 있다. 그런데 이처럼 정사가 직접 국서를 올리지 않는 것은, 자기 나라 임금의 명을 행함에 의해 그 임금을 공경한다고 하는 옛 의례의 뜻을 정사 스스로 거스르는 것이 된다. 따라서 이번부터는 상상관이 서갑을 받쳐 올려 선두에 서고 삼사가 그 뒤를 따르게 하지만, 쇼군의 御殿에 이르러서는 서갑을 정사에게 넘기고, 정사는 이를 어전의 한 가운데에서 일본 측 수서인에게 맡기는데, 이 과정은 모두 무릎을 꿇고 행하게 해야 할 것이다.

③ '書幣及使者位'(書·幣·使者의 위치)

중국 옛 빙례의 경우 첫째로, 정사가 홀을 가지고 堂에 올라 堂의 서쪽 기둥(西楹)의 서쪽에서 東面하여 君命을 바치고서 그 홀을 中堂과 동쪽 기둥(東楹) 사이에 놓는다. 둘째로, 짐승 가죽이나 말 등 '庭實'(方物)은 뜰을 3등분하여 남쪽에 늘어놓는다. 셋째로, 幣는 첫째처럼의 순서로 올린다. 송과 요·금과의 '적례' 경우, 예물을 殿下에 늘어놓고 사자는 그 뒤에 선다. 明代 동궁의 '蕃使'에게 행케 한 '進見' 의례를 보아도 堂下의 북쪽에서부터 箋案·方物案·使者拜位 순서로 배열하고, '蕃使'가 중서성·도독부·어사대에 참례할 때에도 같은 순서였다. 本朝의 옛 의례에서도 그러했다. 그런데 신사에 대한 막부의 의례를 보면, 그 예물은 전각 앞 처마 밑에 늘어놓고, 시지는 殿內에서 拜位에 서게 하도록 되어 있으나 이는 옛 의례에 부합되지 않는다. 그러

---

6) 하쿠세키는 「敎諭」에서 "宋時南北敵國之禮" "宋は南, 遼·金は北也. 對待の禮を敵國の禮といふなり"라고 宋과 遼·金 관계를 대등한 관계로 보고 있다.

므로 지금부터는 이를 고쳐 書案(書)은 殿上의 중앙에, 예물 중의 폐물
(幣)은 서안의 남쪽에, 庭實은 남쪽 처마의 서쪽이나 뜰 위에 늘어놓고,
사자의 拜位는 그 폐물의 남쪽에 자리하게 한다.

④ '賓位'(사자의 方位)

옛 빙례에는 主君이 賓客에게 술을 내리는 의례 때 빈객의 위치는
서쪽이었다. 서쪽이 客位로 되었기 때문이다. 그런데 막부는 쇼군이 삼
사에게 술을 내릴 때 신하의 위치인 동쪽에 자리하여 西面하게하고 있
다. 지금부터는 삼사를 서쪽에 서게 해야 할 것이다.7)

⑤ '獻主'(相伴役)

중국의 옛 燕禮(宴禮)에는 빈객에 대한 主君 측의 상대역으로 '宰
夫'가 있었다. 본조의 옛 의례에서는 共食使가 그 역할을 맡고 있었다.
그런데 에도막부는 1636년 이후 고산케(御三家 : 德川家康의 세 아들 家門으
로 有力다이묘)가 삼사의 상대역을 수행케 하여 왔다. 더구나 고산케를
客位인 서쪽에 자리하고 삼사는 臣位인 동쪽에 앉게 하였다. 게다가
고산케가 먼저 삼사에게 술잔을 권하는 예법을 취하고 있다. 그러나 고
산케는 '王室'(쇼군 가문)의 종친이 되기 때문에 삼사와는 격위도 다르며,
이러한 예법은 빈객을 공경하여 위로하는 옛 의례의 뜻에도 어긋난다.
따라서 이번부터는 고산케 대신에 領客使에게 공식사의 직책을 겸하

---

7) '賓位'에서의 '主東·賓西'(주인 동쪽, 손님 서쪽)라고 하는 하쿠세키의 주장
   은 『禮記』나 宋·明 등의 例로 보아 올바르다. 그런데 조선은 그와 반대로
   '賓東·主西'라고 하는 인식이 이미 무로마치시대부터 있었다. 즉 1441년에
   渡日한 통신사 변호문이 管領 畠山持國에게 "客東·主西, 禮也"라고 주장
   한 것이 그것이다(『세종실록』 25년 10월 갑오조). 그러나 이 위치는 도일한 조
   선 사신이 북쪽에서 南面한 조선국왕의 位를 가상하여 대마도 宗氏나 大內氏
   와 상견례를 행할 때의 것으로, 그 경우 東은 西보다 상위에 해당한다. 그러나
   에도시대의 경우는 東을 단순히 상위로 파악할 수 없다. 그것은 북쪽에서 南
   面한 쇼군이 있기 때문으로 그때의 東과 西는 上·下라기 보다는 다만 主·
   賓으로 구분하는 것이 타당할 것이라 여겨진다. 다만 본문의 ⑤로 보면 삼사
   는 서쪽의 고산케에 대해 동쪽에 座位를 계속해 온 듯하다. 그러나 고산케가
   삼사와 대작하는 이때는 쇼군이 이미 퇴장하고 없으므로 東은 西에 대해 상대
   적 上位라고 하는 일반적 인식이 조선 측에 작용을 준 듯하다.

게 하여 동쪽에 앉히고, 삼사는 서쪽에 자리하게 한다.

⑥ '內宴服'(연회의 복장)

지금까지는 조선 사자가 公服에 신을 신고 연회에 참석하고 있지만
이 복장으로는 긴 시간 앉아있는 것이 불편하며, 더욱이 빈객을 위로하
는 燕禮의 본뜻에도 맞지 않는다. 지금부터는 연회 때 사자에게 평상
복을 입게 하고 일본 측 참가자도 가리기누(狩衣)를 입고 참가케 해야
할 것이다.

⑦ 와카기미(若君)에의 빙례 중지

쇼군 이에노부의 후계자인 와카기미(若君 : 여기선 이에츠구[家継])는 아
직 어리므로 조선 신사의 예단 증정과 그에 수반되는 절을 받기가 곤란
하다. 전번 1682년에도 도일한 신사에게 막부가 와카기미가 어리다는
것을 이유로 그 대행으로서 執政에게 절하기를 요청했던 일이 있으나,
대행에게 절을 할 수는 없다고 삼사로부터 거부되었던 적이 있다. 이번
에도 그러한 분쟁이 재발하지 않는다는 보장이 없으므로 아예 와카기
미에의 예물 증정과 拜禮를 중지시켜야 할 것이다(「折たく柴の記」卷中).

⑧ 執政(로쥬)에의 예조참판의 書幣 폐지

執政・近侍・京尹은 모두 일본의 大臣級이며, 조선 議政府의 議
政(정1품)과 동격에 해당됨에도 불구하고 조선은 執政 앞으로의 서계와
예물을 예조참판(종2품)으로 하여금 내게 하고 있다. 무로마치시대에는
九州探題使마저도 의정부로부터 서계를 받은 적도 있으므로,[8] 지금부
터는 예조로부터 執政에게 보내는 서계나 폐물을 중지한다(「折たく柴の
記」卷中).

---

8) 조선 초기 九州探題(今川了俊)와 의정부와의 書契에서의 응대가 『太祖實錄』
3년 10월 정축・4년 7월 임진조에 보이긴 하지만, 예조가 외교를 전담하는
1414년까지의 한시적인 것에 불과하다. 그 이후 일본 지방 세력에 대해서는
예조가 서계를 내고 있다(高橋公明, 「外交儀礼よりみた室町時代の日朝關
係」『史學雜誌』91-8, 1982).

⑨ 執政의 삼사 위문 폐지

지금까지는 執政이 쇼군의 上使로서 오카자키(岡崎)에 도착한 신사의 머무는 客館에 문안해왔다. 그러나 執政이란 조선에서는 삼사(正3品급)가 아닌 의정부의 의정과 동격이다. 또한 무로마치시대 쇼군의 사자가 조선에 파견되었을 때엔 의정의 위문을 받았던 적 또한 없다. 따라서 이번부터는 執政 대신 高家를 오사카·교토·슨푸(駿府 : 현 시즈오카)의 객관에 파견하여 신사를 위로하게 한다(「折たく柴の記」卷中).9)

⑩ '階下迎送'

삼사가 객관에서 쇼군의 上使를 맞이하고 보내는 위치는 楹外(전각기둥의 바깥쪽)에서 하는 것이 관례였다. 지금부터는 섬돌 계단을 내려와 뜰에서 하도록 하게 한다(階下迎送). 또한 삼사가 객관에 들어올 때에도 가마에 탄 채 들어오는 것을 금지한다.

⑪ 路宴의 규정과 마른 음식의 접대

신사에 대한 일본의 접대는 朝廷에서 막부에 파견하는 '天使'와는 비교도 되지 않을 정도로 과도한 것이었다. 지금부터는 일찍이 조선 측이 아시카가 쇼군의 사신을 접대한 예를 본받아 개혁해야 할 것이다. 즉 왕환로에서의 잔치는 4개소로 한정하고, 그 이외의 지나는 길에서는 해당지역의 다이묘가 마른 음식을 급여하기로 한다. 이것은 의례의 번잡함 때문에 불만이었던 조선 신사로부터도 환영받을 터이다(「折たく柴の記」卷中).

이상이 하쿠세키가 설명한 개혁빙례의 이유와 그 내용이다. 여기서 하쿠세키의 개혁 이전의 빙례 성립과정을 신사 기행기록집인 『海行摠載』로 더듬어보면 쇼군의 인견빙례가 1회로 정해지는 것은 1607년의 제1차 회답겸쇄환사의 때부터이다. 또한 조선국왕의 예물이 西楹의 바깥쪽에 진열되고, 삼사가 東位에 처해지게 되는 것도 이때부터이다(경

---

9) 高家란 로쥬 아래 속하며 官位는 다이묘에 준한 官職. 막부의 儀式典禮를 담당하며, 勅使·公家의 접대 등에 종사했다.

섬,『해사록』6월 6일조). 고산케가 삼사의 상대역이 되는 것은 1617년(오윤
겸,『東槎上日錄』8월 26일조), 쇼군의 상사가 오카자키(岡崎)에 파견되어 신
사를 위문하는 것은 1624년 때부터이다(강홍중,『東槎錄』12월 1일조). 그리
고 상상관이 국서를 받들어 일본 측에 건네는 것은 1655년부터이다(남용
익,『扶桑錄』10월 8일조).

2. 개혁 빙례의 의미

전술한 하쿠세키의 제반 빙례개혁은 어떻게 평가할 수 있을까, 이에
관하여 논해보자.

우선 첫째로, 禮的 가치기준을 철저히 기저에 깔고 있다는 것이다.
즉『禮記』등의 유교경전의 가치관을 일관되게 반영하고 있다. 예를
들어 상상관이 아닌 정사가 국서를 받든다거나, 사자의 앞쪽에 조선국
왕의 예물(幣)을 진열하는 것 등에 의해 조선국왕을 공경하는 것이 되게
한 것(②, ③), 빈객의 노고를 위로하고 즐겁게 하는 것이 빙례라고 한
것(①, ⑥), 주인이 東位, 빈객이 西位라는 자리 설정(④) 등이 그것에 해
당한다.

둘째로, 동아시아 전통적 여러 왕조의 빙례를 모범으로 하고 있다는
것이다. 즉 唐・宋・明朝나 前期 조선의 빙례, 고대 일본 조정의 빙례
를 기본으로 참고하여 구성하고 있는 것이다.[10]

셋째로, '적례'적 관점에 충실하다고 하는 것이다. 즉 송과 요・금과
의 '적례' 관계상의 빙례나(②, ③) 조선의 '일본국왕사'에 대한 접대빙례

---

10) 여기서 '동아시아 傳統王朝'란 유교이념을 통치이념으로 삼고 이를 현실정치
　　에 구현하기 위해 부단히 노력한 중국이나 그 주변의 왕조를 가리키는 것으로
　　개념화를 시도하여 본 것이다. 그렇다면 이에 해당하는 왕조는 漢族왕조인
　　唐・宋・明朝, 주변왕조로서는 조선왕조 정도를 꼽을 수 있을 것이다.

가 참고 되었으며(①, ⑤, ⑧, ⑨, ⑪), 그런 의미에서 대등한 빙례관계를
지향하고 있다. 이는 하쿠세키가 신사의 도일을 앞두고 조선의 '일본국
왕사'에의 접대의례가 되는 『해동제국기』의 「朝聘應接紀」를 고대 일
본조정의 빙례와 비교・抄釋하여, 이를 쇼군에게 올린 것으로부터도
이해할 수 있다. 또한 「敎諭」에서,

> 여기에 관리들에게 명령하여 賓禮를 만들게 했다. 우선 쇼군 대대
> 로의 옛 법을 바치게 하고, 三代로부터 大明까지의 예의를 참고하여
> 일본과 조선과의 균형을 꾀하여 高低가 없게 하였다.[11]

라고 논하고 있는 것도, 쇼군 가문 대대로의 옛 법과 중국 夏・殷・周
三代로부터 明代까지의 빙례를 참고로 하면서 조・일 양국의 대등한
'적례'관계를 구축하려고 한 것을 보여주는 것이다. 그리고 신사의 도
일을 '來聘'이라고 칭하여 용어상으로도 대등한 관계를 지향하려 하고
있다.[12] 1719년의 신사에 대해서는 재차 이 '내빙'을 '來朝'라고 칭하

---

11) "ここに役人どもに命じて賓礼を議定せしむ. まづ. 將軍家代々の古法を
奉じうけて. さて. 三代より此かた大明までの礼儀をかんがへ. さて. 日
本と朝鮮とのつりあひをはかりて. 高下なきやうにす."
12) 宮崎道生, 앞의 논문 2), 68쪽에서, 일본의 조선에 대한 정치적 우월관은 "조
선사절의 來朝를 來聘이라고 부른 것에 단적으로 나타나고 있다."라고 하고
있다. 그는 또 『定本折たく柴の記釋義』(增訂版), 114쪽의 '聘使' 설명에서
도 "도쿠가와 막부에서는 朝貢을 의미하는 聘使라고 하는 호칭을 하고 있으
나 조선 측에선 최초 回答使, 이후는 통신사라고 하는 대등의 입장을 보이는
문자를 사용하고 있다."라고 말해 '來聘', '聘使'를 각각 '來朝', '朝貢'使와
동일시하고 있다. 그러나 이 단정은 '聘'에 대한 외교사적인 용례의 변천으로
볼 때 올바르지 않다. '빙'은 즉 『禮記』의 경우, 「曲禮下」에는 諸侯 사이에
大夫 파견을 통한 聘問을 가리킨다. 같은 책의 「王制」에는 제후의 天子에 대
한 알현을 '朝聘'이라 칭하고 있으나, 다만 이 경우엔 '朝'라고 하는 상하관계
를 보이는 문자가 붙어 있다. 그러나 漢代 이후가 되면 '朝'가 붙은 것 이외의
명사화된 이른바 '○聘', '聘○'은 모두 대등관계에만 사용되게 된다. 宋과

기도 했지만, 이에 대하여 무로 큐소(室鳩巢)는 무지한 자들의 망발이라
고 신랄하게 비판하고 있다.[13]

　넷째로, 쇼군을 帝王的 존재로 자리매김하려는 하쿠세키의 의도가
충분히 표현되어 있다는 것이다. 여기서 제왕이란 절대적인 권력을 가
지고, 동시에 그 권력의 행사를 天命에 의거한 것으로 나타낸다는 이른
바 유교경전 속의 天子와 같은 존재라고 하여 좋을 것이다. 하쿠세키가
고대 일본 조정이 행하던 빙례를 참고로 하여 이를 모방하려고 한 것은
'本朝舊儀'를 예로서 삼고 있는 것으로부터도 알 수 있다(①, ②, ③, ⑤).
그러한 의례의 정점에 천황을 자리하지 않고 그 대신에 쇼군을 앉혀놓
고, 고대 천황이 행했던 3회의 인견의례를 행케 하고(①), 고대 천황의
사자였던 '共食使'(⑤)·'領客使'(「조빙응접기」 抄釋 참고)를 쇼군의 사자
에게 호칭케 해 삼사를 맞이하게 한 것은 국왕호의 제창 의도와 같이
쇼군의 제왕화에의 실제적 작업이다. 즉 그때까지 쇼군이 가지고 있던
권력에 더하여 천황의 고대적인 권위까지도 쇼군에게 부여하려고 한
것이다(제7장 제3절 참고). 하쿠세키는 이러한 의도에서 執政의 외교적 지
위도 예조참판이나 삼사가 아니라 의정부의 의정과 동격으로 설정하고
있다(⑧, ⑨). 또한 삼사의 접대역이었던 고산케도 조정의 관위 3위라는
입장이 아니라 '왕실'의 宗親이라고 자리매김하여 삼사의 접대역에서
제외시켰다(⑤). 이들 개혁에는 관위제로부터 쇼군을 독립시켜 그 권위
를 높이려고 하는 의도가 보이고 있다.

　遼·金과의 경우가 그 좋은 예로, 양측이 서로 사절 파견에 관하여 '入聘',
　'報聘', '使聘', '聘使'라고 칭하고 있다(宋·遼·金朝의 「禮志」 참고). 조
　선의 『海東諸國紀』의 「日本國紀」에도 쇼군의 직무에 관하여, 國政과 이웃
　나라와의 외교(國政及聘問隣國)를 전담하고 있다고 설명하고 있는데, 여기서
　의 '빙문'의 '빙' 또한 대등한 나라와의 외교를 가리키고 있다.
13) 室鳩巢, 『兼山秘策』(『日本經濟大典』 6, 406쪽), "阿世曲學の儒, 無知妄作
　の事無是非存候."

　다섯째로, 쇼군의 지위를 승격시켜 조선국왕과 동격으로 하려했던 개혁이었다고 하는 것이다. 이것은 개혁의 전반에 걸쳐 기본이 되어 있다. 그와 동시에 부분적으로는 조선 측도 만족시키는 내용을 포함하고 있다. 즉 ①, ③, ⑥, ⑪이 그것이다. 예를 들어 ①의 '進見' 의례의 경우, 전례와 비교하여 극히 정중한 의례로 바뀌어져 있다. 몇 가지 그 변화를 소개하면, 막부 측이 조선의 국서를 받아서는 낭독한다든가, 삼사가 입장하여 퇴장할 때까지 쇼군이 줄곧 앉아 있다거나, 삼사를 인견한 쇼군이 조선국왕의 안부를 묻는 것 등이다. 이전에는 국서를 읽지 않았고, 삼사가 퇴장하기 전에 쇼군이 그 자리를 떴으며, 쇼군은 삼사에게만 위로의 말을 건넸었다. ⑪의 경우에도 보면, 지나는 길 곳곳에서 행했던 신사에의 격식이 결여된 번잡한 향응을 4회로 제한하고, 부패하기 쉬운 찬거리(熟饌)를 마른 음식(乾物)으로 바꾸고 있다. 이 또한 일찍이 신사 측이 희망했던 것이었다.

　그런데 빙례개혁 중에 庭下拜를 제외시킨 것이 무엇보다 주목된다. 동아시아 전통 왕조들이 의례를 행할 때에 "殿上의 君·庭下의 臣"이라 자리매김하는 것은 그것이 君臣間의 의례에 기본적인 공간관계이었기 때문이다. '적국'간에도 이와 같았다. 즉 상대국의 사자를 맞아서는 뜰아래(庭下)에서 殿上의 군장에게 拜禮시키는 것이 '적국'간 引見빙례의 기본이었다. 이를 모르지 않을 하쿠세키가 개혁에서 굳이 삼사에의 정하배 적용을 제외시킨 이유는 어디에 있었을까? 그것은 다음처럼 생각되어진다.

　즉 前期조선의 成宗이 무로마치 막부에 파견하는 신사에게 분부한 것에, '일본국왕사'가 조선에서 정하배를 행하고 있는데도 막부 측은 신사에게 楹外拜(殿閣 기둥 바깥쪽에서 행하는 절)를 행하고 있으니, 이번 신사는 쇼군에게 정하배를 자진하여 행하도록 하라는 것이 있었다. 즉 정하배는 제왕의 외국 사자를 인견할 때의 기본적인 의례이지만, 이를 조선만이 '일본국왕사'에게 행케 하고, 일본이 조선 사신에 대해서는 시행하지 않으면 '적례'가 되지 않으니, 그 때문에 오히려 군신의 의례가 되고 만다고 성종은 그처럼 명한 것이었다(제2장 제3절 참고). 이와 같이 하쿠세키가 에도 막부의 관례에 따라서 정하배는 사행의 최말단의 사람에게만 행하게 한 것은, 에도시대 초기 이래 조선국왕이 일본사신에게 직접 인견의례를 행한 일이 없었기 때문일 것이다. 즉 일본 측만이 삼사에게 정하배를 시행케 하는 경우, 儀禮的으로 조선은 일본의 대등한 '적국'에서 하위의 나라로 떨어지기 때문이다.

덧붙여 말하면, 에도시대 삼사의 쇼군에 대한 배례는 楹內拜였다. 영내배란 즉 영내(전각의 기둥 안쪽)의 上堂에 쇼군의 座位를 설정하고, 삼사는 그 상당이나 中堂에서 배례를 행하는 것이다. 이는 무로마치시대의 영외배보다도 공간적인 차가 더욱 좁혀진 것을 의미한다. 즉 쇼군과 삼사는 君臣의 방향을 의미하는 북·남쪽에서 서로 마주보는 것이라고는 하지만 시각적(공간적)으로는 거의 차가 없는 공간에 위치되어졌기 때문이다.

그런데 전술한 것처럼 개혁된 빙례는 기본적으로는 예적 관념에 입각한 것이었지만, 그러면서도 조선 측에의 통고방식에 한정해 보면 일방적이고 非禮的인 것이었다. 이를테면 ①~⑥은 신사가 에도에 도착한 10월 18일(1711년)에 전달된 것이었고, ⑩, ⑪은 신사가 대마도에 입항한 때 전달된 것이었다. 또한 ⑦, ⑧은 대마도를 통해 문서가 아닌 구두로 조선에 전달된 것이었다(후술). ⑨의 경우는 사전에 통고했는지 어떤지 알 수 없다. 예적 관점에 충실하기 위해선 개혁내용이나 그 이유를 신사의 조선 출발 이전에 충분한 여유를 가지고 상대측에 통보하지 않으면 안 되었을 터이다. 그러한 순서를 밟는 것으로 조선 조정이 그 개혁에 이해를 나타내는 것도 가능할 수 있고, 그런 연후에 신사가 도일했다면 후술하는 것처럼 조선 측의 당혹과 반발은 생겨나지 않았

을지 모른다. 이런 非禮的인 통고는 하쿠세키가 제창한 '적례'적 빙례
개혁이 외교 그 자체에 비중을 두지 않고 내정상의 '쇼군 제왕화'에 주
안점을 두었기 때문이었을 것이다.

제2절 조선 측의 대응

여기서는 '적례'를 내세운 하쿠세키의 개혁 빙례에 대한 조선조정,
또는 신사가 어떻게 인식하고 어떠한 대응을 보였는가를 검토하기로
하자.14)

하쿠세키의 빙례개혁 준비는 1709년 6월, 쇼군 이에노부에게 「儀仗
の事」을 바친 날로부터 시작된다. 그리고 같은 해 10월에는 「儀式」에
관한 책자를 헌상하고, 1710년 정월에는 「聘使後議」를, 2월에는 「應
接事儀」, 4월에 들어서는 「國書王號の件」을 바치고 있다.15)

1. 개혁 빙례에 대한 조선의 반응

하쿠세키의 빙례개혁이 조선에 전달된 것은, 신사의 도일 일정에 비
추어 볼 때 시기적으로도 늦고 그 내용도 부분적이었다.

우선 執政 앞으로 내어질 예조참판의 서계와 예단의 폐지건, 와카기
미에의 예단 중지건이 대마도를 통해 조선 측에 통보된 것은 1711년
1월 말이었다. 더구나 그것도 東萊의 왜관에 들어간 '裁判倭'로부터

---

14) 하쿠세키의 개혁 빙례에 대한 조선 측의 논의 내용은 주로 三宅英利, 앞의
    논문 2), 391~408쪽에 의거하고 있다.
15) 宮崎道生, 앞의 논문 2), 817~818쪽.

구두로 전달된 것이었다.[16] 그리고 개혁의 이유로서 조선에 전해진 것은, 執政은 大臣에 해당하므로 그에게 예조참판 명의로 예물을 보내는 것은 '抗禮非便'이 되며, 와카기미는 어리며 아직 정식 후계자로 결정되지 않았으므로 조선의 예단을 받을 입장이 못 된다는 것이었다.

이에 대한 조선 측의 반응은, 당초엔 일본 측이 문서가 아닌 구두로 전달한 것을 문제로 삼아 이는 조선을 모욕한 것이며 중시해야 할 선례마저 무시한 것이라고 반대했다. 그러나 결국 조선은 대마도주(宗義方)에게 서한을 보내어 그 이유를 추궁하는 것으로 태도를 전환했다. 그것은 좌의정 서종태의 다음과 같은 의견에 의한 것이었다. 즉 와카기미에의 예단은 분명히 過禮라고 할 수 있고, 執政에게 보내는 예물 또한 부당하다고 할 수 있으므로 중지하여도 괜찮을 것이다. 다만 대마도주로부터의 문서도 받지 않은 채 이에 따르는 것은 국위를 손상시키는 결과가 된다. 그러므로 島主에게 엄중하게 힐문하여 그의 정식 서한을 요구하되, 만약 서한을 보내지 않으면 요청을 거부하여 종래처럼 시행하는 것이 좋을 것이다.

이 의견에 따라서 4월 중순 조선이 동래부사 이정신으로 하여금 도주에게 보낸 서계의 내용은 다음과 같다. 교린에 예물을 건네는 예의는 예로부터의 도리이다. 그런데 지금 갑자기 그 예의를 폐지하려는 이유는 무엇인가? 에도로부터의 지시라면 '문자'로서 통보하여야 할 것이며, 그런 연후에야 대마도 측과의 논의를 거쳐 신사를 파견할 수 있을 것이다(「紀事」所收).

이에 대해 5월 중순 대마도주의 서한이 한성에 도착했다. 서한의 내용은 위의 두 건의 개혁이유에 대해서는 막부의 명에 따를 뿐으로 상세

---

16) 와카기미에의 예단 중지가 막부에 의해 결정된 것은 대마도에 보내는 本多彈政少弼藤原忠晴의 서한에, '去歲秋朝廷建議'라고 있는 것에서(「紀事」所收) 신사 도일의 前年인 1710년 가을이었던 듯하다.

한 이유는 알 수 없다는 것이었다.

이에 대해 조선 측에서는, 개혁이 막부의 지령에 의한 것이라고 인정되지만 그 이유가 아직 불명인 상태에서 이에 응하는 것은 대일 교섭의 주도권을 일본에 빼앗기는 것이 된다고 반대하는 논의가 제기되었다. 그러나 執政 예단건은 人臣에게 私交의 義가 없다고 하는 일본 측의 주장이 禮的 관점에 나름대로 들어맞으며, 와카기미에의 예단건도 대마도주 측의 특별 요청으로 1643년의 使行에서 비롯된 것이므로 그 중지 요청에 굳이 반대할 필요가 없다, 고 하여, 그 두 건이 수용되기에 이르렀다.

2. '일본국왕'호의 조선 전달

국왕호에 대한 요청이 조선 측에 통지되는 것은 신사가 이미 한성을 출발하여 부산에 도착한 5월 하순이었다. 대일국서에 쇼군 칭호를 기존의 대군호로부터 국왕호로 바꿔달라는 것으로 이른바 '復號'의 건이었다.

대마도에 의해 행해진 국왕호 요청에 관한 전달 방식은 도주의 서한에 의한 방법이었지만, 애당초 하쿠세키는 대마도 측에 '국왕'건의 조선 통고를 은밀히 하라고 명령하고 있었다. 즉 대마도 측에 이 건이 전달된 것은 1711년 2월이며, 그것도 도주의 에도 저택으로 통보되었다. 그때 하쿠세키는, 이미 막부에 의해 개정된 대군호를 재차 고치는 것은 '御先祖'(이에미츠)의 '非'를 명백히 하는 것이 되므로 이번의 '복호'건은 대마도가 알아서 은밀하게 조선에 전달하여 개정케 하라고 명하고 있었다. 그러나 대마도 측은 이에 반발하여, 쇼군 칭호의 개정은 중대한 사안이므로 일찍이 대군호의 전달 때처럼 '公命'으로 이뤄지지 않으면 조선 측에 의심을 사서 승낙을 받지 못할 것이 예상된다고 우려를 전하고 있다. 게다가 일본의 國體도 손상될 것이라고 우려하고 있다.[17] 이에 대해 하쿠세키는 '公命'으로 요청하여 만약 조선 측에 거부된다면 막부의 체면에 해를 끼친다고 거부하고 있다.[18]

이에 어쩔 수 없게 된 대마도는 국왕호 요청을 막부의 뜻으로 전하는 형태를 취해 도주 명의의 서한으로 조선에 전달하게 된다. 이와 관련하여 하쿠세키는 公卿 고노에 이에히로에게 보낸 서한 속에서,

> (조선이 국왕이라) 고치지 않는다면 그 나라와 그 나라의 백만의 생령을 도탄에 빠지게 할 수도 있는 더욱 중요한 일이므로, 이 몸은 부족한 식견을 천리 밖에 궁리하여 公儀(막부)로부터는 그 어떤 분부도 받지 않고, 다만 이 몸이 한 팔을 휘둘러 외국(조선)을 움직여 용이하게 武家(막부)의 옛 호칭을 사용케 한 것은 武家가 이미 국왕 호칭을 복구한 것으로 ….[19]

라고 말하여, '복호' 달성의 의미를 언급하고, 더욱 막부(公儀)의 체면을 더럽히는 일없이 자신의 독단으로 달성했다고 의기양양해 하고 있다. 더구나 이 제의가 조선에 거부된다면 양국은 전쟁상태가 될지도 모른다는 발언에서는 그의 독선적인 성격이 엿보인다.

국왕호 통보에 나타난 이러한 하쿠세키의 자세는 조선 측의 대응에 따라 막부의 체면이 훼손될 수도 있다고 우려한 나머지, 개혁의 통고방법이 예의를 갖추지 않더라도 대마도의 책임 하에 외교문제를 해결시키려는 것이었다. 여기엔 에도막부 성립 이래의 대조선외교상의 타성이

---

17) 武田勝藏, 「宗家史料による復号一件」(『史學』 5-1, 1927), 40쪽.

18) 栗田元次, 앞의 논문 1), 480쪽.

19) "もし改メ候ハぬニおゐてハ. 此國彼國百万ノ生靈ヲ塗炭にマミルに可有之候歟. 尤以て大切之事に候故. 某及ばざる愚策を千里の外にめぐらし. 公儀よりは一事の仰出しもなく. ただ某が一臂を揮ひ候."(『近衛家文書』, 正德元年 七月 一六日)

아직 사라지지 않았음을 말해준다. 즉 대마도가 조선에 어떠한 자세를 취하더라도 외교현안만 해결된다면 그만이라는 일본의 대조선 외교자세가 여지없이 나타나있다. 무엇보다도 '적례'적 외교를 내세운 하쿠세키마저도 이러한 자세를 그대로 답습하고 있는 것이 주목된다 하겠다. 이러한 하쿠세키의 국왕호 통고방식은 전술한 대마도의 이의 제기에서 볼 수 있는 것처럼 대군호의 전달 때와 비교하여도 예의를 벗어난 것이었다.

그런데, '복호'요청에 접한 조선 측의 반응은 대체로 거부적이었다. 그 이유는, 이 요청이 국서의 글자 일부를 변경하는 중대한 것임에도 '節目講定'할 때조차 언급하지 않았으며,[20] 신사가 이미 한성을 출발한 이후에야 통보되었다는 것, 국왕호가 에도시대 초기에 사용하던 '舊例'라고는 하지만 그 뒤로는 대군호가 관례로서 정착하여 왔다는 것 등이었다.

그러나 이윽고 국왕호의 요청은 조선에 수용되게 된다. 그 배경에는 다음과 같은 의견이 반영되었기 때문이다. 右參贊 이언강은, 대군호를 일본 측에서 요청했을 때에도 조선은 기꺼이 이에 응했던 적이 있고, 이번 국왕호도 국위에 관계되는 난해한 요청이라고는 할 수 없다고 하고 있다. 工曹참판인 권상유는 현실적인 대응을 보이고 있다. 즉 '절목강정' 때 대마도가 국왕호를 언급하지 않은 것은 막부에서 아직 그 칭호의 복구가 결정되지 않았기 때문일 것이다. 또한 이 요청은 조선을 모욕하는 것도 아니며, 막부로서는 '왕'을 사용하여 국내 제후에게 쇼군의 권위를 빛내어 '鎭服人心'하려는 계책으로 내놓은 것으로 보인다. 그러므로 만약 이를 거절한다면 일본과 사이가 벌어질 것이다. 오랑

---

20) 『節目講定』이란 조선과 대마도가 신사 파견 때마다 그 왕복에 관련되는 규약을 합의하는 細目이다. 이번엔 5월(1711년)에 이미 행해져, 執政·와카기미에의 빙례개혁도 그때에 결정되었다.

캐와의 교린의 도리는 나를 업신여기는 문서라고 하더라도 이것을 받는 것이 帝王의 도리이니, 신사가 한성을 떠난 것을 이유로 거부한다는 것은, 사소한 것에 구애되어 일본의 소망을 무시하는 결과가 된다. 더욱이 이를 거부하는 것은 사행의 무사 귀국을 위해서도 곤란하다, 는 지적이었다.

이들 의견을 수용하여 1682년의 신사의 정사로 도일한 적이 있는 윤지완은, 국왕호의 '복호'에는 기본적으로 문제시될 게 없다. 다만 일본이 '指揮'하고 조선이 '奉承'하는 것처럼 보여 꺼림칙하지만 그것은 요청의 대상 여하에 의한 것이리라. 신사가 출항하기까지는 아직 시간적 여유도 있으니 '국왕'이라 개서해야 할 것이라고 주장하고 있다. 결국 국왕호의 요청이 조선에 수용되었다.[21]

이상과 같은 경위에 대해 미야케는, 執政과 와카기미에의 예단 중지 건에 대한 일본 측의 통지가 대마도 사자를 통해 구두로 전달되었고, 게다가 중요한 외교 의례의 하나인 국왕호 사용 요구도 상대국의 준비나 사정이 참작되지 않았으며, 더구나 신사의 한성 출발 후에 제시되었다는 것은 전적으로 국제적 예의를 무시한 행동이었다고 평가하고 있다. 미야케는 또한, 그럼에도 불구하고 결국 조선이 일본의 요청을 수용한 이유는, 군사력의 쇠퇴와 함께 신사의 正使를 수행했던 경험을 가진 윤지완 같은 인물의 현실 중시론이 설득력을 가지고 있었다는 것 등을 들고 있다.[22] 타당한 견해라 할 수 있다.

그러나 조선이 이 개혁빙례에 응한 또 하나의 이유에는, 빙례의 내용

---

21) 『숙종실록』 17년 5월 을묘조. 조선 측이 마부의 국왕호 사용을 일본 국내의 '鎭服人心'을 위해서다, 라고 한 판단은 하쿠세키의 의도와 합치되고 있어 주목을 끈다. 또한 대군호와 국왕호에 대한 차등 인식이 조선 측에 없었다는 것은, 제7장 제1절에서 말한 호슈의 대조선 외교상 쇼군 칭호의 평가가 올바르다는 것을 보여준다.
22) 三宅英利, 앞의 논문 2), 407~408쪽.

그 자체에 있었다고 할 수 있다. 한 예로 執政 예단 중지건의 경우, 그것을 요청하는 일본 측이 '人臣義無私交'라고 하는 예절의 관점에서 청하고 있고, 국왕호의 요청도 마찬가지로 '적례'적 관점에서 볼 때 이에 벗어나지 않은 것이 결국 조선으로 하여금 그 개혁을 받아들이게 했다고 할 수 있다.

3. '階下迎送' 논쟁

전술한 바와 같은 경위를 거쳐 일본에 건너간 신사에게 또다시 처음으로 통고된 것이 '階下迎送'건이었다. '계하'란 섬돌이나 층계의 아래를 가리키므로, '계하영송'이란 館舍의 뜰(마당)과 같은 평지에서 마중·배웅하는 것을 가리킨다. 이 통고는 당시 신사의 副使였던 임수간의 『東槎日記』에 의하면 8월 1일 대마도의 府中(嚴原)에서 신사 측에 전달되었다고 한다. 이에 대한 신사와 일본 측의 교섭과정을 밝히기 위해서 대마도주과 삼사 사이에 오간 서한이나 하쿠세키의 관련 서한을 시기순으로 검토하기로 한다. 이 서한들은 「紀事」에 실려 있다.

① 도주의 제1차 서한

도주가 '東武'(쇼군)의 분부라고 三使에게 다음처럼 전해왔다.[23] 무로마치시대 '일본국왕사'가 조선에 도항하면 조선 측에선 그 접대역으로 宣慰使를 파견하게 되는데 그때 '일본국왕사'가 선위사를 마중한 곳은 客館의 대문 바깥이었다. 이런 조선 측의 前例에 준하여, 이번에 에도에서 직접 파견되는 쇼군의 上使를 맞이할 때 삼사도 慣例인 '檻外迎送'을 바꾸어 '계하영송'으로 하고자 한다. 즉 관례였던 객관 기둥의 바깥쪽 툇마루 공간인 '檻外'에서 마중·배웅하던 것을 바꾸어, 마

---

23) 이때의 서한은 쇼군의 명령으로서 보내진 하쿠세키의 서한을 대마도주가 보충한 것이다.

루와 섬돌을 내려온 뜰 공간인 '階下'에서 上使를 마중하고 배웅하는
것으로 고친다는 것이었다. 도주는 이어, 이웃나라 임금을 경애하는 것
이야말로 자기나라 임금을 경애하는 까닭이 되는 것이라며 대문 밖에
서 상사를 마중하는 것은 아름다운 예절이라고 서한을 맺고 있다. 이는
'계하영송'보다 더 정중한 대문 밖 迎送을 우회적으로 요청한 것이다.

② 三使의 제1차 답서
삼사는, '계하영송'은 前例가 없으며 조선에 갔던 '일본국왕사'가
선위사를 대문 밖에서 마중했다고 하는 것도 아주 옛날의 일이므로 신
빙성이 없다, 고하여 ①의 요청을 거부하고 있다. 또한 첨부한 別紙를
통해 1636년 이후 4회의 신사가 上使를 楹外, 즉 툇마루에서 맞이했
다는 사실을, 상사의 이름과 신사가 상사를 맞이할 때의 모습이나 日
時 등과 함께 상세하게 적고 있다.

③ 도주의 제2차 서한
도주는, 대문 밖에서 신사가 上使를 마중·배웅함이 예의로서 적합
하지만, 이번 '계하영송'의 요청으로 한정한 것은 '朝廷'(막부)의 신사
우대의 뜻을 반영한 것이다. 그리고 '영외영송'은 전례이긴 하나 예절
에 맞지 않는다고 말하여 신사의 주장(②)에 반론하고 있다. 또한 신사
는 상사를 툇마루에서 맞이하는 것과 대문 바깥에서 맞이하는 것과 어
느 쪽이 마음이 편할 것인가? 가령 일본 사자가 報聘을 위해 조선에
건너갔다고 할 때 조선의 宣慰使가 툇마루에서 이를 맞으려고 한다고
가정한다면 조선 측은 인정할 수 있는가, 하고 힐문하고 있다. 조선은
'禮義之邦'으로, 더구나 '일본국왕사'가 조선에서 '大門外出迎'을 행
한 것은 사실로서 조선 측 사료에도 명백하므로 양국 평화를 위해서도
'계하영송' 요청에 따라야 할 것이라며 역사적 사실을 언급하여 권유하
고 있다.

④ 삼사의 제2차 답서
삼사는 ③에 대하여 '영외영송'을 행하는 것이 마음이 편하지 않다
면 일본 측은 지금까지 왜 그것을 행하게 했고 신사도 이에 따랐는가?
백년 이래의 분명한 전례를 돌연히 바꾸는 것은 무슨 까닭인가, 하고

반론하고 있다. 그리고 신사는 조선국왕의 명을 받아서 왔고, 상사 또한 쇼군의 명을 받들어 신사와 대면하는 것이므로 '영외영송'은 예의의 도리를 거스르지 않을 것이라고 반박하고 있다.

⑤ 도주의 제3차 서한

도주가 밝히길, 대마도는 양국 사이에 있어 交聘하는 때에도 언제나 무사함을 비는 입장이므로 신사의 前例 존중의 뜻을 극력 막부에 품하여 보았지만, '朝家'(막부)는 古典의 예법에 의거하여 '계하영송'을 엄명하고 있으므로 어쩔 도리가 없다. 그러니 '朝家'로부터 조선은 원래부터 예의를 숭상하는 나라라고 불리듯이 조선 사신으로서도 양국의 화호를 지켜 무사히 귀국하는 것이 중요하지 않는가, 라고 요청 수락을 종용하고 있다.

또한 첨부한 별지 내용은 다음과 같다. 『公食記』나 『禮記』의 「曲禮」로 볼 때, 사자가 館舍에 들어갈 때 가마를 탄 채 들어가는 것은 예의가 아니다. 또한 「聘禮」에 賓客이 근처에 오면 君은 卿을 파견하여 위로케 하는데, 이때 빈객은 경을 관사의 문밖에서 맞이하여 再拜하지만 이에 대해 경은 答拜하지 않는다. 그리고 君이 경으로 하여금 잔치를 열 때 빈객은 바깥문의 바깥에서 大夫를 마중하여 재배하는데 대부는 이에 답배하지 않는다. 또한 빈객이 빙례를 마치고 나갈 때에 경으로 하여금 예물을 보낼 때 빈객은 그것을 관사의 문 밖에서 받는다. 『해동제국기』에도 이 고전의 예의와 똑같이 대문 밖에서 마중・배웅한다고 적혀있다.

⑥ 하쿠세키의 도주에게 보낸 관련 서한

하쿠세키는 우선, 지금껏 '王室'(막부)의 '外藩'인 대마도가 조선과의 외교상 중대한 역할을 담당하여 왔다고 높이 평가하면서, 신사가 '계하영송'에 응하지 않는 것은 대마도의 근심이 될 것이라고 우려를 표하고 있다. 그리고 『예기』에 다른 나라의 신하를 칭하여 外臣이라고 하는데 그처럼 본다면 조선의 사신은 '我主'(쇼군)의 외신이 된다. 지금 조선 사신은 일본의 '王'(쇼군)의 명령에 응하여 임하고 있음에도 일본 '왕'의 외신으로서 일본의 上使를 맞이하지 않는 것은, 신하로서 그 임금(조선국왕)에게 무례를 행하는 것과 같은 것이다, 라고 신사의 태도를 비판하고 있다.

또한, 일본의 많은 사람들은 삼사의 무례함을 듣고 국경에서 삼사를 목 베야 할 것이라고까지 분개하고 있다고 전하고 있다. 나아가, 하쿠세키는 다음과 같은 논리로서 삼사를 비난하고 있다. 즉 『詩書』에까지 '禮樂之邦'으로 불리어지는 조선은 외교에 임하여도 반드시 예악으로 헤아리니, 이는 『시서』를 받들기 때문일 것이다. 그런데 우리가 예의로서 삼사를 접대하려고 하는데도 이를 받아들이지 않고 있으니, 이는 조선의 君命을 버리는 것에 다름 아니며 '예악지방'의 사람으로서 해야 할 짓이 아니다. 본디 君은 외국에 보내는 사자에게 예의를 통해 신의를 보여주도록 위임하고 있다. 그러나 그 사자가 외국에 나가 무례를 나타내면 신의를 보여줄 수가 없다. 예의를 잃고 신의를 보여주려고 하는 것은 군명을 거스르는 것이 된다. '春秋之義'에도 제후가 오랑캐의 예의를 사용하면 이것을 오랑캐라고 하며, 중국의 예의를 사용하면 중국이라고 부른다. 어찌하여 신사는 몸은 '禮義之鄕'에서 나와 오랑캐의 예의를 이용하여 오랑캐로 떨어지려 하는가.

마지막으로 삼사의 자세에 대해 하쿠세키는, 이는 '貴州'(대마도)의 근심이 되는 것만이 아니라 양국 간의 평화를 해칠 것이라고 경고하고 있다.[24]

이상의 서한들을 통하여 다음과 같은 점을 확실히 할 수 있을 것이다. 첫째, 일본 측의 '계하영송' 요청이 儀禮의 古例나 그 근본이념을 충분히 그 근거로 삼고 있다는 것이다. 그것은 ⑤의 별지 내용이 잘 보여주고 있다. 그리고 이웃 나라의 임금을 공경하는 것은 자기 나라의 임금을 받들기 때문이며(①), 다른 나라의 신하라도 자기나라의 外臣에 해당한다고 하는 관념을 『예기』를 들어 논하고 있다⑥. 그에 의거하여 삼사는 일본의 외신이 되기도 하므로 일본의 君命에 따라야 하며, 이에 따르지 않는 것은 조선 임금에 대한 무례와 다름없다고 주장하고, 이웃 나라에 신의를 보여주기 위해서는 그 사자로 하여금 예의를 행케 하는 데에 있다⑥, 라는 등의 논리로 빙례 이념을 실현하려 하고 있다.

---

24) "非獨爲貴州之憂, 實是爲兩國生靈謀也." 이 ⑥의 서한은 도주를 수신인으로 하고 있으나, 내용으로 볼 때 三使의 열람을 전제로 하여 작성된 것이다.

둘째로, 일본 측이 조선을 예의·예악의 나라로서 받아들이며 삼사에게 '계하영송'을 호소하고 있다는 것이다. 예의의 유무에 의해 華夷를 구별하는 유교의 이념에서 볼 때 이러한 자세는 조선을 華로서 자리매기고 있음을 보여준다. 따라서 의례에 근거하고 있는 일본의 요청을 조선 측이 물리치고 있는 것은 조선의 지위를 스스로 오랑캐로 떨어뜨리는 것이 된다고 해석하고 있다(⑥).

셋째로, 의례적 관점에 입각한 일본 측의 공세에 대해 삼사의 대응은 전례 고수의 자세로 일관하고 있다는 것이다. 유학을 절대적인 교양으로서 몸에 익히고, 또한 그 이념을 理想視하여 자기 연마하여 온 것이 조선시대 일반의 士大夫였다. 그러므로 그 사대부에 의해 구성되어 있는 삼사에겐 일본 측의 요구가 유교적 관점에서 이치에 합당한 것을 당연히 알고 있었을 터였다. 그럼에도 불구하고 그 요구에 대해 강경 일변도의 태도를 버리지 않는 이유는 무엇일까?

그것은 임수간의 『동사일기』 9월 22일자 기록에서 살필 수 있겠다. 즉 이날의 기사에는 '계하영송'의 요청에 응했다고 기록하면서, 그 요청을 1개월 반 이상 미룬 끝에 수락한 것은 이후로도 예상되는 일본 측의 수용하기 힘든 새로운 요구에 대비하기 위한 지연책이었다고 평하고 있다. 즉 '계하영송' 요청이 이치에는 맞지만 그렇다고 하여 곧장 수락한다면 다른 이치에 합당하지 않는 요구까지도 강요하여 오지 않을까 하는 우려에서 비롯된 전략이었던 것이다. 삼사는 조선을 출발하기 직전에 일본으로부터의 국왕호 등의 빙례개혁 통고를 접하고, 이번 사행에는 무엇인가 확실히 잡히지는 않지만 어떤 고난이 숨어 기다리고 있을 것이라는 우려를 가지고 있었을 것이다. 삼사가 대마도 측의 '계하영송' 요구에 대해 즉각 구체적인 '영외영송'의 관례를 제시할 수 있었던 것도(②), 이러한 상황 인식을 가지고 이전의 사행기록을 사전에 충분히 검토하고 있었음을 보여주고 있다.

넷째로, 일본 측의 요구 실현의 방법이다. 즉 우선 하쿠세키가 대마도 측에 개혁을 전달하여 대마도가 이를 삼사에게 통고하게 되는데, 이에 삼사가 응하지 않을 때에는 대마도의 양국 간 외교상의 지위와 입장을 강조하여 그 수락을 호소한다. 그래도 불응하자 하쿠세키는 대마도 問罪와 양국 간의 관계 악화를 위협해 대마도에 압력을 가하고 되고, 이에 대마도는 삼사에게 거듭 호소하게 된다.

예를 들어 후술하는 것처럼 國諱 논쟁이 난항에 직면했을 때의 일이다. 대마도 측이 "만약 이 지경에 이르면 (양국 간의) 誠信이 끊길 것이다. 사신으로서의 도리로 죽음을 두려워하지 않는다 하더라도 외교가 파탄되면 양국의 무고한 사람들이 도탄에 빠질 터이니 어찌 이에 이르기를 염려하지 않을 수 있겠는가?"라고 말하여, 현상을 양국의 위기로 단정하여 삼사의 양보를 강요하자 삼사가 "그대들은 무릇 다툴 실마리가 있으면 언제나 양국의 화평을 해친다는 것으로 말을 삼으니 참으로 잘못하는 짓이다."라고 비난하고 있는 것이 그것이다.[25]

요구 관철을 위한 마지막 방법은, 하쿠세키의 압력을 받은 대마도주가 대마도 存亡의 위기라는 논리로 삼사에게 그 수락을 하소연하는 것이다. 예를 들어 '계하영송' 요구를 삼사가 승낙했다는 소식을 접한 도주가, 자신이 지금 살아있는 것은 다름 아닌 삼사의 은혜에 의한 것으로 그 은혜는 죽어도 잊을 수 없으며, 이후로 신사에게 참기 어려운 요구가 막부로부터 나오더라도 대마도의 상하 사람 모두가 죽음에 임하는 마음으로 그 요구를 저지할 터이니 안심하라, 며 감사의 뜻을 절절히 나타내고 있는 것이 그것이다.[26]

---

25) "(대마도 측이) 若至此境, 誠信絶矣, 使道雖不畏死, 失歡敗盟之後, 兩國無辜生靈, 將入於塗炭, 豈不念及於此乎." (삼사가) 君輩, 凡有爭端, 每以失和爲言, 極爲非矣."(임수간, 『동사일기』 11월 17일조)

26) 임수간, 『동사일기』 9월 23일조.

그 후 귀국길의 대마도에 도착한 삼사에 대해 도주가, 이번 사신은
대처하기 어려운 일을 많이 만났음에도 잘 처리하였으나 조선 조정에
선 삼사에게 죄를 묻는다고 하니, 이는 '일본국왕'이 '貴國'에 잘못을
저질렀기 때문으로 나도 또한 조선으로부터 문책을 면할 수 없을 것이
라며 불안한 마음을 숨기지 않고 있다.[27] 조선 조정으로부터 제재조치
가 내어지지 않을까 걱정하고 있는 발언이다. 그러나 이는 조선의 '기
미권'에 속해 있는 대마도로서는 당연한 것일 것이다. 이러한 대마도의
兩屬的 입장을 하쿠세키는 충분히 인식하고 있는 듯하다. 그것은 빙례
개혁의 전달을 대마도에 위임한 일이나, 또한 하쿠세키의 대마도에 보
낸 여러 서한의 내용에서도 엿볼 수 있다.[28]

4. 통신사의 하쿠세키 평가

그러면 삼사 측의 개혁 빙례에 대한 평가를 검토하여 보자.
삼사는 하쿠세키의 여러 정책을 평가하여, 일본의 文敎가 번성하게
된 것을 보고 그 변화에 크게 기대를 걸게 되었으니 尙武의 나라라는
선입견을 고쳐야 할 것이라고 감상을 말하고 있다. 또한 연회석에서 삼
사와 고산케와의 對酌 전례가 변경되었다고 막부로부터 통보받은 삼사
는, 이에 대한 시정을 하쿠세키에게 요구하는 중에서도 하쿠세키의 여
러 개혁 자체가 의례에 어긋나는 것이 아니었으므로 따르게 되었다고
말하고 있다. 그리고 삼사는 조선국왕에게 보낸 서한에서도 하쿠세키의

---

27) 임수간, 『동사일기』 2월 16일조.
28) 『江關筆談』에도 "白石曰, 兩國和好, 禮信而已, 諸君於對州, 亦是東道之
主, 唯其以密邇貴邦, 未界微事, 相失其驩心是懼."라고 있다. 『江關筆談』
이란 11월 5일, 신사의 숙소를 방문한 하쿠세키와 삼사와의 필담을 正使 조태
억이 다음해인 1712년 편집한 것이다(『新井白石全集』 卷4 수록).

제반 개혁이 신사를 매우 우대하기 위한 것이었다고 평가하고 있다.[29]

『海行摠載』에 수록되어 있는 1711년 이전 사행들의 일본 見聞기록에는 일본 멸시관이 두드러져 있다. 거기에는 의례적 관점을 기본에 깔고 동아시아 전통적 왕조의 시각에서 일본 禮法의 이질성을 문제 삼아 이를 차별시하는 경향이 있었다. 그러므로 1711년의 빙례개혁에 대한 삼사의 긍정적 평가는, 일본의 예법이 동아시아 전통적 예법에 근접한 것으로서의 평가라는 점에서 흥미롭다.

삼사는 후술하듯 국휘논쟁에 이르러서는 하쿠세키와 극한적인 대립을 보이고 있지만, 개인적으로서의 하쿠세키에 대한 인식은 결코 나쁘지 않다. 실례를 든다면, 정사 조태억은 국휘논쟁으로 이제껏 전례가 없었던 조선국서의 改書를 막부로부터 요구받고, 조선국왕에게 이를 보고하여 국왕으로부터의 회답을 불안하게 매일처럼 기다리는 귀국길의 시모노세키(下關)에서 에도 체류 중에 하쿠세키와 주고받은 필담을 정리하고 있다(『江關筆談』). 이는 하쿠세키의 詩文에 대한 그의 높은 평가를 보여주는 것이다. 이 삼사의 평가에 의해 조선에 소개된 하쿠세키의 시문은 호슈가 "통신사가 (渡日을) 시작한 이래 지금까지 일백 수십 년간 일본의 시문을 가지고 韓客(통신사)과 贈答한 사람은 천여 명을 훨씬 웃돌 것이나, 결국 그 시집을 (조선인이) 요구한 일은 내 살아생전에 筑後殿(하쿠세키) 외에 한 사람도 없었고, 내가 태어나기 이전에도 그런 일은 없었다."라고 기록하고 있는 것처럼,[30] 조선에서 전례가 없는 높은 인기

---

29) 『江關筆談』에 "平泉(正使 조태억)曰, … 今看文教方興, 深有望於一變之義也." "靑坪(副使 임수간)曰, 不佞常以爲, 貴邦一尙武之國, 今來見之, 則文教甚盛, 誠可奉賀." "今番迎接禮節, 多所變改, 而不悖於禮, 無不勉從." 라고 보인다. 삼사의 장계에도 "今此三度接見, 內庭張樂, 親傳國書, 別致酒饌及前後累度勞饗, 皆出於各別優待之意, 係是國王所新定儀節云."라 보인다(『숙종실록』 37년 12월 갑신).

30) "信使初り候より已來只今まで. 一百何十年と申に成. 其間日本の詩文を

를 얻고 있었던 듯하다.

한편 하쿠세키는 자신이 신사 접대를 독점하는 것에 경계심을 강화하는 사람들을 배려하느라 에도를 떠나는 신사를 배웅하는 것을 포기하고는, 신사를 수행하고 있는 호슈에게 보내는 형식으로 삼사에게 서한을 띄워, 귀국길에 오른 삼사에게 친교와 이별의 슬픔을 절절하게 나타내고 있다.[31]

제3절 國諱 논쟁의 원인

1711년 사행의 특기할만한 사건의 하나가 극단적인 대립으로 치달은 국휘논쟁이다. 그러나 기존 연구에서는 이 사건의 발생 원인을 구체적으로 검토하지 않고 있다. 때문에 당시까지 전혀 문제로 하지 않고 있던 쇼군의 이름에 대해 하쿠세키가 왜 諱法을 적용하였고, 왜 이 시점에서 커다란 외교 분쟁으로 확대해 가는가? 또한 그 경위는 어떠한 것이었는가? 등이 밝혀지지 않고 있다. 여기서는 이를 중심으로 검토한다. 검토에 주로 이용하는 기본사료는 임수간의 『동사일기』이다.

1. 국휘논쟁의 전개

국휘논쟁이 시작되는 것은 에도에서 삼사가 쇼군의 답서를 받아든

以. 韓客と贈答いたし候人. 千人にはるか余り可申候得ども. 終にその詩文を求め候事. 私一代の内. 筑後殿外に一人も無之候. 私より已前にも終に不承事に御座候."(「雨森芳洲答慈雲庵書」『新井白石全集』6, 720쪽)
31) 임수간, 『동사일기』「江關筆談」

11월 11일이다. 그날 객관에 돌아와 답서 내용을 검토하던 삼사는, 조선조 中宗의 이름인 '懌'字가 들어있는 것을 보곤 흠칫 놀라게 된다. 임금의 이름을 쓴다는 것은 諱를 犯하는 것이 되기 때문이다. 삼사는 또 국서의 外封式이 관례와는 다르게 되어있는 것을 발견하고 즉시 대마도 측에 이 두 가지를 고쳐줄 것을 요구했다. 일기의 해당일 내용엔 국서의 개정이 낙관시 되었는지 그 이상의 언급이 없다.

그런데 이틀 뒤인 13일이 되어 호슈로부터 전해진 막부 측의 회답은 삼사에게 마른하늘의 벼락같은 충격이었다. 그것은 삼사가 가지고 온 국서도 에도막부 前代 쇼군인 이에미츠(家光)의 '光'자를 범하고 있었다는 것, 국서의 외봉식은 일본에서는 흔하게 볼 수 있는 관습으로 다이묘가 쇼군에게, 또는 쇼군이 천황에게 사용하는 형식이라고 하는 것이었다.

이에 대해 내어진 삼사의 도주 앞으로의 서한은 「紀事」에 실려 있다. 그 개략은 漢·唐 이래 중국에서는 諱를 삼가는 避諱法이 엄중하게 실시되고 있고, 조선의 경우는 더욱 엄하게 지켜왔다. 그러나 일본 쇼군의 이름처럼 '二名'인 경우, 偏諱하는 예법은 본디부터 없다('二名不偏諱').[32] 한편 외봉식에도 전례처럼 御諱를 쓰고 御寶(옥새)를 찍어야 할 것이다, 라고 한 것이었다.

16일, 執政인 츠치야 마사나오(土屋政直)의 서명을 넣은 형태를 취하면서 하쿠세키의 손에 의해 작성된 서한이 삼사에게 도착되었다(「紀事」).[33] 그 내용은 다음과 같은 것이었다.

---

32) 조선 임금의 경우 이름은 '一名'으로 외자이다. 그러나 에도 막부 쇼군의 이름은 두 글자이다. 예를 들어 德川家康의 경우에 이름은 家康이 된다. 그런데 두 글자 이름은 한 글자만을 諱로 설정하지 않아왔다는 것이다.

33) "執政府奉旨, 下領客使, 朝鮮修聘一事"라는 제목으로 보내어진 이 서한은, 하쿠세키가 쓴 11월 17일자로 된 대마도 緣長老에게 보낸 서한(「朝鮮信使儀」 수록)과 거의 같은 내용이다.

『예기』에는 옛것을 버리고 새로운 것을 휘하는 데는 五世로서 끊는
다("舍古而諱新, 五世而斬")라고 하여, 5대조까지의 휘는 피하지만 6대조
이전은 피휘하지 않는 것이('六世而親盡') 천하의 통례이다. 그런데 삼사
가 제기한 조선의 중종은 에도막부의 시작(1603년) 이전의 국왕이며, 더욱
이 지금의 국왕으로부터 7대조에 해당한다. 한편 삼사는 조선의 휘법만
을 논하고 일본의 휘법이 있는 것에 대해서는 무시하고 있다. 즉 조선의
국서에는 '今王殿下'(현 쇼군 이에노부)의 할아버지인 '獻祖大王'(家光 : 이
에미츠)의 휘 '光'을 범하고 있지만, 그가 집권했을 때 신사가 세 차례나
도일한 적이 있어 그 휘를 알지 못할 리가 없을 것이다. "내가 원하지
않는 바를 사람에게 시키지 마라."고 하는 것은 忠恕의 도리이다. 그러
므로 일본에게 개서를 요구하기 이전에 조선의 국서부터 먼저 고쳐 보
내야 할 것이다. 이처럼 말한 하쿠세키는 마지막으로 그 타협안으로서
양국의 개서된 국서를 대마도에서 동시 교환하자고 제안하고 있다.

17일, 삼사는 도주에게 서한을 내어서 다음처럼 반박하고 있다.『예
기』의 '二名不偏諱'는 만고의 통례이며 일본에 고유한 휘법이 있다는
것은 알지 못했다. 이것은 일본 측의 답서가 1655년과 1682년에 '光'을
사용했기 때문이었다.[34] 따라서 삼사가 일본 측의 고쳐진 답서를 받아
귀국한 다음 곧 조선의 국서도 고쳐 보내기로 하자. 휘는 漢·唐 이후
는 5대조에 한정되지 않았고, 조선의 경우엔 휘법이 보다 엄중하게 지
켜져 왔다. 특히 중종은 조선의 聖廟로 일컬어지는 국왕이었다. 한편
국서의 외봉식은 겉면에 御諱를 쓰고서 御寶를 찍은 후 謹封이라 적
는 것이 전례이다. 그러나 일본은 이 모두를 조선에 예고도 없이 고치
고 있으니 이는 '적례'에 어긋나는 행위라고 할 수 있다, 고 하는 내용
이었다.

---

34) 1655년의 쇼군의 답서에는 '日光山'이라고 '光'이 사용되어 있다. 그러나 1682
년의 경우엔 '光'자가 보이지 않는다.

이때 삼사가 취한 일본 측에의 개서 요구의 자세는 "臣이 죽을지라
도 (휘를 범한 일본 측의) 국서를 가지고는 한 발자국도 문밖으로 나갈
수 없다."라는 결사적인 것이었다. 그러나 쇼군의 신사에게 내린 19일
에도 출발의 명령은 극히 엄중한 것으로, 출발하지 않을 경우엔 대마도
주에게 엄한 처벌이 내려지는 것으로 예상되고 있었다. 17일 밤, 조선
의 국서를 먼저 고치는 것 이외에 이 상황을 타개할 방법이 없음을 대
마도로부터 통보받은 삼사는, 다음과 같은 결론을 내리기에 이르렀다.

사절의 입장에서 개서하지 않은 일본의 답서를 이대로 가지고 갈 수
도 없고, 그렇다고 일본 측의 답서도 없이 귀국하는 것도 있을 수 없다.
이대로 개서를 계속 주장해봐야 곤욕을 치루는 것이 명백하다. 사신이
먼저 욕을 보고난 뒤에 조선 조정이 일본에 기미책을 취한다 해도 나라
의 치욕만이 더 심해질 뿐이다.

결국 삼사는 그간의 사정과 국서 개서를 요청하는 장계를 국왕 숙종
에게 서둘러 보냈다. 그리고 18일 삼사는 에도城에 들어가 양국 국서를
각각 되돌려 받아 19일 에도를 출발했다. 삼사의 이러한 자세전환에 의
해 국휘논쟁은 해결로 향하게 되었고 외봉식건은 삼사의 주장이 수용
되었다.

이상과 같은 국휘논쟁에서의 삼사와 하쿠세키의 주장을 분석하여 보
면, 양측이 모두 『예기』를 전거로 하여 논쟁하고 있다는 점이 주목된
다. 즉 삼사는 '二名不偏諱'를 근거로서 쇼군의 이름 2字로서는 휘법
의 대상이 되지 않는다고 하고 있다. 이에 대해 하쿠세키는 '五世而斬'
을 근거로 하여 7대조인 중종의 휘를 휘법의 대상으로부터 제외하려 하
고 있다. 그런데 삼사는 漢·唐 이래 중국의 여러 왕조나 조선조가 5대
에 한정하지 않고 휘법을 엄격하게 실시해 온 것에 비하여 일본에선 국
휘법이 사용된 적이 없다고 하고 있다. 특히 삼사는 일본이 이전에 조
선에 대한 답서 속에서 '光'자를 사용하여 스스로 휘법을 범하여 왔다

고 지적했지만 이에 대해 하쿠세키는 응답을 회피하고 있다.

조선시대 양국외교사상 국휘논쟁은 이제껏 일어난 적이 없었다. 이것은 일본 측이 조선에 대해서 조선의 국휘법을 존중하여 왔기 때문이며, 일본 스스로는 조선과의 외교에 국휘법을 적용하지 않았기 때문이란 것이 명백하다. 이른바 '光'자의 경우, 조선은 1624년의 국서에서 '光承', 1655년의 예조참판 신익전이 執政에게 보낸 서계에서 '光紹', 1682년 예조참판 홍만용이 역시 執政에게 보낸 서계에서 각각 '光承'이라 사용하고 있었지만 일본 측으로부터는 아무런 이의가 제기되지 않았다. 그러한 경위 끝에 이번 조선국서가 '光紹'라고 사용한 것이었다. 한편 일본 측도 쇼군의 답서나 執政의 예조참판을 수신인으로 한 서한에서 번번이 '닛코(日光)山'을 적는 등 스스로 '光'을 사용하고 있었다.[35] 그만큼 하쿠세키의 조선 국서에 대한 범휘로서의 제기는 그 고의성이 지적되지 않으면 안 된다.

2. 국휘논쟁의 발단

임수간의 『동사일기』 11월 18일 기사에는, 대마도 측이 일본에는 휘법이 없었다고 잘라 말했다는 것, 호슈가 삼사 측의 주장한 개서 요구만이 정당하다고 지적한 것이 기록되어 있다.

이처럼 '光'자 사용을 범휘라고 한 하쿠세키의 주장이 작위적이었음을 여실하게 보여주는 것은 하쿠세키가 객관을 방문하여 삼사와 필담한 기록인 『江關筆談』이다. 그날은 11월 5일로 '賜饗' 의례를 행한지 2일 후이며, 쇼군의 답서를 받기 6일 전에 해당한다. 해당 부분은 다음과 같다.[36]

---

35) 『通航一覽』 卷104 「朝鮮國部」 80.

조태억 : 귀국의 諱나 국휘법은 어떠한가? 이름이 두 글자이면 본디
한 글자를 휘하는 偏諱란 없다. 귀방은 국휘로 편휘의 규
정이 있는가? 귀방의 人士가 지은 詩文엔 간혹 휘할 바의
글자를 범하고 있으니 무슨 연유인가 모르겠다.

하쿠세키 : 本邦의 옛 글자는 貴邦의 諺文(한글)과 같으며, 중세 이
래로 隷字나 楷字를 빌려 뜻을 통할 뿐이다. 이 때문에
字法을 사용하는데 그 주안점은 訓詁에 있지 聲音에
있지 않다. 휘국·휘법처럼 또한 문자에 꼭 있지는 않다.
그렇다고는 하나 근세에 이르러 대체로 편휘하는 법은
있다.

조태억 : 국서 회답문자를 이전의 조선 사신은 간혹 正書하기 전에
볼 수가 있었다 하니 내일 나도 볼 수 있을까?

하쿠세키 : 국서 작성은 내가 관여하지 않으니 능히 할 수 없다.

  즉 조태억의 질문은, 일본인의 詩文에 國諱라고 할 수 있는 쇼군의
이름 문자가 사용되고 있는 것은 일본에 국휘법이 없는 것을 보여주는
것이 아닌가, 라는 것이었다. 그러나 하쿠세키는, 일본은 漢字를 사용
하지만 훈독을 하고 음독은 하지 않으므로 문자에 대한 국휘법은 없었
으나, '近世' 이후는 偏諱法이 대체로 시행되어 왔다고 답하고 있다.
조태억은 또한 일본 측의 답서를 정식으로 받기 이전 단계에서 관례처
럼 미리 받아 검토하고 싶다고 요청하였고, 하쿠세키는 국서 작성에 관
여하지 않는다고 요청을 거절하고 있다.

  이 두 사람의 문답에서 국휘논쟁의 발단이 엿보인다. 요컨대 조택억
의 국휘에 대한 질문에, 하쿠세키는 스스로 행해오지도 않았던 편휘법

---

36) "平泉(조태억)曰, 貴國諱國諱法如何, 二名固不偏諱, 而貴邦國諱有偏諱之
規耶, 貴邦人士所作詩文, 或有犯用所諱之字, 未知何故. 白石曰, 本邦古
字, 猶貴邦諺文, 中世以來方俗假借隷楷等字, 以通義而己, 是故凡用字法,
要在訓詁, 而不在聲音, 如諱國諱法, 亦必不在文字, 雖然及于近世, 大抵
有偏諱之法焉, 平泉曰, 國書回答文字, 曾前使臣或於未及正書之前得見
矣, 明間可以得見耶, 白石曰, 辭令之事, 僕不與焉, 無能爲己."

을 지켜오고 있다고 거짓의 답을 내놓고 있다. 왜냐하면 그 이전에 하쿠세키 자신이 지은 「白石詩草」에도 '光'자가 여기 저기 사용되어져 있기 때문이다(『新井白石全集』卷5 수록). 그렇다면 왜 하쿠세키는 거짓말을 했을까? 조태억의 질문에 자극받았을까? 국휘법도 없는 나라라고 조태억이 비웃은 것으로 여겨져서였을까? 두 글자인 쇼군의 이름은 『예기』에서도 이미 휘법의 예외로 자리 매겨져 있다는 발언에 발끈한 것일까? 더구나 쇼군의 답서를 미리 草稿 단계에서 열람하고 싶다는 조태억의 요청은, 답서 내용에 문제점이 발견될 때 새로 개정을 요구하려는 의도에서였고 이는 관례가 되어왔다. 그러나 쇼군의 제왕화를 추진하려는 하쿠세키에게, 신사 측의 일본국서 작성과정에 대한 간섭 관행은 일본에게 수치를 주는 것으로 참을 수 없는 것이라고 받아들였을 것이다. 이러한 조선 측의 일본에 대한 태도의 반작용으로 하쿠세키는 국휘론을 제기하지 않았을까?

이보다 6개월 이전인 같은 해 5월, 하쿠세키는 대마도 경유로 이번 신사행의 지참하는 국서 말미의 관용어로서의 結句인 '不宣'을 쇼군 이에노부(家宣)의 諱를 고려하여 '不備'로 대체할 것을 요구했고 조선은 이의 없이 이에 응하고 있었다. 그러나 이와 관련하여 일본 측이 국휘를 사용하기 시작하려는 의도라고는 조선 측도 대마도 측도 인식하고 있지 않았던 듯하다. 다만 '宣'이 현 쇼군의 이름이기 때문에 국서의 결구에서는 피하고 싶다는 것이리라는 추측은 가졌을 듯하다. 이러한 추측은 즉 국휘법의 사용에 즈음해서는 외교상으로 제기되기 이전에 일본국내상으로 그 문자의 사용을 금지하지 않으면 안 되기 때문이다. 이른바 하쿠세키가 말하듯이 5대조까지의 쇼군의 이름을 편휘한다면, 家康의 '康', 秀忠의 '忠', 家光의 '光', 家綱의 '綱', 綱吉의 '吉'의 5자가 이에 해당할 것이므로, 이 5字에 대한 代用문자를 새로 만들어야 한다. 그것만이 아니다. 이 5자의 문자로 만들어진 모든 成語나 고

유명사를 고치지 않으면 안 된다. 조선조가 역대 국왕의 이름을 常用 漢字가 아닌 漢字에서 굳이 정해온 것도 휘법의 원활한 실시를 위해서 였다.

『동사일기』1712년 2월 1일조에는 귀국길에서 삼사가 마츠다이라 노부마사(松平宣政)에게, '일본국왕' 家宣의 '宣'을 어찌하여 이름으로 사용하고 있는가? 그것은 국휘를 범한 일이 되지 않는가? 하고 그 까닭 을 따진 일이 기록되어 있다. 이에 노부마사가 답하여 쇼군의 총애를 받는 신하이므로 '宣'을 하사받아 이름으로 쓰도록 허용 받은 것이라고 말하였다고 한다. 이 기록은 삼사 측이 하쿠세키의 국휘 주장을 어쩔 수 없이 수용하긴 했으면서도, 일본국내상으로도 시행되고 있지 않는 국휘법을 불만스럽게 생각하고 있었음을 보여주는 것이다.

그러나 하쿠세키는 전술한 것처럼 조선 측에 대한 국서에서의 '不 備' 사용 요청이 국휘법 사용의 통고였다고 일방적으로 간주하고 있었 던 듯하다(「朝鮮信使の儀」).[37] 그리고 전술한 것처럼 조태억의 발언을 접 하자마자, 이에 자극된 하쿠세키는 일단 수령한 국서를 국휘 '光'을 범 했다고 일방적으로 단정하고, 답서 안에 고의로 中宗의 이름을 넣어 범 휘를 저질렀던 것으로 여겨진다.

전술하듯 국휘논쟁의 타개책으로 제시된 방법은 양국이 동시에 개서 하되 대마도에서 이를 교환한다는 것이었는데, 이를 제안한 것은 삼사 가 아니라 하쿠세키였다. 하쿠세키는 조선 측의 면목도 세우면서 자신 의 주장을 사실상 관철할 수 있는 이 절묘한 제안을 미리 궁리하여 내 놓음으로서 삼사의 양보를 재촉할 수 있었던 것이다. 그러한 의미에서 주도면밀한 제안이었다고 할 수 있다.

---

37) 하쿠세키의 국휘논쟁이 작위적이었음을 입증하는 또 하나의 사례로서 1710년 5월에 내어진 琉球의 막부 執政에의 서한 말미에 '不宣'이 사용되고 있음을 들 수 있다(『通航一覽』卷9「琉球國部」9).

그런데 하쿠세키가 조선 중종의 '懌'자를 고의로 답서에 사용하여
범휘사건을 일으킨 배경에는, "文事를 자만하여 일본을 경멸하고 있는
조선"에의 강한 대항의식이 있었다고 여겨진다. 그러나 그 논쟁의 해결
과정을 통해, 동아시아의 전통적인 여러 왕조가 사용하여 온 국휘법을
조선국왕이 쇼군에 대해서도 적용하게 되었다, 라고 하는 일본국내에
대한 선전효과는 하쿠세키의 보다 큰 노림수였다고 생각된다. 또한 국
내에서의 국휘 사용은 염두에도 없으면서도 조선과의 대결을 통해 일
본의 대표로서의 쇼군의 지위를 전국에 과시하려는 의도도 있었을 것
이다. 따라서 국휘논쟁에 임하는 하쿠세키의 자세는 삼사처럼 비장한
것이었다.[38]

호슈를 비롯해 막부의 각료들도 하쿠세키의 주장에 반대하는 입장을
취하고 있었다. 『동사일기』 11월 17일자의 기사는 로쥬인 마사나오(政
直)가 국휘논쟁에서 삼사의 의견을 옳다고 하고, 일본 측 답서의 즉각
개정을 쇼군에게 요청하여 쇼군도 이에 응하려 하였으나, 하쿠세키의
반대 때문에 쇼군의 의지가 변하여 먼저 조선국서의 개서를 전제조건
으로 하게 되었다고 적고 있다. 또한 마사나오는 사사건건 삼사와 대립
을 일으키는 하쿠세키에게 반발하여 그를 '刃殺'하려고 한다는 소문이
있었다고 기록하고 있다.

이처럼 로쥬를 비롯해 막부의 각료들도 反하쿠세키의 입장을 취한
것은, 하쿠세키가 이때 자신의 개혁들을 비난한 많은 사람들은 조선 사
절이 아니라 오히려 일본사람들이었다고 술회하면서, 그처럼 국가적 치
욕이 무엇인지 모르는 세상이 되었다고 개탄하고 있었음을 통해 알 수
있다.[39] 이처럼 하쿠세키로 하여금 개탄케 한 사람들은 다음의 3가지

---

38) "其係る所最大也とおもひはかりし所を. 我かねてよりおもひ合せし事共
あれば. 我もまた死を誓ひて. 初のことばを改めず."(「折りたく柴の記」
卷中)

입장에서 삼사의 주장에 공감하고 있었다고 여겨진다. 첫째는, 어떻게든 양국 외교를 순탄하게 유지해야한다는 것을 중시하는 입장이다. 둘째는, 일본엔 국휘법이 실제로 시행되지 않고 있다는 입장이다. 셋째는, 국휘논쟁을 하쿠세키의 쇼군 제왕화 작업의 일환으로서 간주하여 이를 제지해야 한다고 하는 입장이다. 호슈를 비롯한 명분론자는 특히 셋째의 입장을 취하고 있었을 것이다.

3. 조선의 국서 재송

12월, 귀로의 오사카에 도착한 신사에게 대마도 측으로부터 쇼군의 새로 쓴 답서가 오사카에 도착했다는 것, 문제의 개소가 정정되었다는 것 등이 통지되었다. 다음해인 1712년 2월, 규슈 북방의 섬 아이지마(藍島)에 도착한 신사는 조선조정으로부터 신사 처벌 논의가 있음을 통고받고 근신하는 입장이 되었다.

한편 삼사의 장계에 의해 조선조정에서 국서의 개서문제가 논의된 것은 1711년 12월 말이다. 그리고 그 논의 내용은 삼사가 막부에 대하여 행한 전술한 반론과 거의 같다. 그러나 일본의 돌연한 개서요구 자세는 문제로 하면서도, 국서의 개서에 응하는 방향으로 점차 기울어갔다. 그럼에도 右尹 박권 만은 국서 개서에 반대하고 있다. 그는 일본 측이 舊例에 따라서 일단 국서를 받았다가 이를 되돌리는 것은 이해되지 않는다며, 일본 측에 조금이라도 敬謹의 뜻이 있다면 개정한 양식을 설정하여 재차 통고해야 할 것이라고 하고 있다. 그리고 신사가 쟁론한 뒤에 일본의 새로운 양식에 따라 개서를 청한 것은 국체를 훼손시키진

---

39) "すべて此時の事共. 彼國の人よりも. なお我國の人々のいひののしれる事こそ多かりつれ …." "いかにかくまで. 我國の恥ある事をしれる人なき世とはなりぬなむ."(「折りたく柴の記」卷中)

않았다하더라도 국서를 전했다가 다시 가지고 오는 것은 國辱을 보인 것이 된다고 막부와 삼사를 같이 비난하고 있다. 나아가 이 문제는 조선의 국력이 약하고 일본과의 분쟁을 회피하려다가 발생한 것이므로 이 한 가지로 조선의 약소함이 더욱 외부에 보여지는 것이 되어, 장래 어떠한 문제를 야기시키게 될지 염려스러우므로 국서를 개서하여 보내서는 안 된다는 것이었다.

논의는 최종적으로 숙종의 결단에 의해 종결되었다. 이에 조선은 '光'을 '克'으로 고쳐 대마도로 보냈고, 대마도에서 양국의 고쳐온 국서가 교환됨에 이르러 국휘논쟁은 완전 낙착되었다.

이 개서 결정에 관하여 미야케는, "거기에는 사신에의 배려와 그 안전을 기다려 비로소 사행으로 상징되는 양국의 평화유지가 가능하다는 온당한 현실론이 보인다."고 평하고 있다.[40] 타당한 평가일 것이다. 그런데 조선에 귀국한 삼사는 관직을 빼앗기고 수행 역관 등도 유배라는 처벌을 받았다. 이로 보아 조선조 전기의 대일정책에서 보이던 솔선적이고 적극적인 자세는 찾아볼 수 없다(제2장 제3절 참고). 그에 대신하여 명분이나 국가위신이 전면에 나타나 있는 듯이 여겨진다.

제4절 易地聘禮의 제기

신사를 맞이하기 위해 하쿠세키가 경주한 노력은 상당한 것이었다. 이른바 「儀仗の事」를 쇼군에 건의한 이래 신사가 도일하기까지의 2년 반 이상을 신사 영접 준비에 몰두한 것이 된다. 예를 들어 개혁한 빙례의 대부분이 유교경전이나 일본·조선·중국의 여러 왕조의 實例를 참

---

40) 三宅英利, 앞의 논문 2), 421쪽.

고로 하고 있는데, 이는 그가 최초로 시도했던 만큼이나 많은 연구를 한 결과였음에 틀림없다. 그럼에도 불구하고 하쿠세키는 신사가 귀국한 해 (1712년)의 11월에 저술한 「紀事」에서 易地聘禮를 제안하기에 이른다.

1. 하쿠세키의 조선관 변화

역지빙례란 대마도에서 양국의 사자가 국서를 교환하는 것으로, 이는 지금까지 에도에서의 교환방식과 비교할 때 對조선 외교의 후퇴라고 할 수 있다. 따라서 하쿠세키의 이러한 제안은 그의 대조선 인식의 일정한 변화에 기인하고 있는 것이리라. 그렇다면 신사에의 접대과정이 그 인식 변화의 전환점이 되지 않았을까 하는 추측을 해볼 수 있다. 이를 밝히기 위해 우선 신사 접대 이전에 쓴 그의 저서 「信書」의 관련기사나 당시 하쿠세키의 제반 행위를 분석하여 보자.

고대 한일관계에 대한 하쿠세키의 인식은 다음에 보이듯이 『日本書紀』나 『古事記』를 그대로 역사적 사실로 객관화한 것이다.

> 또한 本朝의 國史를 생각해 보니, 처음에 神攻皇后가 三韓을 정벌하여 日本府를 설치하여 그 나라들을 비로소 지배하기 시작하여 齊明天皇 때까지, 역대 24대의 천황과 460여 년간 그 나라의 君民으로서 我朝의 臣妾이 아닌 자가 없었다.[41]

그러나 현실적인 의미에서의 조선관은 그것과는 반대였다. 그는 26세인 1682년, 조선에서 파견된 신사를 찾아가 自作의 詩集을 보여주고

---

41) "又本朝國史を案ずるに. 始め神攻皇后. 三韓を征し給ひ彼國に日本府を置れて. 其國々を治め給ひしより. 齊明天皇の朝に至る迄凡天皇二十四代. 歷數四百六十余年が間は. 彼國の君民我朝の臣妾たらずといふ者なし."(「信書」)

그 序文을 써줄 것을 요청하여 써 받은 적이 있었다. 그가 신사에게 이러한 요청을 한 것은 당대 일본의 지식층이 일반적으로 조선을 문화적 선진국으로 인식하고 있었기 때문이다.[42] 당대 유명한 유학자 키노시다 쥰안(木下順庵)이 하쿠세키를 문하생으로 맞이하는 것도 신사로부터 시집의 서문을 써 받았다는 이유에서였다. 신사가 인정할 정도의 詩라면 그 수준이 월등할 것이라는 게 당대의 일반적인 인식이었고, 하쿠세키 자신도 그러한 조선의 문화적 권위를 충분히 인식하고 이용했던 것이다.

그는 主君 이에노부가 쇼군이 된 후에는 빙례 개혁 등의 필요에서였는지 많은 조선 서적을 탐독하고, 그것을 자신의 저서에 인용하고 있다.[43] 이를 통해 하쿠세키가 조선을 의례질서를 지향한 先行왕조로서 평가하고 있었음을 짐작할 수 있다. 『해동제국기』의 「朝聘應接紀」를 抄錄·번역하여 쇼군에게 올린 것은 그 단적인 예라고 할 수 있다. 나아가 조선을 '禮樂之國', '禮義之鄉'이라 칭하고 있는 것이나, 文事를 가지고 자만하는 나라라고 그 사실을 시인하고 있는 것(「紀事」) 등도 현실적인 대조선 인식의 하나의 표현일 것이다. 미야자키는 당시 하쿠세키의 대조선 인식에 대하여, "당대까지의 학자나 문화인 사이에선 조선 존중의 마음이 보편적이었던 모양으로 하쿠세키의 경우에도 역시 하나의 기성관념으로서 그것이 있었다고 할 수 있지 않을까."라고 논하고 있다.[44]

---

42) 宮崎道生, 『新井白石の時代と世界』(吉川弘文館, 1975), 163쪽.
43) 하쿠세키가 인용한 조선의 서적은 『해동제국기』, 『징비록』, 『경국대전』, 『攷事撮要』, 『鷄林類事』, 『鷄林奇語』, 『여지승람』 등이며, 이를 자료로서 활용한 것으로 보이는 抄寫本은 『朝鮮書簡』, 『八道官職』, 『兩朝國書』, 『大明朝鮮與日本和平之條目』, 『瀛涯勝覽』, 『筆苑雜記』이다(宮崎道生, 『新井白石の洋學と海外知識』, 吉川弘文館, 1973, 308쪽).
44) 宮崎道生, 앞의 논문 2), 68~69쪽.

하쿠세키는 많은 조선의 역사서적을 접할 수 있었던 만큼이나, 거기에 나타난 조선의 일본관에 대해서는 불쾌해 하고 있었다. 예를 들어 조선이 그 역사책 등에서 일본을 조선의 '外藩'처럼 기술하고 있다고 하며, 이는 고대에 조선이 일본에 복속되었던 것을 치욕으로 여겨 이를 감추기 위해서였다고 해석하고 있다(「信書」).

그런데 신사 접대 이후의 기록인 「後議」에 이르면, 하쿠세키의 조선에 대한 호의적 인식은 없어지고, 그 대신에 조선 비난이 노골적으로 나타나기에 이른다.[45]

하쿠세키는 우선 신사의 일본에서의 作詩·唱和 행위에 관하여는, 임진왜란 이후 武力으로 일본을 제압할 수가 없다고 느낀 조선이 文事를 가지고 일본에 시위하기 위한 것이라고 지적하고 있다(「後議」). 그러나 이것은 조선에의 대항심리에서 과장된 것이라 하겠다. 왜냐하면 통신사행은 한성을 출발해서부터 귀국하여 임금에게 復命하기까지 일본 국내만이 아니라 조선 국내의 지나는 길에서도 작시·창화를 쉬지 않고 있음이 『해행총재』에 보이고 있기 때문이다. 또한 임진왜란이 일어나기 170년 전에 일본에 간 사자 송희경의 『老松堂日本行錄』의 내용도 紀行이라고 하기보다 詩集 내지는 시문집이라 부르기가 적절할 정도로 詩가 많이 실려 있다. 더구나 송희경이 일본 파견의 분부를 받은 날, 외국에 다녀오는데 시를 짓지 않으면 안 된다고 세종으로부터 권유받았다고 한다.[46] 이렇듯 조선시대 사대부에게 작시와 창화는 일상적

---

45) 矢澤康祐는 「江戸時代における日本人の朝鮮觀について」(『朝鮮史研究會論文集』 6, 1969) 22쪽에서, 하쿠세키마저도 노골적인 조선 멸시관을 가지고 있었다는 것에 주의하지 않으면 안 된다고 논하고 있다. 그러나 그가 그러한 결론을 도출하기 위해 동원한 사료는 모두 신사 접대 이후에 쓰여진 하쿠세키의 서적들이다. 그런데 하쿠세키의 대조선 인식은 신사 접대 이전과 이후는 확연히 다르다는 것, 그 인식의 추출 방법도 하쿠세키의 저서에 한정하지 않고 그의 제반행위로부터도 추출하지 않으면 안 된다고 하는 점을 지적하고 싶다.

인 행위이며 社交의 기본적 수단이었던 것처럼, 사대부인 삼사에게 있어서도 국내에서의 그 같은 일상적 행위가 외교의 場으로 옮겨져 행해졌던 것에 불과한 것이리라.

그리고 하쿠세키는 조선의 대일 외교자세에 대하여 다음처럼 비난하고 있다.

> 東照宮(이에야스)을 비롯하여 역대 쇼군을 모두 倭酋라고 칭하면서, 그 나라사람들은 언제나 이웃나라와의 사귐은 예의와 신의로 한다고 말하고 있다. 조선은 예로부터 예의의 나라로 우리나라를 향해서는 隣好를 이어 聘禮를 닦는다고 말하면서, 그 나라 안에서는 倭情을 정탐하는 사절이라 하고 있다. 우리나라를 향해서는 (쇼군을) 국왕이라고 공경한다고 하면서 그 나라 안에서는 천하게 불러 倭酋라 하니, 무슨 예의와 신의로 하는 것인가? 무슨 예의의 나라라고 할 수 있는가? 실로 예부터 전해오듯 穢貊・東夷의 國俗이라 할 것이다.[47]

여기서 보이듯이, 하쿠세키는 조선 측이 이에야스를 비롯해 역대 쇼군을 '倭酋'라고 칭하고 있다고 하고, 신사의 파견도 '倭情 정탐'을 위한 것으로, 이러한 점으로부터도 조선이 말하는 예의와 신의를 가지고 이웃나라와 사귄다고 하는 주장은 허식에 불과하다고 논하고 있다. 따라서 일본이 조선에 대해 '예의의 나라'라고 칭한 것은 합당하지 않고, 예전처럼 東夷・穢貊(濊貊)으로라도 불러야 할 것이라고 비판하고 있

---

46) 宋希璟著, 村井章介 校注, 『老松堂日本行錄』, 岩波書店, 1987, 解說部.

47) "東照宮の御事を始め奉りて. 御代々の御事みなみな. 倭酋を以て称し候ひき. 彼國の人常に. 隣國の交りは礼と信とを以てする由を申し. また吾が朝鮮は古より礼義の邦也などと申事に候へども. 我國にむかひては隣好を継て聘禮を修め候と申て. 其國にては倭情を偵探するの使とし. 我國にむかひては國王を以て尊び称し. 其國にては賎しめ称して倭酋と申事. 何の礼とし信とする所候はんや. 何の礼義の邦とすべき所候はんや. 誠に古へに申伝へ候ひし穢貊東夷の國俗とは申すべき事に候."(「後議」)

다. 이른바 조선의 대일 '교린'외교가 표리부동하다고 하는 인식이다.

조선의 신사파견이 '倭情 정탐'을 위한 것이라는 하쿠세키의 비판은, 조선의 대일 외교가 조선의 대중국 외교의 보충으로만 자리매김하고 있다고 인식하고 있었기 때문에 생긴 것으로 여겨진다. 즉 그는 에도시대 초부터 조선의 사신이 오기 시작했지만 모두 일본을 정탐하여 명나라 황제에게 보고하기 위한 것으로 간주하고 있는 것이다.[48]

이러한 관점에서 하쿠세키는 조선을 교활하고 거짓이 많은, 이익이 있으면 신의를 저버리는 그야말로 오랑캐의 풍습을 가진 천성이 원래부터 그런 민족이라고 비판하고 있다. 여기서 하쿠세키가 이익이 보이면 신의마저 돌보지 않는다는 조선에 대한 비판은, 마치 조선 전기에 조선이 일본에 대해 행했던 비난, 이른바 이익만을 탐하여 신의가 없다는 관점과 전적으로 같아 주목된다(제2장 제2절 참고).

그리고 하쿠세키는 明朝가 淸朝에게 멸망되었을 때 조선은 이를 다만 방관하고 있었다며, 이것은 임진왜란 때에 '屬國' 조선을 구원한 명나라의 은혜를 망각한 행위라고 하고, 이 정도로 신의가 없는 조선에게 하물며 일본에 대한 '隣誼'가 있을 것인가 반문하고 있다.

이처럼 신사 접대를 갈림길로 하여 하쿠세키의 대조선 인식이 전환되었다고 여겨진다. 그렇다면 그 인식전환의 직접적 동기는 조선 측이 하쿠세키의 개혁한 빙례에 대해 어떻게 대응했는가에서 찾을 수 있을 것이다. 「後議」에서 조선 측의 대응을 정리하여 보자. 우선, '계하영송' 요구가 삼사의 先例固守라고 하는 입장에서의 반대에 봉착해 난항했다는 것, 이에 대해 하쿠세키로부터 압력을 받은 대마도 측이 완력으로 그 요구를 관철시키려고 하기에 이르자 삼사가 겨우 응했다는 것이다. 다음으로, 賜饗 의례의 상대역으로서 당시까지의 고산케를 高家로 대

---

48) "慶長以來彼國の使來りし事ども. 皆々其情形を偵探して明の天子に奏聞
   せし由を記しき. 我國の案內檢見の使と申す事なり."(「後議」)

체한 것에 삼사가 당초 반대했다는 것이다. 또한, 국휘논쟁에서 삼사가
조선 측의 국휘만을 중시했다는 것이다. 더욱이 결정적인 것은 귀국한
삼사가 조선조정에 의해 처벌되었다는 것이다. 이는 하쿠세키의 개혁
빙례에 대한 조선 측의 최종 평가에 다름 아니다.

2. 역지빙례의 제기 배경

1711년의 신사가 귀국한 후 하쿠세키는 이후의 신사에 대하여 이에
노부에게 다음과 같은 점을 상신하고 있다(「後議」). 양국의 우호를 닦아
야 할 신사 외교가 이번과 같은 상황에서는 언제 상호 논쟁으로 발전할
지 모르며, 만약 논쟁이 벌어졌을 때 위로 현명한 군주의 강단도 없고
아래로 국가 古今의 典例와 故事를 아는 자도 없다면 반드시 일본이
치욕을 당할 것이다. 또한 인민을 동원한 신사에 대한 과다한 접대도
경제적 부담이 커 국가적으로 득책이 되지 못한다. 일찍이 아시카가 쇼
군 요시카즈(義勝) 때 조선의 신사가 오자(1443년 변호문 使行) 교토 上京을
거부하고 효고(兵庫 : 현 고베)에서 그냥 되돌려 보낸 적이 있다. 당시 이러
한 조치를 취한 것은 국가의 재력이 빈약했기 때문으로, 만약 앞으로
그러한 일이 다시 일어난다면 일본의 약점을 외국에 보이는 것이 된다.
　여기서 하쿠세키의 역지빙례 제안의 이유가 명확해졌다. 그것은 첫
째로 일본의 국위손상을 우려했다고 하는 측면이다. 즉 文士를 가지고
뽐내는 조선이 일본의 '敵禮'的 외교자세를 무시하고 自國의 위신만을
중시하려고 하는 것은 이번 신사 접대 과정에서 증명된 것이니, 지금부
터 이후 조선과 빙례를 가지고 논쟁해도 일본에게 이길 승산이 없다고
하는 판단이다. 둘째로 경제적 측면에서이다. 국가 재정이 쇠퇴한 후에
는 지금처럼 신사에 대한 융숭한 접대체제를 취할 수 없는 만큼 오히려

일본의 쇠약한 국력만이 국외로 노출될 위험이 있다는 것이다.

그러나 제8장의 입장에서 역지빙례 제기의 무엇보다도 커다란 이유
는, 쇼군의 제왕화를 위한 빙례개혁이 조선 측과 논쟁이 되어 결국은
쇼군의 권위 고양은 커녕 오히려 실추를 초래했다는 자가진단 때문이
라 여겨진다. 의례적 원칙에 충실하며, 게다가 '적례'적 개혁이었다고
자신에 차있던 터의 하쿠세키는 삼사의 소극적인 대응을 접하고는, 더
욱이 조선 측의 삼사 처벌을 전해 듣고는 '예의의 나라'라고 했던 조선
에 대한 실망도 적지 않았을 것이다. 삼사 처벌은 하쿠세키의 개혁에
대한 조선 조정의 평가가 어떠했던 것인가를 단적으로 보여준 것이기
때문일 것이다.

하쿠세키는 역지빙례의 착상을 後漢의 광무제가 西域과의 관계를
금하기 위해 국경의 玉門關을 폐쇄하여 후대에 칭송된 故事로부터 얻
었다고 한다. 그리고 조선에 역지빙례를 통고할 때에는 『예기』의 「曲
禮」 내용, 즉 "禮는 왕래하는 것을 기린다. 가는데 오지 않는 것은 非
禮이다. 오는데 가지 않은 것 또한 비례이다."를 인용하여 이행하려는
계획을 세우고 있었다. 조선이 신사를 보내면서, 일본으로부터의 답례
사신은 계속 거절한다면 앞으로는 "그 나라 사신이 와서 우리나라 국경
에 와 멈추고, 우리나라 사신도 또한 국경에 가 그 나라 사신을 영접하
여 예의로 보답해야 할 것이다. 그렇게 되면 그들도 오고 우리도 가고,
왕래의 예의로서 서로 실례되는 바가 없을 것이다."라고 대마도를 역지
빙례의 장소로서 제안하고 있다.[49]

하쿠세키의 역지빙례 제안은 그 실행마저 염두에 둔 것이었다. 이는

---

49) "禮尚往來, 往而不來, 非禮也, 來而不往, 亦非禮也"(『예기』), "彼使の來る
我國の境上に至り止り. 我使もまた境上に就て其使を迎接して禮に報ゆ
べし. 然れば則彼も來り我も往て. 往來の禮においてふたつながら相失
する所なかるべし."(「後議」)

그가 사신으로 보낼 사람의 사회적 지위나 예물의 규모 등에 대해서도
거론하고 있는 것으로 보아 알 수 있다.[50] 그러나 이 계획은 구체화하
지 못한 채 쇼군 이에노부의 사망에 의해 좌절되고 말았다고 하쿠세키
는 「後議」를 끝맺고 있다.

3. 나카이 치쿠잔(中井竹山)의 역지빙례론

1711년의 신사행 이후 역지빙례가 다시 막부에서 논의되는 것은
1791년 '간세이(寬政)의 개혁'(1787~1793) 때였다. 그 중심은 로쥬의 수
반인 마츠다이라 사다노부(松平定信)였다. 사다노부는 하쿠세키의 「後
議」를 접한 것이 동기가 되었고, 1788년 교토에 갔을 때 나카이 치쿠잔
(中井竹山)이 올린 『草茅危言-朝鮮の事』에 크게 영향을 받아 역지빙
례를 본격 논의하기에 이르렀다고 한다.[51]

치쿠잔은 하쿠세키의 복호론에 관하여는 신랄한 비난을 퍼부었던 명
분론자였다(제7장 제1절 참고). 그러나 그의 「朝鮮の事」로 보면, 하쿠세키
에 의한 신사 측의 '非禮'에 대응한 개혁이나 신사 접대비용의 절감책
등은 오히려 높이 평가하고 있고, 역지빙례건에 이르러서는 하쿠세키의
그것을 답습하고 있다. 그러므로 여기서는 치쿠잔의 조선관을 검토하
고, 그것이 18세기 말 역지빙례의 제안에 어떻게 연관되어져 가는가를
분석하여, 이를 가지고 하쿠세키의 역지빙례 제안과 비교하여 보기로
한다.

우선 치쿠잔의 조선관을 「朝鮮の事」의 4개조 중에서 역지빙례 제안

---

50) "御使は高家二人に. 御使番衆を差副らるべく候歟. 報禮の物を彼使に附
    還せられ候はんには. 其禮は簡易にして. 其事も永久に行はるべき御事
    に候."
51) 三宅英利, 앞의 논문 2), 570쪽.

과 관련되는 제1, 제4조에서 정리하여 보면 다음과 같다.

① 神功皇后의 三韓정벌 이후 조선은 일본에 복종·조공하는 속
국이었는데 지금의 정세는 달라져 있다. 그 이유는 이에야스가
'一時의 權'(조선에 강화를 요청하는 서한을 보낸 일. 제5장 제3절 참고)을
가지고 隣好를 닦았기 때문이다. 조선 또한 "이전처럼 우리 皇
京에 조공하지 않는다. 다만 친선을 에도에 통할 뿐이라면 속국
이라고도 할 수 없고, 聘禮하는 사자로서 대우하여 客禮로 하
지 않을 수 없다."52)

② 신사는 "원래 작은 변방 나라의 사신이다. 비록 지금은 (조선이
일본의) 속국이 아니라 하더라도 그렇게까지 천하의 재물을 쏟
아서 접대할 일이 아니다."53)

③ 옛날엔 조선이 천황에게 上表하여 '日本國皇帝陛下'라고 하
고, 그 답서는 勅答으로 하였다. 또 "옛날엔 80척의 배로 歲貢
을 바치게 했으니 鞭撻(불명)의 서약을 지키는 속국이어서 그럴
수 있었으니, 이를 국가의 大體로 했다. 그렇지만 喪亂을 겪어
군주의 권위가 무너지고 皇威가 쇠퇴했으니 다시는 옛날처럼
되돌아갈 수 없게 되었다. 만물이 변하듯 세월도 바뀌는 법이
다."54)

④ "변방의 韓人으로 하여금 萬里 넘어 멀리서 오게 한 것은 御
代(에도 막부)의 威光이 참으로 경하할만한 일이나, 옛날에 비추
어 생각하면 천년동안의 속국인 작은 오랑캐를, 때가 때라고는
말하지만 隣交를 명분으로 抗禮(敵禮)하는 것은 아무래도 마음
내키는 바가 아니다. 이는 대마도가 간절하게 簡使(불명)의 계책
을 꾸며 비롯된 일이다."55)

---

52) "以前の如く我皇京に朝貢するに非ず. 唯好を江都に通ずるのみなれば屬
國ともし難く. 聘使を待客礼を以せざる事能はず."
53) "元來蕞爾たる偏邦の使价. 仮令今は屬國に非ずとも. 斯迄天下の財粟を
傾けて応接するに及ざる事成可."
54) "上古は八拾船の歳貢の修め. 鞭撻の誓を守りし屬國なれば. 斯有可事也.
是を國家の大体とす. されども喪亂を経て乾綱頹廢し. 皇威衰紲に就たれ
ば. 再び右の跡をたどる可も有ぬ様に成來り. 物換り星移り."
55) "絶域の韓人をして万里梯航して來ら令るは. 御代の御威光誠に目出度事

전반적으로 조선을 속국시하는 인식이 작용하고 있다. 그렇다고는 하나, 屬國 인식이 당시가 아닌 지난 고대의 사실로서 현재로는 계승할 수 없는 것으로 되어 있으며(①), 다시는 옛날처럼 돌아 갈 수 없다고 하여 현재와의 단절이 강조되어 있다(③). 게다가 고대의 속국이었던 나라의 사자를 천하의 재물을 쏟아서 접대하고 있다고 지적하고 있는 것은(②), 史實과 현실과의 커다란 괴리를 자인하고 있음을 보여준다. 그런데 ④에서는 고대의 사실이 현실과 비교되어 있어, 신사의 에도행을 대마도로 轉向시키라고 주장하는 근거가 되어 있다. 이 인식은 결론을 이끌어내는 주된 논리로 되어 있다.

그런데 야자와 야스스케(矢澤康祐)는 이러한 치쿠잔의 조선관에 대하여, 당시의 조선을 일본의 속국이라고 분명하게 말하고 있진 않지만 그에 준하는 것으로 간주하고 있는 것은 사실이라고 단정하고 있다. 그리고 치쿠잔의 목표는 신사 접대비용의 절약이었지만 조선을 속국처럼 보는 것에 의해 그것을 근거로 삼았을 뿐이라고 평하고 있다.56)

미야케도, 치쿠잔은 조선 朝貢國視觀·멸시관·屬國視觀 등을 기저에 놓은 채 대조선 외교를 파악하고, 역지빙례도 그러한 관점에서 제안된 것이라고 고찰하고 있다. 그리고 치쿠잔의 생각에는, "도쿠가와시대 초기에 있었던 신사로서 日朝 양국의 평화적 연대의 상징으로 한다든가, 이웃나라 사신의 쇼군 취임 축하에 의한 도쿠가와 쇼군의 국제적 용인이라 한다든가, 또한 그것을 가지고 국내 제후에 대한 위압으로 한다든가, 중국 통교에의 매개로 한다든가 하는 것과 같은 정치·외교 인식은 완전히 사라지고, 국서와 예물의 의례적 교환이라고 하는 단순한

なれども. 古を以て考ば千載屬國たる小夷成を. 時勢とは云乍ら. 隣交を以抗礼せ令る事. 十分の素望には非ざる者也. 是對州切の簡使の策の由て起る所也."

56) 矢澤康祐, 앞의 논문 45), 27~28쪽.

외교의식이란 관념이 남아있을 뿐이었다."고 평하고 있다. 나아가, 화평·간소·평등을 표방한 하쿠세키의 역지빙례 제안에 견주어볼 때 치쿠잔의 그것은 간소·화평은 공통되어 있지만, 평등보다는 오히려 조선 멸시관을 바탕에 깐 것이었다, 라고 정리하고 있다.[57]

그러나 이러한 야자와·미야케의 주장은 치쿠잔의 「朝鮮の事」의 제1·제4조를 근거로 하고 있고, 결과적으로는 전게한 ④만을 강조한 것이 된다. 그렇다면 치쿠잔의 ④와 같은 조선멸시관이 그의 역지빙례의 제기에 어떻게 작용하고 있는가를 검토해 보자.

치쿠잔은 제4조에서 신사 來聘은 隣交의 의례로서 폐지해서는 안 되지만, "이제와서는 크게 양국을 해치는 일이 되었으므로 서로 생략하고 축소하여 '隣交의 禮'만이라도 세울 수 있다면" 되는 것으로, 양국이 대마도에서 빙례를 행한다면 조선으로서도 크게 기뻐할 것이라고 말하여, 조선 측의 적극적인 찬동을 예상하고 있다. 즉 조선 측의 입장도 배려하여 역지빙례가 제안된 것임을 보여주고 있다. 일반적으로 멸시관에 근거한 제안이라면 일방적이며 상대를 낮추는 것이 되어야 할 텐데, 치쿠잔은 이처럼 스스로 그것을 부정하고 있는 것이다. 더구나 일본 측의 역지빙례 제안은 신사의 일방통행적 현상에 대한 대안으로서 '적례'적 입장에서 당연한 것이기도 하다. 따라서 ④의 "隣交를 명분으로 抗禮(敵禮)하는 것은 아무래도 마음 내키는 바가 아니다."라고 한 그의 조선멸시관은 실제상으로는 역지빙례 제안과 상관관계를 가지지 않는다.

이처럼 그의 조선멸시관이 역지빙례의 제안과 상관관계를 가지지 않는다면 그것은 다른 것과 작용하고 있음을 보여줄 것이다. 그런 관점에서 야자와·미야케가 완전 도외시하고 있는 「朝鮮の事」 제2·제3조를 검토하여 보자.

---

57) 三宅英利, 앞의 논문 2), 570~571쪽.

　제2조에서 치쿠잔은 우선, 하쿠세키의 「五事略」을 인용하여 조선은 武力을 가지고 일본에 대항할 수 없기 때문에 文事로서 설욕하려고 신사를 파견하여 온다고 단정하고 있다. 또한 그들은 일본 측이 학문에 어두운 것을 이용하여 속이고 있다면서, 그 한 예로 신사가 일본을 왕래할 때에 휘두르고 다니는 '巡視', '淸道', '令'이라 써진 깃발을 지적하고 있다. 즉 '순시'는 領內 순시를 나타내므로 일본이 조선의 속국임을, '청도'는 지나는 길의 여러 다이묘들에게 청소하라고 명령함을, '령'은 일본 측에 호령하니 잘 받들라는 의미라고 설명하고 있다. 그리고 이러한 깃발들은 청나라 사신이 조선에 파견되었을 때에 들고 다니는 것이므로, 조선의 공공연한 이러한 행위는 일본을 능멸하는 것이라고 격렬하게 비난하고 있다. 그리고 근간에 있을지 모를 통신사의 來聘에는 이 같은 깃발 들기를 중지시켜야 할 것으로, 그런 불손을 방관한다면 일본의 치욕이 될 것이라고 경계하고 있다. 나아가 1711년의 신사 삼사를 조선이 처벌한 것은 선린우호를 거스르는 행위였다고 비판하고 있다.

　그러나 치쿠잔의 깃발에 대한 비판은 '文士的 示威'라는 조선 사절에 대한 강박관념에서 나온 피해의식이라 할 수 있겠다. 신사가 들고 다니는 깃발들은 일본에 대한 시위용이 아니라 500명 전후에 이르는 大사절단 내부를 통제하기 위한 것이었기 때문이다. '令' 깃발의 예를 보면 오윤겸의 『東槎上日錄』(1617) 8월 28일조에, 교토 체류 중 조선 격군이 숙직하던 일본인과 난투극을 벌인다는 소식에 사신이 군관을 시켜 이 '令' 깃발을 가지고 가 격군들을 포박해 오게 했다고 적혀있다. 임광의 『병자일본일기』(1636) 10월 19일조에는, 대마도에서 도주가 개최한 연회에 '巡視', '令'의 깃발을 들고 가 사행의 소란스런 분위기를 엄숙하게 만들었다고 기록하고 있다. 치쿠잔은 또 신사의 이러한 깃발 사용이 청나라로부터 흉내 낸 것이라고 추정했지만, 청나라 사절이 조

선에 와서 위압적인 태도를 취할 수 있었던 것은 양국이 君臣관계에
처해지는 병자호란 이후의 일이다. 그런데 앞의 임광의 기록을 보면 병
자호란 발발 2개월 전에 이미 '순시', '령'의 깃발이 등장하고 있음으로
보아 그의 추정은 잘못된 것이라 할 수 있다.

이처럼 제2조가 조선 측의 대일외교를 비난하고 있는 것에 비해, 제3
조는 일본인의 조선사절에 대한 자세를 주로 비난하고 있다. 즉 詩文
贈答을 청하여 몰려드는 일본인들의 신사에 대한 비굴한 자세를 생생
하게 묘사하여 이것이 일본의 치욕이라고 말하고 있다. 그는 1764년 도
일한 신사의 객관을 방문하여 그러한 광경을 직접 목격하였다며, 이런
비굴한 일본인들 때문에 신사 측의 일본멸시가 생겨났다고 관찰하고
있다. 그리고 자각 있는 사람이나 '正學眞才'한 사람은 이러한 비굴한
일본인들의 태도를 부끄러워하여 신사에게 접근하지 않고 있는 것인데,
신사 측은 이를 모르고 일본에 인재가 없다고 하는 것은 탄식할 일이라
고 평하고 있다. 따라서 이번 신사의 來聘에는 시문증답이나 필담을 원
하는 사람을 사전에 미리 엄선하여 신사에게 접촉케 할 것이며, 그리해
야 "漢人(신사)도 我邦에 인재가 있음을 알고 옷깃을 여미며 경솔한 태
도를 멈추게 할 수 있다."고 주장하고 있다.

이 제2·제3조에는 역지빙례 그 자체는 언급하고 있지 않다. 그러나
신사의 일본 멸시태도나 일본인의 치욕적인 제반 행위를 근본적으로
금지시키기 위해서는 역지빙례가 필요하다는 것을 시사하고 있다고 봐
야할 것이다. 그리고 전술한 조선 측의, 일본을 속국처럼 하는 행위나
신사의 시문증답에서의 오만방자한 태도에 대한, 치쿠잔의 강한 불만이
오히려 조선 속국시관을 前面에 장식하는 이유가 되었다고 여겨진다.
즉 그는 일본에 대해 우위에 서려는 조선 측에 대항하기 위해『日本書
紀』등에 실린 조선 속국설을 집어내어 ④처럼 재생시키려고 했을 것
이다.

그러면 역지빙례가 조선멸시와 한 세트로 묶어져 제안된 까닭은 무엇일까? 그것은 역지빙례가 '에도 來聘'이라는 祖法(祖宗之法)을 바꾸는 일이 되기 때문일 것이다. 이른바 조선사절의 '에도 내빙'은 에도 막부의 창시자 이에야스에 의해 비롯된 것이므로 祖法이다. 그런 조법을 고치는 데 국위손상(신사 측의 일본인 멸시, 일본인들의 비굴한 행위 등)과 막부 재정의 압박이라는 실제상의 이유를 내걸 수는 없었을 것이다. 그렇다면 막부의 체면도 손상시키지 않으면서 조법을 바꾸는 데는 그럴 듯한 명분이 필요했을 것이다. 이에 치쿠잔은 역지빙례를 조선 속국시관과 한 세트로 차려 내놓음으로서 조법 개정의 정당한 명분으로 삼고자 했다고 볼 수 있다.

치쿠잔의 역지빙례 제안은 전술한 것처럼 경제적 이유가 중심이며, 거기에 신사의 무례함이나 일본인들의 비굴한 행위 등을 방지하기 위함이었다. 그러므로 그의 조선 속국시관은 어디까지나 명분에 불과한 것이다. 이런 자세는 하쿠세키에게도 공통스런 것이었다. 즉 하쿠세키는 조선 측 사료에 보이는 '倭酋' 표현이나 조선 측의 신사 파견을 통한 '倭情정탐' 의도 등을 이유로 삼아, 신의가 없는 오랑캐에겐 '에도 내빙'이 불필요하다는 명분을 세우게 되고, 그를 바탕으로 역지빙례를 제안하게 된다. 이처럼 볼 때 앞에서 소개한 바 있는 미야케가 평한 치쿠잔의 조선관은 재고되어야 마땅할 것이다.

맺음말 - 동아시아 전통왕조를 지향한 하쿠세키

하쿠세키의 빙례개혁은 前期 조선이 무로마치 막부에 대해 전개한 '적례적 교린' 외교정책의 관점과 매우 닮아있다. 우선, 禮的 가치관을 바탕에 두고 있다는 점, 둘째, 宋과 遼·金과의 외교관계를 '적국' 사이의 '적례'관계로서 파악하고, 이를 양국 외교에 반영시키려고 한 점, 셋째, 동아시아의 전통적인 여러 왕조의 빙례를 존중하고 있다는 점 등이다. 특히 이윤만을 탐하고 신의를 돌보지 않는다는 하쿠세키의 조선에 대한 비판 시각은 前期 조선이 일본에 대해 행했던 비판 시각과 전적으로 같은 것이었다.

그러나 하쿠세키의 이러한 '적례'적 개혁은 조선과의 대등한 화평관계를 표방하면서도 실제상으로는 쇼군의 帝王化에 그 중점을 두고 있었기 때문에, 그 통고방식이나 실행에 막부의 권위를 손상시키지 않는 것이 우선시 되어 있었다. 국휘논쟁에서 보듯 하쿠세키의 강경한 자세가 이를 잘 보여주고 있다. 하쿠세키에 의해 제안된 역지빙례도 또한 쇼군의 제왕화에 신사의 '에도 來聘'이 아무런 도움이 되지 못했다는 판단에 근거하여 제안된 것이었다. 그 제안에는 하쿠세키의 개혁을 삼사의 처벌로서 종합 평가한 조선 측 태도에 대한 반발도 있었을 것이다.

한편 조선 측에서는 신사 파견을 통해 쇼군의 권위를 높여주려는 前期 조선의 무로마치 막부에 대한 것과 같은 적극적이고 솔선적인 의욕은 사라지고, 신사파견에 의해 조선국왕의 교화를 일본에 미치게 한다는 관점이 중시되어 있었다. 조선국왕이 쇼군에 대해 대체로 우위에 있던 당시까지의 빙례를 관례로서 그저 墨守하려고 하는 조선 측은, 하쿠세키의 '적례'적 관점에 근거한 개혁에 대해서도 명분이나 위신을 중시하여 소극적 대응으로 일관하고 있었다. 조선의 일본에 대한 '적국', '적례'인식은 이미 뼈대만을 남긴 앙상한 것이었다고 볼 수 있다.

이러한 조선 측의 대응변화의 배경에는 첫째, 임진왜란의 영향을 우선 꼽을 수 있겠다. '隣'으로 설정한 일본을 '夷'로 떨어뜨리게 된 결정적 전환은 임진왜란 이후가 되겠다.

둘째로, 천황·쇼군 관계에 대한 인식을 들 수 있겠다. 신사의 기행기록에는 쇼군이 천황의 官位制 안에 포함되어 있다는 것이 충분히 파악된 위에 기록되어 있다. 천황과 쇼군과의 상하관계가 명분에 불과하다고 하더라도 조선국왕의 '적례' 대상인 쇼군이 천황의 하위로 자리매김 되어져 있다는 사실은, 조선으로 하여금 쇼군과의 우호관계 구축을 소극화 시켰을 것으로 여겨진다. 예를 들어 1655년 도일한 신사에게 하야시 가호(林鵞峯)가, 조선에는 예조판서(장관)가 있음에도 예조참판(차관) 명의로 일본 執政(로쥬)에게 서한을 보내는 것은 무슨 까닭인가, 라고 불만을 표시했다고 기록되어 있다. 이에 대해 삼사는, 일본에는 천황이 있음에도 어찌하여 쇼군이 조선국왕의 국서에 답서하고 있는가, 라고 되물으며 이는 조선이 예조참판으로 執政에게 서한을 내는 것과 같다고 답변하자, 가호가 더 말을 못하고 그저 웃을 뿐이었다고 한다.[58]

셋째로, 조선은 주자학의 명분론을 토대로 하여 '小中華'라고 하는 自尊의식이 명나라의 멸망 이후 더욱 강화되어 있었고, 그 의식이 대일외교에도 반영되었을 것이다. 임금 英祖의 "교린의 도리는 前例를 중히 여긴다."[59]라는 발언에서도 알 수 있는 것처럼, 교린의 도리가 다만 전례를 고수하는 것이라는 인식에서 대일외교의 경직된 모습을 엿볼 수 있다.

그런데 12세기 말 가마쿠라 막부의 성립 이래 한 번도 그 예를 찾아볼 수 없는, 하쿠세키의 빙례개혁을 통한 쇼군의 제왕화 작업은 그 다음의 신사의 도일(1719년)에 즈음해서는 모두가 舊例로 환원되어 개혁이 一過性的인 것으로 끝나고 만다. 즉 1711년의 개혁된 빙례가 그 직전인 1682년 신사 때의 빙례로 되돌아가고 있다. 그리고 18세기 후반이

---

58) 남용익, 『扶桑錄』(『국역 해행총재』(五), 민족문화추진회, 1977), 10월 9일조.
59) "交隣之道, 以前例爲重"(『辺例集要』, 국사편찬위원회, 1969), 卷18, 信使, 丁卯乾隆12年 4月.

되면 '고쿠가쿠'(國學)가 대두하고, 점차 쇼군정권에 대한 회의가 표면화하여 가게 된다. 이러한 동향은 하쿠세키의 제왕화 개혁의 실패와 어느 정도는 상관관계를 가지는 것은 아닐까? 한편 일과성적인 개혁이라고는 하지만 『예기』 등의 유교경전이나 그 가치기준을 가지고 조선 측과 논쟁을 벌이고, 외교문서에 한정된 것이긴 하나 국휘법을 사용하고, 예악의 정비에 열중했던 하쿠세키의 빙례개혁은 武家정권으로서는 최초이자 최후의 동아시아의 전통적 왕조에의 적극적인 접근 시도라고 여겨진다. 그러한 개혁의도가 일본 내정상으로는 어떻게 구체화되어 나타났는가? 이 두 가지 문제를 금후의 과제로서 제시하고자 한다.

후 기

나는 1980년 8월 13일 유학을 위해 일본으로 갔다. 당초엔 에도시대의 통신사를 중심으로 한 한일관계를 연구할 예정이었다. 그러나 와세다 대학의 석사과정(일본사 전공)에 입학한 이후엔 계획을 변경했다. 즉 에도시대의 한일관계를 밝히기 위해서는 그 관계가 형성된 에도시대 초기의 양국관계를 구체적으로 파악하여 놓지 않으면 안 된다고 생각하기에 이르렀다. 그리고 임진왜란 말기 조선으로부터 일본군이 철수한 시기부터 양국 간에 강화가 성립되는 1607년의 제1차 회답겸쇄환사의 渡日까지를 석사논문에서는 다루는 것을 목표로 세웠다. 이러한 결론에 이르기까지는 지도교수인 深谷克己 선생님의 지도와 高崎經濟대학의 北島万次 선생님의 조언에 힘입은 바 컸다.

그러나 석사논문(이 책의 제4~제5장)을 제출한 1985년의 단계에서—당시 田中健夫 선생님과 荒野泰典씨의 에도시대의 鎖國체제를 동아시아 국제관계 속에서 자리매김하려는 새로운 시각 제시(荒野泰典, 『近世日本と東アジア』[東京大學出版會, 1988]의 「序」 참고)에 자극받아 쇄국과 朝·日관계에 관심을 가지면서도—에도시대 한일관계의 검토에 선행하여 무로마치(室町)시대의 한일관계, 이른바 조선前期의 양국관계를 검토하지 않으면 안 된다고 여기게 되었다. 그것은 임진왜란이 있었다고는 하지만 조선후기(에도시대)의 양국관계가 기본적으로는 조선前期(무로마치시

대)의 그것을 계승한 것으로 여겨졌기 때문이었다. 즉 조선후기의 對日
정책의 근간은 이미 조선 초기에 성립된 것으로 생각되었고, 에도막부
또한 武家정권인 무로마치 막부의 대조선 정책에 영향 받았을 것으로
여겨졌다.

그러한 인식하에 1986년 와세다 대학 박사과정(일본사전공)에 들어가
서는『조선왕조실록』을 비롯한 조선 前期의 對日관계 기록을 검토하
는 나날을 보냈다(당시 와세다 대학 도서관에서 하루 종일 씨름한 實錄은 일본 學習
院版으로 활자가 몹시 작았다). 그 과정에서 이미 석사논문에서 주목하기 시
작했던 '敵禮', '羈縻', '交隣'이란 용어가 줄곧 어른댔고, 이에 어떻게
상호연관성 있게 이것들을 개념화시킬 것인가 헤매었다. 그런 중에 高
橋公明씨의 「外交儀礼よりみた室町時代の日朝關係」(『史學雜誌』 91-8,
1892)로부터 儀禮와 외교관계에 관한 많은 示唆를 받았다. 제1장과 제2
장은 당시 집필한 것이다.

그리고 일단 조선前期 양국관계에 대한 視點을 나름대로 제시할 수
있었다고 판단되었으므로, 이에 아라이 하쿠세키(新井白石)의 對조선 외
교개혁의 검토로 달려들었다. 하쿠세키가 儀禮的 측면에서 대조선 외
교개혁을 행하였다는 점, 그의 개혁이 한일관계사 선행연구에서 소외되
고 있었다는 점은 이미 유학 초기부터 관심의 대상이었기 때문이다. 하
쿠세기의 對조선 외교개혁을 조선전기의 對日 외교의례와의 비교를 겸
해 행한 검토가 제8장이고, 그런 과정에서 하쿠세키의 외교개혁 의도가
천황의 전통적 권위를 빼앗아 쇼군에게 부여하려는 일본 내정상의 측
면에서 이해되었으므로 제7장을 집필하였다.

이 단계에서 검토하기 시작한 것이 제6장이다. 이에미츠(家光)시대 조선과의 외교에 쇼군의 칭호로 '국왕'을 배제하고 '大君'을 설정한 것이 어떠한 의미를 가지는 것인가 논한 것으로, 이에는 제7～제8장에서 검토한 하쿠세키와 하쿠세키의 개혁에 반대하는 명문론자의 '대군', '국왕'에 대한 관념이 크게 참고가 되었다.

제6～제8장의 초고를 작성한 것은 1989년의 前半期였다. 특히 매일 새벽 4시부터 8시까지의 시간을 이용한 결과이기도 했다. 당시 2살이 된 딸은 매일 밤늦게까지 잠을 안자고 책상 앞으로 다가들어 '빠빠'라 불러대며 같이 놀자고 졸라댔다. 이에 딸과 일찍 이불 속으로 들어가는 대신 새벽 시간을 적극 활용하기로 했다. 그러나 당시 나는 골초였던 만큼 딸이 자고 있는 공간을 피해 바깥으로 나가야만했다. 이에 발견한 곳이 와세다 근처의 24시간 영업하는 식당이었다. 자전거를 타고 그 식당으로 달려가는 겨울 새벽 4시는 무척 추웠다. 술에 취한 얼굴로 하품을 하면서 밤을 새워 앉아 있는 사람들을 뒤로 하고 책을 읽고 있으려면 하루 24시간이 30시간은 되어 보였다. 그러나 그 식당에서 커피와 빵을 모닝 세트로 주문하면 적어도 800엔이 소요되어 경제적인 부담이 되어 갔다.

그런 때 새로 눈에 들어온 공간이 와세다 대학 학생식당의 바깥공간이었다. 마침 4월이 되어 추위도 그런대로 참을 수 있었고, 새벽 4시라도 보안 전등이 밝아 그 아래 식탁에 앉아 책을 읽을 수가 있었다. 이때 아침은 24시간 영업의 편의점에서 200여 엔의 샌드위치를, 커피는 식당 바깥에 놓여진 자동판매기에서 해결할 수가 있었다.

새벽의 고요에 둘러싸인 와세다 대학의 오오쿠마 정원을 옆으로 하고 학생식당의 바깥의자에 앉아 책을 보고 있노라면 이윽고 새들의 합창이 시작되고, 내 손에 쥔 샌드위치를 입맛을 다시며 다가오는 다리 다친 새도 있었다. 건너편에선 도둑고양이가 스파이 바라보듯 힐끗대며 바라보곤 했다. 그런 와세다 대학 학생식당 앞의 새벽 정경이 한국에 귀국해서도 얼마동안 눈만 감으면 떠오르곤 했다.

마지막으로 이 책의 작성에 처음부터 끝까지 지도를 해주신 지도교수이신 深谷克己 교수님을 비롯하여 瀧澤武雄 교수님과 細野浩二 교수님, 그리고 부족한 일본어 문장을 몇 번이고 고쳐준 당시 와세다 대학의 대학원생이었던 下重淸·斎藤善之·堀新 님에게 깊이 감사드린다. 그리고 부족한 연구에 기탄없는 지적을 해 주신 田中健夫 선생님을 비롯한 '前近代對外關係史研究會'의 여러분과, 漢文 강독 실력을 키워준 '朝鮮實錄講讀會'의 北島万次 교수님 이외 여러분에게 감사를 드린다. 아울러 이 책을 '出産'하기 위해 줄곧 남편의 역할을 다한 아내와, 어느 때나 마음에 평정을 가져다 준 세 살배기 딸을 꼬옥 안아주고 싶다.

1993년 6월 1일

閔 德 基

찾아보기

민 덕 기 閔德基

청주대학교 역사교육과 졸업
괴산군 목도중학교 교사
와세다 대학 일본사 석사·박사과정 수료
와세다 대학 문학박사 학위 취득
한일관계사학회 회장 역임
현 청주대학교 인문대학 교수

저서로『前近代東アジアのなかの韓日關係』(일본 와세다대학출판부, 1994).
공저로 瀧澤武雄編,『論集 中近世の史料と方法』(일본 東京堂出版, 1991),
『朝鮮과 琉球』(아르케, 대우학술총서 450, 1999),『임진왜란과 한일관계』(경인
문화사, 2005),『한일관계 2천년(근세)-보이는 역사, 보이지 않는 역사』(경인
문화사, 2006) 등이 있다.

前近代 동아시아 세계의 韓·日관계 　　　값 23,000원

2007년 8월 17일　　초판 인쇄
2007년 8월 31일　　초판 발행

저　　　자 : 민 덕 기
발 행 인 : 한 정 희
발 행 처 : 경인문화사
편　　　집 : 김 하 림
서울특별시 마포구 마포동 324-3
전화 : 718-4831~2, 팩스 : 703-9711
http://www.kyunginp.co.kr | 한국학서적.kr
E-mail : kyunginp@chol.com
등록번호 : 제10-18호(1973. 11. 8)

ISBN : 978-89-499-0507-5　93910